市场营销学

主　编　杨相和

副主编　张永锋　梁　湘　谭跃华

西南交通大学出版社

·成　都·

图书在版编目（CIP）数据

市场营销学 / 杨相和主编. —成都：西南交通大学出版社，2013.8

ISBN 978-7-5643-2618-0

Ⅰ. ①市… Ⅱ. ①杨… Ⅲ. ①市场营销学－高等学校－教材 Ⅳ. ①F713.50

中国版本图书馆 CIP 数据核字（2013）第 203377 号

市场营销学

主编　杨相和

责任编辑	张　波
封面设计	何东琳设计工作室
出版发行	西南交通大学出版社 （四川省成都市金牛区交大路 146 号）
发行部电话	028-87600564　028-87600533
邮政编码	610031
网　　址	http: //press.swjtu.edu.cn
印　　刷	四川川印印刷有限公司
成品尺寸	185 mm × 260 mm
印　　张	15.5
字　　数	387 千字
版　　次	2013 年 8 月第 1 版
印　　次	2013 年 8 月第 1 次
书　　号	ISBN 978-7-5643-2618-0
定　　价	29.00 元

图书如有印装质量问题　本社负责退换

前　言

21 世纪是全球经济一体化的新时代，国内市场国际化、国际市场全球化的趋势正在形成，市场竞争更为激烈，企业迫切需要得到现代市场营销的理论、方法和技巧的指导。而社会主义市场经济体制的确立和逐步完善又为市场营销学的应用开辟了广阔的天地。目前，市场营销学已成为高等院校学生比较喜爱的课程之一，也是当今社会最受欢迎和重视的一门学科。

虽然市场上各类市场营销学方面的教材很多，但真正能满足培养专业应用型人才对市场营销学知识要求的教材并不多。鉴于此，在对应用型人才应具备的素质、能力和知识结构进行系统分析的基础上，我们组织编写了这本富有应用型特色的主要面向本专科生学生使用的市场营销学教材。

本书具有如下特点：

（1）系统性。本书系统、全面地反映了现代市场营销理论的科学体系及其最新发展。在编写上，采用国际上最流行的体例，即每章都包括学习目的和要求、学习内容、思考与讨论题以及案例讨论。读者在学习各章前，通过阅读学习目标，了解各章的重点和难点，使学习更有针对性；各章最后的思考与讨论题以及案例讨论便于读者检查自己对本章内容的掌握程度和学习效果。

（2）前瞻性。本书在力求编写的体系即系统又完整的基础上，特别注意吸收近年来国内外市场营销学研究方面的最新成果，充分考虑到 21 世纪市场营销环境的新变化，超前估计网络经济时代和信息化社会给市场营销带来的新要求、新机会和新挑战。

（3）实用性。每章都配有丰富的扩展案例。既有成功的，也有失败的；既有中国的，也有国外的，供读者综合运用市场营销学知识分析其中的成败得失，便于读者从中探求市场营销的真谛，打开成功之门。

（4）针对性。本书通过针对性较强的营销技能训练，将理论教学、案例分析与技能训练三个教学环节既有机地进行统一，又层层推进，以促进学生的理论知识向应用能力的转化。

本书由杨相和担任主编，由张永锋、梁湘、谭跃华担任副主编。参加编写的人员及分工为：第一章，杨相和；第二章、第三章，谭跃华；第四章，梁湘；第五章、第六章、第七章，熊山、杨相和；第九章，谢文德；第十章，杨相和、梁湘；第十一章，李琛；第八章、第十二章，张永锋。由杨相和提出编写提纲并进行总纂统稿与最后的审定。

在本书的编写过程中，我们吸收了相关教材及论著的研究成果，参阅了国内外大量的资料与文献，在此，谨向有关作者、主编表达我们的谢意。

本书得到了四川理工学院经济与管理学院各位领导和教师的指导与帮助，同时得到了西南交通大学出版社给予的大力支持，在此一并表示感谢。

限于我们的水平，书中难免有不妥或疏漏之处，敬请广大读者批评指正。

编　者

2013 年 7 月

目 录

第一章　认识营销的世界

学习目的和要求

1. 掌握市场营销学的有关核心概念；
2. 了解并掌握市场营销各种观念的产生背景及其主要观点；
3. 掌握市场营销管理的概念，学会市场营销环境的分析方法；
4. 掌握顾客价值与顾客满意的内涵。

市场营销虽然不是企业成功的唯一因素，但一定是关键因素。美国著名管理学家彼得·德鲁克（Peter F. Drucker）曾指出：市场营销是企业的基础，不能把它看做是单独的职能。市场营销是联结社会需求与企业反应的中间环节，是企业用来把消费者需求和市场机会变成有利可图的企业机会的一种行之有效的方法，亦是企业战胜竞争者、谋求发展的重要方法。可以说，企业的成功归根结底还是营销的成功。当今，市场营销已成为企业经营活动首先考虑的第一任务，这一点在发达的市场经济国家显得尤为突出。

第一节　市场营销基本概念

一、如何理解市场

1. 市场的含义

（1）市场的概念。

常见的市场概念有四个：市场是商品交换的场所；市场是某种商品需求的总和；市场是买卖双方力量的集合；市场是指商品流通的领域，是交换关系的总和。

市场营销学主要研究作为销售者的企业的市场营销活动，即研究企业如何通过整体市场营销活动，适应并满足买方的需求，以实现经营目标。因此，市场营销学中的市场是指某种产品的现实购买者与潜在购买者需求的总和。

（2）市场的组成因素。

具体讲，市场由一切有特定需求或欲求并且愿意和可能从事交换来使需求和欲望得到满足的潜在顾客所组成。即站在销售者市场营销的立场上，同行供给者以及其他销售者都是竞争者，而不是市场。销售者构成行业，购买者构成市场。

市场包含三个主要的组成因素，即：有某种需要的人、为满足这种需要的购买能力和购买动机（欲望）。用公式来表示就是：

市场＝人口＋购买力＋购买动机（欲望）

其中：

人口因素：是构成市场的基本要素，市场的大小，主要取决于那些有某种需要，并拥有使别人感兴趣的资源，同时愿意以这种资源来换取其需要的东西的人数。一般情况下，人口越多，现实和潜在的消费需求就越大。

购买力：是人们支付货币购买商品或劳务的能力，或者说在一定时期内用于购买商品的货币总额。它反映该时期全社会市场容量的大小。

购买动机（欲望）：是直接驱使消费者实行某种购买活动的一种内部动力，反映了消费者在心理、精神和感情上的需求，实质上是消费者为达到需求采取购买行为的推动者，它是消费者将潜在的购买力变为现实购买行为的重要条件。

市场的这三个因素是相互制约、缺一不可的，只有三者结合起来才能构成现实的市场，才能决定市场的规模和容量。所以，市场是上述三个因素的统一。

2. 市场形成的基本条件

现实的市场形成，必须具备若干基本条件：

（1）存在可供交换的商品或者服务；

（2）存在着提供商品的卖方和具有购买欲望和购买能力的买方；

（3）具备买卖双方都能接受的交易价格、行为规范及其他条件。

3. 市场的类型与特征

市场按照不同的划分方法，可以划分为许多类型的市场。

（1）根据市场范围划分：

国内市场：它是国内企业从事市场营销活动的主要市场；还可以将国内市场进一步划分为城市市场和农村市场、本埠市场和外埠市场、沿海地区市场和内陆地区市场，以及民族地区市场。

国际市场：指国外的市场，即除本国以外的一切允许本国企业从事营销活动的场所。可将国际市场按不同的国家或地区进一步划小。

通过这种划分方法，不但为企业进行目标市场的选择提供了依据，也为企业努力开拓国内市场和国际市场提供了方向。

（2）根据市场客体划分：

初级阶段：生产资料市场和生活资料市场；

第二阶段：劳动力市场、房地产市场、货币市场、资本市场；

第三阶段：技术市场和信息市场。

正是这些市场构成了完整的市场体系即整体市场。这种市场体系的完整性和均衡发展性是社会化大生产和市场经济发展的必要条件。通过这种市场分类方法，便于人们了解不同类别的商品和劳务各自在不同的产、供、销等方面的特点，便于研究和探讨专业化市场营销问题。

（3）根据市场状况划分：

卖方市场：商品供不应求，卖方把持市场主动权。其基本特征是：市场上商品匮乏，供不应求，根本无法满足消费者和用户的需要；存在着不同形式的垄断，排斥竞争，市场由卖方主宰，买方处在被动和从属的地位上，生产者生产和销售什么，消费者就只能购买和消费什么，没有选择的余地；交易条件有利于卖方而不利于买方，消费者的正当权益难以得到有效的保护。

买方市场：商品供过于求，买方具有市场主动权。其基本特征是：市场上商品的供给量略大于需求量，供求关系基本平衡，买方在市场上有较大的选择余地和较多的购买机会；常态竞争得到了较为充分的发展，垄断受到了有效遏制；卖方在市场上处于从属地位，市场以买方为中心，买方的需求指导和决定着企业生产经营活动的发展和变化，买方的权益受到卖方的尊重。

在从供求关系状况和供求力量相对强度出发对市场进行考察时，为了深入地了解企业所处市场的形态，通常需要对市场进行多层次划分，并且要对这些市场的供求数量关系与结构状况做出具体判断，从而为企业制定营销战略与策略提供基本依据。

（4）根据商品流通环节划分：

批发市场：将商品卖给最终消费者以外的任何购买者的交易活动。

零售市场：将商品直接卖给最终消费者的交易活动。

根据这种分类方法，决定一种商品属于何种类型的市场，不是取决于商品本身的属性，而是取决于购买者类型和购买目的。采用这种分类方法的好处在于可以使企业深入地了解不同市场的特点，更好地体现市场营销中以消费者为中心的经营理念。

（5）根据市场交换方式划分：

易货交易市场：以货易货的市场。

现货交易市场：立即进行交割的市场。

期货交易市场：在未来指定时间进行交割的市场。

（6）根据市场出现的先后划分：

现实市场：指对企业经营的商品有需要、有支付能力、又有购买动机的现实顾客群体。

潜在市场：指有可能转化为现实市场的市场。潜在市场可分为三类：① 对某种产品有购买动机但没足够支付能力的人或组织机构（有动机，没能力）；② 对某种产品有支付能力但没有形成购买动机的人或组织机构（有能力，没动机）；③ 对某种产品具有潜在需要的人或组织机构（有能力，有动机，但自己还没意识到）。

未来市场：指暂时尚未形成或只处于萌芽状态，但在一定条件下必将形成并发展成为现实市场的市场。

二、市场营销的概念

人们普遍接受的市场营销的概念有两个：

1. 科特勒对市场营销下的定义

美国著名市场营销学家菲利浦·科特勒（Philip Kotler）认为：市场营销是指企业的这种职能，“认识目前未满足的需要和欲望，估量和确定需求量大小，选择和决定企业能最好地为其服务的目标市场，并决定适当的产品、劳务和计划（或方案），以便为目标市场服务”。

2. 美国市场营销协会对市场营销下的定义

市场营销“是对思想、产品及劳务进行设计、定价、促销及分销的计划和实施的过程，从而产生满足个人和组织目标的交换。”这个定义承认市场营销管理是一个过程，包括分析、规划、执行和控制；它覆盖了理念、商品和服务；它以交换概念为基础，目标是满足各方的需要。

这一定义比较全面和完善。主要表现是：① 产品概念扩大了，它不仅包括产品或劳务，还包括思想；② 市场营销概念扩大了，市场营销活动不仅包括赢利性的经营活动，还包括非营利组织的活动；③ 强调了交换过程；④ 突出了市场营销计划的制订与实施。

3. 市场营销的基本内容

概括上面人们普遍接受的两个市场营销的定义，我们可以概括市场营销的基本内容至少包括以下五个部分：

认识市场营销：主要内容包括市场营销的主要概念、市场营销观念及其历史演进。

分析营销机会：主要内容包括宏观环境分析、顾客行为分析、行业分析和竞争分析。

制定营销战略：主要内容包括企业战略规划、市场细分、选择目标市场、差别化和产品定位。

制定具体的营销策略：主要内容包括产品策略、定价策略、渠道策略、促销策略的设计。

对营销活动的组织和控制：主要内容包括营销活动的计划、组织、评价和控制。

当然，要想进一步了解市场营销，还需要对营销学里的核心概念有准确的理解。

三、市场营销的几个核心概念

市场营销既涉及其出发点（即满足顾客需求），还涉及以何种产品或者服务来满足顾客需求（即如何才能满足消费者需求），也即通过交换方式，产品在何时、何处交换，由谁实现产品与消费者的连接。可见，市场营销的核心概念应当包含如下核心概念：

1. 需要、欲望和需求

需要：指消费者生理及心理的需要，如人们为了生存，需要食物、衣服、房屋等生理需要及安全、归属感、尊重和自我实现等心理需要。市场营销者不能创造这种需要，而只能适应它。

欲望：指消费者深层次的需求，它有具体的指向。而且，不同背景下的消费者欲求不同，比如，中国人需求食物则欲求大米饭，欧美国家的人需求食物则欲求面包与汉堡包。人的欲求还受社会因素及机构因素（诸如职业、团体、家庭、宗教等）的影响。因而，欲求会随着社会条件的变化而变化。市场营销者能够影响消费者的欲求，如建议消费者购买某种产品。

需求：指有支付能力和愿意购买某种物品的欲求。可见，消费者的需求在有购买力作后盾时就变成为需要。许多人想购买法拉利牌跑车，但只有具有支付能力的人才能购买。因此，市场营销者不仅要了解有多少消费者需要其产品，还要了解他们是否有能力购买。

人类的需要和欲望是市场营销活动的出发点。需要是没有得到某些基本满足的感受状态。欲望是想得到基本需要的具体满足物的愿望。而需求是对于有能力购买并且愿意购买的某个具体产品的欲望。人类的需要有限，但其欲望却很多。当具有购买能力时，欲望便转化成需求。

将需要、欲望和需求加以区分，其重要意义就在于阐明这样一个事实，即：市场营销者并不创造需要；需要早就存在于市场营销活动出现之前；市场营销者连同社会上的其他因素，只是影响了人们的欲望，并试图向人们指出何种特定产品可以满足其特定需要。进而通过使产品富有吸引力，适应消费者的支付能力且使之容易得到，来影响需求。

2. 产品

人类靠产品来满足自己的各种需要和欲望。因此，可将产品表述为能够用以满足人类某种需要或欲望的任何东西。

产品包括有形与无形的、可触摸与不可触摸的。有形产品是为顾客提供服务的载体。无形产品或服务是通过其他载体，诸如人、地、活动、组织和观念等来提供的。当我们感到疲劳时，可以到音乐厅欣赏歌星唱歌（人），可以到公园去游玩（地），可以到室外散步（活动），可以参加俱乐部活动（组织），或者接受一种新的意识（观念）。服务也可以通过有形物体和其他载体来传递。

市场营销者的任务，是向市场展示产品实体中所包含的利益或服务，而不能仅限于描述产品的形貌。否则，企业将导致“市场营销近视”，即在市场营销管理中缺乏远见，只看见自己的产品质量好，看不见市场需要在变化，最终使企业经营陷入困境。

3. 效用、价值和满足

在对能够满足某一特定需要的一组产品进行选择时，人们所依据的标准是各种产品的效用和价值。

效用是消费者对满足其需要的产品的全部效能的估价，是指产品满足人们欲望的能力。效用实际上是一个人的自我心理感受，它来自人的主观评价。例如某消费者到某地去的交通工具，可以是自行车、摩托车、汽车、飞机等。这些可供选择的产品构成了产品的选择组合。又假设某消费者要求满足不同的需求，即速度、安全、舒适及节约成本，这些构成了其需求组合。这样，每种产品有不同能力来满足其不同需要，如自行车省钱，但速度慢，欠安全；汽车速度快，但成本高。消费者要决定一项最能满足其需要的产品。为此，将最能满足其需求到最不能满足其需求的产品进行排列，从中选择出最接近理想产品的产品，它对顾客效用最大，如顾客到某目的地所选择理想产品的标准是安全、速度，他可能会选择汽车。

顾客选择所需的产品除效用因素外，产品价格高低亦是因素之一。如果顾客追求效用最大化，他就不会简单地只看产品表面价格的高低，而会看每一元钱能产生的最大效用，如一部好汽车价格比自行车昂贵，但由于速度快、修理费少、相对于自行车更安全，其效用可能大，从而更能满足顾客需求。这就涉及价值的概念。价值是一个很复杂的概念。马克思认为，价值是人类劳动当做商品共有的社会实体的结晶，商品价值量的多少由社会必要劳动时间来决定，而“社会必要劳动时间是在现有的社会正常的生产条件下，在社会平均的劳动熟练程度和劳动强度下制造某种使用价值所需要的劳动时间”。

4. 交换和交易

交换是市场营销的核心概念。当人们决定以交换方式来满足需要或欲望时，就存在市场营销了。一个人可以通过不同方式获得自己所需要的产品，交换是其中之一。一个饥饿的人可以用自己的钱、其他物品或服务与拥有食物的人进行交换。市场营销活动产生于这种获得产品的方式。所谓交换是指通过提供某种东西作为回报，从别人那里取得所需物的行为。交换是一个过程，而不是一种事件。如果双方正在洽谈并逐渐达成协议，称为在交换中。如果双方通过谈判并达成协议，交易便发生。交易是交换的基本组成部分。

交换的发生，必须具备五个条件：至少有两方；每一方都有被对方认为有价值的东西；每一方都能沟通信息和传送物品；每一方都可以自由接受或拒绝对方的产品；每一方都认为与另一方进行交换是适当的或称心如意的。具备了上述条件，就有可能发生交换行为。但交换能否真正发生，取决于双方能否找到交换条件，即交换以后双方都比交换以前好（至少不比以前差）。交换应看作是一个过程而不是一个事件。如果双方正在进行谈判，并趋于达成协议，这就意味着他们正在进行交换。一旦达成协议，我们就说发生了交易行为。交易是交换活动的基本单元，是由双方之间的价值交换所构成的行为。

5. 市场营销者

由上述分析可知，我们可以将市场营销理解为与市场有关的人类活动，即以满足人类各种需要和欲望为目的，通过市场变潜在交换为现实交换的活动。在交换双方中，如果一方比另一方更主动、更积极地寻求交换，则前者称为市场营销者，后者称为潜在顾客。所谓市场营销者，是指希望从别人那里取得资源并愿意以某种有价之物作为交换的人。市场营销者可以是卖主，也可以是买主。假如有几个人同时想买正在市场上出售的某种奇缺产品，每个准备购买的人都尽力使自己被卖主选中，这些购买者就都在进行市场营销活动。在另一种场合，买卖双方都在积极寻求交换，那么，我们就把双方都称为市场营销者，并把这种情况称为相互市场营销。

第二节 市场营销基本观念

市场营销观念是指企业进行经营决策，组织管理市场营销活动的基本指导思想，也就是企业的经营哲学。它是一种观念，一种态度，或一种企业思维方式。市场营销观念的产生演变及发展，使企业经营观念逐步发生了根本性变化，也使市场营销学发生了一次又一次革命。

一、市场营销观念的产生演变及发展

市场营销观念产生于 20 世纪初期的美国，是企业进行市场营销活动时的指导思想和行为准则的总和。企业的市场营销观念决定了企业如何看待顾客和社会利益，如何处理企业、社会和顾客三方的利益协调。企业的市场营销观念经历了从最初的生产观念、产品观念、推销观念到市场营销观念和社会市场营销观念的发展和演变过程。真正的营销观念形成于第四个阶段的市场营销观念，这是市场营销观念演变进程中的一次重大飞跃。

1. 生产观念

生产观念盛行于 19 世纪末 20 世纪初。该观念认为：消费者喜欢那些可以随处买到和价格低廉的商品，企业应当组织和利用所有资源，集中一切力量提高生产效率和扩大分销范围，增加产量，降低成本。显然，生产观念是一种重生产、轻营销的指导思想，其典型表现就是“我们生产什么，就卖什么”。以生产观念指导营销活动的企业，称为生产导向企业。

20 世纪初，美国福特汽车公司制造的汽车供不应求，亨利 · 福特曾傲慢地宣称：“不管顾客需要什么颜色的汽车，我只有一种黑色的。”福特公司 1914 年开始生产的 T 型车，就是在“生产导向”经营哲学的指导下创造出奇迹的。使 T 型车生产效率趋于完善，降低成本，使更多人买得起。到 1921 年，福特 T 型车在美国汽车市场上的占有率达到 56%。

中国香港 HNH 国际公司营销它的耐克斯（Naxos）标签，为我们提供了一个当代生产观念的例子。耐克斯标签是在当地市场用低成本销售经典音乐磁带的供应品，但它迅速走向了世界。耐克斯的价格比它的竞争者（宝丽金和 EMI）便宜 1/3，因为它的管理费只有 3%（大音乐制作公司为 20%）。耐克斯相信，若它比其他公司的价格低 40%的话就有利润。它希望用低价与削价政策来扩大市场。

2. 产品观念

产品观念是与生产观念并存的一种市场营销观念，都是重生产轻营销。产品观念认为：消费者喜欢高质量、多功能和具有某些特色的产品。因此，企业管理的中心是致力于生产优质产品，并不断精益求精，日臻完善。在这种观念的指导下，公司经理人常常迷恋自己的产品，以至于没有意识到产品可能并不迎合时尚，甚至市场正朝着不同的方向发展。他们在设计产品时只依赖工程技术人员而极少让消费者介入。

乔布斯的 Next 计算机公司在 1993 年投资花费了 2 亿美元，出厂 1 万台后便停产了。它的特征是高保真音响和带 CD-ROM，甚至包含桌面系统。然而，谁是感兴趣的顾客，定位却是不清楚的。因此，产品观念把市场看做是生产过程的终点，而不是生产过程的起点；忽视了市场需求的多样性和动态性，过分重视产品而忽视顾客需求。当某些产品出现供过于求或不适销对路而产生积压时，却不知产品为什么销不出去，最终导致“市场营销近视症”。

杜邦公司在 1972 年发明了一种具有钢的硬度，而重量只是钢的 1/5 的新型纤维。杜邦公司的经理们设想了大量的用途和一个 10 亿美元的大市场。然而这一刻的到来比杜邦公司所预料的

要长得多。因此，只致力于大量生产或精工制造而忽视市场需求的最终结果是其产品被市场冷落，使经营者陷入困境。

3．推销观念

推销观念产生于资本主义经济由“卖方市场”向“买方市场”的过渡阶段。盛行于20世纪30～40年代。推销观念认为：消费者通常有一种购买惰性或抗衡心理，若顺其自然，消费者就不会自觉的购买大量本企业的产品，因此企业管理的中心任务是积极推销和大力促销，以诱导消费者购买产品。其具体表现是：“我卖什么，就设法让人们买什么”。执行推销观念的企业，称为推销导向企业。

在推销观念的指导下，企业相信产品是“卖出去的”，而不是“被买去的”。他们致力于产品的推广和广告活动，以求说服、甚至强制消费者购买。他们收罗了大批推销专家，做大量广告，对消费者进行无孔不入的促销信息“轰炸”。如美国皮尔斯堡面粉公司的口号由原来的“本公司旨在制造面粉”改为“本公司旨在推销面粉”，并第一次在公司内部成立了市场调研部门，派出大量推销人员从事推销活动。

但是，推销观念与前两种观念一样，也是建立在以企业为中心的“以产定销”，而不是满足消费者真正需要的基础上。因此，前三种观念被称之为市场营销的旧观念。

4．市场营销观念

市场营销观念是以消费者需要和欲望为导向的经营哲学，是消费者主权论的体现，形成于20世纪50年代。该观念认为：实现企业诸目标的关键在于正确确定目标市场的需要和欲望，一切以消费者为中心，并且比竞争对手更有效、更有利地传送目标市场所期望满足的东西。

市场营销观念的产生，是市场营销哲学的一种质的飞跃和革命，它不仅改变了传统的旧观念的逻辑思维方式，而且在经营策略和方法上也有很大突破。它要求企业营销管理贯彻“顾客至上”的原则，将管理重心放在善于发现和了解目标顾客的需要，并千方百计去满足它，从而实现企业目标。因此，企业在决定其生产经营时，必须进行市场调研，根据市场需求及企业本身条件选择目标市场，组织生产经营，最大限度地提高顾客满意程度。

执行市场营销观念的企业称为市场导向企业。其具体表现是：“尽我们最大的努力，使顾客的每一美元都能买到十足的价值和满意”。当时，美国贝尔公司的高级情报部所做的一个广告，称得上是以满足顾客需求为中心任务的最新、最好的一个典范：“现在，今天，我们的中心目标必须针对顾客。我们将倾听他们的声音，了解他们所关心的事，我们重视他们的需要，并永远先于我们自己的需要，我们将赢得他们的尊重。我们与他们的长期合作关系，将建立在互相尊重、信赖和我们努力行动的基础上。顾客是我们的命根子，是我们存在的全部理由。我们必须永远铭记，谁是我们的服务对象，随时了解顾客需要什么、何时需要、何地需要、如何需要，这将是我们每一个人的责任。现在，让我们继续这样干下去吧，我们将遵守自己的诺言。”

从此，消费者至上的思潮为西方各国普遍接受，保护消费者权益的法律纷纷出台，消费者保护组织在社会上日益强大。根据“消费者主权论”，市场营销观念相信，决定生产什么产品的主权不在生产者，也不在于政府，而在于消费者。

5．社会营销观念

社会营销观念是以社会长远利益为中心的市场营销观念，是对市场营销观念的补充和修正。从20世纪70年代起，随着全球环境破坏、资源短缺、人口爆炸、通货膨胀和忽视社会服务等问题日益严重，要求企业顾及消费者整体利益与长远利益的呼声越来越高。在西方的市场营销学界提出了一系列新的理论及观念，如人类观念、理智消费观念、生态准则观念等。其共同点都是认为：企业生产经营不仅要考虑消费者需要，而且要考虑消费者和整个社会的长远利益。这类观念统称为社会营销观念。

社会营销观念的基本核心是：以实现消费者满意以及消费者和社会公众的长期福利作为企业的根本目的与责任。理想的营销决策应同时考虑到：社会营销观念愿望的满足，消费者和社会的长远利益，企业的营销效益。

社会营销观念的基本特点可以概括为：① 以消费者需求为中心，实行目标市场营销；② 运用市场营销组合手段，全面满足消费者的需求；③ 树立整体产品概念，刺激新产品开发，满足消费者整体需求；④ 通过满足消费者需求而实现企业获取利润的目标；⑤ 市场营销部门成为指挥和协调企业整个生产经营活动的中心。

二、社会营销观念与传统观念的区别

1. 社会营销观念与传统观念的划分

我们一般把生产观念、产品观念与推销观念并称为传统观念，是以企业为中心、以企业利益为根本取向和最高目标来处理营销问题的观念；而把市场营销观念与社会营销观念分别称为以消费者为中心的顾客导向观念和以社会长远利益为中心的社会导向观念，二者并称为社会营销观念。

2. 市场营销观念与传统观念的区别

美国营销大师西奥多·李维特（Theodore Levitt）曾以推销观念与市场营销观念为代表，比较了新旧观念的差别。他说，推销的重心是卖方的需要，营销的中心是买方的需要；推销一心想的是把卖方的产品转变为钞票；营销秉持这样的理念：通过产品，以及与创造产品、传送产品和消费产品联系在一起的所有事情，满足客户的需要。即：

传统的推销观念：采用的是由内向外的顺序。它从工厂出发，以公司现存产品为中心，通过大量推销和促销来获取利润。该观念的 4 个支柱是：工厂、产品导向、推销、赢利。

市场营销观念：采用的是从外向内的顺序。它从明确的市场出发，以顾客需要为中心，协调所有影响顾客的活动，并通过创造性的顾客满足来获取利润。该观念的 4 个支柱是：市场中心、顾客导向、协调的市场营销和利润。

可见，从本质上说，市场营销观念是一种以顾客需要和欲望为导向的哲学，是消费者主权论在企业市场营销管理中的体现。许多优秀的企业都是奉行市场营销观念的。

3. 不同市场观念的内涵、背景以及新旧观念的比较（见表 1.1）

表 1.1 新旧观念比较表

市场观念	营销出发点	营销目的	基本营销策略	侧重的方法
生产观念/产品观念）	产品	通过大批生产产品、或改善产品即刻获利	以增加产量、提高质量、降低价格竞争	坐店等客
推销观念	产品	通过大量推销产品获利	以多种推销方式竞争	派员销售广告宣传
市场营销观念	消费者需求	通过满足需求达到长期获利	以发现和满足需求竞争	实施整体营销方案
社会营销观念	消费者需求	通过满足需求达到长期获利	以获取消费者信任、兼顾社会利益影响消费等竞争	与消费者及有关方面建立良好的关系

三、现代市场营销观念的新领域

1. 创造需求的营销观念

现代市场营销观念的核心是以消费者为中心，认为市场需求引起供给，每个企业必须依照消费者的需要与愿望组织商品的生产与销售。几十年来，这种观念已被公认，在实际的营销活动中也备受企业家的青睐。然而，随着消费需求的多元性、多变性和求异性特征的出现，需求表现出了模糊不定的“无主流化”趋势，许多企业对市场需求及走向常感捉捕不准，适应需求难度加大。另外，完全强调按消费者购买欲望与需要组织生产，在一定程度上会压抑产品创新，而创新正是经营成功的关键所在。为此，在当代激烈的商战中，一些企业总结现代市场营销实践经验，提出了创造需求的新观念，其核心是指市场营销活动不仅仅限于适应、刺激需求，还在于能否生产出对产品的需要。

日本索尼公司董事长盛田昭夫对此进行了表述：“我们的目标是以新产品领导消费大众，而不是问他们需要什么，要创造需要。”索尼公司的认识起码有三方面是新颖的：其一，生产需要比生产产品更重要，创造需求比创造产品更重要；其二，创造需要比适应需要更重要，现代企业不能只满足于适应需要，更应注重“以新产品领导消费大众”；其三，“创造需求”是营销手段，也是企业经营的指导思想，它是对近几十年来一直强调“适应需求”的市场营销观念的发展。

2. 文化营销观念

文化营销观念是指企业成员共同默认并在行动上付诸实施，从而使企业营销活动形成文化氛围的一种营销观念，它反映的是现代企业营销活动中，经济与文化的不可分割性。企业的营销活动不可避免地包含着文化因素，企业应善于运用文化因素来实现市场制胜。

在企业的整个营销活动过程中，文化渗透于其始终。一是商品中蕴含着文化，商品不仅仅是有某种使用价值的物品。同时，它还凝聚着审美价值、知识价值、社会价值等文化价值的内容。“孔府家酒”之所以能誉满海外，备受海外华人游子的青睐，不仅在于它的酒味香醇，更在于它满足了海外华人思乡恋祖的文化需要。日本学者本村尚三郎曾说过，“企业不能像过去那样，光是生产东西，而要出售生活的智慧和欢乐”，“现在是通过商品去出售智慧、欢乐和乡土生活方式的时代了”。二是经营中凝聚着文化。日本企业经营的成功得益于其企业内部全体职工共同信奉和遵从的价值观、思维方式和行为准则，即所谓的企业文化。营销活动中尊重人的价值、重视文化建设、重视管理哲学及求新、求变精神，已成为当今企业经营发展的趋势。美国 IBM 公司“尊重个人，顾客至上，追求卓越”三位一体的价值观体系；日本松下公司“造物之前先造人”的理念；瑞士劳力士手表“仁心待人，严格待事”的座右铭，等等，充分说明了企业文化的因素是把企业各类人员凝集在一起的精神支柱，是企业在市场竞争中赢得优势的源泉和保证。

3. 知识营销

知识营销指的是向大众传播新的科学技术以及它们对人们生活的影响，通过科普宣传，让消费者不仅知其然，而且知其所以然，重新建立新的产品概念，进而使消费者萌发对新产品的需要，达到拓宽市场的目的。随着知识经济时代的到来，知识成为发展经济的资本，知识的积累和创新，成为促进经济增长的主要动力源，因此，作为一个企业，在搞科研开发的同时，就要想到知识的推广，使一项新产品研制成功的市场风险降到最小，而要做到这一点，就必须运作知识营销。

比尔·盖茨的先教电脑、再卖电脑的做法是典型的知识营销。他斥资 2 亿美元，成立盖茨图书馆基金会，为全球一些低收入的地区图书馆配备最先进的电脑，又捐赠软件让公众接受电脑知识。再比如，上海交大昂立公司开展的送你一把金钥匙科普活动，通过在社区举办科普讲座，向市民赠送生物科学书籍，举办科普知识竞赛等，提高了市民的科学健康理念，引发了人们对生物科技产品的需求，达到了其他任何形式的产品营销所达不到的目的，使其产品（微生态试剂）市场在短短的10年间，从零发展到如今近百亿元，创造了广阔的市场。

扩展阅读

雅阁牌汽车与迪斯尼乐园

日本本田汽车公司要在美国推出一种雅阁牌新车。在设计新车前，他们派出工程技术人员专程到洛杉矶地区考察高速公路的情况，实地丈量路长、路宽，采集高速公路的柏油，拍摄进出口道路的设计。回到日本后，他们专门修了一条 9 英里长的高速公路，就连路标和告示牌都与美国公路上的一模一样。在设计行李箱时，设计人员意见有分歧，他们就到停车场看了一个下午，看人们如何放取行李。这样一来，意见马上统一起来。结果本田公司的雅阁牌汽车一到美国就备受欢迎，被称为是全世界都能接受的好车。

再如美国的迪斯尼乐园，欢乐如同空气一般无所不在。它使得每一位来自世界各地的儿童美梦得以实现，使各种肤色的成年人产生忘年之爱。因为迪斯尼乐园成立之时便明确了它的目标：它的产品不是米老鼠、唐老鸭，而是快乐。人们来到这里是享受欢乐的。公园提供的全是欢乐。公司的每一个人都要成为欢乐的灵魂。游人无论向谁提出问题，谁都必须用“迪斯尼礼节”回答，决不能说“不知道”。因此，游人们一次又一次地重返这里，享受欢乐，并愿付出代价。反观我国的一些娱乐城、民俗村、世界风光城等，那单调的节目、毫无表情的解说、爱理不理的面孔，使人只感到寒意，哪有欢乐可言？由此可见我国企业树立市场营销观念之迫切性。

（根据营销管理哲学-MBA 智库百科改编）

第三节　市场营销管理

一、市场营销管理的概念

在现代市场经济条件下，企业必须十分重视市场营销管理，根据市场需求的现状与趋势，制订计划，配置资源。通过有效地满足市场需求，来赢得竞争优势，求得生存与发展。

市场营销管理是指为创造达到个人和机构目标的交换，而规划和实施理念、产品和服务的构思、定价、分销和促销的过程。市场营销管理是一个过程，包括分析、规划、执行和控制。其管理的对象包含理念、产品和服务。市场营销管理的基础是交换，目的是满足各方需要。

二、市场营销管理的任务

1．市场营销管理的主要任务

市场营销管理的主要任务是刺激消费者对产品的需求。但不能仅仅局限于此，它还帮助企业在实现其营销目标的过程中，影响需求水平、需求时间和需求构成。因此，市场营销管理的任务是刺激、创造、适应及影响消费者的需求。从此意义上说，市场营销管理的本质是需求管理。市场营销管理就是要对付各种不同的需求情况。

2．市场营销管理的具体任务

根据需求水平、时间和性质的不同，市场营销管理的任务也有所不同：

负需求：当绝大多数人对某个产品感到厌恶，甚至愿意出钱回避它的情况下，市场营销管理的任务是改变市场营销。

无需求： 如果目标市场对产品毫无兴趣或漠不关心，市场营销管理就需要去刺激市场营销。

潜伏需求： 潜伏需求是指相当一部分消费者对某物有强烈的需求，而现有产品或服务又无法使之满足的一种需求状况。在此种情况下，市场营销管理的重点就是开发潜在市场。

下降需求： 当市场对一个或几个产品的需求呈下降趋势状时，市场营销管理的就应找出原因，重振市场。

不规则需求： 不规则需求是指某些物品或服务的市场需求在一年不同季节，或一周不同日子，甚至一天不同时间上下波动很大的一种需求状况。在不规则需求情况下，市场营销管理的任务是对该市场进行协调。

充分需求： 假如某种物品或服务的目前需求水平和时间等于预期的需求水平和时间（这是企业最理想的一种需求状况），市场营销管理只要加以维持即可。

过量需求： 在某种物品或服务的市场需求超过了企业所能供给或所愿供给的水平时，市场营销管理应及时降低市场营销。

有害需求： 有害需求指的是市场对某些有害物品或服务的需求。对此，市场营销管理的任务就是要加以消灭。

第四节　市场营销环境分析

一、市场营销环境

1. 市场营销环境的概念

市场营销环境是指是指影响企业市场营销活动及其目标实现的各种因素和动向。它存在于企业营销系统外部，是不可控制或难以控制的因素和力量，这些因素和力量是影响企业营销活动及其目标实现的外部条件。用图 1.1 表示如下：

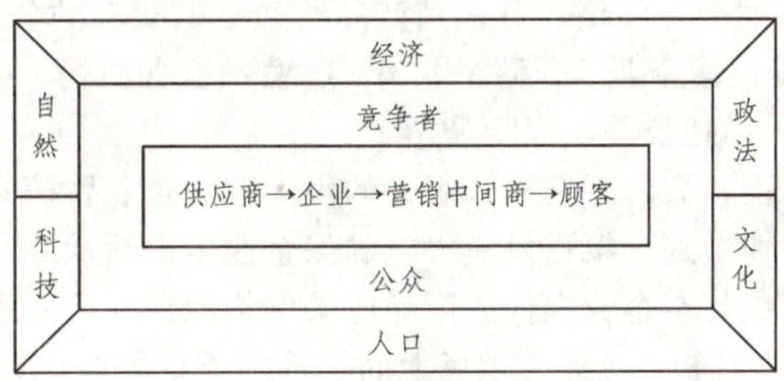

图 1.1　市场营销环境

2. 市场营销环境的特点

客观性： 市场营销环境作为一种客观存在，是不以企业的意志为转移的，有着自己的运行规律和发展趋势，对营销环境变化的主观臆断必然会导致营销决策的盲目与失误。营销管理者的任务在于适当安排营销组合，使之与客观存在的外部环境相适应。

关联性： 构成营销环境的各种因素和力量是相互联系、相互依赖的。如经济因素不能脱离政治因素而单独存在；同样，政治因素也要通过经济因素来体现。

层次性： 从空间上看，营销环境因素是个多层次的集合。第一层次是企业所在的地区环境，例如当地的市场条件和地理位置。第二层次是整个国家的政策法规、社会经济因素，包括国情特点、全国性市场条件等。第三层次是国际环境因素。这几个层次的外界环境因素与企业发生联系的紧密程度是不相同的。

差异性：营销环境的差异主要因为企业所处的地理环境、生产经营的性质、政府管理制度等方面存在差异，不仅表现在不同企业受不同环境的影响，而且同样一种环境对不同企业的影响也不尽相同。

动态性：外界环境随着时间的推移经常处于变化之中。例如，外界环境利益主体的行为变化和人均收入的提高均会引起购买行为的变化，影响企业营销活动的内容；外部环境各种因素结合方式的不同也会影响和制约企业营销活动的内容和形式。

二、市场营销环境的具体内容

按对企业营销活动影响因素的范围分为：微观环境和宏观环境。

1. 微观市场营销环境

企业的微观营销环境是指对企业服务其目标市场的营销能力构成直接影响的各种因素的集合。包括企业内部环境、顾客、供应商、营销中介、竞争者和社会公众等与企业具体营销业务密切相关的各种组织与个人，如图 1.2 所示。

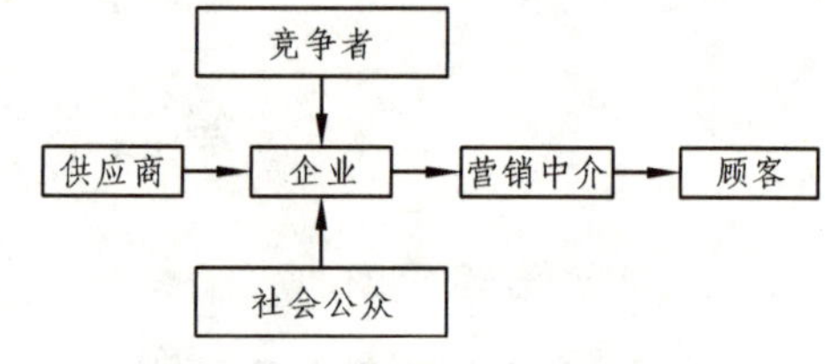

图 1.2 微观营销环境

图中供应商、企业、营销中介、顾客这一链条构成企业的核心营销系统。企业市场营销活动的成败，还直接受到另外两个群体的影响，即竞争者和社会公众。

企业：即企业内部状态。任何一个企业的市场营销活动都不是企业某个部门的孤立行为，企业市场营销管理部门也不例外。现代市场营销理论，特别强调企业对环境的能动性的反作用，认为企业对周围环境的关系，不仅有反应、适应的必要，而且还有积极创造和控制的可能。

市场营销中介：指协助企业促销、分销其产品给最终购买者的公司和个人。包括：① 中间商；② 实体分销公司（运输企业、仓储企业）；③ 营销服务机构（广告公司、咨询公司等）；④ 财务中介机构（银行、信托公司、保险公司）。

供应商：泛指组织活动所需各类资源和服务的供应者。企业要搞好市场营销就必须要慎重选择供应商，并尽可能多地做到多渠道供应，以确保企业生产活动顺利进行。

竞争者：一般是指那些与本企业提供的产品或服务相似，并且所服务的目标顾客也相似的其他企业。从营销学的角度分析，企业在市场上面临着四类竞争者：① 愿望竞争者指的是提供不同产品以满足不同需求的竞争者。比如：旅游与购买电脑的竞争。② 平行竞争者是提供能满足同一种需求的不同产品的竞争者，如自行车、摩托车、汽车都可用作交通工具，生产他们的企业也就互相成为各自的平行竞争者。③ 产品形式竞争者指生产同类但规格、型号、款式不同产品的竞争者。如自行车中的山地车与城市车、男式车与女式车，就构成产品形式竞争者。④ 品牌竞争者指生产相同规格、型号、款式的产品，但品牌不同的竞争者。以电视机为例，索尼、长虹、夏普、金星等众多产品之间就互为品牌竞争者。

公众：公众具体包括：金融公众、媒体公众、政府公众、市民行动公众（即各种保护消费者权益组织、环境保护组织、少数民族组织等）、地方公众、一般公众、企业内部公众（如董事会、监事会、经理等）。

2. 宏观市场营销环境

宏观市场营销环境主要包括人口、经济、自然、科学技术、政治法律及社会文化等以一些企业很难控制的大的环境因素。企业及其微观环境的参与者，无不处于宏观环境之中。

（1）人口环境。

市场是由那些想买东西并且具有购买力的人（即潜在购买者）构成的，而且这种人越多，市场的规模就越大。当前，世界范围内，人口快速增长，机遇挑战并存。

扩展阅读

人口环境的发展呈现以下趋势

人口环境的发展呈现以下趋势：① 世界人口迅速增长，人口区域分布不均匀。21世纪的中国将是一个不可逆转的老龄社会。根据统计局发布的2011年国民经济和社会发展统计公报，2011年末全国大陆总人口为134 735万人，比上年末增加644万人。全年出生人口1 604万人，自然增长率为4.79‰。这一快速增长的趋势今天还在继续。我国94%人口主要居住在东部地区，西部地区人口较少，只占总人口的6%，大城市主要集中在东部地区，这就决定我国市场营销的重点在东南沿海人口稠密的地区。② 人口增长率不平衡，人口年龄分布结构不平衡。发达国家的人口出生率下降，不少国家已经进入老龄化社会，呈现人口年龄分布倒金字塔形结构。老龄化的出现，给经营医疗和保健用品、旅游、眼镜、助听器的企业带来市场机会，给社会保险行业带来新的挑战。与此同时，发展中国家人口出生率上升，青少年人数达到历史最高水平。这给当地政府带来教育、就业、住房、医疗服务、食品供应的压力，但同时也为从事青少年产品开发的企业带来商机。许多在发达国家经营儿童产品的企业纷纷转移到发展中国家开拓市场。③ 家庭结构发生变化，非家庭住户增长迅速。现在的家庭结构大部分是三口之家，两口之家，几代同堂的家庭很少见，这为家电、房地产、汽车制造业、日托服务业创造了条件，同时也使人们使用的日常用品趋于小型化。由于人们晚婚晚育、外出打工、学习使非家庭住户增长，带动了娱乐业、餐饮业、旅游业的迅速发展。④ 由于全球经济一体化的迅速发展，人口的流动性增大。具体表现在：一是发展中国家人口流向发达国家。美国是许多发展中国家移民的首选之地，世界大量科技人才涌入美国，为美国经济的发展做出很大的贡献。二是农村人口流向城市。第二次世界大战后发展中国家的农村人口大规模地向城市迁移，使发展中国家城市人满为患。三是发达国家或地区的人口从城市流向郊区。由于城市日益拥挤，污染严重，在交通发达的今天，许多人纷纷从城市迁往郊区，于是在大城市的郊区出现了现代化的购物中心。

根据北京大学人口研究所课题组《全球人口发展趋势及其对世界政治的影响》（发表于2012年11月21日《当代世界与社会主义》）改编

（2）经济环境。

① 消费者收入的变化。

消费者收入是一个国家一年内个人所得到的全部收入，包括消费者的工资、红利、租金、退休金、馈赠、遗产等收入。消费者收入决定消费者的购买力，也决定社会购买力、市场规模大小以及消费者支出规模和支出模式。

我国的消费者收入虽然显著增加，但是消费者并不能将其全部收入用来购买商品或服务，因此我们有必要区分消费者收入，明确消费者的各种收入支出的重点。

第一，消费者可支配收入和可随意支配收入。

消费者的可支配个人收入是指扣除消费者个人缴纳的各种税款和交给政府的非商业性开支后可用于个人消费和储蓄的那部分个人收入。它是影响消费者购买力和消费者支出的决定性因素。

可随意支配个人收入是指可支配个人收入减去消费者用于购买生活必需品的固定支出（如房租、保险费、分期付款、抵押贷款）所剩下的那部分个人收入。它是影响消费需求变化最活跃的因素。可随意支配收入一般用来购买奢侈品、汽车，进行旅游度假等。这部分收入越多，说明消费者的经济条件越优越，购买奢侈品、汽车、旅游度假和其他文娱活动的人越多，一般讲，人均 GDP 达到 1 000 美元，国内旅游就比较火爆，出境旅游人数显著增加。如在我国每年“春节”、“十一”黄金周外出旅游度假人数骤增，给旅游等第三产业带来显著的经济效益。

第二，货币收入和实际收入。

货币收入是以货币额表现的收入。实际收入是货币收入在排除物价涨跌等因素后所得到的收入。实际收入影响社会的真实购买力，假设消费者货币收入不变，如果物价下跌，消费者实际收入增加，反之，实际收入减少。

② 消费者支出模式的变化。

所谓消费者支出模式，是指消费者收入变动与需求结构之间的对应关系，也就是常说的支出结构。在收入一定的情况下，消费者会根据消费的急需程度，对自己的消费项目进行排序，一般先满足排序在前也即主要的消费。如温饱和治病肯定是第一位的消费，其次是住、行和教育；再次是舒适型、提高型的消费，如保健、娱乐等。消费者支出模式主要受消费者收入的影响。随着消费者收入的变化，消费者支出模式就会发生相应的变化。这个问题涉及“恩格尔定律”。

影响消费者支出的因素有：消费者收入；家庭生命周期阶段；家庭所在地点；消费产品供销状况；城市化水平；商品化水平；劳务社会化水平；物价指数。

近几年，世界各国恩格尔系数，以及与此有关的消费支出和消费结构，表现出以下特点：a. 西欧、北欧、南欧、北美、日本、澳大利亚和中东石油富国的恩格尔系数显著下降，许多国家降到 25%以下，而发展中国家的恩格尔系数几乎都超过 45%，其购买力仍集中于食物消费。b. 发达国家消费者新建改建住房，逐步加强室内现代化，这方面开支比重增加，发展中国家的住房建设、衣着开支也有所增加。c. 用于小汽车、奢侈品、旅游、娱乐等方面的支出，发达国家的增速高于发展中国家。d. 居民消费支出占国民生产总值和国民收入的比重上升，许多国家的消费者甚至大量提取个人存款或举债购物。多层次的消费风潮在世界范围内流行。

扩展阅读

恩格尔定律

恩格尔系数（Engel's Coefficient）是食品支出总额占个人消费支出总额的比重。是根据恩格尔定律而得出的比例数。19 世纪中期，德国统计学家和经济学家恩格尔对比利时不同收入的家庭消费情况进行了调查，研究了收入增加对消费需求支出构成的影响，提出了带有规律性的原理，由此被命名为恩格尔定律。恩格尔定律的涵义和意义：① 随着家庭收入的增加，家庭用于购买食品的支出占家庭收入的比重（即恩格尔系数）就会下降；② 随着家庭收入的增加，家庭用于住宅建筑和家务经营的支出占家庭收入的比重大体不变（燃料、照明、冷藏等支出占家庭收入的比重会下降）；③ 随着家庭收入的增加，家庭用于其他方面的支出（如服装、交通、娱乐、卫生保健、教育）和储蓄占家庭收入的比重就会上升。对一个国家而言，一个国家越穷，每个国民的平均支出中，用来购买食物的费用所占比例就越大。推而广之，一个国家越穷，每个国民的平均收入中（或平均支出中）用于购买食物的支出所占比例就越大，随着国家的富裕，这个比例呈下降趋势。因此，恩格尔系数是衡量一个家庭或一个国家富裕程度的主要标准之一。根据联合国粮农组织提出的标准，恩格尔系数在 59%以上为贫困，50%～59%为温饱，40%～50%为小康，30%～40%为富裕，低于 30%为最富裕。恩格尔系数在 20%以下的只有美国，达到 16%；欧洲、日本、加拿大，一般在 20%～30%之间，是富裕状态。东欧国家，一般在 30%～40%之间，相对富裕，剩下的发展中国家，基本上分布在小康。我国城镇居民恩格尔系数大约在 37%，农村居民恩格尔系数大约在 43%，但是，区域分布不平衡。我国目前仍然处于小康阶段，是低水平、不全面、发展很不平衡的小康。

③ 消费者储蓄与信贷。

消费者收入即可用来消费，又可储蓄。如果用于消费则增大对市场商品的需求，对企业发展有利；如果用于储蓄则增加商业银行的资金来源，扩大商业银行信贷业务，增加商业银行的利润。

第一，储蓄。

消费者储蓄有广义和狭义之分。狭义的消费者储蓄是指居民个人在银行的存款。广义的储蓄是指居民将暂不支出的一部分可随意支配的收入储存待用。储蓄的形式有两种：一是银行存款；二是购买有价证券。2013 年城乡居民储蓄余额接近 40 万亿元，占商业银行全部存款一半以上，它是我国商业银行最重要的资金来源。消费者储蓄增多使消费者现实需求减少，潜在需求增大。企业在进行市场营销时，需密切关注消费者的储蓄动向和目的，制订有效的市场营销策略，为消费者提供满意的产品和服务，扩大消费需求。

第二，消费信用。

消费信用是工商企业或银行等金融机构，对消费者提供的直接用于生活消费的信用。消费信用类型有两种：一是赊销分期付款。它是指工商企业以赊销商品，分期付款的方式向消费者提供的信用。赊销一般由零售商以延期付款方式销售商品，提供给消费者的短期消费信用。分期付款是用于购买耐用消费品，如住房、汽车等，消费者先付一部分贷款，其他部分按合同规定分期还本付息，在贷款还清之前，消费品所有权仍属卖方。二是消费贷款。它是银行或其他金融机构以货币形式向消费者提供的消费信用。它属于长期消费信用，时间可达 20～30 年。如按揭售房、助学贷款等。

消费信用最早起源于第一次世界大战后的美国，它在一定程度上缓和消费者购买力需求与现代化生活需求矛盾，促进企业生产的发展，使消费者潜在需求变为现实需求，但消费信用规模要控制在一定范围内，否则会诱发经济危机。一个国家在人均 GDP 达到 1 000～3 000 美元时，该国就进入消费信用时期。在 2011 年末我国人均 GDP 可超过 5 000 美元，许多居民具备了信用消费能力。消费信用在购买住房、汽车、助学领域广泛展开。

（3）自然环境。

企业经营所需的原材料、能源来自于自然环境，同时也将经营活动产生的各种废弃物排放到自然环境中去，因此自然环境及其变化趋势势必对企业的各项营销决策产生影响。

目前，我国面临的自然环境日益恶化、环境污染日趋严重，多种资源短缺。具体表现为耕地面积减少，粮食短缺；淡水资源短缺，海洋资源过度捕捞；森林被大量砍伐，导致气候条件日益恶化；能源危机日益严重；环境污染日益严重。随着环境污染程度的加深，社会公众对环境污染危害认识的提高，政府加强对自然资源管理的干预，使企业不得不为防治环境污染花费昂贵的投资和接受高额的罚款。

自然环境的这些变化对营销的影响为增加企业经营成本的同时，也增加了新兴产业市场机会。随着政府对自然资源管理干预加强，环保产品需求增大，企业为了自身利益和长远发展纷纷制定以生态为中心的经营模式，企业经营战略的制定以追求环境负面影响最小化为宗旨。1990 年德国通过了“回收”法律，要求汽车制造商对其产品的使用生命周期负责。为了遵守“回收”法律，宝马（BMW）在汽车设计时，不仅设计集成系统，而且还设计拆装系统，一辆价值 25 000 美元的宝马汽车，为满足环保清洁能源的投入就达 8 000 美元。

（4）技术环境。

技术环境是指一个国家和地区的技术水平、技术政策、新产品开发能力以及技术发展动向等。技术力量可以为企业提供解决问题的各种途径。技术环境对企业营销的影响是多方面的，企业的技术进步将使社会对企业的产品或服务的需求发生变化，从而给企业提供有利的发展机会；然而新技术又是一种“创造性的毁灭力量”。每一种新技术都会给某些企业造成新的市场机会，因而会产生新的行业，同时，还会给某个行业的企业造成环境威胁，使这个旧行业受到冲击甚至被淘汰。越是技术进步快的行业这种技术变革就越应该作为环境分析的重要因素。

目前，科技创新使产业结构不断调整和升级，科学技术的迅猛发展使产品生命周期日益缩短，科学技术的发展也引发了市场营销创新。新技术引起的企业市场营销策略的变化。

（5）政治与法律环境。

政治法律环境是指一个国家或地区的政治制度、体制、方针政策、法律法规等方面。这些因素常常制约、影响企业的经营行为，尤其是影响企业较长期的投资行为。

（6）社会和文化环境。

社会和文化主要指一个国家、地区的民族特征、价值观念、生活方式、风俗习惯、宗教信仰、伦理道德、教育水平、语言文字等的总和。

社会文化分为主体文化和亚文化两部分：主体文化是一个国家或地区历史发展过程中所形成的具有凝聚整个国家和民族向心力作用的文化，它在诸多方面不同程度地体现出这个国家或民族的共性，是一个国家或地区有别于其他国家或地区的鲜明标志，如东西方文化的差异。亚文化，是存在于某一特定范围内具有一定特色的文化，如民族文化、区域文化、宗教文化等。它容易受外来因素的影响，如佛教从印度来到中国以后，融合了中国的道教和儒家思想，使其具有了显著的中国文化特色。

三、环境分析方法

市场营销环境发展趋势基本上分为两大类：一类是环境威胁，另一类是市场营销机会。市场营销环境分析即监测跟踪市场营销环境发展趋势，发现市场机会和威胁，从而调整营销策略以适应环境变化。所谓市场营销机会，是指对企业营销管理富有吸引力的而且具有竞争优势的领域或动向。市场营销环境威胁就是指不利于企业营销的因素或者动向。

1. 矩阵分析方法

（1）环境威胁矩阵分析。

构成环境威胁的因素主要包括三方面：① 关键性的威胁，会严重危害公司利益且出现可能性大，应准备应变计划；② 不需准备应变计划，但需密切关注，可能发展成严重威胁；③ 威胁较小，不加理会。

（2）市场机会矩阵分析。

构成市场机会的因素主要包括三方面：① 最佳机会：应准备若干计划以追求其中一个或几个机会；② 应密切注视，可能成为最佳机会；③ 机会太小，不予考虑。以电视照明设备公司为例可以进行环境威胁，与营销机会分析，见表 1.2。

表 1.2 电视照明设备公司的环境威胁与营销机会分析

因素	环境威胁	环境机会
1	竞争者开发更好的照明系统	公司开发更好的照明系统
2	严重的长期经济萧条	开发成本更低的照明系统
3	成本增长	开发一种能测定照明系统利用能源效率的设备
4	规定减少开办电视演播室	开发向电视演播人员传授基本知识的软件

（根据 MBA 智库百科改编）

（3）机会/威胁矩阵分析与对策

分析与对策概括如表 1.3 所示：

表 1.3　机会/威胁矩阵分析与对策表

业务类型	市场机会	市场威胁	企业市场营销对策
理想业务	很多	很少	抓住机遇，迅速行动
冒险业务	很多	很严重	不宜盲目冒进，也不应迟疑不决，坐失良机
成熟业务	很少	不严重	作企业常规业务，用以维持企业的正常运转
困难业务	很少	很严重	努力改变环境、减轻威胁；或转移，摆脱困境

2.“五力”模型分析

由哈佛大学商学院著名教授迈克尔·波特（Michael Porter）于上世纪 80 年代初提出，对企业战略制定产生全球性的深远影响。用于竞争战略的分析，可以有效地分析客户的竞争环境。“五力”分别是：即供应商和购买者的讨价还价能力，潜在进入者的威胁，替代品的威胁，以及最后一点，来自目前在同一行业的公司间的竞争。五种力量的不同组合变化，最终影响行业利润潜力变化。一种可行战略的提出首先应该包括确认并评价这五种力量，不同力量的特性和重要性因行业和公司的不同而变化。“五力”分析的具体内容：

潜在进入者的威胁力：可能是一个新办的企业，也可能是一个采用多元化经营战略的原从事其他行业的企业，潜在进入者会带来新的生产能力，并要求取得一定的市场份额。

现有企业的竞争力：现有企业间的竞争是指产业内各个企业之间的竞争关系和程度。

供货商的议价能力：供方往往通过提高价格或降低质量及服务的手段，向产业链的下游企业施加压力，以此来榨取尽可能多的产业利润。

买方的议价能力：买方（顾客、用户）总是为压低价格，要求提高产品质量和服务水平而同该产业内的企业讨价还价，使得产业内的企业相互竞争残杀，导致产业利润下降。

替代品的威胁力：替代品是指那些与本企业产品具有相同功能或类似功能的产品。

根据上面对于五种竞争力量的讨论，企业可以采取尽可能地将自身的经营与竞争力量隔绝开来、努力从自身利益需要出发影响行业竞争规则、先占领有利的市场地位再发起进攻性竞争行动等手段来对付这五种竞争力量，以增强自己的市场地位与竞争实力。

波特的竞争力模型的意义在于，五种竞争力量的抗争中蕴含着三类成功的战略思想，那就是大家熟知的：总成本领先战略、差异化战略、专一化战略。

阿迪达斯

在体育爱好者的心目中，阿迪达斯是个殿堂级的品牌，在竞争激烈的美国运动鞋市场始终立于不败之地。阿迪达斯的成功之处就在于，在对市场有了正确的认识后制定了正确的策略。运用五力分析模型对美国运动鞋市场进行分析后可以了解到，这是一个充满诱惑的市场，但同时进入壁垒高筑，有较低的供应商议价能力，适度的购买者议价能力并且没有知名品牌的替代产品，很难挤出利润，区域里的对抗十分激烈。鉴于此，阿迪达斯制定了以市场营销和研发为核心的策略，他们重新聚焦、重新定位阿迪达斯品牌以全面发掘它的市场潜力，并建立了一个新的技术创新团队，每年至少投放一个大的创新。正确的策略让阿迪达斯在美国运动鞋市场保持领跑者地位。

案例资料来源于：BABALA WU （世界经理人网站编辑）

3. SWOT 分析法

（1）概念与内容。

SWOT 分析方法是一种企业内部分析方法，即根据企业自身的既定内在条件进行分析，找出企业的优势、劣势及核心竞争力之所在。其中，S 代表 strength（优势），W 代表 weakness（弱势），O 代表 opportunity（机会），T 代表 threat（威胁），其中，S、W 是内部因素，O、T 是外部因素。按照企业竞争战略的完整概念，战略应是一个企业“能够做的”（即组织的强项和弱项）和“可能做的”（即环境的机会和威胁）之间的有机组合。优劣势分析主要是着眼于企业自身的实力及其与竞争对手的比较，而机会和威胁分析将注意力放在外部环境的变化及对企业的可能影响上。在分析时，应把所有的内部因素（即优劣势）集中在一起，然后用外部的力量来对这些因素进行评估。SWOT 分析通过对优势、劣势、机会和威胁的加以综合评估与分析得出结论，然后再调整企业资源及企业策略，来达成企业的目标。

（2）耐克（Nike）SWOT 分析实例。

优势（S）： 包括竞争对手最强的特征：其持有的专利、技术、市场份额、管理水平、财务能力、顾客忠诚、销售渠道、产品质量等。Nike 的优势 ——耐克是一家极具竞争力的公司，公司创立者与 CEO 菲尔·奈特（Phil Knight）最常提及的一句话便是“商场如战场”（Business is war without bullets）。

劣势（W）： 是强项的反面，包括竞争对手的沉重债务、高比例的非熟练工人、工人罢工、销售渠道缺乏、产品质量差、形象差、设备老化、生产工艺过时等内容。Nike 的劣势 ——耐克拥有全系列的运动产品（也可以理解为没有重点产品）。

机会（O）： 能促进公司成功的市场变化、产业形势或其他环境条件的变动。机会包括政府取消对公司不利的管制，银行利息大幅度下调，消费群体增加、人口增长，竞争对手的专利到期，原材料成本大幅度下降，竞争对手实力变弱等等。Nike 的机会 ——产品的不断研发。

威胁（T）： 是机会的反面，是外部条件可能对公司的伤害。威胁包括原材料短缺、政府法规导致的高费用，新的竞争对手出现，利率大幅度上调，经济不景气等。Nike 的其威胁 ——受困于国际贸易。

市场营销人员具备两个特殊的优势：① 具有良好的收集市场营销环境信息的方法，市场情报收集与市场营销研究。② 会在消费者和竞争者环境上花更多的时间。

扩展阅读

沃尔玛（Wal-Mart）SWOT 分析

优势 Strengths：沃尔玛是著名的零售业品牌，它以物美价廉、货物繁多和一站式购物而闻名。沃尔玛的销售额在近年内有明显增长，并且在全球化的范围内进行扩张（例如，它收购了英国的零售商 ASDA）。沃尔玛的一个核心竞争力是由先进的信息技术所支持的国际化物流系统。例如，在该系统支持下，每一件商品在全国范围内的每一间卖场的运输、销售、储存等物流信息都可以清晰地看到。信息技术同时也加强了沃尔玛高效的采购过程。沃尔玛的一个焦点战略是人力资源的开发和管理。优秀的人才是沃尔玛在商业上成功的关键因素，为此沃尔玛投入时间和金钱对优秀员工进行培训并建立忠诚度。

劣势 Weaknesses：沃尔玛建立了世界上最大的食品零售帝国。尽管它在信息技术上拥有优势，但因为其巨大的业务拓展，这可能导致对某些领域的控制力不够强。因为沃尔玛的商品涵盖了服装、食品等多个部门，它可能在适应性上比起更加专注于某一领域的竞争对手存在劣势。该公司是全球化的，但是目前只开拓了少数几个国家的市场。

机会 Opportunities：采取收购、合并或者战略联盟的方式与其他国际零售商合作，专注于欧洲或者大中华区等特定市场。沃尔玛的卖场当前只开设在在少数几个国家内。因此，拓展市场（如中国、印度）

可以带来大量的机会。沃尔玛可以通过新的商场地点和商场形式来获得市场开发的机会。更接近消费者的商场和建立在购物中心内部的商店可以使过去仅仅是大型超市的经营方式变得多样化。沃尔玛的机会存在于对现有大型超市战略的坚持。

威胁 Threats：沃尔玛在零售业的领头羊地位使其成为所有竞争对手的赶超目标。沃尔玛的全球化战略使其可能在其业务国家遇到政治上的问题。多种消费品的成本趋向下降，原因是制造成本的降低。造成制造成本降低的主要原因是生产外包到了世界上的低成本地区。这导致了价格竞争，并在一些领域内造成了通货紧缩。恶性价格竞争是一个威胁。

案例资料来源于：SWOT 分析模型——MBA 智库百科

（3）相应的战略选择。

SWOT 不仅可以为内部和外部竞争环境的分析提供方法，而且可以为企业提供四种可供选择的战略：

杠杆效应（S+O 增长型）战略：杠杆效应产生于内部优势与外部机会相互一致和适应时。在这种情形下，企业可以用自身内部优势撬起外部机会，使机会与优势充分结合发挥出来。然而，机会往往是稍瞬即逝的，因此企业必须敏锐地捕捉机会，把握时机，以寻求更大的发展。

抑制性（S+W 扭转型）战略：抑制性意味着妨碍、阻止、影响与控制。当环境提供的机会与企业内部资源优势不相适合，或者不能相互重叠时，企业的优势再大也将得不到发挥。在这种情形下，企业就需要提供和追加某种资源，以促进内部资源劣势向优势方面转化，从而迎合或适应外部机会。

脆弱性（S+T 多种经营）战略：脆弱性意味着优势的程度或强度的降低、减少。当环境状况对公司优势构成威胁时，优势得不到充分发挥，出现优势不优的脆弱局面。在这种情形下，企业必须克服威胁，以发挥优势。

问题性（W+T 防御型）战略：当企业内部劣势与企业外部威胁相遇时，企业就面临着严峻挑战，如果处理不当，可能直接威胁到企业的生死存亡。

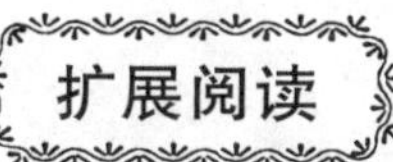

SWOT 与职业发展分析的步骤

第一步：评估自己的长处和短处

每个人都有自己独特的技能、天赋和能力。在当今分工非常细的环境里，每个人擅长于某一领域，而不是样样精通（当然，除非天才）。举个例子，有些人不喜欢整天坐在办公室里，而有些人则一想到不得不与陌生人打交道时，心里就发麻，惴惴不安。请作个列表，列出你自己喜欢做的事情和你的长处所在。同样，通过列表，你可以找出自己不是很喜欢做的事情和你的弱势。找出你的短处与发现你的长处同等重要，因为你可以基于自己的长处和短处上，作两种选择：或者努力去改正常的错误，提高你的技能；或是放弃那些对你不擅长的技能要求的系科与专业。列出你认为自己所具备的很重要的强项和对你的学习选择产生影响的弱势，然后再标出那些你认为对你很重要的强弱势。

第二步：找出您的职业机会和威胁

我们知道，不同的行业（包括这些行业里不同的公司）都面临不同的外部机会和威胁，所以，找出这些外界因素将助您成功地找到一份适合自己的工作，对您求职是非常重要的，因为这些机会和威胁会影响您的第一份工作和今后的职业发展。如果公司处于一个常受到外界不利因素影响的行业里，很自然，这个公司能提供的职业机会将是很少的，而且没有职业升迁的机会。相反，充满了许多积极的外界因素的行业将为求职者提供广阔的职业前景。请列出您感兴趣的一两个行业，然后认真地评估这些行业所面临的机会和威胁。

第三步：提纲式地列出今后 3～5 年内您的职业目标

仔细地对自己做一个 SWOT 分析评估，列出您 5 年内最想实现的四至五个职业目标。这些目标可以包括：您想从事哪一种职业，您将管理多少人，或者您希望自己拿到的薪水属哪一级别。请时刻记住：您必须竭尽所能地发挥出自己的优势，使之与行业提供的工作机会完满匹配。

第四步：提纲式地列出一份今后3～5年的职业行动计划

这一步主要涉及一些具体的内容。请您拟出一份实现上述第三步列出的每一目标的行动计划，并且详细地说明为了实现每一目标，您要做的每一件事，何时完成这些事。如果您觉得您需要一些外界帮助，请说明您需要何种帮助和您如何获取这种帮助。例如，您的个人SWOT分析可能表明，为了实现您理想中的职业目标，您需要进修更多的管理课程，那么，您的职业行动计划应说明要参加哪些课程、什么水平的课程以及何时进修这些课程等等。您拟订的详尽的行动计划将帮助您做决策，就像外出旅游前事先制定的计划将成为您的行动指南一样。

第五步：寻求专业帮助

能分析出自己职业发展及行为习惯中的缺点并不难，但要去以合适的方法改变它们却很难。相信您的朋友、上级主管、职业咨询专家都可以给您一定的帮助，特别是很多时候借助专业的咨询力量会让您大走捷径。有外力的协助和监督也会让您更好的取得效。

资料来源于：百度百科-SWOT分析法

4. PEST 分析法

（1）概念与内容。

PEST 分析是战略咨询顾问用来帮助企业检阅其外部宏观环境的一种方法。对宏观环境因素作分析，不同行业和企业根据自身特点和经营需要，分析的具体内容会有差异，但一般都应对政治（Political）、经济（Economic）、技术（Technological）和社会（Social）这四大类影响企业的主要外部环境因素进行分析。在分析一个企业集团所处的背景的时候，通常是通过这四个因素来进行分析企业集团所面临的状况。简单而言，称之为PEST分析法。

PEST 的具体内容如图1.3所示：

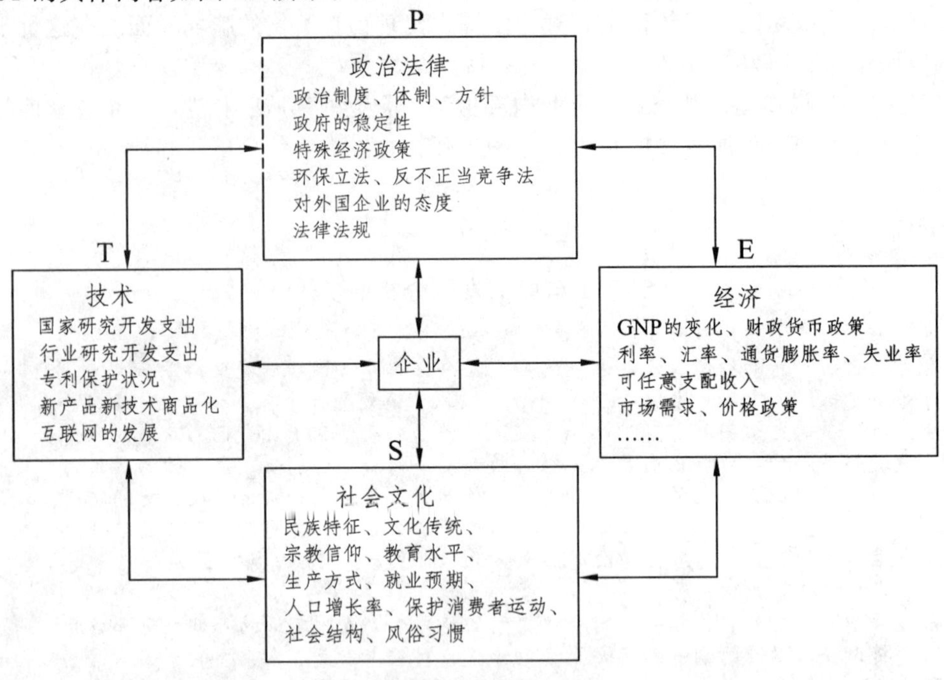

图1.3 PEST分析

PEST 分析的分析相对简单，并可通过头脑风暴法来完成。PEST分析较多的运用于公司战略规划、市场规划、产品经营发展、研究报告撰写。

（2）需要注意的事项。

进行PEST分析需要注意的是：

① 其信息收集是长期的、艰苦的。政府工作报告、行业协会的数据、专业论坛的观点、

法律法规的变动都是必须关注的信息；

② 对于任何企业，PEST 中的某一项或者几项影响较大，所以要抓住重点，对一个或者几个方面深入分析，其他则一概而过；

③ PEST 针对的是宏观环境，牢记这点是很重要的。

四、市场营销环境对企业营销的影响

1. 市场营销环境对企业营销带来双重影响作用

（1）环境给企业营销带来的威胁。

营销环境中会出现许多不利于企业营销活动的因素，由此形成挑战。如果企业不采取相应的规避风险的措施，这些因素会导致企业营销的困难，带来威胁。为保证企业营销活动的正常运行，企业应注重对环境进行分析，及时预见环境威胁，将危机减少到最低程度。

（2）环境给企业营销带来的机会。

营销环境也会滋生出对企业具有吸引力的领域，带来营销的机会。对企业来讲，环境机会是开拓经营新局面的重要基础。为此，企业加强应对环境的分析，当环境机会出现的时候善于捕捉和把握，以求得企业的发展。

2. 市场营销环境是企业营销活动的资源基础

市场营销环境是企业营销活动的资源基础。企业营销活动所需的各种资源，如资金、信息、人才等都是由环境来提供的。企业生产经营的产品或服务需要哪些资源、多少资源、从哪里获取资源，必须分析研究营销环境因素，以获取最优的营销资源满足企业经营的需要，实现营销目标。

3. 市场营销环境是企业制定营销策略的依据

企业营销活动受制于客观环境因素，必须与所处的营销环境相适应。但企业在环境面前绝不是无能为力、束手无策的，能够发挥主观能动性，制定有效的营销策略去影响环境，在市场竞争中处于主动，占领更大的市场。

扩展阅读

环境分析报告及其撰写

在进行机会与威胁分析之后，需要整理、归纳对企业环境进行调查、分析和预测的结果，编写环境分析报告。该报告将作为企业最高领导层构想营销战略方案和进行战略决策的基本依据。编写环境分析报告的过程是对未来环境变化进一步调查分析，明确问题、深化认识的过程，因而是环境分析的一个重要步骤，必须予以充分的重视。环境分析报告是环境分析结果的总结和概括，它应能回答战略决策所了解的未来环境问题。

报告的主要内容是：① 企业未来将面临什么样的环境；② 各个环境因素会如何变化，对企业将造成怎样的影响；③ 未来环境会给企业带来的机会和威胁，以及机会和威胁出现的概率有多大；④ 企业适应未来环境的初步设想和战略课题是什么等。

环境分析报告的叙述应力求简明扼要，论证要用事实和数据说明，尽量采用直观醒目的图表。

第五节　顾客满意

顾客满意的观念是 20 世纪 80 年代中后期出现的一种经营理念。其基本内容是：企业的整个经营活动要以客户满意度为指针，要从客户的角度、用客户的观点而不是企业自身的利益和观点来分析客户的需求，尽可能全面尊重和维护客户的利益。

一、顾客满意概述

1. 顾客满意的概念与内涵

顾客满意是指顾客对一件产品满足其需要的绩效与期望进行比较所形成的感觉状态，是顾客对其要求已被满足的程度的感受。菲利普·科特勒认为，顾客满意“是指一个人通过对一个产品的可感知效果与他的期望值相比较后，所形成的愉悦或失望的感觉状态”。

顾客满意的内涵包括产品满意、服务满意和社会满意三个层次。

产品满意：是指企业产品带给顾客的满足状态，包括产品的内在质量、价格、设计、包装、时效等方面的满意。产品的质量满意是构成顾客满意的基础因素。

服务满意：是指产品售前、售中、售后以及产品生命周期的不同阶段采取的服务措施令顾客满意。这主要是在服务过程的每一个环节上都能设身处地地为顾客着想，做到有利于顾客、方便顾客。

社会满意：是指顾客在对企业产品和服务的消费过程中所体验到的对社会利益的维护，主要指顾客整体社会满意，它要求企业的经营活动要有利于社会文明进步。

2. 顾客满意与顾客信任

顾客满意和顾客信任是两个层面的问题。如果说顾客满意是一种价值判断的话，顾客信任则是顾客满意的行为化。因此，我们说顾客满意仅仅只是迈上了顾客信任的第一个台阶，不断强化的顾客满意才是顾客信任的基础。同时，需要明确的是，顾客满意并不一定可以发展至顾客信任，在从顾客满意到顾客信任的过程中，企业还要做许许多多的事情。

美国纽约大学亨利·阿塞尔教授也认为，当商品的实际消费效果达到消费者的预期时，就导致了满意，否则，则会导致顾客不满意。顾客抱怨是一种满意程度低的最常见的表达方式，但没有抱怨并不一定表明顾客很满意。即使规定的顾客要求符合顾客的愿望并得到满足，也不一定确保顾客很满意。

3. 提高顾客满意度的途径

服务质量的特性导致必须考虑采用与制造业不同的方式来控制和提高质量。可以考虑的一些方法是建立和实施面向顾客的服务质量承诺、顾客服务和服务补救。

二、顾客期望值

一般而言，顾客满意是顾客对企业和员工提供的产品和服务的直接性综合评价，是顾客对企业、产品、服务和员工的认可，在企业内部也可认为是下个过程对上个过程的评价认可。“顾客”根据他们的价值判断来评价产品和服务，因此，菲利普·科特勒认为，“满意是一种人的感觉状态的水平，它来源于对一件产品所设想的绩效或产出与人们的期望所进行的比较”。从企业的角度来说，顾客服务的目标并不仅仅止于使顾客满意，使顾客感到满意只是营销管理的第一步。

美国维持化学品公司总裁威廉姆·泰勒认为：“我们的兴趣不仅仅在于让顾客获得满意感，我们要挖掘那些被顾客认为能增进我们之间关系的有价值的东西。”在企业与顾客建立长期的伙伴关系的过程中，企业向顾客提供超过其期望的“顾客价值”，使顾客在每一次的购买过程和购后体验中都能获得满意。每一次的满意都会增强顾客对企业的信任，从而使企业能够获得长期的赢利与发展。

三、营销道德问题探析

企业或营销人员需要对各种群体负责。客户需要营销人员来满足其需求；投资方希望营销人员能创造销售量与利润；供应商与分销商需要依靠营销人员继续获得生意；而社会期待营销人员是负责任的市民。这些团体或群体之间的各种利害关系让营销人员面临很大的道德挑战。

1. 营销道德的含义

道德是社会可接受的行为标准。道德是社会最基本的规范，大众应该予以遵循，但道德比法律的范围要广，所以，有些行为可能合法，但却是不道德的。营销道德是用来判定市场营销活动正确与否的道德标准，即判断企业营销活动是否符合消费者及社会的利益，能否给广大消费者及社会带来最大幸福。营销道德是市场经济的伴生物。在市场经济条件下，现代企业在开展营销活动中必须讲求营销道德，实施诚信营销。

2. 营销活动中常见的道德问题

在营销活动的每个环节都存在着营销道德问题。

（1）营销调研中的道德问题。

为获得市场信息侵犯消费者个人隐私；利用不正当手段窃取商业情报；营销经理从事市场调查的目的并不是为了获得真实、准确的市场信息，而只是为某一项早已决定了的营销方案提供支持证据，或仅仅是为了堵住反对者的口舌。

（2）产品策略中的道德问题。

产品定位只重视目标市场消费者而歧视甚至侵犯其他消费者的利益；产品生产造成环境污染和社会成本的增加；企业故意使产品很快过时，缩短产品的物质寿命，或者制造消费者对现有产品的不满，鼓励他们在尚可使用的情况下丢弃不用，不断地更新产品，早买或多买；产品质量危害了消费者的安全及健康；夸大产品内容的包装和欺诈性的品牌和质量标志；不健康的或无积极意义的品牌名称；产品说明书特别是药品说明书不详，造成消费者误用误服事件。

（3）价格策略中的道德问题。

用不真实的特价广告引诱消费者购买；利用顾客买贵心理或是以高价销售紧俏商品牟取暴利；价格中含有过高的广告、推销费用；同货不同价的现象；实行价格垄断。

（4）分销策略中的道德问题。

生产商与经销商不履行双方签订的合同，或生产商不按时供货、不如数供货给经销商，或经销商不按期付款给生产商，或生产商与经销商相互推诿产品售后服务的责任等，都属于分销策略中的道德问题。另外，还存在着零售商为了自身利益不顾合约的规定，销售其他企业的产品，或生产者利用自己的垄断地位，损害中间商的利益等不道德问题。

（5）促销策略中的道德问题。

采用过分夸大的不真实的广告；广告过分干扰了消费者的私人生活，刺激消费者的物质欲望；采用高压式的推销策略，强迫消费者购买；采用贿赂、送礼、宴请、娱乐等不正当行为进行促销；采用有偿新闻这种不正当的公共宣传；促销活动传播一些文化糟粕以及不健康的价值观；美丽的风景区被广告牌所破坏；有些促销活动造成恶劣的政治影响。

（6）市场竞争中的道德问题。

以不可告人的方式获得竞争对手的知识产权和商业秘密，如以合作、洽谈、考察为名趁机获取对手商业秘密，在对手企业中安插内线等；贿赂收买对方工作人员；使用工业间谍、利用高新技术窃取对手商业秘密；恶性竞争如有奖销售战、价格战、相互攻击、诽谤等；不公平竞争如权力营销等。

3. 企业应该遵循的基本营销道德

守信、负责、公平是现代营销最主要的也是最基本的道德要求。营销人员在营销过程中应随时考虑到自己所肩负的社会责任，考虑到自己的行为是否有利于社会公众的利益。从长远来看，遵守营销道德，坚持守信、负责和公平的道德原则，对营销人员个人、企业、顾客乃至社会都是有百利而无一害的。

4. 讲求营销道德，实施诚信营销

诚信，是做人之本，也是企业经营之本。在中国传统文化中，“诚信”二字具有极其重要的分量。“仁义礼智信”是人们提倡并力求遵循的行为准则。“人无信不立”、“千金一诺”、“一言既出，驷马难追”都反映了人们对诚信的推崇。现代成功的企业都把自己的成功归功于诚实，如世界著名船王包玉刚成功的要诀就是“与信誉成交，借信誉发展”。诚信营销就是要求企业在市场营销活动中，诚实经营，保证营销活动的公开、公平与公正，以维护和增进全社会和消费者的长远利益，以求得企业的长期发展。特别是随着社会的进步，市场竞争的规范化、企业的可持续发展等都迫切要求企业实施诚信营销。

企业实施诚信营销必须：树立诚信理念，创新营销方式，健全和完善法律、法规，增强消费者自我保护意识，加强消费者团体的建设，要树立注重营销道德的社会氛围，企业应系统制订一系列制度来规范企业和营销人员的行为。

思考与讨论题

1. 什么是市场，市场是如何形成与发展的？
2. 市场有哪些基本功能，这些功能是如何发挥作用的？
3. 什么是市场营销？市场营销的基本内容包括哪些？
4. 为什么说市场营销观念的形成是市场营销观念演变进程中的一次重大飞跃？
5. 叙述市场营销环境的分类与环境分析方法。
6. 顾客满意思想的基本内容是什么？

【案例分析】

索荑泰姆投币浴室

在日本东京都世界田谷区的松原，有个“索荑泰姆投币浴室”，每天趋者如鹜。走进投币浴室的大门，人们就可以看见一个个隔成盒子式的洗浴间。在顶部，设有放衣服的架子，还有一个淋浴的喷头，洗浴者只要往投币口投入一枚 100 日元的硬币，喷头就会立刻喷出 5 分钟的温水。

据估计，每人平均淋浴时间为 10 分钟，这就是说，花 200 日元就能痛痛快快地洗上一个澡。这间自动浴室 24 小时连续服务，人们随来随洗，既方便又实惠。

这间自动浴室的女老板名叫野泽悦子。她说：“从学生时代，我就有个想法，这就是如何能随时随地洗个热水澡，这该有多好啊！”，从此这种投币浴室也就越开越多。

案例思考题：

1. 结合本案例说明需要、欲望、需求三者之间的关系及其对企业营销的指导意义。
2. 野泽悦子以何种营销观念为指导？从哪些方面可以证明？

第二章　市场营销管理过程

学习目的和要求

1. 了解营销战略策划和战术营销策划的区别和关系；
2. 掌握市场营销组合各要素和特点；
3. 了解市场调研的基本方法；
4. 了解市场预测的基本方法。

市场营销管理过程就是企业为实现其任务和目标而发现、分析、选择和利用市场机会的管理过程。市场营销作为管理过程是一个计划与实施的过程，具体包括产品和服务的策划、定价、促销、分销和交换等，以达到个人和组织的目标。市场营销过程是决策过程和管理过程的统一。策划是营销管理工作的出发点，对于营销管理活动来说，制定一套切实可行的营销战略策划是它的第一步。

第一节　营销战略策划和战术策划

市场营销战略作为一种重要战略，其主旨是提高企业营销资源的利用效率，使企业资源的利用效率最大化。由于营销在企业经营中的突出战略地位，使其连同产品战略组合在一起，被称为企业的基本经营战略，对于保证企业总体战略的实施起着关键作用，尤其是对处于竞争激烈的企业，制定营销战略更显得非常迫切和必要。

一、市场营销战略的概念与内容

1. 市场营销战略概念

战略是确定企业长远发展目标，并指出实现长远目标的策略和途径。战略确定的目标，必须与企业的宗旨和使命相吻合。战略是一种思想，一种思维方法，也是一种分析工具和一种较长远和整体的计划规划。

市场营销战略是企业市场营销部门根据战略规划，在综合考虑外部市场机会及内部资源状况等因素的基础上，确定目标市场，选择相应的市场营销策略组合，并予以有效实施和控制的过程。市场营销战略是指企业在现代市场营销观念下，为实现其经营目标，对一定时期内市场营销发展的总体设想和规划。市场营销战略，作为指导企业将既定战略向市场转化的方向和准则。

2. 市场营销战略的内容

现代企业营销战略的内容一般包括战略思想、战略目标、战略行动、战略重点、战略阶段等。

营销战略思想是指导企业制定与实施战略的观念和思维方式，是指导企业进行战略决策的行动准则。它应符合社会主义制度与市场经济对企业经营思想的要求，树立系统优化观念、资源的有限性观念、改革观念和着眼于未来观念。企业战略目标是企业营销战略和经营策略的基础，是关系企业发展方向的问题。战略行动则以战略目标为准则，选择适当的战略重点、战略阶段和战略模式。战略重点是指事关战略目标能否实现的重大而又薄弱的项目和部门，是决定战略目标实现的关键因素。由于战略具有长期的相对稳定性，战略目标的实现需要经过若干个阶段，而每一个阶段又有其特定的战略任务，通过完成各个阶段的战略任务才能最终实现其总目标。

市场营销战略的具体内容包括两个方面；一是选定目标市场；二是制订市场营销组合策略，以满足目标市场的需要。根据购买对象的不同，将顾客划分为若干种类，以某一类或几类顾客为目标，集中力量满足其需要，这种做法，叫做确定目标市场，这是市场营销首先应当确定的战略决策。目标市场确定以后，就应当针对这一目标市场，制定出各项市场经营策略，以争取这些顾客。

二、市场营销战略策划

1. 市场营销战略策划的概念

市场营销战略策划是对企业市场营销战略的谋划和规划，企业为实现一定的营销目标而设计和制定带有全局性、长远性和根本性的行动纲领和方案。

市场营销战略策划的过程是指在组织目标、技能、资源和它的各种变化市场机会之间建立和保持一种可行的适应性管理的过程。市场营销战略策划的目的就是塑造和不断调整公司业务和产品，以期望获得目标利润和发展。市场营销战略策划的一个基本问题就是要确定企业以什么产品进入什么市场；或粗或细地去理解产品和市场问题，就可以发现营销战略策划实际贯穿于整个市场营销策划。

要理解营销战略策划，必须认识到许多大公司都存在的四个组织层次：公司层、部门层、业务层和产品层。公司层负责制定公司战略策划，以指导公司的行动方向和决定资源的分配方向；部门层制定部门策划，以便把公司所给予的资金分配给其下属的业务单位；业务层策划必须使得业务单位的经营在将来有利可图；产品层的策划要使某个特定产品达到市场的预期目标。

2. 市场营销战略策划的过程的实施领域

市场营销战略策划要求在三个关键领域开展活动：一是把公司业务的管理作为一项投资组合来管理；二是要精确地测定每项业务战略的市场增长率和公司的定位及适合性；三是战略的正确制定。

市场营销策划受到企业战略计划的制约，同时，营销策划在企业的战略计划过程中也起到了关键的作用。营销策划的制定分两个层次：战略营销策划和战术营销策划。前者是在分析当前市场情景和机会的基础上，描绘范围较广的市场营销目标和战略，后者则描绘一个特定时期的营销战术，包括广告，商品，定价，渠道，服务。

3. 战略营销策划和战术营销策划之间的区别和关系

战略营销策划和战术营销策划之间的区别和关系，上文所述的两者的定义就是其简单的区别。另外，战略营销策划更具全局性、长远性和导向性，而战术营销策划则更具体、更微观，更有实践指导性和短期性。两者的关系主要是战略营销策划为战术营销策划提供了努力的大方向和大原则，战术营销策划则是为战略营销策划的目标的实现而服务的。

三、现有业务组合策划

在确定了企业任务和目标的基础上，企业的最高管理者还要对业务（或产品）组合进行分析和安排，即确定哪些业务或产品最能使企业扬长避短，发挥竞争优势，从而能最有效地满足市场需要并战胜竞争者。

1. 战略业务单位的划分

企业的最高管理层在制定业务投资组合计划时，首先要把所有业务分成若干“战略业务单位”。一个战略业务单位具有如下特征：它是单独的业务或一组有关的业务；它有不同的任务；它有其竞争者；它有认真负责的经理；它掌握一定的资源；它能从战略计划中得到好处；它可以独立计划其他业务。

2. 战略业务组合的分析评价

企业的最高管理层在制定业务投资组合计划的过程中还要对各个战略业务单位的经营效益加以分析、评价，以便确定哪些单位应当发展、维持，哪些单位应该减少或淘汰。如何进行分析和评估呢？其中最著名的分类和评价方法有两种：一是美国波士顿咨询集团的方法；二是通用电气公司的方法。

（1）波士顿咨询集团法（BCG 法）。

波士顿咨询集团是美国一家著名管理咨询公司，该公司建议企业用“市场增长率－市场占有率矩阵”进行评估，简称 BCG 法。波士顿矩阵又称四象限分析法、产品系列结构管理法等。

波士顿矩阵主要从战略层面上分析公司投资组合，BCG 矩阵主要依据市场增长率和市场占有率两个简明的指标把企业生产经营的全部产品或业务的组合作为一个整体进行分析，用来分析企业相关经营业务之间现金流量的平衡问题。如图 2.1 所示。

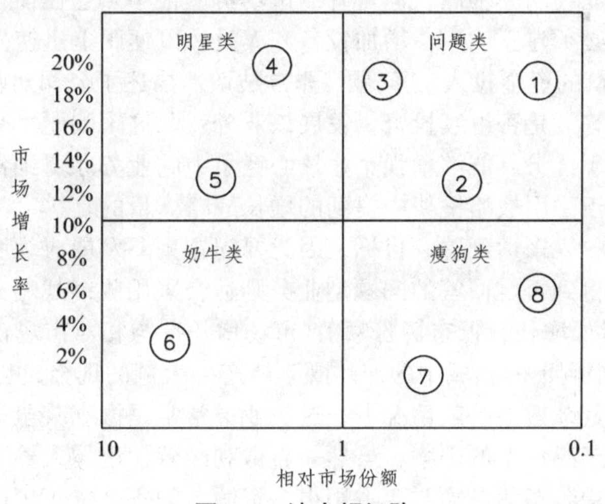

图 2.1　波士顿矩阵

市场增长率＝（本期的销售额－上期的销售额）÷上期的销售额（高低分界点没有绝对的标准，一般以 10%为分界点，但在不同行业使用时需要根据行业特征进行调整）

市场占有率，可以用相对市场占有率或绝对市场占有率。基本计算公式为：

本企业某种产品绝对市场占有率＝该产品本企业销售量÷该产品市场销售总量

本企业某种产品相对市场占有率＝该产品本企业绝对市场占有率÷该产品最大竞争对手的绝对市场占有率（以 1 为高低分界点）。

通过分析，可将所有业务单位（或产品）分为四类：明星类、奶牛类、问题类、瘦狗类。

明星类（stars，指高增长、高市场份额）：市场增长率和相对市场占有率都高的单位，由于增长迅速，企业必须投入巨资以支持其发展。这个领域中的产品处于快速增长的市场中并且占有支配地位的市场份额，但也许会或也许不会产生正现金流量，这取决于新工厂、设备和产品开发对投资的需要量。明星型业务是由问题型业务继续投资发展起来的，可以视为高速成长市场中的领导者，它将成为公司未来的现金流业务。但这并不意味着明星业务一定可以给企业带来源源不断的现金流，因为市场还在高速成长，企业必须继续投资，以保持与市场同步增长，并击退竞争对手。企业如果没有明星业务，就失去了希望，但群星闪烁也可能会闪花企业高层管理者的眼睛，导致做出错误的决策。这时必须具备识别行星和恒星的能力，将企业有限的资源投入在能够发展成为奶牛的恒星上。同样的，明星型业务要发展成为奶牛业务适合于采用增长战略。

奶牛类（Cashcows，指低增长、高市场份额）：市场增长率低、相对市场占有率高。业务能给企业提供较多的现金，或用来支持其他业务的生存和发展。处在这个领域中的产品产生大量的现金，但未来的增长前景是有限的。这是成熟市场中的领导者，它是企业现金的来源。由于市场已经成熟，企业不必大量投资来扩展市场规模，同时作为市场中的领导者，该业务享有规模经济和高边际利润的优势，因而给企业带来大量现金流。企业往往用奶牛业务来支付账款并支持其他三种需大量现金的业务。奶牛业务适合采用战略框架中提到的维持战略，目的是保持战略事业单位的市场份额。

问题类（Question Marks，指高增长、低市场份额）：市场增长率高，相对市场占有率低。前途未卜，也可能是投入市场时间较短的业务。处在这个领域中的是一些投机性产品，带有较大的风险。这些产品可能利润率很高，但占有的市场份额很小。这往往是一个公司的新业务，为发展问题业务，公司必须建立工厂，增加设备和人员，以便跟上迅速发展的市场，并超过竞争对手，这些意味着大量的资金投入。“问题”非常贴切地描述了公司对待这类业务的态度，因为这时公司必须慎重回答“是否继续投资，发展该业务？”这个问题。只有那些符合企业发展长远目标、企业具有资源优势、能够增强企业核心竞争力的业务才得到肯定的回答。得到肯定回答的问题型业务适合于采用战略框架中提到的增长战略，目的是扩大战略事业单位的市场份额，甚至不惜放弃近期收入来达到这一目标，因为要问题型要发展成为明星型业务，其市场份额必须有较大的增长。得到否定回答的问题型业务则适合采用收缩战略或者放弃战略。

瘦狗类（Dogs，指低增长、低市场份额）：市场增长率与相对市场占有率均低的业务。该业务不应追加投入。这个剩下的领域中的产品既不能产生大量的现金，也不需要投入大量现金，这些产品没有希望改进其绩效。一般情况下，这类业务常常是微利甚至是亏损的，瘦狗型业务存在的原因更多的是由于感情上的因素，虽然一直微利经营，但像人养了多年的狗一样恋恋不舍而不忍放弃。其实，瘦狗型业务通常要占用很多资源，如资金、管理部门的时间等，多数时候是得不偿失的。瘦狗型业务适合采用战略框架中提到的收缩战略，或者放弃战略。目的在于出售或清算业务，以便把资源转移到更有利的领域。

以上四类业务是相互变化的，具有一定的生命周期。各业务单位在矩阵中的位置不是固定不变的，经过一定时间总要发生变化，这种变化有两种可能：一是对企业有利的变化趋势，即按下列顺序变动：问题类→明星类→奶牛类；二是不利的变化趋势，即明星类→问题类→瘦狗类。企业决策者应力争有利的变化趋势，避免不利的变化趋势。

在对各业务单位进行分析之后，企业应着手制订业务组合计划，确定对各个业务单位的投资战略。根据以上可供选择的战略包括：

发展战略：目的是提高产品的市场占有率，有时甚至不惜放弃短期收入来达到这一目的，因为增加市场占有率需要足够的投资和时间才能奏效。这种策略特别适用于明星类和有希望向明星类转化的问题类业务。

维持战略：目的在于保持产品的地位，维持现有的市场占有率。在产品寿命周期中处于成熟期的产品，大多数采用这一策略。维持策略特别适用于有大量资金支持的奶牛类业务。

收缩战略：目的在于追求产品的远期收入，不考虑长期影响，这就是为了短期内增加投资收益率而牺牲长期利益的做法。有些处境不佳的瘦狗类和问题类业务，因为它们前景暗淡，却又需要从它身上获得更多的现金收入，企业往往被迫采取这种策略。

放弃战略：目的是售出产品不再生产，把资源用于其他产品。这种策略适用于没有发展前途的瘦狗类和问题类业务。

企业通过上述战略可以达到优化业务（或产品）组合的目的。但是，需要指出的是，上述四类战略业务单位在矩阵图中的位置不是固定不变的，任何产品都有其生命的周期，随着时间推移，这四类战略业务单位在矩阵图中的位置就会发生变化。

（2）通用电器公司法（GE 法）。

这种方法认为，除市场增长率和相对市场占有率之外，还需要考虑更多的影响因素。这些因素可分为两大类：行业吸引力，其中包括的因素有市场大小、市场年增长率、历史的利润率、竞争强度、技术要求和由通货膨胀所引起的脆弱性、能源要求、环境影响以及社会、政治、法律的因素等等；企业的战略业务单位的业务力量，即战略业务单位在本行业中的竞争能力，其中包括的因素有市场占有率、市场占有增长率、产品质量、品牌信誉、商业网、促销力、生产能力、生产效率、单位成本、原料供应、研究与开发成绩以及管理人员等等。

企业的最高管理层对上述两大变量中的各个因素都要给出分数，而且各个因素都要加权，就可求出各个变量的加权平均分数。多因素投资组合矩阵图分为三个地带：左上角地带（又叫做“绿色地带”，这个地带的三个小格是“大强”、“中强”、“大中”）；从左下角到右上角的对角线地带（又叫做“黄色地带”，这个地带的三个小格是“大强”、“中中”、“大弱”）；右下角地带（又叫做“红色地带”，这个地带的三个小格是“小弱”、“小中”、“中弱”）。如图 2.2 所示。

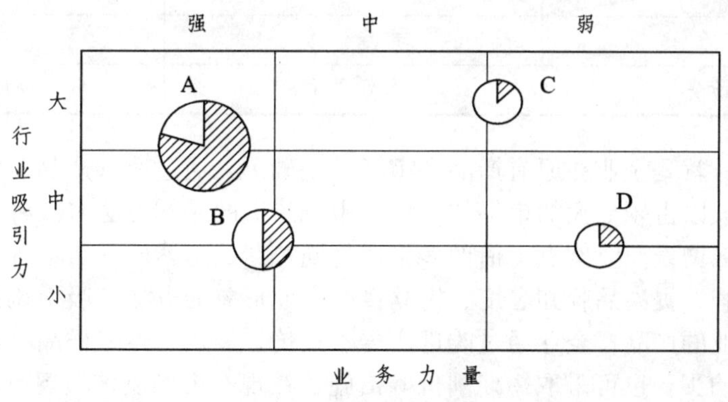

图 2.2　通用电器公司法

企业采用通用电器公司法对现有产品与项目进行分析和评估后，可供选择的战略如图 2.3 所示。

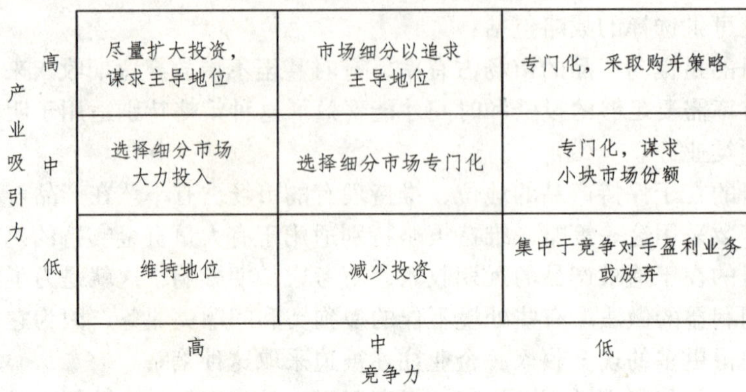

图 2.3 GE 法可供选择的战略

3. 新业务增长战略

企业的增长战略主要分为三类：密集化增长、一体化增长、多角化增长（表 2.1）。

表 2.1 企业发展战略类型

密集型增长战略	一体化增长战略	多角化增长战略
市场渗透	前向一体化	同心多角化
市场开发	后向一体化	水平多角化
产品开发	水平一体化	集团多角化

（1）密集化增长战略。

密集化增长战略是指企业在现有的生产领域内集中力量改进现有产品以扩大市场范围的战略。这样，就形成了密集化发展战略的三种形式：市场渗透战略、市场开发战略和产品开发战略（表 2.2）。

表 2.2 密集化增长战略类型

产品 市场	现有产品	新产品
现有市场	市场渗透	产品开发
新市场	市场开发	多角化经营

市场渗透战略：就是企业在原有产品和市场的基础上，通过改善产品、服务等营销手段方法，逐步扩大销售，以占领更大的市场的战略，市场渗透的基本方法有三种：通过增加产品新的用途、在某些地区增设商业网点，借助多渠道将同一产品送达同一市场等方式来增加顾客的购买量；通过创名牌、提高品牌知名度、树立良好企业形象的方法，吸引购买竞争者产品的顾客，转而购买本企业的产品；企业通过改进广告、宣传、展销、赠送样品、加强推销工作等方式来刺激潜在顾客购买。也可采取短期削价等措施，在现有市场上扩大现有产品的销售。

市场开发战略：是指企业将现有产品投放到新的市场以扩大市场范围的战略。这是当老产品进入成熟期和衰退期后，已经无法在老市场上进一步渗透时所采取的战略。市场开发的方式主要有两种：一是市场面的开发，即开发新的细分市场；二是区域市场的开发，即努力使现有

产品打入新的地区市场，

产品开发战略：就是通过改进老产品或开发新产品的办法来扩大市场范围的战略。其基本方法是增加产品的花色品种，增加产品的新功能或新用途，以满足不同消费者的需求。具体做法是企业可通过增加产品的花色品种、规格、型号等，向现有市场提供新产品或改进产品。

多角化经营战略：也称为多样化经营或多角化经营战略。指的是企业在多个相关或不相关的产业领域同时经营多项不同业务的战略。近年来，企业多元化经营一直是理论界和企业界研究的课题。从目前看，存在两种截然不同的观点：一种认为利用现有资源，开展多元化经营，可以规避风险，实现资源共享，产生 1+1>2 的效果，是现代企业发展的必由之路；另一种认为企业开展多元化经营会造成人、财、物等资源分散，管理难度增加，效率下降。其实，多元化作为经营战略和方式而言，其本身并无优劣之分。企业运用这种战略，成败的关键在于企业所处外部环境及所具备的内部条件是否符合多元化经营的要求。两者相符，就能成功，否则，就会失败。企业的多元化经营，关键看企业有没有核心竞争力。

（2）一体化增长战略。

一体化增长战略是指企业利用自己在产品、技术、市场上的优势，向企业外部扩展的战略。这是一种利用现有能力向生产的深度和广度扩展的战略。采用这一战略有利于稳定企业的产销，从而使企业在竞争中获胜；也有利于企业扩大生产规模，提高经济效益。因而，它是那些有广阔发展前途的企业，或者是拥有名牌产品的企业，发展自身以扩大其市场占有率的一种增长战略。

根据商品从生产到销售的物资流向，形成了一个从后向前的营销系统，据此，一体化增长战略可分为三种类型：增加与物流方向相反的产品生产经营叫后向一体化；增加与物流方向相同的产品生产经营叫前向一体化；增加处在同一阶段的产品生产经营为水平一体化。

后向一体化：生产企业通过建立、购买、联合那些原材料或初级产品的供应企业，向后控制供应商，使供应和生产一体化，实现供产结合。

前向一体化：指生产企业通过建立、购买、联合那些使用或销售本企业产品的企业，向前控制分销系统，实行产销结合。一般来说，这是生产原材料或初级产品的企业实行深加工时采用的战略。如汽车制造商自设分销系统，或制造商通过一定形式控制批发商、代理商或零售商；或自己经营加工业，如木材公司附设家具厂自己生产家具等。采用这一战略，有利于企业扩大生产，增加销售。

水平一体化：指生产企业通过建立、收买、合并或联合同行业的竞争者以扩大生产规模。

一体化增长战略在实际应用中有三条途径：第一条是企业利用自己的力量，在生产经营中把自己的产品扩大到前向或后向生产的产品中去。这条途径的优点是企业能够掌握扩大再生产的主动权，可以按本企业的要求发展新产品；第二条途径是兼并或购买其他企业，采用这种途径需要企业有畅销的产品和充足的资金；第三条途径是与其他相关的企业联合，共同开发新产品和扩大营销。这条途径的最大好处是可以冲破资金和技术的限制，不用增加投资，可以在较短的时间内形成更大的生产能力，或者生产出单个企业不能完成的产品项目。

在高度发达的市场经济的条件下，上述一体化战略都是在市场竞争中自然实现的。竞争具有一种择优机制，可实现资源的优化组合，达到产业结构的合理化，从而有利于整个社会经济效益的提高。因此，企业在运用一体化战略时，应注意以下几点：要讲求经济效益。讲求经济效益是企业一切经济工作的核心，也是企业选择市场发展战略的核心问题。否则，再好的战略也是无用的；要重视产品质量。在企业进行联合时，一定要注意保持产品质量。忽视产品质量，片面追求上规模，不仅不会使企业发展，反而有可能降低企业声誉，造成更大损失；要避免造成垄断。在实行水平一体化的过程中，不要联合的企业过多，过多就会出现独家垄断的现象。

（3）多角化增长。

多角化也称“多样化”或“多元化”。多角化增长就是企业通过增加产品种类，跨行业生产经营多种产品和业务，扩大企业的生产范围和市场范围，使企业的特长充分发挥，使企业的人力、物力、财力等资源得到充分利用，从而扩大企业规模，提高经营效益。

同心多角化：亦称集中多角化或同心多样化。指公司增加与企业现有产品或服务相类似的新产品或服务。考虑实施集中多角化战略时，新增加的产品或服务必须位于企业现有的专门技能和技术经验、产品系列、分销渠道或顾客基础之内。当一个企业所处的行业正处于上升阶段时，集中多角化对于强化它自己具有的知识和经验的领域地位是十分有用而可行的。

水平多角化：是指企业利用原有的市场，采用不同的技术来跨行业发展新产品，增加产品种类和生产新产品销售给原市场的顾客，以满足他们新的需求。如某食品机器公司，原生产食品机器卖给食品加工厂，后生产收割机卖给农民，以后再生产农用化学品，仍然卖给农民，这就是水平多角化。

集团多角化：是指企业向与原产品、技术、市场无关的经营范围扩展。即大企业收购、兼并其他行业的企业，或者在其他行业投资，把业务扩展到其他行业中去，新产品、新业务与企业的现有产品、技术、市场毫无关系。也就是说，企业既不以原有技术也不以原有市场为依托，向技术和市场完全不同的产品或劳务项目发展。它是实力雄厚的大企业集团采用的一种经营战略。

第二节 市场营销管理步骤

市场营销管理过程，是市场营销管理的内容和程序的体现，是指企业为达成自身的目标辨别、分析、选择和发掘市场营销机会，规划、执行和控制企业营销活动的全过程。具体地说，市场营销管理包含着下列四个相互紧密联系的步骤：发现和分析评价市场机会、研究和选择目标市场、发展市场营销组合和决定市场营销预算、执行和控制市场营销计划。

一、发现和分析评价市场机会

1. 市场机会的概念

市场机会，指的就是市场上存在的尚未满足或尚未完全满足的需求。它存在于社会生活的各个方面，是多种多样的。但对某一个企业来说，众多的市场机会中仅有很少一部分才具有实际意义。在竞争激烈的买方市场，有利可图的营销机会并不多。企业必须对市场结构、消费者、竞争者行为进行调查研究，识别、评价和选择市场机会。

企业应该善于通过发现消费者现实的和潜在的需求，寻找各种“环境机会”，即市场机会。而且应当通过对各种“环境机会”的评估，确定本企业最适当的“企业机会”的能力。

2. 市场机会的特征

市场机会一般有以下三个方面的基本特性：

公开性：任何市场机会都是客观存在的，每个企业都有可能发现它，在发现这一点上不存在独占权，这就是市场机会的公开性。公司性表明，任何企业只要善于寻找和识别，通过努力总是可以发现市场机会。

时间性：市场机会总是随着环境的变化而产生，并随着环境的变化而消失的，推迟对市场机会的发现和利用，便会因其他企业的抢先发展和利用而使企业机会效益减少或完全丧失，这就是市场机会的时间性。时间性表明，企业要善于抓住并及时利用有关的市场机会，以取得最大的时间效益。

理论上的平等性与实践上的不平等性：市场机会的公开性使得任何企业都有可能发现某一市场机会并加以利用，这就是市场机会理论上的平等性。但是，由于每个市场机会都有其特定的机会成功条件，而各个企业由于自身条件和所处环境不同，因此在利用某一市场机会时享有的差别利益以及能够取得的竞争优势也就有所不同，这就是市场机会实践上的不平等性。理论上的平等性意味着企业在利用市场机会时充满着竞争；实践上的不平等性则表明竞争结构的分布将是不平衡的。企业在分析、评价和选择市场机会时要考虑到在市场机会的利用上存在着企业之间的激烈竞争，每个企业既要敢于参与竞争，同时又必须注意选择竞争结果对本企业有利的市场机会。

3. 市场机会的类型

市场机会主要有以下几种类型：

（1）环境机会与企业机会。

随着环境的变化而客观形成的各种各样未满足的需求，就是环境机会；环境机会中那些符合企业战略计划的要求，有利于发挥企业优势的可以利用的市场机会，才是企业机会。企业的市场营销管理部门就是要经过分析和评价环境机会来选择出合适的企业机会，并采取有效的对策加以利用。下面所说到的各种市场机会，都是从环境机会的角度讲的。

（2）表面的市场机会与潜在的市场机会。

在市场上，明显的没有被满足的现实需求，就是表面的市场机会；现有的产品种类未能满足的或尚未完全为人们意识到的隐而未见的需求，就是潜在的市场机会。表面的市场机会易于为人们发现和识别，同时利用这种机会的企业较多，因而难以取得机会效益（即先于其他企业进入市场所取得的竞争优势和超额利润）。潜在的市场机会虽然不易于为人们发现和识别，但同时抓住和利用这种机会的企业较少，因此机会效益比较高。企业应注意发现和利用潜在的市场机会。

（3）行业性市场机会与边缘性市场机会。

在企业所处的行业或经营领域中出现的市场机会，称为行业性市场机会；在不同行业之间的交叉或结合部分再现的市场机会，称为边缘性市场机会。由于自身生产经营条件的限制，企业一般都较为重视行业性市场机会并将其作为寻找和利用的重点，但由于行业内部企业之间的竞争，往往会使机会效益减弱甚至丧失，而企业利用行业外出现的市场机会，通常又会遇到一定的困难或较大的障碍。这种情况，促使一些企业在行业之间的交叉或结合部分寻求较为理想的市场机会。边缘性市场机会，因其可以发挥企业的部分优势，而且较为隐蔽，难以为大多数企业重视和发现，所以利用这种机会的企业易于取得机会效益。寻找和识别边缘性市场机会的难度较大，需要企业的营销人员具有丰富的想象力和较强的开拓精神。

（4）目前市场机会与未来市场机会。

在目前的环境变化中市场上出现的未被满足的需求，称为目前市场机会；在目前的市场上仅仅表现为一部分人的消费意向或少数人的需求，但随着环境的变化和时间的转移，在未来的市场上将发展成为大多数人的消费倾向和大量的需求，称为未来市场机会。企业寻求和正确评价未来市场机会，提前开发产品并在机会到来之类时迅速将其推向市场，易于取得领先地位和竞争优势，机会效益较大，但本身也隐含着一定的险性。重视未来市场机会并不意味着可以轻视目前市场机会，否则企业将失去经营的现实基础，而对未来市场机会缺乏预见性和迎接的准备，对企业今后的发展也很不利。因此，企业应将这两种市场机会的寻找和分析工作结合起来进行。

（5）全面市场机会与局部市场机会。

在大范围市场上出现的未满足的需要为全面市场机会；在小范围市场上再现的未满足的需要为局部市场机会。前者意味着整个市场环境变化的一种普遍趋势，后者则意味着局部市场环境的变化有别于其他市场部分的特殊发展趋势。区分这两种市场机会，对于企业具体地测定市场规模，了解需求特点，从而有针对性地开展市场营销活动来说是必要的。

（6）大类产品市场机会与项目产品市场机会。

市场上对某一大类产品存在着的未满足需求为大类产品市场机会；市场上对某一大类产品中某些具体品种存在着的未满足需求为项目产品市场机会。大类产品市场机会显示着市场上对某一大类产品市场需求发展的一般趋势，而项目产品市场机会则表明社会上对某一大类产品市场需求的具体指向。了解前者对于企业规定任务，明确业务发展的总体方向，制定战略计划具有重要意义；了解后者对于企业明确怎么干来实现战略计划的要求，制定市场营销计划，搞好市场营销工作具有重要意义。

4. 发现市场机会的方法

市场营销管理人员可以采用以下方法寻找、发现市场机会：

市场信息搜集法：市场营销管理人员可经常阅读报纸、参加展销会、研究竞争者的产品，召开献计献策会，对消费者展开调查等来寻找、发现或识别未满足的需要。

借助产品/市场矩阵：企业可以考虑市场渗透、市场开发、产品开发和多角化经营来寻找市场机会。实践证明，通过这种方法寻找，发现市场机会非常有效。

进行市场细分：即企业根据消费者需求的不同，把整个市场划分成不同的消费者群。实质就是在异质市场中求同质。市场细分的目标是为了聚合，即在需求不同的市场中把需求相同的消费者聚合到一起。

建立市场营销信息系统：企业寻找和发现市场机会的根本措施，是建立完善的市场营销信息系统，开展经常性的调查研究工作。

企业通过调查研究、寻找和发现市场机会的具体方法：第一，企业的市场营销人员，可以通过阅读报刊资料、市场现场观察、召开各种类型的调查会议、征集有关方面的意见和建议、分析竞争者的产品等形式，寻找和发现市场机会。第二，企业的市场营销人员，也可以以产品或业务的战略规划中所使用的分析评价方法为工具，或以发展新业务的战略方法为思路，结合实际寻找和发现产品或业务增长与发展的机会。第三，企业的市场营销人员，还可以利用市场细分的方法，建筑和发现未满足的需要与有利的市场机会。

通过上述工作，企业往往可以寻找到许多市场机会。但是，并非每一种市场机会都能够成为一企业可以利用的有利可图的机会，因此必须在对发现的市场机会进行认真分析与评价的基础上决定取舍。这项工作相当重要，正确地分析、评价、选择和利用市场机会，可以使一个企业走向繁荣，反之使企业坐失良机，甚至招致企业营销的失败。

二、研究和选择目标市场

1. 目标市场的概念

目标市场就是企业期望并有能力占领和开拓，能为企业带来最佳营销机会与最大经济效益的具有大体相近需求、企业决定以相应商品和服务去满足其需求、为其服务的消费者群体。

麦卡锡提出了应当把消费者看作一个特定的群体，称为目标市场。通过市场细分，有利于明确目标市场，通过市场营销策略的应用，有利于满足目标市场的需要。即：目标市场就是通过市场细分后，企业准备以相应的产品和服务满足其需要的一个或几个子市场。所谓目标市场，就是指企业在市场细分之后的若干“子市场”中，所运用的企业营销活动之“矢”而瞄准的市场方向之“的”的优选过程。

2. 目标市场的选择策略

目标市场的选择策略，即关于企业为哪个或哪几个细分市场服务的决定。通常有以下五种模式供参考：

市场集中化：企业选择一个细分市场，集中力量为之服务。较小的企业一般这样专门填补市场的某一部分。集中营销使企业深刻了解该细分市场的需求特点，采用针对的产品、价格、渠道和促销策略，从而获得强有力的市场地位和良好的声誉。但同时隐含较大的经营风险。

产品专门化：企业集中生产一种产品，并向所有顾客销售这种产品。例如服装厂商向青年、中年和老年消费者销售高档服装，企业为不同的顾客提供不同种类的高档服装产品和服务，而不生产消费者需要的其他档次的服装。这样，企业在高档服装产品方面树立很高的声誉，但一旦出现其他品牌的替代品或消费者流行的偏好转移，企业将面临巨大的威胁。

市场专门化：企业专门服务于某一特定顾客群，尽力满足他们的各种需求。例如企业专门为老年消费者提供各种档次的服装。企业专门为这个顾客群服务，能建立良好的声誉。但一旦这个顾客群的需求潜量和特点发生突然变化，企业要承担较大风险。

有选择的专门化：企业选择几个细分市场，每一个对企业的目标和资源利用都有一定的吸引力。但各细分市场彼此之间很少或根本没有任何联系。这种策略能分散企业经营风险，即使其中某个细分市场失去了吸引力，企业还能在其他细分市场赢利。

完全市场覆盖：企业力图用各种产品满足各种顾客群体的需求，即以所有的细分市场作为目标市场，例如上例中的服装厂商为不同年龄层次的顾客提供各种档次的服装。一般只有实力强大的大企业才能采用这种策略。例如 IBM 公司在计算机市场、可口可乐公司在饮料市场开发众多的产品，满足各种消费需求。

市场细分是指企业按照某种标准将在市场上的顾客划分为若干个顾客群的市场分类过程。目标市场就是企业通过市场细分决定要进入的哪个市场部分。选择了目标市场之后，还需进行市场定位。

对市场机会进行评估后，对企业要进入的哪个市场或者某个市场的哪个部分，要研究和选择企业目标市场。目标市场的选择是企业营销战略性的策略，是市场营销研究的重要内容。企业首先应该对进入的市场进行细分，分析每个细分市场的特点、需求趋势和竞争状况，并根据本公司优势，选择自己的目标市场。

3. 目标市场运用的策略

选择目标市场一般运用下列三种策略：

无差别性市场策略：就是企业把整个市场作为自己的目标市场，只考虑市场需求的共性，而不考虑其差异，运用一种产品、一种价格、一种推销方法，吸引可能多的消费者。采用无差别市场策略，产品在内在质量和外在形体上必须有独特风格，才能得到多数消费者的认可，从而保持相对的稳定性。这种策略的优点是产品单一，容易保证质量，能大批量生产，降低生产和销售成本。但如果同类企业也采用这种策略时，必然要形成激烈竞争。

差别性市场策略：就是把整个市场细分为若干子市场，针对不同的子市场，设计不同的产品，制定不同的营销策略，满足不同的消费需求。如美国有的服装企业，按生活方式把妇女分成三种类型：时髦型、男子气型、朴素型。时髦型妇女喜欢把自己打扮得华贵艳丽，引人注目；男子气型妇女喜欢打扮的超凡脱俗，卓尔不群；朴素型妇女购买服装讲求经济实惠，价格适中。公司根据不同类妇女的不同偏好，有针对性地设计出不同风格的服装，使产品对各类消费者更具有吸引力。针对每个子市场的特点，制定不同的市场营销组合策略。这种策略的优点是能满足不同消费者的不同要求，有利于扩大销售、占领市场、提高企业声誉。其缺点是由于产品差异化、促销方式差异化，增加了管理难度，提高了生产和销售费用。目前只有力量雄厚的大公司采用这种策略。

集中性市场策略：就是在细分后的市场上，选择二个或少数几个细分市场作为目标市场，实行专业化生产和销售，在个别少数市场上发挥优势，提高市场占有率。采用这种策略的企业对目标市场有较深的了解，这是大部分中小型企业应当采用的策略。采用集中性市场策略，能集中优势力量，有利于产品适销对路，降低成本，提高企业和产品的知名度。但有较大的经营风险，因为它的目标市场范围小，品种单一。如果目标市场的消费者需求和爱好发生变化，企业就可能因应变不及时而陷入困境。同时，当强有力的竞争者打入目标市场时，企业就要受到严重影响。因此，许多中小企业为了分散风险，仍应选择一定数量的细分市场为自己的目标市场。

三种目标市场策略各有利弊。选择目标市场时，必须考虑企业面临的各种因素和条件，如企业规模和原料的供应、产品类似性、市场类似性、产品寿命周期、竞争的目标市场等。选择适合本企业的目标市场策略是一个复杂多变的工作。

三、发展市场营销组合和决定市场营销预算

企业营销管理过程中，发展市场营销组合和决定营销预算中，制定企业营销组合策略是关键环节。只有市场营销组合确定了，才能决定市场营销预算。市场营销战略是企业期望达到的各种营销目标，它阐明了实现企业目标的活动计划。企业需要建立的目标分为战略目标和战术目标。确实达到战略目标的措施的主要是工具是市场营销组合。

1. 制定市场营销组合

“市场营销组合”：1964 年哈佛大学 Borden 教授首先提出，即企业的综合营销方案，也即企业针对目标市场需要对自己可控制的各种营销因素如产品、质量、包装、服务、价格、销售渠道、广告等的优化和综合运用，使之协调配合、扬长避短、发挥优势以更好地实现营销目标。

一定的市场营销组合是在一定的营销观念制约下，企业对目标市场实施的营销策略和手段的集合。市场营销组合可概括为四个基本要素，也即“4Ps”营销组合：产品策略（Product）、价格策略（Price）、渠道策略（Place）、促销策略（Promotion）。由于这四个词的英文字头都是 P，再加上策略（Strategy），所以简称为“4Ps”。

最基本的营销组合要素是产品，包括产品质量、设计、性能、品牌、包装等；最关键的营销组合要素是价格，包括批零价格、折扣、折让、付款条件等。

市场营销组合反映的是销售者关于能影响购买者的营销工具的观点。每一种营销工具都是为了传递顾客利益。

2. 确定市场营销策略

企业营销管理过程中，制定企业营销策略是关键环节。企业营销策略的制定体现在市场营销组合的设计上。为了满足目标市场的需要，企业对自身可以控制的各种营销要素如质量、包

装、价格、广告、销售渠道等进行优化组合。重点应该考虑“4Ps”营销组合策略。

随着市场营销学研究的不断深入，市场营销组合的内容也在发生着变化，从“4Ps”发展为“6Ps)”(即4P+Power权力+Public Relations 公共关系)。近年又有人提出了“4Cs”(即Customer顾客+Cost成本+Convenience便利+Communication沟通)为主要内容的市场营销组合。

四、执行和控制市场营销计划

企业营销管理的最后一个程序是对市场营销活动的管理，也即执行和控制市场营销计划。营销管理离不开营销管理系统的支持。需要以下三个管理系统支持。

市场营销计划：既要制定较长期战略规划，决定企业的发展方向和目标，又要有具体的市场营销计划，具体实施战略计划目标。

市场营销组织：营销计划需要有一个强有力的营销组织来执行。根据计划目标，需要组建一个高效的营销组织结构，需要对组织人员实施筛选、培训、激励和评估等一系列管理活动。

市场营销控制：在营销计划实施过程中，需要控制系统来保证市场营销目标的实施。营销控制主要有企业年度计划控制、企业赢利控制、营销战略控制等。

营销活动管理的三个系统是相互联系，相互制约。市场营销计划是营销组织活动的指导，营销组织负责实施营销计划，计划实施需要控制，保证计划得以实现。

第三节　市场调研与预测

一、市场调研的意义

根据现代市场经营观念，企业经营的目的，不是单纯为了销售产品和获取利润，而是要不断地开拓市场，满足消费者日益增长的需求。

市场调研就是企业为了达到特定的经营目标，而运用科学的方法和通过各种途径、手段去收集、整理、分析有关市场营销方面的情报资料，从而掌握市场的现状及其发展趋势，以便对企业经营方面的问题提出方案或建议,供企业决策人员进行科学的决策时作为参考的一种活动。

二、市场调研的类型

1. 探测性调研

探测性调研是企业对市场情况很不清楚或者感到对调研的问题不知从何处着手时所采用的方法。这种调研主要是发现问题和提出问题，以便确定调研的重点。

2. 描述性调研

描述性调研，就是对已经找出的问题作如实的反映和具体的回答。着重回答用户买什么，何时买、如何买等问题，并提出一些相关问题。这项调研必须占有大量的信息情报，调研前需要有详细的计划和提纲，以保证资料的准确性。描述性调研比探测性调研细致、具体，但也只是对问题，现象的原因到底是什么，还必须通过因果性调研作进一步研究。

3. 因果关系调研

因果关系调研，是在描述性调研的基础上进一步分析问题发生的因果关系，并弄清原因和结果之间的数量关系。比如，有的产品为什么滞销或畅销，有的用户为什么喜欢这种品牌而不喜欢其他品牌，产品的质量、价格、包装、服务等对销售量到底有什么影响及影响程度。

4. 预测性调研

对未来市场的需求变化进行估计，即预测性调研。预测性调研对企业制订有效的经营计划，使企业避免较大风险和损失，有特殊重要的作用。

扩展阅读

反应迟钝的吉列

美国吉列公司是一个名牌公司，然而，在1963年至1964年中，由于在推出新产品时动作迟缓，结果让对手钻了空子，使吉列马失前蹄。

1962年，吉列的高级蓝色刀片得到许多消费者青睐，它便把注意力集中到质量和降低成本上，这种表面覆盖一层硅的刀片，能防止头皮屑粘附刀片而妨碍剃须的现象。所以，即使它比一般的刀片贵40%也被消费者看好，它成为吉列刀片生产中主要的利润来源。

这时，英国有家叫威尔金森的小公司，开发出一种不锈钢剃须刀片。这种高级剑刃刀片，制造工艺合理，刀刃锋利，不被腐蚀且使用寿命长，可重复使用15次之多，而一般的碳素刀片只能使用3.5次左右。但威尔金森的生产能力有限，主要在英国销售，故一直没有引起吉列的注意。

然而，美国利特尔埃弗夏普公司注意到了这种新产品，立即开始从英国引进。1963年，它以低价高质开始赢得客户。但吉列却错误地认为，虽然不锈钢刀片的使用寿命是蓝色刀片的4倍，却不如蓝色刀片好使，刮同样的胡子，不锈钢刀片需要1.5磅的压力，而高级蓝色刀片只需要1磅的压力。所以吉列认为顾客还会看好蓝色刀片，迟迟不愿进行不锈钢刀片的开发和研究。

直到当年秋天，在埃弗夏普大片大片地侵蚀吉列原先占有的市场以后，吉列才转向制造不锈钢刀。但这时的不锈钢刀片市场早已被美国、英国的领先者瓜分完毕，吉列每夺回1%的市场占有率都必须付出巨大的代价。

根据盘和林《哈佛危机管理决策分析及经典案例》人民出版社 2006-06 改编

三、市场调研的方法

市场调研方法选择的合理与否，会直接影响调研结果。因此，合理选用调研方法是市场调研工作的重要一环。市场调研的基本方法可分为如下三类。

1. 询问法

该方法是由调研者先拟订出调研提纲，然后向被调研者以提问的方式请他们回答，收集资料。主要包括：

面谈调研：采用这种方法时，可以一个人面谈，也可以几个人集体面谈；可以一次面谈，也可以多次面谈。这种方法能直接与被调研者见面而听取意见并观察其反应；这种方法的灵活性较大，可以一般地谈，也可以深入详细地谈，并能互相启发，得到的资料也比较真实。但是，这种方式调研的成本高，调研结果受调研人员的政治、业务水平影响较大。

电话调研：电话调研是由调研人员根据抽样的要求，在样本范围内，用电话向被调研者提出询问，听取意见。这种方式调研收集的资料快、成本低，并能以统一格式进行询问，所得资料便于统一处理。但是这种方法有一定的局限性，只能对有电话的用户进行询问，不易取得与被调研者的合作，不能询问较为复杂的问题，调研不甚深入。

邮寄调研：这种方法又称通讯调研。就是将预先设计好的询问表格邮寄给被调研对象，请他们按表格要求填写后寄回。这种方式调研范围较广，被调研者有充裕的时间来考虑回答问题，不受调研人的影响，收集意见、情况较为真实。但问卷的回收率较低，时间往往拖延较长，被调研者有可能误解问卷的含义，影响调研结果。

留置问卷调研： 就是由调研人员将问卷表、问卷当面交给被调研人，并说明回答要求，留给被调研者自行填写，然后由调研人员定期收回。这种方式调研的优缺点介于面谈调研和邮寄调研之间。

2. 观察法

调研者到现场观察被调研者的行动来收集情报资料。也可以安装仪器进行录音和拍摄（如使用照相机、摄影机、录音机或者某些特定的仪器）。观察的方式有：到顾客购买现场观察，到产品使用单位的使用现场观察。这种方式能客观地获得准确性较高的第一手资料，但调研面较窄，花费时间较长。

3. 实验法

某种产品在大批量生产之前，先生产一小批，向市场投放，进行销售试验，观察和收集用户有关方面的反应来获得情报资料。也就是在特定地区，特定时间，向市场投放一部分产品进行试销，故也称“实验市场”。实验的目的：① 看本企业生产的产品质量、品种、规格、外观是否受欢迎；② 了解产品的价格是否被用户所接受。目前常采用的产品展销会、新产品试销门市部等都属于实验调研法。

四、市场预测

1. 市场预测的概念

所谓预测，简言之，预测就是根据过去和现在推断未来，根据已知推断未知。预测对象的未来情况是不确定的，存在着多种可能性，预测把未来事件发生的不确定性极小化，并做出关于这一事件发展的设想。

市场预测，简单地说就是对市场商品供需未来发展的预计。研究市场预测，首先要了解什么是市场。市场是商品经济的产物，是商品生产者和消费者进行商品交换的场所。它反映着生产与消费的状况和经济联系。

2. 市场预测的步骤

市场预测的全过程是调查研究、综合分析和计算推断的过程。一个完整的市场预测，一般都要经过以下几个步骤。

确定预测目标： 进行一项预测，首先必须明确为什么要进行这项预测？它是解决什么问题？预测的目的关系到预测的一系列问题，为搜集什么资料、怎样搜集资料、采用什么预测方法等。只有目标明确，才能使预测工作有的放矢，按照要求进行。

搜集、整理资料： 资料是预测的基础，必须做好资料的搜集工作。搜集什么资料，是由预测的目标所决定的。对所搜集到的资料要进行认真的审核，对不完整和不适用的资料要进行必要的推算和调整，以保证资料的准确性、系统性、完整性和可比性。对经过审核和整理的资料还要进行初步分析，观察资料结构的性质，作为选择适当预测方法的依据。

选择预测方法： 市场预测的方法很多，各种方法都有自己的适应范围和局限性。要取得较为正确的预测值，必须正确选择预测方法。

提出预测模型： 预测模型，是对预测对象发展规律的近似模拟。在资料的搜集和处理阶段，应搜集到足够的可供建立模型的资料，并采用一定的方法加以处理，尽量使它们能够反映出预测对象未来发展的规律性，然后利用选定的预测技术确定或建立可用于预测的模型。如用数学模型法，则需确定模型的形式并求出模型的参数；如用趋势外推法，则要确定反映发展趋势的公式；如用概率分析法，则要确定预测对象发展的各种可能结果的概率分布；如用类推法，则要找到可以应用于本预测的历史的或他人的经验规律等等。

评价和修正预测结果：市场预测毕竟只是对未来市场供需情况及变化趋势的一种估计和设想。由于市场需求变化的动态性和多变性，预测值同未来的实际值总是有差距的。很多企业，甚至一些经济部门，由于过去对经济统计工作重视不够，统计资料既不完整又有水分，这就给预测带来很大困难。因此，在预测时特别要注意对统计资料进行分析处理，剔除虚假因素，消除非正常原因造成的奇高奇低现象。

编写预测报告：经过预测之后，要及时写出预测结果报告。报告要把历史和现状结合起来进行比较，既要进行定性分析，又要进行定量分析，尽可能利用统计图表和数学方法予以精确表述。要做到数据真实准确，论证充分可靠，建议切实可行。然后，还要对预测的结果进行判断、评价，重点要进行预测误差分析。

预测是一种预计，很难与实际情况百分之百吻合。但是，预测的误差不能过大，否则，就失去了预测的意义。一旦发现误差过大，就要找出原因。如果引起误差的原因是选择预测方法不当，就应该重新选择预测方法，以求得正确的结果。预测报告是对预测工作的总结，用以向预测信息的使用者汇报预测结果。

3. 市场预测的方法

（1）德尔菲法。

又称专家意见法，是由美国兰德公司在 1950 年代创造的一种预测方法。它是充分发挥专家们的知识、经验和判断力，并按规定的工作程序来进行的预测方法。其主要特色在于：整个预测过程是背靠背进行的，即任何专家之间都不发生直接联系，一切活动都由工作人员与专家单独打交道来进行。从而使预测具有很强的独立性和较高的准确性。

（2）集中意见法。

集中意见法是将有关业务、销售、计划等相关人员集中起来，交换意见，共同讨论市场变化趋势，提出预测方案的一种方法。许多企业为了避免依靠某一个人的经验进行预测而产生偏差，集合有关人员共同研究进行预测。如对销售量的预测，可组织企业的业务人员、企划人员、销售人员共同分析研究市场情况，提供销售量的预测方案；对进货批量和进货次数的预测，可组织仓储人员、业务人员等进行分析研究，提出预测方案；对资金的来源、运用和资金周转的测算，可组织财务人员、业务人员共同研究，提出预测方案。

它的优点是，在市场的各种因素变动剧烈时，能够考虑到各种非定量因素的作用，从而使预测结果更接近现实。它得以与其他定量预测方法配合使用，取长补短，以达到预测值的可靠性和准确性。这与德尔菲法既有共同之点，也有不同之处。这是面对面讨论的办法，能够相互启发，互为补充，简便易行，没有繁复的计算。在缺少历史资料或对其他预测方法缺乏经验的情况下，是一种可行的办法。

使用该方法时，激进与保守的看法，对预测值常有较大的差异。还应注意容易受市场形势的影响，比如市场畅销、十分景气时，容易盲目冒进，市场形势不好时容易保守。在出现最大值、中间值和最小值三种情况僵持不下时，可采取合理准则，最大值和最小值的合计几率与中间值几率相等。计算公式如下：

$$Y = \frac{0.25A + 0.5B + 0.25C}{3}$$

式中　Y——表示推估的平均值，即预测值；

A——表示最大值；

C——表示最小值；

B——表示中间值。

如果参加人数较多，对预测值看法不一致，可采用平均数或中位数统计出预测方案。中位数计算公式为：

$$\frac{n+1}{2}$$（n表示项数，即预测的方案数）

如为奇数，取中间值的预测方案；如为偶数，取两方案的平均数。若方案较多，可采用众数选择方法。根据统计学原理，众数是母体中各单位最普遍出现的值。

思考与讨论题

1. 怎样区分不同的战略经营单位？
2. 怎样规划企业的投资组合策略？
3. 怎样理解市场营销组合的概念并把握其特点？
4. 需求预测中容易出现的失误有哪些？
5. 市场调研的方法有哪些？以及各方法的优缺点？

第三章　消费者行为与消费者市场

学习目的和要求：

1. 消费者购买动机的基本理论和特点；
2. 影响消费者购买行为的主要因素；
3. 消费者购买决策过程；
4. 生产者市场购买行为特点。

消费者市场是消费品生产经营企业市场营销活动的出发和归宿点，也最终决定着工业品生产经营企业的市场需求水平。各类企业特别是消费品的生产经营企业要充分满足消费者的需求，提高市场营销效益，实现企业发展的愿景，就必须深入研究消费者市场和消费者购买行为的规律性，并据此进行市场细分和目标市场选择，有针对性地制定市场营销组合策略。

第一节　消费者的动机与行为

一、消费者市场需求特点分析

消费品市场需求是指城乡居民、社会集团在市场上获得必要生活资料的有支付能力的愿望和要求。它在市场购买行为研究中，具有十分重要的地位。

消费品市场需求，大致上有如下特点。

多样性：由于消费者的收入水平、文化程度、职业、性别，年龄、民族和生活习惯的不同，自然会有不同的爱好和兴趣，对消费品的需求也是千差万别的。这种不拘一格的需求，就是消费需求的多样性。

发展性：随着生产力的发展和消费者个人收入的提高，人们对商品和服务的需要也在不断地发展。过去未曾消费过的高档商品进入了消费；过去消费少的高档耐用品现在大量消费，过去消费讲求价廉、实惠，现在追求美观、舒适等。

伸缩性：消费者购买商品，在数量、品级等方面均会随购买水平的变化而变化，随商品价格的高低而转移。其中，基本的日常消费品需求的伸缩性比较小，而高中档商品、耐用消费品、穿着用品和装饰品等选择性强，消费需求的伸缩性就比较大。

层次性：如前所述，人们的需求是有层次的，各个层次之间虽然难于截然划分，但是大体上还是有次序的。一般说来，总是先满足最基本的生活需要（生理需要），即满足“生存资料”的需要，然后再满足社会交往需要和精神生活需要，即满足“享受资料”和“发展资料”的需要。也就是说，消费需求是逐层上升的，首先是满足低层次的需要，然后再满足较高层次的需要。随着生产的发展和消费水平的提高，以及社会活动的扩大，人们消费需求的层次必然逐渐向上移动，由低层向高层倾斜，购买的商品越来越多地为了满足社会性、精神性（“享受资料”、

"发展资料"）要求。

时代性： 消费需求常常受到时代精神、风尚、环境等的影响。时代不同，消费需求和爱好也会不同。例如，随着我国人民文化水平的提高，对文化用品的需要日益增多。这就是消费需求的时代性。

可诱导性： 消费需求是可以引导和调节的。这就是说通过企业营销活动的努力，人们的消费需求可以发生变化和转移。潜在的欲望可以变为明显的行动，未来的需求可以变成现实的消费。

联系性和替代性： 消费需求在有些商品上具有关联性，消费者往往顺便联系购买。如：出售皮鞋时，可能附带售出鞋油、鞋带、鞋刷等。所以经营有联系的商品，不仅会给消费者带来方便，而且能扩大商品销售额。有些商品有替代性，即某种商品销售量增加，另一种商品销售量减少。如食品中的肉、蛋、鱼、鸡、鸭等，其中某一类销售多了，其他就可能会减少；洗衣粉销量上升，肥皂销量下降等等。

二、消费者购买动机的分析

消费者购买行为是指人们为满足需要和欲望而寻找、选择、购买、使用、评价及处置产品、服务时介入的过程活动，包括消费者的主观心理活动和客观物质活动两个方面。消费者富有弹性的购买行为都是在生理动机和心理动机支配下发生的。消费者的购买，必然直接或间接地表现在购买活动之中，影响其购买行为。

1. 生存性购买动机

生存性购买动机是出于人的生存要求。这是人人都具有的购买动机。饥则求食，寒则求衣，这是人类最基本的而又是最普遍的生存欲望。在生存性购买动机的支配下，人们往往事先早已计划妥当或很自然地要求购买，在购买时较少犹豫，且不太注重商标，一般都是生活必需品。生存性购买动机，有时也与其他购买动机联系在一起，尤其表现在对所要购买的生活用品的外观、质量、性能和价格的选择方面。

2. 习惯性购买动机

抱有习惯性购买动机的人，对所要购买的商品早有了解，购买时往往会不假思索地选中目标。对某种商品常常会执著地信任和偏爱。其心理状况往往是"你有千条计，我有老主意"，不为别人的劝说、非议所动。购买的对象一般都是普通生活必需品或烟、酒之类的嗜好品。具有习惯性购买动机的人，往往十分注重商品的商标，并牢牢地记住自己喜爱的商品商标。有一些为大众所称道的名牌高档商品，人们会自然地产生一种信任感，形成习惯性购买。

3. 理智性购买动机

持有理智性购买动机的人，在购买商品前一般都经过深思熟虑。他们对所要购买的商品有足够的知识和经验，对其特点、性能和使用方法等早已心中有数，因而在品评比较时，不受周围环境气氛和言论的影响。在商品的选择过程中，他们除了注重外观和价格外，还着重检查商品的内在质量和特殊功能，并充分运用视觉、触觉、听觉等器官，以及记忆、想象和思维等方法，反复挑选，在恰当的时机立即决断。这类人在买货时，往往直奔目标，十分自信，一旦选中，不再退货。他们常常希望售货员认真配合他们进行挑选，但又不希望干涉他们的反复比较选择。

4. 自信性购买动机

具有自信性购买动机的人，在购买商品前一般都心中有数。对所要购买的商品，有自我确定的标准和选择的理由。他们不大受周围环境和他人的影响，即使临时改变主意，也是意料中的事。因此，在这种购买动机的驱使下，购买的选择性很强，选择面较窄。自信性购买动机类似于理智性购买动机和习惯性购买动机。但在所要购买的商品面前，其理智和冷静的成分更多一些。自信性购买动机是消费者在某时、某地或某种心境下所产生的购买欲望，他们往往认准了商品的某一特点而特别偏爱。所以在买下商品受到别人非议时，他会寻找种种理由说服别人，并为自己的购买行为辩护。即使在购买发生失误的情况下，他也情愿坚持到底。

5. 冲动性购买动机

带有冲动性购买动机的消费者，在购买东西时，往往会被商品的外观、式样、包装的新奇所吸引、所刺激，缺乏必要的考虑和比较。他们的购买活动常常是：心头一热—买下再说—后悔不迭。他们事先一般没有明确的购物目标，往往是在浏览商品时无意中发现，引起了兴趣，决意购买，所以极易受周围环境、气氛和周围人们言论的影响，他们在选择时也常常心中无数。由冲动性购买动机支配下发生的购买活动，最易产生退货现象。只是在退货时，买者可以找出各种理由，但始终不好意思承认自己“不识货”。

冲动性购买动机与理智性购买动机是相互对立的。在日常的购买活动中，理智性购买动机并不多见；而冲动性购买动机却经常出现。即使是那些平时头脑比较冷静的人，在他所不了解的商品面前，也可能产生冲动性购买动机。这种购买动机往往会破坏原来早已安排好的购买计划，给消费者带来麻烦，所以需要人们随时注意控制。

6. 诱发性购买动机

这种购买动机的心理过程常常是：好奇性—探究竟—被说服—掏钱买。它与冲动性购买动机很相似，都是事先没有计划和考虑的偏重于感情的购买心理。但是两者又有区别，冲动性购买动机一般说来是主动的、迅速的，而诱发性购买动机则有一个被动、缓慢的过程。因此，它的后悔程度和退货率没有像冲动性购买动机那样高。诱发性购买动机主要受环境气氛和周围人言的影响和诱导。处理品、新奇产品、土特产品往往是产生这种购买动机的诱导对象。

7. 被迫性购买动机

抱有被迫性购买动机的人总是在不情愿的情况下，由于某种无法摆脱和回避的原因，不得不购买商品和劳务。这种消费者，并不是出于对商品的好恶感而是为了照顾某种人际关系违心地破费。它是买者在权衡各方面利弊之后，被迫以购买某种商品或劳务所做出的某种让步姿态。尽管购买的物品对自己可能无益，购买是被迫的，但从其他方面考虑，还是必需的。

8. 时髦性购买动机

时髦性购买动机是由于外界环境的影响或社会风尚的变化而引起的购买心理。消费者试图借所购买的商品达到引人注目，或显示主人身份和地位，或为了突出主人的形象、美化居处等目的。

时髦性购买动机与冲动性购买动机一样，都是受感情的驱使。所不同的是，时髦性购买动机一般体现着人们对生活的向往和美好的追求，是生活水平逐步提高过程中自然产生的购买欲望。它不一定是在一时冲动下产生的，大部分经过长时间的考虑和比较，只要在力所能及的范围，一般没有什么不妥之处。

9. 保守性购买动机

在商品供过于求的情况下，人们较容易产生保守性购买动机，因为消费者在众多可供挑选的商品面前能够从容地进行挑选，不必心急，商品稍不如意，宁可等待。保守性购买动机是相对于冲动性购买动机或诱发性购买动机而言的。在商品紧缺，供不应求的情况下，较容易使人产生冲动性购买动机（或诱发性购买动机），因而此时人们颇有些“饥不择食”或不买就会“坐失良机”的心理。然而，在商品供过于求（或商品供应结构不合理所带来局部性供过于求）时，同类商品的竞争加剧，促使产品质量不断提高、品种花式不断增多、价格不断下降。这对消费者来说是十分有利的，他们自然要经过充分挑选，满足自己的愿望，竭力做到“买最有利的”。保守性购买动机与理智性购买动机相似，两者都在消费前要考虑再三。

三、消费者购买行为

1. 研究购买行为要回答的问题

对消费者购买行为规律的研究首先涉及消费者购买行为的基本模式，它主要回答以下一些问题：

形成购买群体的是那些人？　购买者
他们要购买什么商品？　购买对象
他们为什么要购买这些商品？　购买目的
那些人参与了购买决策过程？　购买组织
他们以什么方式购买？　购买方式
他们在什么时候购买？　购买时间
他们在那里购买？　购买地点

这些问题往往要通过广泛深入的市场调查来获得答案，而企业则必须在此基础上去发现消费者的购买行为规律，并有的放矢地开展营销活动。

2. 消费者的购买行为基本模式

企业的营销活动对一个具体的消费者来讲，是否能够产生作用，能够产生多大作用，对哪些人最为有效，可以从心理学的“认识-刺激-反应”模式去加以认识。这是研究购买者行为最为基本的方法。因为任何购买者的购买决策都是在一定的内在因素的促动和外在因素的激励之下而采取的。要使企业的营销活动获得成功，关键要看这些活动是怎样对消费者产生影响的，不同的消费者有各自会对其做出怎样的反应，而形成不同反应的原因又到底是什么。我们可从“认识-刺激-反应”模式出发去建立消费者的购买行为模式。如图 3.1 所示。

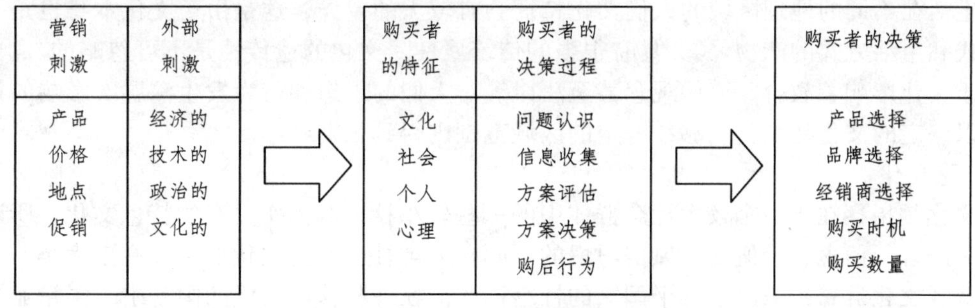

图 3.1　消费者购买行为模式

从这一模式中我们可以看到，具有一定潜在需要的消费者首先是受到企业的营销活动刺激和各种外部环境因素的影响而产生购买取向的；而不同特征的消费者对于外界的各种刺激和影响又会基于其特定的内在因素和决策方式作出不同的反应；从而形成不同的购买取向和购买行为。这就是消费者购买行为的一般规律。

在这一购买行为模式中，“营销刺激”和各种“外部刺激”是可以看得到的，购买者最后的决策和选择也是可以看得到的，但是购买者如何根据外部的刺激进行判断和决策的过程却是看不见的。这就是心理学中的所谓“黑箱”效应。购买者行为分析就是要对这一“黑箱”进行分析，设法了解消费者的购买决策过程以及影响这一决策过程的各种因素的影响规律。

第二节　影响消费者行为的因素

研究发现，影响消费者的购买行为的非经济因素主要有内外两个方面。从外部来看，主要有：消费者所处的文化环境，消费者所在的社会阶层，消费者所接触的各种社会团体（包括家庭），以及消费者在这些社会团体中的角色和地位等；内部因素则是指消费者的个人因素和心理因素（图 3.2）。这些因素从不同的角度影响着消费者的购买行为模式。

文化因素	社会因素	个人因素	心理因素	
文化 亚文化 社会层次	参考团体 家庭 角色地位	年龄 性别 职业 教育 收入 生活方式	动机 认知 学习 态度和 信念	购买者

图 3.2　影响消费者购买行为的因素

一、文化因素

1. 文化影响

文化作为一种社会氛围和意识形态，无时无刻不在影响着人们思想和行为，当然也必然影响人们对商品的选择与购买。文化对于人们行为的影响有着这样一些特征：① 具有明显的区域属性。生活在不同的地理区域的人们文化特征会有较大的差异，这是由于文化本身也是一定的生产方式和生活方式的产物。② 具有很强的传统属性。文化的遗传性是不可忽略的。

由于文化影响着教育、道德观念甚至法律等对人们的思想和行为发生深层次影响的社会因素，所以一定的文化特征就能够在一定的区域范围内得到长期延续。

2. 亚文化

亚文化是指存在于一个较大社会群体中的一些较小社会群体所具有的特色文化。所谓的特色表现为语言、信念、价值观、风俗习惯的不同。人类社会的亚文化群主要有三大类：

国籍亚文化群：指来源于某个国家的社会群体。在一些移民组成的国家中。国籍亚文化现象显得尤为明显。例如在美国等西方国家的大城市里都有“唐人街”，那里集中体现了中国的国籍文化。但是由于“唐人街”是在美国等国，总体上受着所在国地域文化的影响，所以只能是一种亚文化。

种族亚文化群：是指由于民族信仰或生活方式不同而形成的特定文化群体。如中国是一个统一的多民族国家，除了占人口 90%以上的汉族以外，还有 50 多个少数民族。由于自然环境和社会环境的差异，不同的少数民族形成不同的亚文化群。这些亚文化群在饮食、服饰、建筑、宗教信仰等方面表示出明显的不同。

地域亚文化群：同一个民族，居住在不同的地区，由于各方面的环境背景不同，也会形成不同的地域亚文化。我国的汉族人口众多，位居祖国辽阔的土地上，汉族人都讲汉语，但各地都有各自的方言。我国北方的汉语比较统一，但到了南方，方言就十分复杂。江南人讲吴语，广东人讲粤语，闽南人讲闽南话。各地人在一起，不讲普通话而讲方言，也是无法沟通的。我国各地的饮食文化有着明显差异。西南和北方人喜欢吃辣，江南人偏爱甜，广东人对食品特别讲究新鲜。北方人以面食为主，南方人则以米饭为主食等等。

对于亚文化现象的重视和研究能使企业对市场有更为深刻的认识，对于进一步细分市场，有的放矢地开展营销活动具有十分重要的意义。

3. 社会阶层

社会阶层是指一个社会按照其社会准则将其成员划分为相对稳定的不同层次。不同社会阶层的人，他们的经济状况、价值观念、兴趣爱好、生活方式、消费特点、闲暇活动、接受大众传播媒体等各不相同。这些都会直接影响他们对商品、品牌、商店、购买习惯和购买方式。

社会阶层也属于文化的范畴。其主要是由于人们在经济条件、教育程度、职业类型以及社交范围等方面的差异而形成的不同社会群体，并因其社会地位的不同而形成明显的等级差别。美国的有关人士主要根据经济条件的差异对其社会阶层作了七个层次的分类（表 3.1）。

表 3.1　美国各社会阶层的划分

社会阶层	主要成员	占人口百分比
上上层	老富翁	1%
上下层	新富翁	2%
中上层	经理专家	12%
中中层	白领雇员	32%
中下层	蓝领雇员	38%
下上层	非熟练工	9%
下下层	失业人员	6%

企业营销要关注本国的社会阶层划分情况，针对不同的社会阶层爱好要求，通过适当的信息传播方式，在适当的地点，运用适当的销售方式，提供适当的产品和服务。

二、社会因素

1. 相关群体

相关群体是指那些影响人们的看法、意见、兴趣和观念的个人或集体。研究消费者行为可以把相关群体分为两类：参与群体与非所属群体。

参与群体：是指消费者置身于其中的群体，有两种两类：① 主要群体是指个人经常性受其影响的非正式群体，如家庭、亲密朋友、同事、邻居等；② 次要群体是指个人并不经常受到其影响的正式群体，如工会、职业协会等。人生活在一定的社会群体之中，其思想和行为不可避免地要受到周围其他人的影响。从主动的意义上讲，人们会经常向周围的人征询决策的参考意见；从被动的意义上讲，人们所处的特定社会群体的行为方式会不知不觉地对其产生引导和同化作用。

非所属群体：是指消费者置身之外，但对购买有影响作用的群体。有两种情况，一种是期望群体，另一种是游离群体。期望群体是个人希望成为其中一员或与其交往的群体，游离群体是遭到个人拒绝或抵制，极力划清界限的群体。

企业营销应该重视相关群体对消费者购买行为的影响作用；利用相关群体的影响开展营销活动；还要注意不同的商品受相关群体影响的程度不同。商品能见度越强，受相关群体影响越大。商品越特殊、购买频率越低，受相关群体影响越大。对商品越缺乏知识，受相关群体影响越大。

2. 家庭

家庭是社会最基本的组织细胞，也是最典型的消费单位，研究影响购买行为的社会因素不能不研究家庭。家庭对购买行为的影响主要取决于家庭的规模、家庭的性质（家庭生命周期），以及家庭的购买决策方式等几个方面。

一家一户组成了购买单位，我国现有 2.4 亿左右的家庭，在企业营销中应关注家庭对购买行为的重要影响。研究家庭中不同购买角色的作用，可以利用有效营销策略，使企业的促销措施引起购买发起者的注意，诱发主要营销者的兴趣，使决策者了解商品，解除顾虑，建立购买信心，使购买者购置方便。研究家庭生命周期对消费购买的影响，企业营销可以根据不同的家庭生命周期阶段的实践需要，开发产品和提供服务。

三、个人因素

除了文化和社会的差异之外，消费者的个人因素在其购买决策中也发挥着重要的作用。我们可以看到，在相同的社会和文化背景下，消费者的购买行为也存在着相当大的差异。生活在同一个家庭中的姐妹，有的喜欢看书，有的喜欢跳舞；在同一单位工作的同事，有的花钱大方，有的十分节俭。这说明除了文化与社会的因素之外，消费者的个人因素对于其购买行为起着更为明显的作用。个人因素中包含年龄与性别、职业与教育、收入水平以及个性与生活方式等

年龄与性别：年龄与性别是消费者最为基本的个人因素，具有较大的共性特征。如追求时髦的大都是年轻人，因为年轻人热情奔放，喜欢接受新事物；老年人一般比较稳健，不会轻易冲动，但相对也比较保守。男女之间在购买内容和购买方式上的差异特别明显。例如，购买大件耐用消费品及技术含量较高的商品往往由男士出面，而购买家庭日用消费品则多数是女士的专利。夫妇俩逛街时，女士爱看服装与化妆品，男士却关心音响、图书与设备。购买商品时，大多数男士不挑不选，拿了就走；而大多数女士则要反复挑选，甚至还要讨价还价。了解不同年龄层次和不同性别消费者的购买特征，才能对于不同的商品和顾客制定准确的营销方案。

职业与教育：职业与教育实际上是社会阶层因素在个人身上的集中反映。从事一定的职业以及受过不同程度教育的人会产生明显的消费行为差异，这主要是由于一种角色观念的作用。例如，一个大学生，在学校期间喜欢穿运动衫，登旅游鞋，背着登山背包，骑一辆山地跑车，显得青春焕发，朝气蓬勃；而毕业以后，进大公司当了白领，立刻就换上了西装革履，夹起了公文包，坐上了出租车，从衣着打扮到言谈举止都发生了很大的变化。这就是因为运动衫、登山包是大学生的身份象征，而西装革履和公文包则是公司白领的角色标志。这些在消费者的购买行为中会有强烈的表现。

个性与生活方式：个性是指对人们的行为方式稳定持久地发挥作用的个人素质特征。人的个性在不同场合通过自己的行为表现出来，因此它是消费者行为研究的重要内容。首先，个性

是差异性和类似性的统一。每个消费者的个性都是由特定的心理条件和社会影响促成的，因此，我们可以说世界上不存在两个个性完全相同的消费者。但是，一个消费者不论其个性多么独特，他总是有一些地方与其他消费者相似。具有相似个性的人可能是一群，甚至一大群。正因为此，我们可以通过细分市场来开展营销，不必面对成千上万的个人；第二，个性是稳定性和发展性的统一。人的个性是在长期生活过程中逐渐形成的。个性一旦确定就会显示出其稳定性的特征。个性的稳定性正是我们区别不同消费者个性的依据。但个性又不是一成不变的，它随着人的生理变化和外部条件的变化而变化。

扩展阅读

"80 后"购买行为分析

"80"后是未来10年内消费的主力军。他们是中国的第一代独生子女，也就铸就了不一样的一代人。在他们背后又有怎么的消费心理呢？"80后"的购买行为主要受以下因素共同影响的结果。

一、消费者自身因素

（1）消费者的经济状况消费者的经济状况，即消费者的收入、存款与资产、借贷能力等。消费者的经济状况会强烈影响消费者的消费水平和消费范围，并决定着消费者的需求层次和购买能力。

"80后"的消费信心来于两个方面：第一，自己的工资。第二，家庭的支持，已经工作了，父母还每月给钱的比例可以达到13.3%。"80后"有强大的消费保障：父母是后盾。第三，"80后"信贷消费比例高。有很大一部分人的消费观念是"有钱就花，没钱就贷"。进商场、超市买东西刷卡，买房、买车、买大件按揭，这是现在"80后"常有的事，强烈的消费欲望，将会把上一代，甚至上几代人的存款和积蓄消费殆尽，可以说未来2亿的"80后"消费市场将会有强大的购买力。

（2）消费者的性格与自我观念性格是指人与其他人不同的心理特征。"80后"从小处于家庭核心形成了独立、自我的个性，不满足于标准化、模式化，有独立的思考方式和价值观，追求个性彰显与众不同。我们经常可以听到一些广告语专门针对"80后"的。如，美特斯邦威："每个人都有自己的舞台"、"不走寻常路！"。中国移动的动感地带："我的地盘听我的！"这些广告词句句都体现出了当前年轻人的心声。他们在消费上更喜欢个性化的东西。

二、社会因素

人是生活在社会之中的，因而消费者的购买行为将受到诸多社会因素的影响。人的需求与消费观念受其社会文化、受教育程度与职业等因素的影响越来越大，从社会因素的角度出发，现从以下两个方面来分析消费者的购买行为。

（1）社会文化因素。当前的"80后"较少受传统文化的影响，他们学历高，可以通书本、报纸杂志、电视电话、网络等各方接收到太多太多的信息。加之，交通通讯的发达，相对缩短了地理上的距离，促进文化交流。因此，来自不同地区，不同民族，不同种族，不同国家的文化因素他们都可以接收到，同时也影响着他们的思想，从而影响着他们的行为。① 西方文化的影响。他们喜欢穿牛仔裤（美国流行过来）；喜欢穿韩版的服装、韩国的电视剧（韩国流行过来的）。② 中西方文化交融。如：周杰伦的中西方曲风的《双节棍》深受大家喜爱和传唱；加入了西方元素的各式旗袍；中西方口味同时经营的餐馆；喜欢中西式并用的室内装潢。

（2）相关群体。相关群体是指对消费者的态度和购买行为具有直接或间接影响的组织、团体和人群等。"80后"较少受家庭因素的影响，由于他们追求时尚、喜欢个性化的东西，加之"80后"接收信息的速度比较快，所以较容易受影视明星，体育明星的影响。他们有较强的效仿欲望。如：代言可口可乐的刘翔、代言清华紫光的诸宸等，各种产品借助体育明星的知名度和影响力树立品牌形象。在网上看到过这样的描述："因有春春的广告，常常守在电视前不为别的，只为等待那短短的十多秒钟春春的广告。要买电脑就买神州电脑，要买手机就买夏新手机，要买糖果就买跳跳龙，这些都是春春代言的，只喜欢看春春的广告，只买春春代言的产品，因为爱春春，所以爱与她有关的一切。春春是健康、阳光、青春、温暖、纯洁、勇敢的代名词。永远爱我们家的春春宝贝！"以上的例子可以体现出"80后"对他们的向往群体付出得更多。

三、企业和产品

（1）产品设计上：为了迎合“80后”消费者的心，企业在产品的设计上也花了不少的工夫。现在产品的生命周期越来越短了，科学技术的进步也越来越快了，消费者的观念更新速度也越来越快了，市场竞争越来越大了，企业只有不断更新产品才会有好的发展前景。在我们的生活中，每年有超过25 000个新产品上市。据有关资源：为满足不同用户的个性化需求，现在海尔空调共有6 368种新产品，每隔50天就有2款新产品，你需要什么样的空调海尔就能满足你的需要。

海尔的个性化产品如：健康金超人、节能世纪超人、变频太空金元帅、直流数码变频空调、网络空调等8大系列产品，让你的个性化需求得到个性化的满足。

（2）广告宣传上：经常听到“百事可乐，年轻一代的选择”。移动的动感地带“我的地盘听我的”。真的是百事可乐一定只有年轻人可以喝吗？用移动的动感地带你就一定会动感起来吗？只细看来百事可乐不过是一种再普通不过的饮料罢了。动感地带只是移动公司的其中一种业务罢了！为什么会取得这么好的效果呢？关键是广告的宣传效果，满足了年轻人的心里需要。我是年青的喝百事可乐，我是动感的，我要有属于自己的地盘，就用移动的动感地带。

除以上因素外“80后”购买行为还受家庭因素，个人的职业、生活方式，个人的动机、知觉、学习等心理因素的影响。在市场营销活动中，我们要全面地分析各种影响消费者购买行为的因素，根据目标市场的具体情况，调动营销策略，有针对性地引导“80后”消费者的购买行为，才能使企业在市场竞争中永远立于不败之地。

来源于：李建英《80后购买行为分析》中小企业管理与科技2009年8月上旬刊

第三节　购买者决策过程

一、消费者购买决策过程的参与者

购买决策在许多情况下并不是由一个人单独作出的，而是有其他成员的参与，是一种群体决策的过程。这不仅表现在一些共同使用的产品（如电冰箱、电视机、住宅等），也表现在一些个人单独使用的产品（如服装、手表、化妆品等）的购买决策过程中，因为这些个人在选择和决定购买某种个人消费品时，常常会同他人商量或者听取他人的意见。因此了解哪些人参与了购买决策，他们各自在购买决策过程中扮演怎样的角色，对于企业的营销活动是很重要的。

一般来说，参与购买决策的成员大体可形成五种主要角色：

发起者：即购买行为的建议人，首先提出要购买某种产品。

影响者：对发起者的建议表示支持或者反对的人，这些人不能对购买行为的本身进行最终决策，但是他们的意见会对购买决策者产生影响。

决策者：对是否购买，怎样购买有权进行最终决策的人。

购买者：执行具体购买任务的人。其会对产品的价格、质量、购买地点进行比较选择，并同卖主进行谈判和成交。

使用者：产品的实际使用人。其决定了对产品的满意程度，会影响买后的行为和再次购买的决策。

这五种角色相辅相成，共同促成了购买行为，是企业营销的主要对象。必须指出的是，五种角色的存在并不意味着每一种购买决策都必须要五人以上才能作出，在实际购买行为中有些角色可在一个人身上兼而有之，如使用者可能也是发起者，决策者可能也是购买者。而且在非重要的购买决策活动中，决策参与的角色也会少一些。

二、购买行为的类型

不同类型的消费者对于不同类型的商品，购买决策行为也是有很大的差异的。如购买一台电脑和购买一把牙刷，购买决策行为就会在很大不同。前者可能要广泛搜集信息，反复比较选择，后者则可能不加思考，随时就可以购买。根据消费者对产品的熟悉程度（需要解决问题的多少）和购买决策的风险大小（很大程度上决定于产品价格的昂贵与否），我们可以将购买行为分成四种类型，如图 3.3 所示。

购买决策风险 \ 对产品的熟悉程度	低	高
高	复杂性购买行为	选择性购买行为
低	简单性购买行为	习惯性购买行为

图 3.3　购买行为的类型

复杂性购买行为： 主要是对于那些消费者认知度较低、价格昂贵、购买频率不高的大件耐用消费品。由于价格昂贵，购买决策的风险就比较大，购买决策必然比较谨慎；由于消费者对产品不够熟悉，需要搜集的信息比较多。进行选择的时间也比较长。

选择性购买行为： 同样是价格比较昂贵的商品，有较大的购买决策风险，但是由于消费者对于此类商品比较熟悉，知道应当怎样进行选择。因此在购买决策时无须再对商品的专业知识作进一步的了解而只要对商品的价格，购买地点以及各种款式进行比较选择就可以了。

简单性购买行为： 对于某些消费者不太熟悉的新产品。由于价格比较低廉，购买频率也比较高，消费者不会花很大的精力去进行研究和决策，而常常会抱着"不妨买来试一试"的心情来进行购买，所以购买的决策过程相对比较简单。

习惯性购买行为： 对于那些消费者比较熟悉而价格比较低廉（通常产品的稳定性也比较好）的产品，消费者会采用习惯性的购买行为。即不加思考地购买自己习惯用的品种、品牌和型号。若无新的强有力的外部吸引力，消费者一般不会轻易地改变其固有的购买方式。

了解购买行为的不同类型，有助于企业根据不同的产品和消费者情况去设计和安排其营销计划，知道哪些是应当重点予以推广和宣传的，哪些只需作一般的介绍，以使企业的营销资源得到合理的分配和使用。

三、购买决策的阶段

消费者的购买决策是一个动态发展的过程，一般可将其分为五个阶段：确认问题，收集信息，评价方案，作出决策，买后行为（图 3.4），这是一种典型的购买决策过程。以下分别就这五个阶段进行分析。

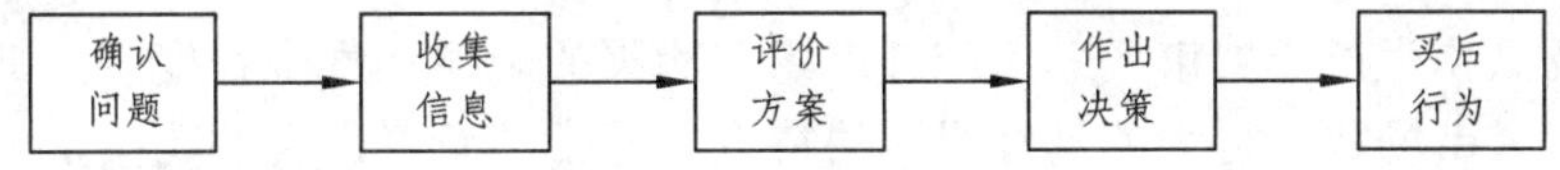

图 3.4　购买行为的决策阶段

确认问题： 这里问题是指消费者所追求的某种需要的满足。因为需要尚未得到满足，就形成了需要解决的问题。满足的需要到底是什么？希望用什么样的方式来进行满足？想满足到什么程度？这些就是希望解决的问题。确认问题是购买决策的初始阶段，因为消费者只有意识到其有待满足的需要到底是什么，才会发生一系列的购买行为。

收集信息： 消费者一旦对所需要解决的需要满足问题进行了确认，便会着手进行有关信息的收集。所谓收集信息通俗地讲就是寻找和分析与满足需要有关的商品和服务的资料。

评价方案：消费者在充分收集了各种有关信息之后，就会进入购买方案的选择和评价阶段。该阶段消费者主要要对所收集到的各种信息进行整理，形成不同的购买方案，然后按照一定的评估标准进行评价和选择。

作出决策：消费者在进行了评价和选择之后，就形成了购买意图，最终进入作出购买决策和实施购买的阶段。但是，在形成购买意图和作出购买决策之间，仍有一些不确定的因素存在，会使消费者临时改变其购买决策。这些因素主要来自两方面：一是他人的态度；二是意料之外的变故。

购买后的感觉和行为：消费者购买了商品并不意味着购买行为过程的结束，因为其对于所购买的商品是否满意，以及会采取怎样的行为对于企业目前和以后的经营活动都会带来很大的影响，所以忠实消费者买后的感觉和行为并采取相应的营销策略同样是很重要的。图 3.5 展示了消费者购买后的感觉及行为特征。

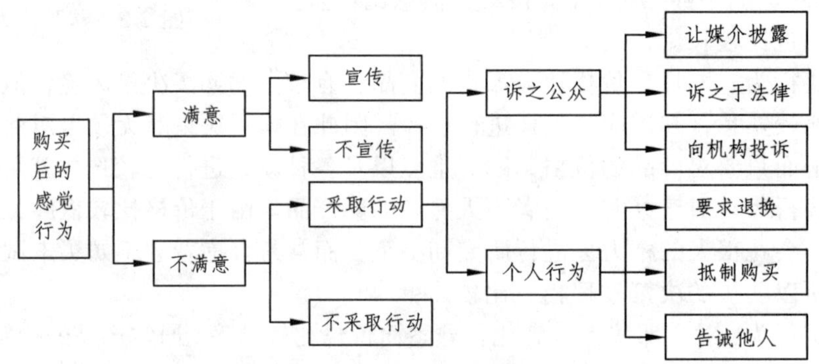

图 3.5 购买后的感觉和行为

满意还是不满意是消费者购买商品之后最主要的感觉，其买后的所有行为都基于这两种不同的感觉。而满意还是不满意一方面取决于其所购买的商品是否同其预期的欲望（理想产品）相一致，若符合或接近其预期欲望，消费者就会比较满意，否则就会感到不满意；另一方面则取决于他人对其购买商品的评价，若周围的人对其购买的商品持肯定意见的多，消费者就会感到比较满意，持否定意见的多，即使他原来认为比较满意的，也可能转为不满意。

第四节 生产者市场购买行为分析

生产者市场又称生产资料市场。生产者市场在购买的规模和集中程度方面都不同于消费者市场，从而生产者市场购买行为就具有明显的特点。通常消费者市场的购买是由个人或家庭成员来作出购买决策的，而生产者市场的购买则常常是有组织地制定购买决策。生产资料的购买活动，每次购进的数量大、价格高，购进商品的质量直接关系到企业产品的质量和劳动生产率的提高，关系到能源的节约、人员操作的安全，因此，生产者市场的购买动机常常为理智型的，购买行为是专家型的。

一、生产者市场需求的特点

相对于消费者市场需求而言，生产者市场需求有如下特征。

需求的派生性：相对于消费者市场需求是初始需求而言，生产者市场的需求则属于派生性需求。消费者对诸如面包之类的食品需求是消费者的生理和心理的需要、食品的价格、替代品的供应情况和价格水平等各种情况的直接反映。而食品加工厂对面粉与食品加工机械等生产资料的需求，则是消费者对面包之类食品需求所引起（派生）的。如果消费者对食品的需求上升，那么对食品加工企业来说，就有了扩大市场、增加生产的前提和可能性，这就派生出要食品机械生产企业提供更多的食品机械的需要。掌握生产者市场派生性这一购买特点，为生产资料的生产者和经营者的市场营销活动，以及开拓新市场和开发新产品等工作，指明了前进的方向。

需求的弹性较小：由于生产者市场需求具有派生性，这就制约着生产资料的购销双方，从而相对于消费资料的需求来说，生产资料的需求就显得缺乏弹性。一般来说，生产资料不会因价格变动而增减其需求。在一个充满竞争的生产资料市场上，如果某个企业想单独提高自己产品的价格，那么，结果必然是对这个企业的产品需求减少。这就决定了从事生产资料产品生产的企业要想立足于市场，就必须在给自己产品定价时，使自己的产品和市场上的同类产品保持同价或低价，或采取产品差异化策略去参与竞争。

属于专家型购买：这是由于生产资料购买的技术性强、数量大、价值高、责任重等特点所决定的，所以，通常又称为理智型购买。这就是说，生产资料的购买或销售，是由具有相当专业知识的专业技术人员进行的，不少生产资料生产企业都由推销工程师担任市场营销工作。特别是机电设备等产品的销售，包括安装、调试在内，就要求推销人员具备相当的专业知识。

购买的大量性：生产资料的购买次数要比消费资料少得多，这是因为主要设备一般若干年才买一次，原材料、零配件则根据供货合同定期供应。而生产资料的购买，常常要满足整个生产过程较长时间的需要，所以购买的数量要比消费资料大得多。

购买活动花时较多：由于生产资料要按特定的规格交易，购买的数量又较大，需要一定的准备时间，这就使进行交易的谈判时间较长，其购买活动花时比消费品的购买长得多。

购买决策的集体性：由于生产资料的购买，直接影响企业生产的成果，因此，购买决策就比较慎重。大中型企业购买主要生产资料的决策往往需要集体讨论，共同商定，很少单独由一个人作出。即使是小型企业，厂长在作出购买决策前，通常也要听取技术人员和某些职工的意见。

二、购买决策分析

生产资料的购买决策，大体上有如下三种。

直接再购买型：这是指购买前已经买过的同一产品，通常是一些质量规格相同，又需要不断补充的产品。事实上，许多直接再购买是自动进行的，即定期或定量购买的。因此，当买方一经选定某个供应者生产的产品，这种交易关系就可能持续下去，而供应者也不必成年累月地进行推销工作，只要供求双方本着对双方有利、双方满意的原则进行。一旦这种交易关系固定下来，任何一个竞争对手要想挤进来，都要付出极大的努力。

修正再购买型：这是指购买目前正在供应，但要求的规格、数量和其他条件又有所不同的产品。修正再购买型的手续比直接再购买型通常要复杂一些，这常常是由于买方企业对产品设计有了新的修改，或对生产设备作了部分更新，这些都会要求采取新的零配件和原材料，这就使购买活动变得复杂起来。但尽管如此，它比消费资料的购买仍要简单得多。

新任务购买型：这是指企业为了进行新的生产加工任务或进行设备改造，要求购置新的设备装置的购买活动。由于这是一种新的购买活动，不但价值量大，而且对企业今后的劳动生产率、产品质量保证等，关系都十分重大。因此，在购买时十分谨慎，需要获得多家供应者的大量有关产品质量、成本、价格方面的信息，以便进行比较、择优，确定成交对象。由于首次购买是很重要的，因而常常要求由企业领导组织有关专家共同商定如何购买。显然，这种新任务购买给生产资料的供应者提供了扩大销售的机会。

思考与讨论题

1. 为什么说购买者行为模式从根本上讲是一种“认识-刺激-反应”模式？
2. 影响消费者购买行为的主要因素有哪些？举例说明这些因素对购买决策行为的影响。
3. 购买决策一般要经过那几个主要阶段？为什么说“银货两讫”后购买行为过程并没有结束？
4. 消费者市场有哪些特点？
5. 影响消费者行为的个性因素与环境因素有哪些？

第四章　目标市场营销

学习目的和要求：

1. 了解市场细分的概念和作用；
2. 了解市场细分的标准；
3. 掌握选择目标市场的影响因素；
4. 掌握差异化营销策略；
5. 掌握市场定位的方式。

市场营销大致经历了三个阶段：大规模营销、产品差异化营销、目标市场营销。所谓目标市场营销，就是选择与本企业营销宗旨最相适应、销售潜力最大、获利最丰的那部分市场作为自己争取的目标，然后采取相应的市场营销手段，打入或占领这个市场。

第一节　市场细分

一、市场细分的概念

市场细分就是在市场调查研究的基础上，根据消费者的需求、购买习惯和购买行为的差异性，把整个市场划分为若干子市场的过程。每个子市场即每个细分市场，都是一个有相似的欲望和需要的消费者群，而分属不同细分市场的消费者的欲望和需要存在明显的差异。市场细分不是对产品进行分类，而是对消费者的需要和欲望进行分类。

二、市场细分的作用

通过市场细分，可以反映出不同消费者需求的差异性，为企业在市场营销活动过程中认识市场、选择目标市场提供依据，从而更好地满足消费者的需要，并取得企业的经营利润。具体地说，市场细分对企业的作用主要表现在以下两个方面：第一，有利于企业发现市场机会，取得竞争优势。市场细分是发掘市场机会的有效手段，发现某些方面是企业所不及或不愿涉及的“经营销空隙”，采取见缝插针、拾遗补缺的方法，找到自己力所能及的良机，在激烈的竞争中生存和发展。第二，有利于提高企业的应变能力。消费者的需求是不断变化的，市场细分后，使市场研究比较容易选择调查对象，并使抽样调查具有代表性。

三、市场细分的原则

可识别性和可衡量性：要求细分出来的市场边界明晰，子市场内部同质而之间有明显差异，市场的大小能够通过一定的调研易于得出一个数量的概念，并与其他细分市场有明显的区别。

具有实用性的经济性：市场细分的结果要使被细分出来的子市场，不仅边界明晰可辨，而且子市场的顾客群要足够大。一般讲，市场细分不是越细越好，细分市场的大小取决于该市场的用户人数与购买力。一个子市场到底有多大的需求量，它是否值得企业采取有区别的营销活动，是否能为企业带来效益，这是企业最关心的。

可进入性：市场细分的各子市场，尤其是被企业选定作为目标市场的子市场，应是企业营销活动能够到达的市场，即市场应是企业能够对顾客产生影响，产品能够展现在顾客面前的市场。这主要表现在两个方面：一是企业能够通过广告媒体把产品的信息传递到该市场的消费者中去；二是产品能经过一定的销售渠道进入到该市场。考虑细分市场的可进入性，实际上就是考虑企业营销活动的可行性。

可持续性（稳定性）：市场在细分时，对不稳定的同类消费者群不能认为是一个子市场。若被分出来的子市场时有时无，需求波动性很大，企业很难对之进行营销活动。所以，在进行市场细分时，要认真选择好细分变量，使细分出来的子市场不仅边界明晰、经济实用，具有可进入性，并且在相当长的一段时期内稳定性强。一旦企业选择这种子市场作为自己的目标市场，企业才能较长时间内在这种市场上开展经济活动，以达到企业目标。

四、市场细分的标准

市场细分可以遵循不同的标准，使得市场细分更加的细致、明确。例如自行车市场，可分为国内、国际市场，其中国内市场还可进一步细分为华中、西南、东北市场等；可按消费行为细分为普通、山地、比赛用自行车市场等；还可以按人口因素细分为成人、儿童、男性、女性自行车市场。

市场细分一般采用的方式是消费者市场细分和产业市场细分两种方式。

1. 消费者市场细分

消费品市场的细分标准可以概括为地理因素、人口统计因素、心理因素和行为因素四个方面，每个方面又包括一系列的细分变量，见表 4.1。

表 4.1 消费品市场细分标准及变量一览表

细分标准	细分变量
地理因素	地理位置、城镇大小、地形、地貌、气候、交通状况、人口密集度等
人口统计因素	年龄、性别、职业、收入、民族、宗教、教育、家庭人口、家庭生命周期等
心理因素	生活方式、性格、购买动机、态度等
行为因素	购买时间、购买数量、购买频率、购买习惯（品牌忠诚度）、对服务、价格、渠道、广告的敏感程度等

扩展阅读

牙膏市场的利益细分

利益细分	人口特征	行为特征	消费心态特征	偏好的品牌
经济（低价）	男性	经常使用者	高度自主，价值导向	大减价品牌
医疗（防止蛀牙）	大家庭	经常使用者	忧虑、保守	品牌 A，E
美容（洁齿）	青少年	抽烟者	社交能力强、活跃	品牌 B
味道（好味道）	小孩	果味爱好者	自我中心，享乐主义	品牌 C、D

2. 产业市场细分

产业市场的细分变量，有一些与消费者市场的相同，如追求利益、使用者情况、使用频率和对品牌的忠诚度等。但由于产业市场有它自身的特点，企业还应采用其他一些标准和变数来进行细分，最常用的有：最终用户要求、用户规模、用户地理位置等变数。

最终用户：在产业市场上，不同的最终用户对同一种产业用品的市场销售组合往往有不同的要求。例如，挖掘机制造商采购产品时最重视的是产品的质量、性能和服务，价格并不是考虑的最主要的因素；汽车制造商所需要的轮胎必须达到的安全标准比人拉架子车所需轮胎必须达到的安全标准要高得多，飞机制造商又要比汽车制造商需要更优质的轮胎。因此，企业对不同最终用户要制定不同的营销组合策略，以投其所好，促进销售。

顾客规模：顾客规模是细分产业市场的另一个重要变量。在现实市场营销实践中，许多公司建立适当的制度来分别与大客户和小客户打交道。一般大客户由公司的客户经理负责联系，而小客户则由外勤销售人员负责联系。

用户的地理位置：每个国家或地区大都在一定程度上受各种因素影响，形成若干工业区，例如以山西为中心的煤炭工业区，东南沿海的加工工业区等。这就决定了生产资料市场往往比消费品市场在区域上更为集中，地理位置因此成为细分生产资料市场的重要标准。企业按用户的地理位置细分市场，选择客户较为集中的地区作为目标，有利于节省以牺牲人员往返于不同客户之间的时间，而且可以合理规划运输路线，节约运输费用，也能更加充分地利用销售力量，降低推销成本。

其他变量：许多公司实际上不是用一个变量，而是用几个变量，甚至用一系列变量来细分产业市场。现以某化工生产企业为例来具体说明企业是如何用多变量来细分产业市场的，如图 4.1 所示。

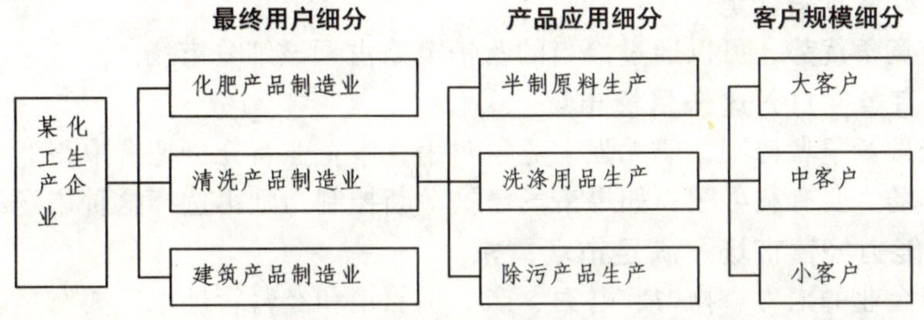

图 4.1　多变量细分产业市场

这家化工生产企业先按最终用户这个变量把化工产品市场细分为化肥产品制造业、清洗产品制造业和建筑产品制造业这三个子市场，然后选择其中一个本企业能服务的最好的子市场为目标市场。假设这家企业选择清洗产品制造业为目标市场。再按照产品应用这个变量进一步将其细分为半制原料、洗涤用品和除污产品三个子市场，然后再选择其中一个为目标市场。假设这家企业选择洗涤用品为目标市场。接下来又按客户规模这个变量把洗涤用品市场进一步细分为大客户、中客户和小客户三个子市场。

第二节　目标市场选定

一、目标市场的概念

经过对各细分市场的规模和发展潜力、市场结构吸引力，以及对企业目标和资源能力的分析，企业将最终决定选择哪些细分市场作为自己的目标市场。所谓目标市场，就是企业营销活动所要满足的市场，也是企业为实现预期目标而要进入的市场。具体来说就是企业拟投其所好，为之服务的具有相似需求的目标客户群体。企业的一切营销活动都要围绕这个目标市场来进行。

选择和确定目标市场，明确企业的具体服务对象，关系到企业任务和目标的落实，也是企业制订营销战略的首要内容和基本出发点。例如，现阶段我国城乡居民对照相机的需求，可分为高档、中档和普通三种不同的消费者群。调查表明，33%的消费者需要物美价廉的普通相机，52%的消费者需要使用质量可靠、价格适中的中档相机，16%的消费者需要美观、轻巧、耐用、高档的全自动或多镜头相机。国内各照相机生产厂家，大都以中档、普通相机为生产营销的目标，因而市场出现供过于求，而各大中型商场的高档相机，多为高价进口货。如果某一照相机厂家选定16%的消费者目标，优先推出质优、价格合理的新型高级相机，就会受到这部分消费者的欢迎，从而迅速提高市场占有率。

二、选择目标市场的条件

企业目标市场的选择是否恰当，是直接影响企业成败的关键。通常一个细分市场要成为企业的目标市场，应当具备以下几个条件：

1. 市场存在潜在需求量和相应的购买力

从现代市场营销的动态观念出发，企业满足消费者的需求，不仅是现实需求，更重要的是潜在需求（即未来需求）。因为它关系到企业的长期目标。从企业的经济效益来看，市场必须具有一定的购买力，即销售规模能使企业达到预期利润目标。倘若一个市场缺乏与消费产品相适应的购买力，则不可能构成现实市场。

2. 企业应具有竞争优势

企业应具有竞争优势，可以通过恰当的营销策略占领该细分市场。

3. 本企业有条件打入这一目标市场

该市场尚未被竞争者控制，或无强大竞争对手；本企业有充分把握取得竞争优势，有条件打入这一目标市场。要有利可图；如果市场已被垄断控制，则再选择这种市场就毫无意义了。

4. 企业有能力经营市场，满足市场需求

这里主要指企业的人力、物力、财力、产、供、销和经营管理水平要有足够的实力，保证企业进入这一目标市场。

5. 有充分发展的潜力

即该市场尚未满足，选作目标市场后，能获得销售的机会，并能不断扩大。

三、选择目标市场的影响因素

根据上述分析，我们可以看出三种目标市场的覆盖策略都有利有弊，那么，企业究竟应该选择哪种目标市场策略呢？具体选择时，应考虑以下几个方面的因素：

企业资源：如果企业资源充裕、实力雄厚、经营管理水平高，就可以根据产品的不同特性考虑采用差异性或无差异市场策略；如果实力有限，无力顾及整体市场或多个细分市场的需要，则应采用集中性策略。

产品特点：如果企业的产品差异性小，不同厂家或地区生产的产品之间差别不大，而且消费者对这些产品的差别也不太重视，产品竞争的焦点主要集中在价格和服务上，对这些产品应该采用无差异策略。而有些产品不仅本身的性能、款式、花色等具有较大的差异性，而且顾客

对这些产品需求的差异也较大，对这类产品应采用差异性策略或集中性策略。

市场特性：如果消费者对某种产品的需求、购买行为基本相同，对营销刺激的反应也基本一致，也就是说，市场是同质的，企业就应该采用无差异市场策略；反之，如果消费者的需求和偏好有较大的差异，对营销刺激的反应也不一致，则企业就应采取差异性策略或集中性策略。

产品所处的市场生命周期阶段：处于投入期的新产品，一般品种较为单一，竞争者也较少，吸引顾客的主要是产品的新颖性，这时企业宜采用无差异性策略；当产品进入成长期或成熟期时，市场上产品的花色、品种在增多，竞争也在加剧，这时就应采用差异性策略，以刺激新需求，尽量扩大销售；对于处于衰退期的产品，则应采用集中性策略，以维持企业的市场份额并延长产品的寿命周期。

竞争者的状况及策略：主要涉及两个方面的问题：一是竞争者的数量。当同一类产品的竞争者很多时，消费者对不同企业提供的产品所形成的信念和态度很重要。为了使消费者对本企业产品产生偏好，增强本企业产品的竞争能力，就应采用差异性策略。反之，就可采用无差异策略。二是竞争者的策略。一般而言，企业所采取的目标市场策略应该与竞争对手有所区别。当竞争对手采用无差异策略时，本企业就可采用差异性策略；如果竞争对手已经采用差异性策略，则企业可建立更深层次的差别优势或以竞争性策略与之竞争。

四、选择目标市场的依据

企业在细分的市场中选择一个或几个子市场作为自己开展市场营销活动的对象，即目标市场。但究竟如何选择目标市场呢？在选择目标市场时要考虑哪些因素呢？

1. 存在尚未满足的需求

这是选择目标市场时首先要考虑的因素。需求是企业生产经营之母，只有企业选择的目标市场存在着尚未得到满足的需求，才有其进入的价值。企业进入该市场既能满足消费者需求，又能使企业自身得以生存和发展。

2. 有足够的销售量

企业选择的目标市场不仅要有需求，而且还要有足够的销售量，这是选择目标市场时不可忽视的重要标准之一。也就是说，企业选择的目标市场不但存在需求，而且有足够的消费者愿意并能够通过交换来满足这种需求。例如，美国的“李”（Lee）牌牛仔裤就始终把目标对准占人口比例较大的那部分“婴儿高峰期”的消费者群体，从而成功地扩大了该品牌的市场占有率。20 世纪六七十年代，“李”牌牛仔裤以 15 岁～24 岁的青年人为目标市场。因为这个年龄的人正是那些在“婴儿高峰期”出生的，在整个人口中占有相当大的比例。可是，到 80 年代初，昔日“婴儿高峰期”一代已成为中青年。为适应这一目标市场变化，厂商只是将原有产品略加改进，使其正好适合中青年消费者的体型。结果，90 年代初，该品牌牛仔裤在中青年市场上的份额上升了 20%，销售量增长了 17%。

3. 未被竞争者完全控制，有进入的余地

企业选择的目标市场，应该是没有完全被竞争者控制的市场。一般来说有两种可能性：一是竞争尚不激烈，有进入的余地；二是表面上完全控制，但实际上仍有缝隙可钻。日本江崎糖业公司进入泡泡糖市场并获成功就是最好的例证。

4. 企业具备进入目标市场的能力

企业选择目标市场既要考虑外部条件，即目标市场情况，又要考虑企业自身主观条件，即是否具备足以满足目标市场需求的企业经营资源和市场营销能力等。

扩展阅读

日本江崎糖业公司的泡泡糖

日本泡泡糖市场年销售额约为 740 亿日元，其中大部分为“劳特”所垄断，可谓江山唯“劳特”独坐。但江崎公司专门研究霸主“劳特”产品的不足和短处，寻找市场的缝隙，结果发现“劳特”的四点不足：第一，以成年人为对象的泡泡糖市场正在扩大，而“劳特”却仍旧把重点放在儿童泡泡糖市场上；第二，“劳特”的产品主要是果味型泡泡糖，而现在消费者的需求正在多样化；第三，“劳特”多年来一直生产单调的条板状泡泡糖，缺乏新型式样；第四，“劳特”产品价格是 110 日元，顾客购买时需多掏 10 日元的硬币，往往感到不便。通过分析，江崎糖业公司决定以成人泡泡糖市场为目标市场，并制定了相应的市场营销策略。不久便推出功能性泡泡糖四大产品：（1）司机用泡泡糖——提神醒脑；（2）交际用泡泡糖——洁口除臭；（3）体育用泡泡糖——消除疲劳；（4）轻松性泡泡糖——改变人的不良情绪。并精心设计了产品的包装和造型，制定了合理且方便的价格。这样，功能性泡泡糖问世后，像飓风一样席卷全日本。江崎公司不仅挤进了由“劳特”独霸的泡泡糖市场，而且占领了一定的市场份额，从零猛升至 25%，当年销售额达 175 亿日元。

根据中华管理学习网的《市场营销——案例分析》改编

对于企业来说，目标市场选择至关重要，它是企业决定经营方向的大事。正确的方向是取得成功的前提。金利来的成功也可归功于正确的目标市场选择：“男人的世界”。在金利来事业刚开始的时候，曾先梓就把目标定在男士领带的世界知名品牌行列。当时有人认为，香港领带市场已经被外国名牌所占领，要同它们竞争谈何容易！但是，金利来没有被这一表面现象所迷惑。在考虑了自身条件并对市场状况的诸多有利条件及不利因素进行科学分析之后，曾先梓毅然作出了进入男人市场的选择。实践证明，金利来当时的目标市场选择是正确的，发挥了自己的长处，抓住了有利的商业机会，这是金利来迈向成功的第一步。

第三节　差异化策略

目标市场中的差异化营销策略，是指在市场细分的基础上，企业选择两个以上乃至全部细分市场作为自己目标市场，并为每个选定的细分市场制订不同的市场营销组合方案，多方位地开展有针对性的市场营销活动。

采用这种市场营销策略，其明显的优点在于：第一，针对不同的目标市场，制定不同的市场营销方案，这种针对性较强的市场营销活动，能够分别满足不同顾客群的需求，市场营销活动易于收到较好的效果；第二，选择两个以上目标市场，还可以使企业取得连带优势，提高企业的知名度。当然，实行差异性市场营销策略，会使企业的生产成本、管理费用、销售费用等大幅度增加。因此，实施差异性市场营销策略要求所带来的收益超过所增加的成本、费用，并且要求企业具有较为雄厚的财力、物力和人力条件。

一、差异化营销的核心思想

差异化营销，核心思想是“细分市场，针对目标消费群进行定位，导入品牌，树立形象”。

差异化营销是在市场细分的基础上，针对目标市场的个性化需求，通过品牌定位与传播，赋予品牌独特的价值，树立鲜明的形象，建立品牌的差异化和个性化核心竞争优势。差异化营销的关键是积极寻找市场空白点，选择目标市场，挖掘消费者尚未满足的个性化需求，开发产品的新功能，赋予品牌新的价值。差异化营销的依据，是市场消费需求的多样化特性。不同的消费者具有不同的爱好、不同的个性、不同的价值取向、不同是收入水平和不同的消费理念等，从而决定了他们对产品品牌有不同的需求侧重，这就是为什么需要进行差异化营销的原因。

差异化营销不是某个营销层面、某种营销手段的创新，而是产品、概念、价值、形象、推广手段、促销方法等多方位、系统性的营销创新，并在创新的基础上实现品牌在细分市场上的目标聚焦，取得战略性的领先优势。

二、差异化营销的形式

企业可以选择几个利益最大的子市场作为目标市场，如果有足够的能力满足更多的子市场则可以选择更多的子市场；如果各子市场对企业都很有吸引力，并且企业也有能力为各子市场提供不同的产品和服务，企业可以把子市场作为目标市场。

在世界著名的跨国公司中，宝洁公司是实行差异化营销的典型，它的洗衣粉就有 11 个品牌，中国妇孺皆知的有强力去污的“碧浪”，价格较高；去污力强但价格适中的“汰渍”；突出物廉价美的“熊猫”。洗发水则有 6 个品牌，有品位代表的“沙宣”；潮流一族的“海飞丝”；优雅的“潘婷”；新一代的“飘柔”。此外，它还有 8 个品牌的香皂，4 个品牌的洗涤液，4 个品牌的牙膏，3 个品牌的清洁剂，3 个品牌的卫生纸等。

三、差异化营销策略

当技术的发展、行业的垂直分工以及信息的公开性、及时性，使越来越多的产品出现同质化时，寻求差异化营销已成为企业生存与发展的一件必备武器。著名战略管理专家迈克尔·波特是这样描述差异化战略的：当一个公司能够向客户提供一些独特的、其他竞争对手无法替代的商品，对客户来说其价值不仅仅是一种廉价商品时，这个公司就把自己与竞争厂商区别开来了。对于一般商品来讲，差异总是存在的，只是大小强弱不同而已。而差异化营销所追求的“差异”是产品的“不完全替代性”，即企业凭借自身的技术优势和管理优势，生产出在性能上、质量上优于市场上现有水平的产品；或是在销售方面，通过有特色的宣传活动、灵活的推销手段、周到的售后服务，在消费者心目中树立起不同一般的形象。

1. 产品差异化

产品差异化是指产品的特征、工作性能、一致性、耐用性、可靠性、易修理性、式样和设计等方面的差异。也就是说某一企业生产的产品，在质量、性能上明显优于同类产品的生产厂家，从而形成独自的市场。对于同一行业的竞争对手来说，产品的核心价值是基本相同的，所不同的是在性能和质量上，在满足顾客基本需要的情况下，为顾客提供独特的产品是差异化战略追求的目标。中国在 20 世纪 80 年代是 10 人用一种产品，90 年代是 10 人用 10 种产品，而今天是一人用 10 种产品。因此，任何企业都不能用一种产品满足 10 种需要，最好推出 10 种产品满足 10 种需要，甚至满足一种需要。

企业实施差异化营销可以从两个方面着手：

（1）特征。

产品特征是指可以作为产品标志的显著特点。它对产品基本功能给予的补充。大多数产品都具有不同的特征。其出发点是产品的基本功能，然后企业通过增加新的特征来推出新产品。

在此方面实施最为成功的当数宝洁公司，以其洗发水产品来讲，飘柔消费者的购买目的无非是去头屑、柔顺、营养、护发、黑发。与其相适应，宝洁就推出相应的品牌海飞丝、潘婷、沙宣、润妍。在开发其他品牌的产品时，宝洁公司也多采用此种策略。我国的饮料企业在推出新产品时也采用了此种策略，如农夫山泉的“有点甜”、农夫果园的“混合”果汁及“喝前摇一摇”、康师傅的“每日C果汁”、汇源果汁的“真鲜橙”的特点在消费者心目中都留下了很深的印象。可见，产品特征是企业实现产品差异化极具竞争力的工具之一。

（2）式样。

式样是指产品给予购买者的视觉效果和感受。以海尔集团的冰箱产品为例，海尔冰箱的款式就有欧洲、亚洲和美洲的三种不同风格。欧洲风格是严谨、方门、白色表现；亚洲风格以淡雅为主，用圆弧门、圆角门、彩色花纹、钢板来体现；美洲风格则突出华贵，以宽体流线造型出现。再如我国的一些饮料生产厂家摆脱了以往的旋转开启方式，改用所谓的“运动盖”直接拉起的开瓶法也获得了巨大的成功。

此外，对于一般的消费者而言，工作性能、一致性的质量、耐用性、可靠性、易修理性也是寻求差异的焦点。如汽车由标准件组成，且易于更换部件，则该汽车易修理性就高，在顾客心中就具有一定的竞争优势。

2. 服务差异化

服务差异化是指企业向目标市场提供与竞争者不同的优异的服务。尤其是在难以突出有形产品的差别时，竞争成功的关键常常取决于服务的数量与质量。区别服务水平的主要因素有送货、安装、用户培训、咨询、维修等。售前售后服务差异就成了对手之间的竞争利器。例如，同是一台电脑，有的保修一年，有的保修三年；同是用户培训，联想电脑、海信电脑都有免费培训学校，但培训内容各有差异；同是销售电热水器，海尔集团实行24小时全程服务，售前售后一整套优质服务让每一位顾客赏心悦目。

在日益激烈的市场竞争中，服务已成为全部经营活动的出发点和归宿。如今，产品的价格和技术差别正在逐步缩小，影响消费者购买的因素除产品的质量和公司的形象外，最关键的还是服务的品质。服务能够主导产品的销售的趋势，服务的最终目的是提高顾客的回头率，扩大市场占有率。而只有差异化的服务才能使企业和产品在消费者心中永远占有“一席之地”。

美国国际商用计算机公司（IBM）根据计算机行业中产品的技术性能大体相同的情况分析，认为服务是用户的急需，故确定企业的经营理念是“IBM意味着服务”。我国的海尔集团以“为顾客提供尽善尽美的服务”作为企业的成功信条，海尔的“通过努力尽量使用户的烦恼趋于零”、“用户永远是对的”、“星级服务思想”、“是销售信用，不是销售产品”、“优质的服务是公司持续发展的基础”、“交付优质的服务能够为公司带来更多的销售”等服务观念，真正地把用户摆在了上帝的位置，使用户在使用海尔产品时得到了全方位的满足。自然，海尔的品牌形象在消费者心目中也越来越高。

3. 形象差异化

形象差异化是指通过塑造与竞争对手不同的产品、企业和品牌形象来取得竞争优势。形象就是公众对产品和企业的看法和感受。塑造形象的工具有：名称、颜色、标志、标语、环境、活动等。以色彩来说，柯达的黄色、富士的绿色、乐凯的红色；百事可乐的蓝色、非常可乐的红色等都能够让消费者在众多的同类产品中很轻易地识别开来。再以我国的酒类产品的形象差别来讲：茅台的国宴美酒形象、剑南春的大唐盛世酒形象、泸州老窖的历史沧桑形象、金六福的福酒形象，以及劲酒的保健酒形象等等，都各具特色。消费者在买某种酒的时候，首先想到的就是该酒的形象；在品酒的时候，品的是酒，但品出来的却是由酒的形象差异带来的不同的心灵愉悦。

在实施形象差异化时，企业一定要针对竞争对手的形象策略以及消费者的心智而采取不同的策略，会收到意想不到的效果。

扩展阅读

农夫山泉的形象差异化策略

为了突出自己纯天然的形象，农夫山泉在红色的瓶标上除了商品名之外，又印了一张千岛湖的风景照片，无形中彰显了其来自千岛湖的纯净特色。农夫山泉为了表现公司的形象差异化，2001 年推出“一分钱”活动支持北京申奥；2002 年推出“阳光工程”支持贫困地区的基础体育教育事业。通过这样的公益服务活动，农夫山泉获得了极好的社会效益，提升了品牌价值，实现了形象差异化。在短短几年的成长过程中，这些差异化策略和战略对农夫山泉今天的地位起着非常关键的作用。可以说，没有这些形象的差异化，农夫山泉就没有今天的发展。再以美的集团突破格兰仕的价格封锁而成功打入微波炉市场来讲，也是采用形象差异化策略。美的充分利用自己在公众中已存在的良好形象，采用副品牌及动物代言人（健美鸡）等策略，成功地将“美的”品牌延伸到微波炉产品上。由此可见，实施差异化策略无疑是企业区别竞争对手，占据消费者心智，从而获取竞争优势的一件利器。

根据 baidu 的《差异化营销》改编

四、差异化营销的优缺点

采用这种市场营销策略，其明显的优点在于：

第一，针对不同的目标市场，制定不同的市场营销方案，这种针对性较强的市场营销活动，能够分别满足不同顾客群的需求，市场营销活动易于收到较好的效果。

第二，选择两个以上目标市场，还可以使企业取得连带优势，提高企业的知名度。当然，实行差异性市场营销策略，会使企业的生产成本、管理费用、销售费用等大幅度增加。

同时，差异化有有自身的局限性，最大的缺点就是营销成本过高，生产一般为小批量，使单位产品的成本相对上升，不具经济性。另外，市场调研、销售分析、促销计划、渠道建立、广告宣传、物流配送等许多方面的成本都无疑会大幅度的增加。这也是为什么很多企业做差异化营销，市场占有率扩大了，销量增加了，利润却降低了的原因所在。

因此，实施差异性市场营销策略要求所带来的收益超过所增加的成本、费用，并且要求企业具有较为雄厚的财力、物力和人力条件。

第四节　市场定位策略

一、市场定位概述

1. 市场定位的含义

市场定位，是指确定企业、产品在市场上的地位。市场定位包括企业的市场定位、店铺的市场定位、产品的市场定位。一般所说的市场定位，是产品的市场定位，即根据消费者对产品或品牌心理知觉来确定产品或品牌在其心目中的地位并塑造良好形象。

2. 市场定位的分类

市场定位可分为对现有产品的再定位和对潜在产品的预定位。对现有产品的再定位可能导致产品名称、价格和包装的改变，但是这些外表变化的目的是为了保证产品在潜在消费者的心目中留下值得购买的形象。对潜在产品的预定位，要求营销者必须从零开始，使产品特色确实符合所选择的目标市场。

公司在进行市场定位时，一方面要了解竞争对手的产品具有何种特色，另一方面要研究消费者对该产品的各种属性的重视程度，然后根据这两方面进行分析，再选定本公司产品的特色和独特形象。例如："麦当劳"/大众快餐店；"马克西姆"/高档豪华餐厅；"金钥匙"/最具特色的超值服务；"海尔"/优质产品，优质服务；日本轿车/小型、节油。

二、市场定位的原则

各个企业经营的产品不同，面对的顾客也不同，所处的竞争环境也不同，因而市场定位所依据的原则也不同。总的来讲，市场定位所依据的原则有以下四点：

1. 根据具体的产品特点定位

构成产品内在特色的许多因素都可以作为市场定位所依据的原则。比如所含成分、材料、质量、价格等。"七喜"汽水的定位是"非可乐"，强调它是不含咖啡因的饮料，与可乐类饮料不同。"泰宁诺"止痛药的定位是"非阿司匹林的止痛药"，显示药物成分与以往的止痛药有本质的差异。一件仿皮皮衣与一件真正的水貂皮衣的市场定位自然不会一样，同样，不锈钢餐具若与纯银餐具定位相同，也是令人难以置信的。

2. 根据特定的使用场合及用途定位

为老产品找到一种新用途，是为该产品创造新的市场定位的好方法。小苏打曾一度被广泛的用作家庭的刷牙剂、除臭剂和烘焙配料，现在已有不少的新产品代替了小苏打的上述一些功能。我们曾经介绍了小苏打可以定位为冰箱除臭剂，另外还有家公司把它当做了调味汁和肉卤的配料，更有一家公司发现它可以作为冬季流行性感冒患者的饮料。我国曾有一家生产"曲奇饼干"的厂家最初将其产品定位为家庭休闲食品，后来又发现不少顾客购买是为了馈赠，又将之定位为礼品。

3. 根据顾客得到的利益定位

产品提供给顾客的利益是顾客最能切实体验到的，也可以用作定位的依据。

1975 年，美国米勒（Miller）推出了一种低热量的"Lite"牌啤酒，将其定位为喝了不会发胖的啤酒，迎合了那些经常饮用啤酒而又担心发胖的人的需要。

4. 根据使用者类型定位

企业常常试图将其产品指向某一类特定的使用者，以便根据这些顾客的看法塑造恰当的形象。

美国米勒啤酒公司曾将其原来唯一的品牌"高生"啤酒定位于"啤酒中的香槟"，吸引了许多不常饮用啤酒的高收入妇女。后来发现，占 30%的狂饮者大约消费了啤酒销量的 80%，于是，该公司在广告中展示石油工人钻井成功后狂欢的镜头，还有年轻人在沙滩上冲刺后开怀畅饮的镜头，塑造了一个"精力充沛的形象"。在广告中提出"有空就喝米勒"，从而成功占领啤酒狂饮者市场达 10 年之久。

事实上，许多企业进行市场定位的依据的原则往往不止一个，而是多个原则同时使用。因为要体现企业及其产品的形象，市场定位必须是多维度的、多侧面的。

三、市场定位的步骤

市场定位的关键是企业要设法在自己的产品上找出比竞争者更具有竞争优势的特性。竞争优势一般有两种基本类型：一是价格竞争优势，就是在同样的条件下比竞争者定出更低的价格。

这就要求企业采取一切努力来降低单位成本。二是偏好竞争优势，即能提供确定的特色来满足顾客的特定偏好。这就要求企业采取一切努力在产品特色上下工夫。因此，企业市场定位的全过程可以通过以下三大步骤来完成：

1. 分析目标市场的现状，确认本企业潜在的竞争优势

这一步骤的中心任务是要回答以下三个问题：一是竞争对手产品定位如何？二是目标市场上顾客欲望满足程度如何以及确实还需要什么？三是针对竞争者的市场定位和潜在顾客的真正需要的利益要求企业应该及能够做什么？要回答这三个问题，企业市场营销人员必须通过一切调研手段，系统地设计、搜索、分析并报告有关上述问题的资料和研究结果。通过回答上述三个问题，企业就可以从中把握和确定自己的潜在竞争优势在哪里。

2. 准确选择竞争优势，对目标市场初步定位

竞争优势表明企业能够胜过竞争对手的能力。这种能力既可以是现有的，也可以是潜在的。选择竞争优势实际上就是一个企业与竞争者各方面实力相比较的过程。比较的指标应是一个完整的体系，只有这样，才能准确地选择相对竞争优势。通常的方法是分析、比较企业与竞争者在经营管理、技术开发、采购、生产、市场营销、财务和产品等七个方面究竟哪些是强项，哪些是弱项。借此选出最适合本企业的优势项目，以初步确定企业在目标市场上所处的位置。

3. 显示独特的竞争优势和重新定位

这一步骤的主要任务是企业要通过一系列的宣传促销活动，将其独特的竞争优势准确传播给潜在顾客，并在顾客心目中留下深刻印象。为此，企业应该：首先，使目标顾客了解、知道、熟悉、认同、喜欢和偏爱本企业的市场定位，在顾客心目中建立与该定位相一致的形象。其次，企业通过各种努力强化目标顾客形象，保持目标顾客的了解，稳定目标顾客的态度和加深目标顾客的感情来巩固与市场相一致的形象。最后，企业应注意目标顾客对其市场定位理解出现的偏差或由于企业市场定位宣传上的失误而造成的目标顾客模糊、混乱和误会，及时纠正与市场定位不一致的形象。

企业的产品在市场上定位即使很恰当，但在下列情况下，还应考虑重新定位：竞争者推出的新产品定位于本企业产品附近，侵占了本企业产品的部分市场，使本企业产品的市场占有率下降；消费者的需求或偏好发生了变化，使本企业产品销售量骤减。重新定位是指企业为已在某市场销售的产品重新确定某种形象，以改变消费者原有的认识，争取有利的市场地位的活动。如某日化厂生产婴儿洗发剂，以强调该洗发剂不刺激眼睛来吸引有婴儿的家庭。但随着出生率的下降，销售量减少。为了增加销售，该企业将产品重新定位，强调使用该洗发剂能使头发松软有光泽，以吸引更多、更广泛的购买者。重新定位对于企业适应市场环境、调整市场营销战略是必不可少的，可以视为企业的战略转移。重新定位可能导致产品的名称、价格、包装和品牌的更改，也可能导致产品用途和功能上的变动，企业必须考虑定位转移的成本和新定位的收益问题。

四、市场定位方式

市场定位战略实际是一种竞争战略，即根据产品的特点及消费者对产品的知觉，确定本企业产品与竞争者之间的竞争关系。企业常用的市场定位方式主要有以下三种：

避强定位：是指避开强有力的竞争对手的市场定位。其优点是：能避开与强大竞争对手的直接冲突，并在消费者心目中迅速树立起自己的形象。由于这种定位方式风险相对较小，成功率较高，常常为很多企业所采用。

伊莱克斯的避强定位方式

伊莱克斯1996年进入中国电冰箱市场所采取的定位方式就是避强定位。当时中国电冰箱市场上，海尔、容声、美菱、新飞四大品牌的市场占有率已达71.9%，海尔为电冰箱行业的龙头老大，市场占有率达30%以上，是伊莱克斯拓展中国电冰箱市场的主要竞争对手。伊莱克斯，一是在电冰箱的功能和特色诉求上避开了上述四大品牌。海尔诉求“抗菌”，容声和新飞诉求“节能”、“环保”、“除臭”，美菱诉求“保鲜”，而伊莱克斯是诉求“静音”。二是在企业及其产品的形象诉求上，不是自吹自擂，而是“谦恭”。伊莱克斯作为年销售额147亿美元、其冰箱销量欧洲排名第一的国际家电巨人，在1998年2月海口召开的全国经销大会上郑重提出向仅占其销售额5%的中国品牌海尔学习的口号。正因为伊莱克斯的市场定位恰当和所采取的市场营销措施得力，到2000年，仅4年时间，其市场占有率已上升到12.9%，排名中国电冰箱行业第二。

根据唐拥军主编的《战略管理》(武汉理工大学出版社2005年)改编

迎头定位：是指与在市场上居支配地位的、亦即最强的竞争对手“对着干”的定位方式。这种方式风险较大，但一旦成功就会取得巨大的市场优势，因此对某些实力较强的企业有较大的吸引力。实行迎头定位，一方面要知己知彼，尤其要清醒地估计自己的实力；另一方面还要求市场有较大的容量。

重新定位：是指企业变动产品特色，改变目标顾客对其原有的印象，使目标顾客对其产品新形象有一个重新的认识过程。市场重新定位对于企业适应市场环境、调整市场营销战略是必不可少的。企业产品在市场上的定位即使很恰当，但在出现下列情况时也需考虑重新定位：一是竞争者推出的产品市场定位于本企业产品的附近，侵占了本企业品牌的部分市场，使本企业品牌的市场占有率有所下降；二是消费者偏好发生变化，从喜爱本企业某品牌转移到喜爱竞争对手的某品牌。

思考与讨论题

1. 什么是市场细分？市场细分有哪些主要依据？
2. 试述目标市场营销过程？
3. 什么是目标市场？如何选择目标市场？
4. 有哪些目标市场营销策略？各有什么优缺点？
5. 什么是市场定位？有哪些主要定位方式？如何进行市场定位？

第五章　产品营销策略

学习目的和要求

1. 明确新产品的涵义与内容；
2. 领会和理解新产品构思方法；
3. 掌握新产品概念的形成与测试；
4. 掌握新产品的实体开发；
5. 掌握产品包装策略。

第一节　产品及产品生命周期分析

一、整体产品的概念

1. 整体产品的内涵

人们通常理解的产品是指具有某种特定物质形状和用途的物品，是看得见、摸得着的东西。这是一种狭义的定义。而市场营销学认为，广义的产品是指人们通过购买而获得的能够满足某种需求和欲望的物品的总和，它既包括具有物质形态的产品实体，又包括非物质形态的利益。

菲利普·科特勒认为：产品是指为留意、获取、使用或消费以满足某种欲望和需要而提供给市场的一切东西。这就是"产品的整体概念"。电视机、化妆品、家具等有形物品已不能涵盖现代观念的产品，产品的内涵已从有形物品扩大到服务（美容、咨询）、人员（体育、影视明星等）、地点（桂林、维也纳）、组织（保护消费者协会）和观念（环保、公德意识）等。

2. 整体产品的外延

产品的外延也从其核心产品（基本功能）向一般产品（产品的基本形式）、期望产品（期望的产品属性和条件）、附加产品（附加利益和服务）和潜在产品（产品的未来发展）拓展。即从核心产品发展到产品五层次。

核心利益层：即向消费者提供的产品基本效用和利益，是产品最基本的层次，也是消费者真正要购买的利益和服务。消费者购买某种产品并非是为了拥有该产品实体，而是为了获得能满足自身某种需要的效用和利益。如洗衣机的核心利益体现在它能让消费者方便、省力、省时地清洗衣物。

实体产品层：也可称为一般产品层。产品核心功能需依附一定的实体来实现。它是产品的基本形式，主要包括产品的构造外形等。

期望产品层：是消费者购买产品时期望的一整套属性和条件，如对于购买洗衣机的人来说，期望该机器能省事省力地清洗衣物，同时不损坏衣物，洗衣时噪声小，方便进排水，外形美观，使用安全可靠等。

附加产品层：附加产品批产品包含的附加服务和利益，主要包括运送、安装、调试、维修、产品保证、零配件供应、技术人员培训等。附加产品来源于对消费者需求的综合性和多层次性的深入研究，要求营销人员必须正视消费者的整体消费体系，但同时必须注意因附加产品的增加而增加的成本消费者是否愿意承担的问题。

潜在产品层：潜在产品预示着该产品最终可能的所有增加和改变。

现代企业产品外延的不断拓展缘于消费者需求的复杂化和竞争的白热化。目前发达国家企业的产品竞争多集中在附加产品层次，而发展中国家企业的产品竞争则主要集中在期望产品层次。若产品在核心利益上相同，但附加产品所提供的服务不同，则可能被消费者看成是两种不同的产品，因此也会造成两种截然不同的销售状况。美国著名管理学家李维特曾说过："新的竞争不在于工厂里制造出来的产品，而在于工厂外能够给产品加上包装、服务、广告、咨询、融资、送货或顾客认为有价值的其他东西。"

扩展阅读

趣味促销巧生财--体验产品营销

"弃儿"布娃娃：这些年，美国市场上出现了抢购扁脸布娃娃的热潮。这些布娃娃并没有什么特别的地方。由碎布做成，其貌不扬。但厂商掌握了公众心理，给普通的玩具注入了"人性"，说她是个"弃儿"。而且这些布娃娃的脸型各不相同，并由电脑为其分别取名，出售时还附上"出生证"和"领养证"，顾客购买时都要在"领养证"上签名。像真的一样办理"领养手续"。一年后，顾客还能收到一张送给"弃儿"的生日贺卡。这些生动有趣的促销形式，大大激发了人们的购买欲望，因而领养者甚众。

"监狱酒吧"：坐落在美国佛罗里达州罗德岛上的"监狱酒吧"戒备森严，一般人休想进入。奇怪的是狱中"囚徒"皆红光满面，喜笑颜开，毫无沮丧之色。原来，这里的"囚徒"个个都是百万富翁，他们厌倦了花花世界的豪华生活，特地到此体验铁窗生涯。"监狱酒吧"中配有华丽的地毯、彩电、立体声音响、电话、洗澡间、席梦思软床等设施，来到这里的"囚徒"一般要预先登记"入狱"日期，定好"假释时间"，然后到管理处领取一件黑白相间的囚衣方可"入狱"，房费比一般旅馆高。但自开办以来，"监狱酒吧"生意兴隆，收入相当可观。

"宠石"：在美国，有一个年轻人在湖边散步，无意间捡起一块漂亮的鹅卵石，爱不释手。突然，年轻人头脑里冒出了一个大胆的发财计划。年轻人说干就干，做了一个精致的小木盒，铺垫好稻草，然后放入鹅卵石，美其名曰"宠石"，并在广告词里对其大加赞颂，说它无粪便，不喂食，不邋遢，挺随和，选择在圣诞节前推出，每件售价 5 美元。结果人人争相抢购。这个年轻人只用了 4 个月时间就赚了 140 多万美元。

这些成功靠的就是"新"、"奇"及独特的"感受"。

根据 2004 年 07 月 13 日 青年参考《趣味促销巧生财》改编

二、产品生命周期

1. 产品生命周期概述

（1）产品生命周期的概念。

产品生命周期（product life cycle），简称 PLC，是指产品的市场寿命。具体指产品从进入市场开始，直到最终退出市场为止所经历的市场生命循环过程。一种产品进入市场后，它的销售量和利润都会随时间推移而改变，呈现一个由少到多由多到少的过程，就如同人的生命一样，由诞生、成长到成熟，最终走向衰亡，这就是产品的生命周期现象。产品只有经过研究开发、试销，然后进入市场，它的市场生命周期才算开始。产品退出市场，则标志着生命周期的结束。

产品生命周期不同于产品的技术生命周期。在一个需求-技术生命周期内，将会发现一系列的产品形式满足某个时期某种特定的需要。每一种产品形式都包括一组品牌，它们都有自己的品牌生命周期。上述区分的意义在于，如果公司过分专注于自己的品牌生命周期，就会鼠目寸光，无法认识产品生命周期的变化。例如，一个生产简易计算尺的企业只关注计算尺的品牌，但真正应关心的是一项新技术（袖珍计算器），它会完全摧毁计算尺市场。

（2）典型的产品生命周期及其特征。

有关产品生命周期的论述大都认为一般商品的销售历史表现为一条S形曲线。典型的这种曲线分为四个阶段，即介绍期、成长期、成熟期和衰退期，如图5.1所示。

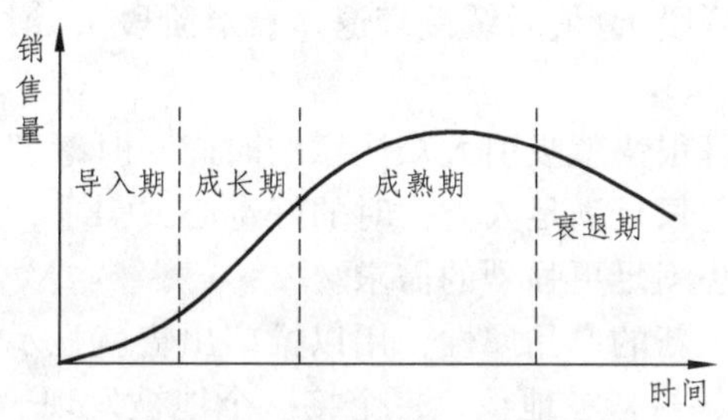

图5.1　典型的产品生命周期

介绍（投入）期：新产品投入市场，便进入介绍期。此时，顾客对产品还不了解，只有少数追求新奇的顾客可能购买，销售量很低。为了扩展销路，需要大量的促销费用，对产品进行宣传。在这一阶段，由于技术方面的原因，产品不能大批量生产，因而成本高，销售额增长缓慢，企业不但得不到利润，反而可能亏损。产品也有待进一步完善。

成长期：这时顾客对产品已经熟悉，大量的新顾客开始购买，市场逐步扩大。产品大批量生产，生产成本相对降低，企业的销售额迅速上升，利润也迅速增长。竞争者看到有利可图，将纷纷进入市场参与竞争，使同类产品供给量增加，价格随之下降，企业利润增长速度逐步减慢，最后达到生命周期利润的最高点。

成熟期：市场需求趋向饱和，潜在的顾客已经很少，销售额增长缓慢直至转而下降，标志着产品进入了成熟期。在这一阶段，竞争逐渐加剧，产品售价降低，促销费用增加，企业利润下降。

衰退期：随着科学技术的发展，新产品或新的代用品出现，将使顾客的消费习惯发生改变，转向其他产品，从而使原来产品的销售额和利润额迅速下降。于是，产品又进入了衰退期。

典型的产品生命周期各阶段的特点比较见表5.1。

表5.1　产品生命周期各阶段的特点比较

项目 特点 时期	销售增长率	生产厂家	销售额	利润额	商品形式	商品工艺	商品技术	工人技术
投入期	不稳定	少	小	微或亏	不定型	不成熟	先进	不熟练
成长期	>10%	增加	增加	增加	改进	成熟	先进	提高
成熟期	<10%	多	大	大	定型	成熟	一般	熟练
衰退期	<0	减少	减少	小	定型	成熟	落后	熟练

（3）特殊的产品生命周期。

特殊的产品生命周期包括风格型产品生命周期、时尚型产品生命周期、时髦型产品生命周期、扇贝形产品生命周期四种特殊的类型，它们的产品生命周期曲线并非通常的S形。

风格：是一种在人类生活基本但特点突出的表现方式。风格一旦产生，可能会延续数代，根据人们对它的兴趣而呈现出一种循环再循环的模式，时而流行，时而又可能并不流行。

时尚：是指在某一领域里，目前为大家所接受且欢迎的风格。时尚型的产品生命周期特点是，刚上市时很少有人接纳（称之为独特阶段），但接纳人数随着时间慢慢增长（模仿阶段），终于被广泛接受（大量流行阶段），最后缓慢衰退（衰退阶段），消费者开始将注意力转向另一种更吸引他们的时尚。

时髦：是一种来势汹汹且很快就吸引大众注意的时尚。时髦型产品的生命周期往往快速成长又快速衰退，主要是因为它只是满足人类一时的好奇心或需求，所吸引的只限于少数寻求刺激、标新立异的人，通常无法满足更强烈的需求。

扇贝型：它是基于发现了新的产品属性，用以推广出售就显示了这种扇形特征，因为许多新的用途——降落伞、袜子、衬衫、地毯，一个接一个地被发现。

以上四种特殊生命周期的如图5.2所示。

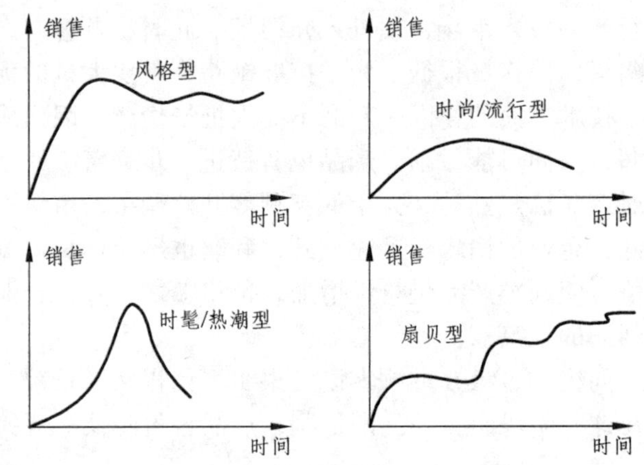

图5.2 特殊的产品生命周期

2. 判断产品生命周期的方法

产品生命周期是决策的重要前提，能否正确判断产品处在生命周期的哪个阶段。企业最常用的定量判断产品生命周期阶段有下面两种方法：

（1）以销售增长率判断产品生命周期。

该方法就是以某一时期的销售增长率与时间的增长率的比值来判断产品所处市场生命周期阶段的方法。

销售增长率 =（计划年的实际销售量 - 上一年的实际销售量）/
上一年的实际销售量 × 100%

判断标准：根据产品生命周期曲线，导入期由于产品认知程度低，因此增长率一般在10%以内；成长期的产品处于快速增长时期，因此增长率一般在10%以上；成熟期的产品由于本身销售基数已经非常大，同时市场也趋于成熟，因此增长率一般在10%以内；衰退期的产品一般处于销售的负增长状态，因此增长率一般为负。概括起来可以用表5.2表示：

表 5.2　产品销售增长率产品生命周期判断表

销售增长率	产品生命周期判断
0.1% <销售增长率< 10%	为导入期或成熟期
10% <销售增长率	为成长期
销售增长率< 0	为衰退期

（2）以产品的普及率判断产品生命周期。

产品普及率判断法，即根据产品在某一地区人口或家庭的平均普及率来判断该产品处于生命周期的哪个阶段。普及率越高，产品的市场潜力越小，产品的生命周期越趋于饱和。这是根据目前人口或家庭的平均普及率，对某一产品的生命周期进行判断的一种判定方法。

产品普及率的计算方法主要有两种：

一是用历年的销售量来计算。

根据历年的生产量或销售量的资料来计算社会平均持有量，就可以求得普及率，计算公式如下：

社会持有量 = 历年生产累计量 + 历年进口累计量 −
历年出口累计量 − 历年集团购买累计量

按人口平均普及率 = 社会持有量/人口总数 × 100%

按家庭平均消费率 = 社会持有量/家庭户数 × 100%

判断标准：根据经验数据，可以通过产品普及率判断产品所处的生命周期阶段。产品普及率小于 5%时为投入期；普及率在 5% ~ 50%时为成长期；普及率在 50% ~ 90%时为成熟期；普及率在 90%以上时为衰退期。采用此方法，需要掌握大量的统计资料，并且要注意排除各种假象。

另一种方法是用家计调查结果来推算。

家计调查是抽样调查的一种形式。在某一地区抽取一定的家庭为样本进行调查，根据调查的结果可以推断出全地区的持有量，但是要注意抽取样本量的大小和代表性。概括起来可以用表 5.3 表示。

表 5.3　产品普及率产品生命周期判断表

产品普及率	产品生命周期判断
5% <产品普及率	导入期
5% <产品普及率< 50%	成长期
50% <产品普及率< 90%	成熟期
90% <产品普及率	衰退期

产品生命周期的判断没有一种绝对的标准和方法。以销售增长率和产品的普及率判断产品生命周期的方法都是属于经验判断方法。以销售增长率判断产品生命周期的方法主要用来判断一个公司的产品处于生命周期的阶段。以产品的普及率判断产品生命周期的方法主要用来判断一个行业的产品处于生命周期的阶段。产品普及率判断产品生命周期的方法主要适用于高档耐用消费品，有一定的行业局限性，并且采用此方法需要掌握大量的统计资料，并且要注意排除各种假象。

在实际工作中，也可以采用类比法来大致判断产品的生命周期。该方法是根据以往市场类似产品生命周期变化的资料来判断企业产品所处市场生命周期的何阶段。如要对彩电市场进行判断，可以借助类似产品如黑白电视机的资料为依据，作对比分析，进行判别。

三、产品生命周期中的不同策略

1. 引入期的营销策略——瞄准市场，先声夺人，重点突出一个“快”字

引入期是产品成功的开始，但是，往往很多新产品在向市场投放以后，还没有进入成长期就被淘汰了。即使没有被淘汰，但是，沟通经销商渠道和在几个市场中推广是要花费时间的，因此销售成长趋于缓慢发展。因此，企业要针对成长期的特点，制定和选择不同的营销策略。当只考虑价格和促销时，管理当局能在下面的四个战略中择一而行。

可供企业选择的营销策略，主要有以下几种类型：

快速撇脂策略：指以高价格和高促销水平推出新产品的策略。公司采用高价格是为了在每单位销售中尽可能获取更多的毛利。同时，公司花费巨额促销费用向市场上说明虽然该产品定价水平高，但是物有所值。高水平的促销活动加快了市场渗透率。采用这一战略的假设条件是：产品鲜为人知；了解产品的人急于购买，并愿意以卖主的定价支付；企业面临潜在的竞争，必须尽快培养对本产品“品牌偏好”的忠实顾客。

缓慢撇脂策略：指以高价格和低促销水平推出新产品的策略。它适用于这样一些情况：市场规模有限；顾客已经了解该产品；顾客愿意支付高价；没有剧烈的潜在竞争。

迅速渗透策略：指用低价格和高水平促销费用推出新产品的策略。这一战略期望能给公司带来最快速的市场渗透和最高的市场份额。推行高价格是为了从每单位销售中获得尽可能多的毛利；而推行低水平促销是为了获取大量利润。所必须具备的条件如下：市场规模大；顾客并不了解该新产品；市场对价格比较敏感；有强大的潜在竞争对手存在。

缓慢渗透策略：指以低价和低促销水平推出新产品的策略。公司确信市场需求对价格弹性很高，而对促销弹性很小。所必须具备的条件如下：市场规模大；产品有较高的知名度；市场对价格敏感；存在潜在的竞争对手。

2. 成长期的营销策略——顺应增长，质量过硬

成长期的标志是销售迅速增长，新的竞争者进入市场。企业在成长期的主要目的是尽可能维持高速的市场增长率。为此，可以采取以下市场推广策略：改进产品质量，增加花色品种，改进款式、包装，以适应市场的需要； 进行新的市场细分，从而更好地适应增长趋势；开辟新的销售渠道，扩大商业网点；改变广告宣传目标，由以建立和提高知名度为中心转变为以说服消费者接受和购买产品为中心；适当地降低价格以提高竞争能力和吸引新的顾客。

公司推行这些市场扩展战略将会大大加强其竞争地位。但是，这个改进措施会增加成本。公司在成长期要决定究竟选择高市场占有份额，还是选择当前高利润。如果把大量的钱用在产品改进、促销和分销上，它能获得一个优势地位，但要放弃获得最大的当前利润，对此公司有希望在下一阶段得到补偿。

3. 成熟期的营销策略——改革创新，巩固市场

产品销售到达某一点后将放慢步伐，并进入相对成熟阶段。这个阶段的持续期一般长于前两个阶段，并给营销管理部门带来最难对付的挑战。大多数产品都处于生命周期的成熟阶段，它是企业理想的产品，是企业利润的主要来源。因此，延长产品的成熟期是该阶段的主要任务。延长产品成熟期的策略可以从以下三个方面考虑：

（1）产品改进。

即发展产品的新用途，使其能吸引新用户和增加现行用户的使用量以改善销售，将产品转入新的成长期。

产品改进后再推出可采用以下几种形式：

第一，质量改进战略的目的是注重于增加产品的功能特性——它的耐用性、可靠性、速度、口味。这种战略有效的范围是：质量确实能改进；买方相信质量被改进的说法；要求较高质量的用户其数量足够多。

第二，特色改进战略的目的是增加产品的新特色（例如尺寸、重量、材料、添加物、附件等），扩大商品的多功能性、安全性或便利性。特色改进战略有几个优点：新特色为公司建立了创新的形象；新特色赢得了重视它们的特定细分市场顾客的忠诚。新特色能被迅速采用、迅速丢弃，为购买者提供了更多选择；新特色能够给公司带来免费的公众化宣传，并激发销售人员和分销商的热情。其主要缺点是特色改进很容易被模仿；除非首先推出者享有永久的利益，否则它可能会得不偿失。

第三，式样改进战略的目的是增加对产品的美学诉求。式样策略的优点是每家厂商可以获得一个独特的市场个性，赢得忠诚的追随者。但是，式样竞争也带来一些问题：难以预料是否有人和有哪些人会喜欢这种新式样；式样改变通常意味着不再生产老式样，公司将面临失去某些喜爱老式样的顾客的风险。

（2）市场改进。

即开辟新的市场，提高产品的销售量和利润率。

公司可用组成销售量的两个因素（销售量 = 品牌使用者数量 × 每个用户的使用率）来开辟新的市场。

第一，增加品牌使用者的数量。

主要途径有三方面：① 转变非用户。公司能努力吸引非用户转变为用户。例如，飞机货运服务成长的关键是不断地寻找新用户，说服他们相信空运比陆地运输有更多的好处。② 进入新的细分市场。公司可以努力进入新的细分市场——地理的、人口统计的。即那些使用此产品但不使用本公司品牌的。例如，强生已经把它的婴儿洗发剂成功地推销给了成年的用户。③ 争取竞争对手的顾客。公司可以吸引竞争对手的顾客试用或采用它的品牌。例如，百事可乐抛出一个接一个的挑战，劝说可口可乐的消费者改用百事可乐。

第二，增加每个用户的使用率。

主要途径有三方面：① 提高使用频率。公司可以努力使顾客更频繁地使用该产品。例如，牛奶的营销人员应努力劝说人们除了在早餐时间饮用外，还可以一般场合下饮用。② 增加每个场合的使用量。公司可以努力使用户在每次使用时增加该产品的用量。例如：洗头膏制造商可以向用户指出，每次洗头时冲洗两次比一次更有效。③ 新的和更广泛的用途。公司应努力发现该产品的各种新用途，并且要说服人们尝试更多的用途。例如，一个食品制造商通常的做法是在包装上列出几种食谱，使消费者了解食品的全部用法。改良产品的特性、质量和形态，以满足日新月异的消费需求。

（3）营销组合改进。

产品经理还应该努力通过改进营销组合的一个或几个要素刺激销售。在寻找刺激成熟产品销售的方法中，营销经理对营销组合的非产品因素应考虑如下的关键性问题包括价格、分销、广告、销售促进、人员推销以及服务等。

营销组合改进策略是指通过对产品、定价、销售渠道、促售四个影响销售量的内在因素加以综合改革，刺激销售量的回升。比如提高产品质量、改变产品性能、增加产品花色品种的同时，通过特价、早期购买折扣、补贴运费、延期付款等方法来降价让利；扩大分销渠道，广设销售网点，调整广告媒体组合，变换广告时间和频率，增加人员推销，大搞公共关系等“多管”齐下，搞市场渗透、扩大影响，争取更多的顾客。

营销组合改进的主要问题是它们很容易被竞争者模仿，尤其是减价、附加服务和大量分销渗透等方法。因此，公司不大可能获得预期的利润，事实上所有公司都在市场营销中不断互相攻击。它们可能都经历过利润受侵蚀的过程。

4. 衰退期的营销策略——面对现实，见好就收

（1）销售衰退的原因分析。

大多数的产品形式和品牌销售最终会衰退。这种销售衰退的原因很多，一般来说形成具体某个企业或者某个品牌的在具体某一个市场上衰退有如下几个原因：① 需求发生变化而且需求逐渐减退，消费兴趣发生转移，忠诚度下降。② 竞争者的价值替代；而老产品样式陈旧，功能老化，不能适应市场需求。③ 新技术、新科技对原有产品的革命，竞争者已推出新产品.企业处于微利，保本甚至亏损状态。④ 政府政策的发布，比如：节能降耗政策的实施等。⑤ 企业自身市场运行失误后竞争力相对减退。

所有这些都会导致生产能力过剩、削价竞争增加和利润被侵蚀。当销售和利润衰退时，公司可能会减少产品供应量，也可能从较小的细分市场和较弱的贸易渠道中退出，还可能削减促销预算和进一步降低价格。可惜的是，大多数公司尚未能制定出一种周密思考的政策，以处理它们的未经老化的产品。相反，感情在起作用，公司可能发现难于判处最初产品的死刑，仍把它看作一位又老又忠诚的朋友。

（2）树立正确面对衰退期的基本理念。

衰退只是意味着某个产品的退出，并不是企业的失败，更不是企业全部的失败。所以企业应该确立如下观念：① 企业的使命就是通过产品的开发、推广，来满足消费，从而创造价值。因此，一个产品的退出，并不意味着企业使命的终结，当然也不意味着企业与这个市场关系的终结。② 面对一个即将退出的市场，企业应该确立一个“我还会再来”的意识，因此，要敢于向企业的消费者说“再见”，同时需要与消费者建立一个良好的“责任关系”，以维护原有的市场资源。③ 初步进入某个市场，是企业形象的展示，而退出某个市场，是企业形象与企业理念的检验，产品退出不是企业逃跑和责任的逃避。④ 要善于经营失败的资源，这是中国企业在衰退期最不会处理的问题。因为失败也是企业可用以经营的资源。例如，最近常见的“产品召回”就是企业成熟和责任的体现。

（3）确立正确的面对衰退期的决策。

① 识别疲软产品。公司的首要任务是建立识别疲软产品的制度。公司任命一个有营销、研究与开发、制造和财务代表参加的产品审查委员会；这个委员会拟定一套识别疲软产品的制度；审计办公室提供每种产品的资料，包括产品的市场规模、市场份额、价格、成本和利润方面的动向；让这些信息经电子计算机程序分析，确定出可疑产品。其标准包括销售疲软的年数、市场份额的趋势、毛利和投资报酬。把列在可疑表上的产品向负责经理们报告。由这些经理填写评估表，说明在营销战略不修改和修改后的情况下销售和利润的前景。产品审查委员会要审核这些信息并对每一可疑产品提出建议——继续保留该产品、修改它的营销战略或放弃它。

② 确定营销战略。有些公司将比其他公司率先放弃衰退市场。这在很大程度上取决于退出障碍的水平。退出障碍越低，公司就越容易脱离该行业，同时对留下来的公司就更具诱惑力，它们可以去吸引退出公司所拥有的顾客。留下来的公司将会增加销售和利润。因此，一个公司必须对是否要在市场上坚持到底作出决定。

公司在这一阶段，一方面可以利用价格策略清理积压的库存产品，获取产品的最后效益；另一方面，也可以把力量放在开发研制新产品上，尽可能加快新老产品的交替速度，推陈出新。在衰退期一般有以下营销战略可以选择：

继续策略：公司继续使用过去的战略，不加改变。仍然在原来的目标市场上，采用相同的市场营销组合，直到产品完全没有销路。一般而言，如果行业的退出障碍比较低，竞争者容易退出竞争，本公司坚守阵地并设法吸引竞争者留下来的顾客，仍有可能保持甚至增加销量。

集中策略：公司放弃有利可图的细分市场和销售渠道，把能力和资源集中在利润高的细分市场和销售渠道，这样有利于缩短产品退出的时间，并为公司创造更多的利润。

榨取策略：公司大幅度减少促销费用，缩减推销队伍，这样就会导致产品销量加速下降，但是能够通过品牌忠诚度较高的顾客继续购买，在尽可能降低市场营销成本的基础上，保持一定的利润水平。榨取策略要求在维持销售量的同时逐渐减少生产和经营成本。首先要减少研究与开发成本及对工厂和设备的投资。公司也可降低产品质量、销售人员规模、服务项目以及广告开支。公司可采取这些方法减少支出，而不能将情况泄露给顾客、竞争者和雇员，不能让他们知道公司正在从此项业务中缓慢退出。如果顾客知道了情况，就会转向其他供应商；而竞争者会把消息告诉顾客；雇员会到别处找工作。因此榨取策略是一种违背道义的策略，也很难执行。但许多成熟的产品有理由实行此种策略。只要销售量不暴跌，榨取策略可以大大增加公司的现金流量。榨取最终会使某项业务一文不值。另一方面，如果公司决定放弃此项业务，很可能首先去寻找一位买主。公司将努力增加此项业务的吸引力，而不是削弱它。因此，公司必须认真考虑是榨取衰退的业务单位还是放弃它。

放弃策略：对于衰退比较迅速的产品，应当机立断，从现有的产品组合中剔除。公司可以采用立刻放弃策略、逐步放弃策略和自然淘汰策略。如果产品有很强的分销能力并留存一些好名声，公司也可将它卖给一个小公司，使企业在转移经营的过程中得到一定的收入；如果公司找不到买主，就必须决定是快速还是有计划地缓慢终止这个品牌，它还必须决定保留多少部件和服务项目为老顾客服务。当然，有的企业也常常运用也可以实施转移营销策略延长其衰退期。因为，地理、文化、经济的差异的存在会导致市场需求的巨大差异，在一个市场上处于衰退期的产品在另一个市场上很可能处于产品生命周期的引入期、成长期或是成熟期，企业可以根据市场需求的差异适时地进行产品的市场转移。放弃策略的实施取决于行业的相对吸引力和公司在该行业中的竞争实力。

5. 产品生命周期各阶段的特性、目标和策略一览表（表5.4）

表5.4

时期	方面	引入期	成长期	成熟期	衰退期
市场特性	销售	低销售	销售快速上升	销售高峰	销售衰退
	成本	按每一顾客计算的高成本	按每一顾客计算的平均成本	按每一顾客计算的低成本	按每一顾客计算的低成本

续表 5.4

市场特性	利润	亏损	利润上升	高利润	利润衰退
	顾客	创新者	早期采用者	中间多数	落后者
	竞争者	极少	逐渐增加	数量稳定，开始衰退	数量衰退
营销目标		创造产品知名度和适用	最大限度占有市场份额	保护市场份额获取最大利润	对该品牌消减支出
营销战略	产品	提供一个基本产品	提供产品的扩展品、服务担保	品牌及式样的多样性	逐步淘汰疲软项目
	价格	成本加成定价	市场渗透定价	较量或击败市场竞争者定价	削价
	分销	选择性分销	建立密集广泛的分销	建立更密集广泛的分销	逐步淘汰无盈利的分销网点
	广告	在早期采用者和经销商中建立产品的知名度	在大量市场中建立知名度和兴趣	强调品牌的区别和利益	减少到保持坚定忠诚者需求的水平
	促销	大力加强销售促进以吸引试用	充分利用有大量消费者需求的有利条件适当减少促销	增强对品牌转换的鼓励	减少到最低水平

第二节　产品组合策略

一、产品线分析

产品组合又称产品搭配，指卖方出售的产品线及产品项目的组合。产品组合计划在很大程度上是公司战略计划人员的职责。他们必须对公司市场营销人员提供的信息进行评估，以决定哪些产品线需要发展、维持、收获、撤销。

产品组合由各种各样的产品线所构成。它可以用广度、长度、深度、一致性来说明，这四个方面为确定产品战略提供了相应依据。

1. 产品线

产品线是指密切相关的一组产品，因为这些产品以类似的方式发挥功能或销售给同类顾客群，或通过同一类型的渠道销售出去，或同属于一个价格幅度。公司的每条产品线一般由一些主管人员进行管理。在通用电气公司消费部里，有冰箱、电炉、洗衣机等产品线的经理。

产品线经理需要知道产品线上的每一个产品项目的销售额和利润，以及他们的产品线和竞争对手的对比情况。

（1）产品线的销售量和利润。产品线经理需要了解产品线上的每一个产品项目对总销售量和利润所作贡献的百分比。如果某个项目突然受到竞争者的打击，产品线的销售量和利润就会急剧下降。把销售量高度集中于少数几个项目上，则意味着产品线脆弱。公司必须小心监视并保护好这些项目。产品线经理还应考虑将某一销售不畅的产品项目从产品线上撤除。

（2）产品线（项目）定位。产品项目定位是指确定本企业的产品项目与竞争对手的产品项目在市场竞争中的位置。一般可以通过产品项目定位来分析。产品项目定位是指确定本企业的产品项目与竞争对手的产品项目市场竞争中的位置。定位的前提条件至少需要能够回答三个问题：竞争处于什么态势？本项目在未来可供选择的市场定位？本项目相对的优势和风险在哪里？产品线经理还必须针对竞争者产品线的情况来分析产品在整个企业产品线中的地位，本类产品需要什么样的产品线，即解决产品线的宽度与深度的问题。解决产品线定位问题可以采用产品定位图分析法，它是适用于分析企业了解自己的产品线与竞争对手产品线的对比情况，全面衡量各产品与竞争产品的市场地位的一种有效的分析工具。

2. 产品线长度

产品线经理面临的主要问题之一，是产品线的最佳长度。如果产品线经理能够通过增加产品项目来增加利润的话，就说明现有的产品线太短；如果能够通过削减产品项目来增加利润的话，就说明现有的产品线太长。

产品线长度的安排受公司目标的影响。那些希望有较高的市场份额与市场 增长的公司将有较长的产品线。如果一些项目无法提供利润，它们就会被忽视。追求高额利润的公司宁可具有“经慎重挑选的”项目组成的产品线。

产品线具有不断延长的趋势。生产能力过剩会促使产品线经理开发新的产品项目。推销队伍和分销商也希望产品线更为全面，以满足顾客的需求。为了追求更高的销售量和利润，产品线经理希望增加产品线上的产品项目。但是当产品项目增加后，有几类费用也相应上升。这些费用有：设计费和工程分仓储费、转产费、订货处理费、运输费以及新产品项目的促销费。最终会有人要求遏制产品线如此迅速发展的势头。由于资金短缺和生产能力的不足，公司的管理高层可能会冻结一些计划。主管人员可能就产品线的赢利能力提出一些问题，并要求进行研究。通过研究可能发现大量亏损的产品项目，为了提高产品线的赢利能力，应作出重大努力将这些产品项目从产品线中删除掉。先是产品线随意增长，随后是大量的产品削减，这种模式将会重复多次。

公司可以采用两种方法来增加其产品线的长度：产品线延伸及产品线填充。

（1）产品线延伸决策。

每个公司的产品线只是该行业整个范围的一部分。例如，莫里（Hanae Mori）公司在整个时装市场上处于高价范围。如果公司超出现有的范围来增加它的产品线长度，这就叫产品线延伸。公司可以向下延伸，向上延伸，或双向延伸。

向下延伸：许多公司最初位于高档市场，随后将产品线向下延伸。例如，一些亚洲的手表最初定位在高价市场，如精工和西铁城。随后则为低档市场推出了手表产品，如精工在亚洲市场上推出了阿尔巴牌手表，在美国市场上推出了帕萨牌手表；而西铁城则推出了艾得克牌。亚洲的旅馆也在向下延伸其产品线。公司经常会在产品线的低端增加新品种，以宣传其品牌从较低价格开始。因此三洋公司可能会宣传其空调器“从 200 美元起价”。美国的一些生产高档品的公司也采取了同样做法。

公司可能出于如下原因而延伸其产品线：公司在高档产品市场上受到攻击，决定以拓展低档产品市场作为反击；公司发现高档产品市场增长缓慢；公司最初步入高档市场是为了树立质量形象，然后再向下延伸；公司增加低档的产品项目，是为了填补市场空隙，否则，其竞争对手会乘虚而入。

采取向下延伸的策略时，公司会有一些风险。新的低档产品项目也许会蚕食掉较高档的产品项目。请看下例：

通用电气公司医疗系统部是 CT 扫描仪的市场领导者，这些昂贵的诊断仪器主要在医院中使用。通用公司了解到一家日本公司打算进攻其市场。该公司猜测日本公司的产品更小，电子化程度更高，而且更便宜。因此该公司最好的防御策略是在日本公司进入市场前就引进一种相似的机器。公司有些经理认为这种低价的产品会损害大型 CT 扫描仪的销售量与利润。但公司的一位经理通过提出一个问题就打消了这种担心："究竟是我们自己去损害好呢还是让日本公司来做呢？"

公司向低档市场延伸可能会激发竞争者将产品项目相应地转移到高档市场。公司的经销商也有可能不愿意或者没有能力经营低档产品，因为这些产品获利性小，并且可能损害经销商的形象。哈莱·戴维逊公司的经销商就曾忽视公司设计的与日本人展开竞争的小型摩托车。

某些公司的重大失误之一，就是始终不愿意填补市场上低档产品的空隙。通用汽车公司拒不生产较小型汽车，施乐公司也拒不生产较小型的复印机。而日本的公司一旦发现有明显的空隙，马上就会挤进去。

向上延伸：在市场上定位于低档产品的公司可能会打算进入高档产品市场。它们也许被高档产品较高的增长率和较高的利润率所吸引；或是为了能有机会把自己定位成完整产品线的制造商。向上延伸的决策可能有些风险，因为市场上高档产品的竞争对手不仅会固守阵地，而且还会反过来进入低档产品市场进行反击。潜在顾客也许不相信低档品公司能生产优质产品。此外，公司的销售代表和分销商可能会因为缺乏才能和培训，不能很好地为较高档的产品市场服务。

双向延伸：定位于市场中端的公司可能会决定朝上下两个方向延伸其产品线。德克萨斯仪器公司以中等价格和中等质量推出了第一批计算器，然后逐渐在低端上增加机型，从玻玛公司夺取了市场份额，最后它又推出了一种价格低于惠普公司的计算器，并控制了高档市场。双向延伸战略使德克萨斯仪器公司占据了袖珍计算器市场的领导地位。

扩展阅读

丰田公司产品线的双向延伸的策略

丰田公司对其产品线采取了双向延伸的策略。在其中档产品卡罗纳用的基础上，为高档市场增加了佳美牌，为低档市场增加了小明星牌。该公司还为豪华汽车市场推出了凌志牌。"这样凌志的目标是吸引高层管理者；佳美的目标是吸引中层经理；卡罗纳的目标是吸引基层经理；而小明星牌的目标是手里钱不多的首次购买者。此种战略的主要风险是有些买主认为在两种型号之间（如佳美和凌志之间）差别不大因而会选择较低档的品种。但对于丰田公司来说，顾客选择了低档品种总比转向竞争者好。另外，为了减少与丰田的联系，减少自相残杀的风险，凌志并没有在丰田的名下推出，它也有与其他型号不同的分销方式。

根据 baidu《中国教学案例网》改编

（2）产品线填充决策。

产品线填充是在一条产品线中，导入一个新的产品，使产品线更加完整。新产品往往是针对竞争对手已经存在的产品，定价与竞争产品一致。产品线填充策略是在现有产品线的经营范围以内增加新的产品项目，从而延长产品线。这有利于充分利用过剩的生产能力，防止竞争者的进入。但是产品线中的项目也不可过多，否则会造成产品项目之间的互相冲突，顾客选购时也难以作出决策。因此，产品项目之间应保持一定差异，差异程度以能引起顾客的注意为限。

采取产品线填充决策有这样几个动机：获取增量利润；满足那些经常抱怨由于产品线不足而使销售额下降的经销商；充分利用剩余的生产能力；争取成为领先的产品线全满的公司；设法填补市场空隙，防止竞争者的侵入。

如果产品线的填补导致新旧产品自相残杀，以及在消费者中造成混乱的话，那就说明是搞过头了。公司必须使消费者能在心目中区分出每一个产品项目。每一个产品项目必须具备显著差异。根据韦伯定律，顾客区别相对差异区别绝对差异的能力强。公司一定要使新产品项目具有显著的差异。

3．产品线削减决策

产品线经理必须定期检查产品项目，研究削减问题。削减的情况有两种：

一种是产品线中有使利润减少的卖不掉的陈货。可以通过销售额和成本的分析来识别疲软的项目。许多公司都对产品线作过重大削减，以取得丰厚的长期利润。新加坡时尚百货店经营本地设计师的产品，但由于其经营的品牌达45种之多，其中许多的设计和质量都很差，而濒临倒闭。该公司的管理层希望开设一家较小的商店，并只经营原来一半的品牌。

产品线削减的另一种情况是，公司缺乏使所有项目都达到期望数量的生产能力，经理必须集中生产利润较高的项目。当需求紧迫时，公司通常缩短产品线；而在需求松缓时，则拉长产品线。

4．产品线更新

有时候产品线的长度还算适中，但是其中的产品项目却需要更新。譬如某公司的机械工具看起来像上个世纪50年代的东西，那么它的市场可能会被竞争者的那些造型较好的产品线所夺取。

产品线更新可以采取逐项更新或者一次全部更新两种方式。逐项更新可在整条产品线都换成某种式样之前，观察顾客在于会让竞争者看到公司的改变，从而更新它们的产品线。

5．产品线特色决策

产品线经理通常会选择一个或数个产品项目，来作为产品线的特色。有时候，产品线经理会促销产品线上一些较低级的产品，作为“大宗生意促成者”来制造销售声势。例如，西尔斯公司推出低价的缝纫机来吸引顾客。罗尔斯-罗伊斯公司也宣布推出定价仅4.9万美元的经济型车子——而该公司的高级汽车定价达 10.8 万美元——其目的也是吸引人们到它的汽车展销店去。一旦进了店，推销员会说服顾客买较高级的车子。

有时候，产品线经理会以较高级的产品项目来提高整个产品线的水准。奥迪马·皮盖（Audimar Piguet）公司促销一种 2.5 万美元的手表，事实上很少有人会去买它，但它却有“旗舰”似地提高了整个产品线的身价。

二、产品组合决策

1．产品组合的四要素

公司的产品组合可以用广度、长度、深度和一致性来说明。

广度：是指该公司拥有几条不同的产品线。假定公司只有6条产品线，则其产品组合的广度就是6。比如漱口水、纸巾、纸尿布和止痛药均为该公司的产品线。

长度：是指该公司产品组合里的产品项目总数。如不同的纸巾品牌各为一个产品项目。

深度：是指该公司产品线上的每个产品项目可供顾客选择的种类。假定克里斯特牙膏有三种大小及两种配方（正常与薄荷），它的深度即为6，将每一品牌的深度加总后再平均，即得到产品组合的平均深度。

一致性：是指不同产品线在用途、生产技术、销售渠道或其他方面相似的程度。普罗克特-甘布尔公司产品组合的一致性颇高，因为几条产品线同属消费品，经过同样的销售渠道。不过，如果从它们带给消费者不同功能的方面来看，其一致性就比较低。

2. 产品组合的营销意义

产品组合的四个层次在营销策略上都有其意义。公司可以利用四种方式来增加销售：① 增加产品线（也即增加产品组合的广度），把市场上的良好声誉用于新增的产品；② 增加现有产品线的长度，而成为拥有全线产品的公司；③ 增加各产品的种类，以加深其产品组合；④ 加强产品组合的一致性，在特定的领域中博得好的声誉，或者减少产品组合的一致性以踏入数种不同的领域。

至此我们可以知道，产品策略是非常复杂的决策，作出这些决策不仅要充分了解顾客的欲望和竞争者的策略，而且要密切注意那些对产品决策影响日深的公共政策。

扩展阅读

欧莱雅集团的品牌定位图分析法

欧莱雅集团一共拥有500多个品牌，其中17个是国际知名的大品牌，占据着欧莱雅集团销售总额的94%。目前已经有10个品牌引入到中国，加上刚刚收入囊中的小护士和羽西，欧莱雅在华目前一共拥有12个品牌。

金字塔理论：按照盖保罗所说的金字塔理论，欧莱雅在中国的品牌框架包括了高端、中端和低端三个部分：

1. 塔尖部

高端第一品牌是赫莲娜，无论从产品品质和价位都是这12个品牌中最高的，面对的消费群体的年龄也相应偏高，并具有很强的消费能力；第二品牌是兰蔻，它是全球最著名的高端化妆品牌之一，消费者年龄比赫莲娜年轻一些，也具有相当的消费能力；第三品牌是碧欧泉，它面对的是具有一定消费能力的年轻时尚消费者。欧莱雅集团希望把它塑造成大众消费者进入高端化妆品的敲门砖，价格也比赫莲娜和兰蔻低一些。它们主要在高档的百货商场销售，兰蔻在22个城市有45个专柜，目前在中国高端化妆品市场占有率第一，碧欧泉则是第四。而赫莲娜2000年10月才进入中国，目前在全国最高档百货商店中只有6个销售点，柜台是最少的。

2. 塔中部分

中端品牌分为两大块：一块是美发产品，有卡诗和欧莱雅专业美发。卡诗在染发领域属于高档品牌，比欧莱雅专业美发高一些，它们销售渠道都是发廊及专业美发店。在欧莱雅看来，除了产品本身外，这种销售模式也使消费者有机会得到专业发型师的专业服务。还有一块是活性健康化妆品，有薇姿和理肤泉两个品牌，它们通过药房经销。欧莱雅，率先把这种药房销售化妆品的理念引入了中国。

3. 塔基部分

中国市场不同于欧美及日本市场，就在于中国市场很大而且非常多元化，消费梯度很多，尤其是塔基部分上的比例大。在大众市场，欧莱雅目前在中国一共有5个品牌。其中，巴黎欧莱雅是属于最高端的，它有护肤、彩妆、染发等产品，在全国500多个百货商场设有专柜，还在家乐福、沃尔玛等高档超市有售。

欧莱雅的高档染发品已是目前中国高档染发品的第一品牌。第二品牌是羽西，羽西秉承"专为亚洲人的皮肤设计"的理念，是一个主流品牌，在全国240多个城市的800家百货商场有售。第三品牌是美宝莲——来自美国的大众彩妆品牌，它在全球很多国家彩妆领域排名第一，在中国也毫不例外，目前已经进入了600个城市，有1.2万个柜台。第四品牌是卡尼尔，目前在中国主要是引进了染发产品，它相比欧莱雅更大众化一些，年轻时尚，在中国5000多个销售点有售。第五品牌是小护士，它面对的是追求自然美的年轻消费者，市场认知度90%以上，目前在全国有28万个销售点，网点遍布了国内二、三级县市。

根据这个架构，欧莱雅以目标客户来选择销售渠道的策略，也就一目了然。如：针对高端客户生产的兰蔻等产品，只有在高档的商店才可以买到；而走大众路线的美宝莲，则在普通商场及超市就可以买到。盖保罗的理想还不止于此，他希望有一天，大家买美宝莲就像买可乐一样方便。因为欧莱雅给美宝莲的定位是“国际化的品牌，平民化的价格，要让中国的消费者买得起，且便于购买”。

根据baidu-品牌定位图分析法改编

思考与讨论题

1. 产品整体概念及层次构成是怎么样的？
2. 产品生命周期各阶段的特点有哪些？
3. 根据产品生命周期的特点应该采取哪些营销策略？

【案例分析】

J牌小麦啤酒生命周期延长策略

国内某知名啤酒集团针对啤酒消费者对啤酒口味需求日益趋于柔和、淡爽的特点，积极利用公司的人才、市场、技术、品牌优势，进行小麦啤酒研究。2000年利用其专利科技成果开发出具有国内领先水平的J牌小麦啤。这种产品泡沫更加洁白细腻、口味更加淡爽柔和，更加迎合啤酒消费者的口味需求，一经上市在低迷的啤酒市场上掀起一场规模宏大的J牌小麦啤消费的概念消费热潮。

一、J牌小麦啤的基本状况

J牌啤酒公司当初认为，J牌小麦啤作为一个概念产品和高新产品，要想很快获得大份额的市场，迅速取得市场优势，就必须对产品进行一个准确的定位。J牌集团把小麦啤定位于零售价2元/瓶的中档产品，包装为销往城市市场的500 ML专利异型瓶装和销往农村、乡镇市场的630 ML普通瓶装两种。合理的价位、精美的包装、全新的口味、高密度的宣传使J牌小麦啤酒2000年5月上市后，迅速风靡本省及周边市场，并且远销到江苏、吉林、河北等外省市场，当年销量超过10万吨，成为J牌集团一个新的经济增长点。由于上市初期准确的市场定位使J牌小麦啤迅速从诞生期过渡到高速成长期。

高涨的市场需求和可观的利润回报使竞争者也随之发现了这座金矿，本省的一些中小啤酒企业不顾自身的生产能力，纷纷上马生产小麦啤酒。一时间市场上出现了五六个品牌的小麦啤酒，而且基本上都是外包装抄袭J牌小麦啤，酒体仍然是普通啤酒，口感较差，但凭借1元左右的超低价格，在农村及乡镇市场迅速铺开，这很快造成小麦啤酒市场竞争秩序严重混乱，J牌小麦啤的形象遭到严重损害，市场份额也严重下滑，形势非常严峻。J牌小麦啤出因此而从高速成长期，一部分市场迅速进入了成熟期，销量止步不前，而一部分市场由于杂牌小麦啤酒低劣质量的严重影响，消费者对小麦啤不再信任，J牌小麦啤销量也急剧下滑，产品提前进入了衰退期。

二、J牌小麦啤的战略抉择

面对严峻的市场形势，是依据波士顿理论选择维持策略，尽量延长产品的成熟期和衰退期最后被市场的自然淘汰，还是选择放弃小麦啤酒市场策略，开发新产品投放其他的目标市场？决策者经过冷静的思考和深入的市场调查后认为：小麦啤酒是一个技术壁垒非常强的高新产品，竞争对手在短期内很难掌握此项技术，也就无法缩短与J牌小麦啤之间的质量差异；小麦啤酒的口味迎合了当今啤酒消费者的流行口味，整个市场有较强的成长性，市场前景是非常广阔的。所以选择维持与放弃策略都是一种退缩和逃避，失去的将是自己投入巨大的心血打下的市场实在可惜，而且研发新产品开发其他的目标市场，研发和市场投入成本很高，市场风险性很大，如果积极采取有效措施，调整营销策略，提升J牌小麦啤的品牌形象和活力，使其获得新生，重新退回到成长期或直接过渡到新一轮的生命周期，自己将重新成为小麦啤酒的市场引领者。

事实上，通过该公司准确的市场判断和快速有效的资源整合，使得J牌小麦啤化险为夷，重新夺回了失去的市场，J牌小麦啤重新焕发出强大的生命活力，重新进入高速成长期，开始了新一轮的生命周期循环。

案例思考题：

1. 分析J牌小麦啤的优势与劣势。
2. 如果你是公司的决策人，你会采取哪些具体措施来延长J牌小麦啤的生命周期？

第六章 品牌与包装策略

学习目的和要求：

1. 了解品牌的含义及其在市场营销中的作用；
2. 掌握品牌注册的营销意义及品牌与商标的区别；
3. 包装的含义、作用以及包装的市场要求；
4. 品牌设计与包装设计的原则，品牌与包装的基本策略；
5. 应用品牌理论分析中国实施名牌战略面临的机会与挑战。

第一节 品牌的概念

一、品牌的界定

什么是品牌呢？广告专家约翰·菲利普·琼斯（J. P. Jones，1999）对品牌的界定是：品牌，指能为顾客提供其认为值得购买的功能利益及附加价值的产品。哈金森和柯金（Hankison、Cowking，1993）从下述六大方面阐述了品牌的定义：视觉印象和效果；可感知性；市场定位；附加价值；形象；个性化。美国市场营销学会对品牌的定义是：品牌是一种名称、术语、标记、符号或设计，或是它们的组合运用，其目的是借以辨认某个销售者，或某群销售者的产品及服务，并使之与竞争对手的产品和服务区别开来。

我们把这些创造品牌的名称、术语、标记、符号或设计，或它们的组合称为品牌元素。品牌名称常常预示出产品的定位与产品情感形象。

扩展阅读

品牌名称与产品的定位

"太太口服液"中的"太太"这一名称就直接表明了这种口服液的消费者是那些"太太"们。"可口可乐"、"舒肤佳"则把消费者在消费这种产品功能特质时能够期待产生的心理和生理感受作为品牌命名的起点，从而使命名本身就具备明确而有力的定位营销力量。"娃哈哈"这个品牌命名除了其通俗、准确地反映了消费者外，最关键一点是将一种祝愿，一种希望，一种消费的情感效应结合儿童的天性作为品牌命名的核心。另外还有把名牌名称定位于消费观念上的，如"孔府家酒"。定位于产品形式，状态的品牌名称也比比皆是如"白加黑"、"大大"泡泡糖等。品牌的标记则更形象地传递信息，以小汽车为例，消费者能从各种轿车的标志上识别出桑塔纳、丰田，奥迪、奔驰、富康等品牌。

根据 2010 年 03 月 30 日中华隆取名网《品牌命名的七种策略》改编

二、品牌内容

品牌从本质上说，是传递一种信息，一个品牌能表达六层意思。

属性：一个品牌首先给人带来特定的属性。例如"海尔"表现出的质量可靠、服务上乘、

“一流的产品，完善的服务”奠定了海尔中国家电第一品牌的成功基础。

利益：一个品牌绝不仅仅限于一组属性，消费者购买利益而不是购买属性。属性需要转换成功能和情感利益。“质量可靠”会减少消费者维修费用，给消费者提供节约维修成本的利益，“服务上乘”则节约了消费者时间，精减成本，方便了消费者。

价值：品牌能提供一定的价值。“高标准、精细化、零缺陷”是“海尔”体现的服务价值。

文化：品牌可能附加和象征了一种文化，“海尔”体现了一种文化，即高效率、高品质。

个性：品牌还能代表一定的个性，“海尔”广告词“真诚到永远”一想到“海尔”就会想到其广告词和其“品牌标记”，两个永远快乐小伙伴。

使用者：品牌还体现了购买或使用这种产品是哪一类消费者，这一类消费者也代表一定的文化、个性，这对于公司细分市场，市场定位有很大帮助。

所以，品牌是个复杂的符号。一个品牌不单单是一种名称、术语、标记、符号或设计，或它们的组合运用，更重要的是品牌所传递的价值、文化和个性，它们确定了品牌的基础。

三、品牌与产品

产品与品牌的一个重要区别是，产品是带有功能性目的的物品，而品牌除此之外，还能提供别的东西。所有的品牌都是产品，但是并非所有的产品都是品牌。产品是工厂里制造的东西，品牌则是由消费者带来的东西。具体分析如下：

（1）品牌与产品名称是两个完全不同的概念。产品名称主要体现的是辨别功能，将一产品与另一产品区别开来，而品牌则传递更丰富内容，价值、个性、与文化都能通过品牌来表现。产品可以有品牌，也可以无品牌。无品牌商品以其价格低廉也能赢得一部分顾客，但如今厂家越来越重视品牌创造，一件产品可以被竞争者模仿，但品牌独一无二，产品很快会过时落伍，然成功的品牌能经久不衰，一种品牌可以只用于一种产品，也可以用于多种产品，进而产生品牌延伸，多品牌策略，这取决于厂家选择。

（2）产品是具体的存在，而品牌存在于消费者的认知中，品牌是消费者心中被唤起的某种情感、感受、偏好、信赖的总和。同样功能的产品被冠以不同的品牌后，在消费者心中产生截然不同的看法，从而导致产品大相径庭的市场占有率。

（3）产品最终由生产部门生产出来，而品牌形成于整个营销组合环节。品牌是根据产品而设计出来的。营销组合的每一个环节都需传达品牌的相同信息，才能使消费者形成对品牌的认同。如，一种定位于高档品牌的产品，必然是高价位，辅之以精美的包装，在高档商店或专卖店出售。商业传播与品牌的关系更加密切，名牌产品的广告投入要大大高于一般品牌。

（4）产品重在质量与服务，而品牌贵在传播。品牌的“质量”在传播，品牌的传播包括所有的品牌与消费者沟通的环节与活动，如产品的设计、包装、促销、广告等。传播的效用有两点：一是形成和加强消费者对品牌的认知；二是传播费用转化为品牌资产的一部分。

四、品牌与名牌

名牌并无准确的概念，但名牌一定是有一定知名度和美誉度的品牌。名牌代表着优良品质，但名牌并不代表高价位。它可以是高质高价，高质中价，甚至高质低价。“茅台”是高质高价，“大宝”化妆品则高质中价，“格兰仕”则高质低价。另外，名牌是有时效性的，昨日的名牌今日未必是名牌，“荷花”牌洗衣机“燕京”VCD都曾是昔日名牌，但如今市场上已很少见到此品牌。所以品牌可以转化为名牌，名牌若不注意宣传或经营不当就会失去名牌效应，甚至消失。1995 年我国家电业品牌 200 多个，其中知名品牌也不少，到 2000 年仅存 20 多个。

五、品牌与商标

品牌英文名 Brand，商标是 Trade Mark，两者是完全不同的概念，品牌前面已介绍，下面重点介绍商标。

1．商标的概念

商标是产品文字名称，图案记号，或两者相结合的一种设计，经向有关部门注册登记后，经批准享有其专用权的标志。在我国，国务院工商行政管理部门商标局主管全国商标注册和管理工作，商标一经商标局核准即为注册商标，商标注册人享有商标专用权，受法律保护。假冒商标仿冒商标，抢先注册都构成商标的侵权。

2. 商标与品牌

商标与品牌既有联系又有区别，其联系主要表现为，它们都是无形资产，都具有一定专有性，其目的都是为了区别于竞争者，有助于消费者识别。所以商标与品牌经常被混淆使用。有些人误以为两者无本质区别，其实不然，两者区别主要表现在：品牌无须办注册，一经注册，品牌就成为商标了。商标一般都要注册（我国也有未注册商标）它是受法律保护的一个品牌或品牌的一部分，其产权可以转让和买卖；品牌主要表明产品的生产和销售单位，而商标则是区别不同产品的标记。一个企业品牌和商标可以是相同的，也可以不相同；品牌比商标有更广内涵，品牌代表一定文化，有一定个性，而商标则是一个标记。

六、品牌的特征及种类

1．品牌的特征

品牌的特征可以归纳为：品牌是企业的一种无形资产，品牌具有一定的个性，品牌具有排它专有性，品牌是以消费者为中心的，品牌是企业竞争的一种重要工具。

2．品牌的种类

品牌按照不同的分类标准，可分为不同类型。

（1）品牌按照使用主体不同可分为制造商品牌和中间商品牌。

制造商品牌是由制造商对其产品自命的品牌，如“小天鹅”、“海尔”、“长虹”、“娃哈哈”我国知名品牌中大都为制造商品牌。但一些大型的零售商和批发商也开发出他们自己的品牌，称为中间商品牌或渠道品牌或私人品牌，它们通常以较低成本购买有过剩生产，国外中间商品牌发展能力的制造商的产品，然后打上自己品牌以自己品牌优势获取较高利润，以其有利条件向制造品牌发出挑战，使得以前占统治地位的制造商品牌地位下降。

（2）品牌按其辐射区域分为区域品牌，国内品牌，国际品牌。

区域品牌是指一个区域之内的产品品牌，只在当地人中享有盛誉，拥有较高的地区市场占有率。国内品牌是指在国内知名度和美誉度比较高的品牌，它相对区域品牌来说比较具有竞争力，比如“红塔山”、“长虹”、“春兰”、“联想”、“双星”等。国际品牌是指在国际市场上知名度，美誉度较高的品牌，此类品牌具有很强的竞争力，比如“可口可乐”、“肯德基”、“劳力士”、“万宝路”等。

（3）品牌按其持续时间的长短来可分为短期品牌，长期品牌，时代品牌。

短期品牌是指品牌持续时间短，只在一段时间有一定知名度的品牌，长期品牌是随着产品的生命周期的更替而变化的品牌，时代品牌是指一个时代里经久不衰的品牌。目前，我国长期品牌居多，急需畅销世界的时代品牌，众多厂家也倾心进行品牌营销，专注企业识别系统（CIS）。

另外，品牌按用途分为生产资料品牌和生活资料品牌按其构成元素可分为文字品牌、图形品牌、记号品牌、组合品牌、立体品牌等。

七、品牌的意义

1. 品牌对消费者的意义

有助消费者识别产品的来源或产品制造厂家，从而有利于消费者权益的保护；有助于消费者避免购买风险，降低消费者购买成本，从而更有利于消费者选购商品；品牌有利于消费者形成品牌偏好。

2. 品牌对生产者的意义

有助于产品的销售和占领市场；有助于稳定产品的价格，减少价格弹性，增强对动态市场的适应性，减少未来的经营风险；有助于市场细分，进而进行市场定位；有助于新产品开发，节约新产品投入市场成本；有助于企业抵御竞争者的攻击，保持竞争优势。

3. 品牌对竞争者的意义

可以推出相对应品牌进行反击；竞争者可采用“品牌补缺”策略占领一部分市场，从而获取利润；竞争者可不做品牌而做销售。

第二节 品牌定位与品牌设计

一、品牌定位的涵义

1. 品牌定位的概念

品牌定位，是指建立一个与目标市场有关的品牌形象的过程与结果。我们知道，一个企业不论它的规模有多大，它所拥有的资源相对于消费需求的多样性和可变性总是有限的，因此它不可能去满足市场上的所有需求，它必须针对某些自己拥有竞争优势的目标市场进行营销。品牌定位就是要在选定的目标市场上找到自己的位置，并在消费者的心里占据一个特定位置。所以，有人说“定位不在产品本身，而在消费者心底。”

2. 品牌定位与产品定位

品牌定位和产品定位同样基于鲜明的竞争导向，但两者之间也有不同之处。产品定位基于产品实体的差异性，而品牌包含产品，又不等同于产品，品牌在产品之上附加了联想、价值。因此，品牌定位更多地偏向传播的角度。品牌定位的核心是 STP，即细分市场（Segmenting）、选择目标市场（Targeting）和具体定位（Positioning）。它们的关系如图 6.1 所示：

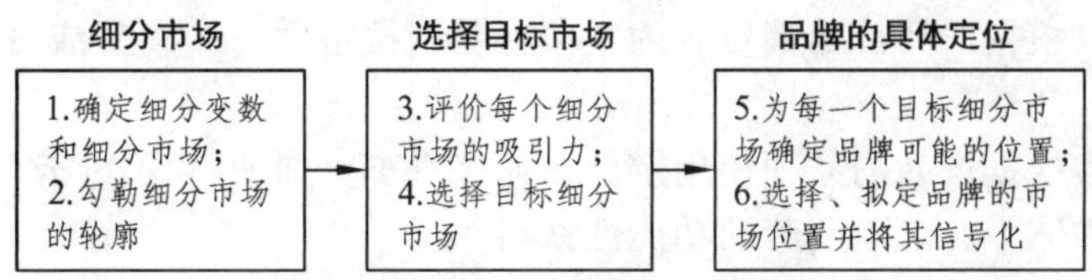

图 6.1 品牌定位的核心过程

品牌定位中细分市场的过程一般包括三个阶段，即调查阶段、分析阶段和细分阶段。

调查阶段：产品经理需要了解消费者的动机、态度和行为。可以采用各种调查工具向消费者搜集以下方面的资料：品牌知名度和品牌等级；产品属性及其重要性的等级；消费者对该品牌产品的使用方式；对该产品所属类别的态度；人口变动、心理变动及对宣传媒体的态度或习惯，等等。

分析阶段：用因子分析法分析资料，剔除相关性很大的变数。然后再用集群分析法划分出一些差异较大的细分市场，使得每个集群内部都同质，但集群之间差异明显。

细分阶段：根据消费者的不同态度、行为、心理状况和一般消费习惯划分出每个集群，然后根据几个主要的特征给每个细分市场命名。

由于细分市场是不断变化的，所以市场划分的程序必须定期反复进行。一个新品牌成功地打入被占领的市场最常见的方法就是用新的方法细分市场。

二、品牌的具体定位

品牌定位是勾画品牌形象和所有提供价值的行为，以此使该细分市场的消费者理解和正确认识本品牌有别于其竞争品牌的象征，就是在消费者心里确定一个独一无二的位置。

1. 具体定位的步骤

品牌定位的最终目的是获取竞争优势。为实现这一目的，在品牌的具体定位上要经历三个阶段：明确一些可利用的竞争优势；选择若干个适用的优势；有效地向市场传达品牌的定位。

明确潜在竞争优势：竞争优势有两种基本类型：成本优势和产品差别化。对于品牌定位来说，还要加上品牌的心理优势。每个企业都是为设计、制造、营销、运输产品等而采取的一系列活动的实体，依价值链将企业分解为在策略上相互关联的 5 项主要活动和 4 项支持活动。5 项主要活动为运入后勤、经营、运出后勤工作、市场营销、服务；4 项支持活动为企业的基础设施、人力资源管理、技术开发、采购。企业的任务就是稽核每一项经营活动的成本和经营情况，寻求改进的措施。同时，对竞争者的成本和经营情况作出估计，并以此作为本企业品牌的水准基点。只要该品牌胜过竞争品牌，它就获得了竞争优势。

选择竞争优势：一家企业可通过集中若干竞争优势（如：技术、成本、质量和服务）将自己的品牌与竞争者的品牌区分开来。并不是所有的品牌差别都是有价值的，如果产品经理通过价值链分析，发现有些优势过于微小，开发成本太高，或者与品牌的形象极不一致，则需要放弃。

表现竞争优势：产品经理必须采取具体步骤建立自己品牌的竞争优势，并进行广告宣传，品牌定位要求实际行动，而不是空谈。

2. 具体定位的策略

品牌定位是通过积极的传播而形成的。企业可以选择不同的定位策略，明确定位，结合品牌的包装、销售渠道、促销、公关等向市场传达定位概念。今天策略包括：

属性定位策略：即根据产品的某项特色来定位。如雷达表宣传它“永不磨损”的品质特色。

利益定位策略：根据产品带给消费者的某项特殊利益定位。如高露洁突出“没有蛀牙”的功效。

使用定位策略：根据产品的某项使用定位。如“汽车要加油，我要喝红牛”的“红牛”饮料把自己定位于增加体力、消除疲劳的功能性饮料。

使用者定位策略：这是把产品和特定用户群联系起来的定位策略。它试图让消费者对产品产生一种度身定造的感觉。如“太太口服液”定位于太太阶层。

竞争者定位策略：以某知名度较高的竞争品牌为参考点来定位，在消费者心目中占据明确的位置。如美国汽车租赁公司阿维斯公司（Avi's）强调"我们是老二，我们要进一步努力"。七喜饮料的广告语"七喜非可乐"，我国亚都公司恒温换气机的诉求点"我不是空调"等，在不同程度上加强了自己在消费者心目中的形象。

质量价格组合定位：如"海尔"家电产品定位于高价格、高品质，"华联"超市定位于"天天平价，绝无假货"，"华宝"空调定位于"高贵不贵"。

生活方式定位：这是将品牌人格化，把品牌当做一个人，赋予其与目标消费群十分相似的个性。如百事可乐以"年轻、活泼、刺激"的个性形象在一代一代年轻人中产生共鸣。

三、品牌命名及品牌标志设计

1. 品牌命名

一个好的品牌名称是品牌被消费者认知、接受、满意乃至忠诚的前提，品牌的名称在很大程度上影响品牌联想，并对产品的销售产生直接的影响。品牌名称作为品牌的核心要素甚至会直接导致一个品牌的兴衰。因此企业在一开始就要确定一个有利于传达品牌定位方向，且利于传播的名称。尽管品牌命名没有固定的标准，但我们从国内外知名品牌的成功经验或有些品牌失败的教训中可总结出品牌命名的一些基本规则。

（1）品牌命名的原则：

易读、易记原则：在商品品牌的汪洋大海中，要想使品牌被消费者记住，首要的一点是，品牌名称应让消费者易读、易记。品牌名称只有易读、易记，这样才能高效地发挥它的识别功能和传播功能。如何使品牌名称易读、易记呢，这就要求产品经理在为品牌取名时做到以下几点：第一，简洁。名字单纯、简洁明快，易于传播。第二，独特。名称应具备独特的个性，避免与其他品牌名称混淆。如"花花公子"、"三星"、"金龙鱼"等。第三，新颖。这是指名称要有新鲜感，赶时代潮流，创造新概念。如"喜之郎"、"自由鸟"、"经理人"、"步步高"等。第四，响亮。这是指品牌名称要易于上口，难发音或音韵不好的字，都不宜作名称。第五，高气魄。这是指品牌名称要有气魄，起点高、具备冲击力及浓厚的感情色彩，给人以震撼感。

暗示产品属性原则：品牌名称还可以暗示产品某种性能和用途。例如"999 胃泰"，它暗示该产品在医治胃病上的专长。类似的还有"捷达"轿车、"洁银"牙膏、"美尔雅"服装等。

启发品牌联想原则：正如人的名字普遍带有某种寓意一样，品牌名称也应包含与产品或企业相关的寓意，让消费者能从中得到有关企业或产品的愉快联想，进而产生对品牌的认知或偏好。下列品牌名称能让人引发积极的品牌联想："孔府家酒"，悠久的历史，灿烂的文化，中国的儒文化。相反，如果品牌命名不当，容易引起人们的反感，甚至引起法律纠纷。

与标志物相配原则：品牌标志物是指品牌中无法用语言表达但可被识别的部分，当品牌名称与标志物相得益彰、相映生辉时，品牌的整体效果会更加突出。如今，有些还在牙牙学语的幼儿只要看到麦当劳醒目的黄色"M"时，便要想到要吃汉堡包。

适应市场环境原则：不同国家或地区消费者因民族文化、宗教信仰、风俗习惯、语言文字等的差异，使得消费者对同一品牌名称的认知和联想是截然不同的。因此品牌名称要适应目标市场的文化价值观念。在品牌全球化的趋势下，品牌名称应具有世界性。企业应特别注意目标市场的文化、宗教、风俗习惯及语言文字等特征，以免因品牌名称在消费者中产生不利的联想。

受法律保护原则：品牌名称受到法律保护是品牌被保护的根本。产品经理在命名时就应遵循相关的法律条款。品牌名称的选定首先要考虑该品牌名称是否有侵权行为，产品经理要通过有关部门，查询是否已有相同或相近的品牌被注册，如果有，则必须重新命名。其次，要注意该品牌名称是否在允许注册的范围以内。有的品牌名称虽然不构成侵权行为，但仍无法注册，难以得到法律的有效保护。

（2）品牌命名的策略。

品牌命名的目的是让品牌名称尽可能直接地服务于营销，有以下这些基本的策略需要考虑：

目标市场策略：这项策略根据目标市场的特征（包括人口统计、心理和行为等）进行命名，在具体做法上是让品牌名称发挥暗示作用，暗示产品消费对象或迎合目标对象所处的特定文化背景和心理需要。

产品定位策略：产品定位策略是让品牌名称引发起消费者对产品特征、利益、使用场合、档次（价格）和其所属类别的有利联想。

描述性与独立随意性的选择策略：品牌名称有两种最基础的作用：识别产品或服务以下及传播信息。一个品牌名称越是一个独立的字词组合，越是不与其他名称接近或可以比较，那么它发挥的识别作用就越强。相反，一个品牌名称越是采用了有明确含义的词汇，越可能与其他名称的关系接近，那么它发挥的传递信息的作用就越强。它们代表了品牌命名的两种极端的策略导向：独立随意策略和描述性策略。前者的优点是名称充满个性，商标的保护力强，缺点是需要大笔的传播投资；后者的优点是名称本身可能就是一个活广告，可以节省传播开支，但缺点很明显，即商标的保护力很弱，有时可能演变为产品的通用名称，而得不到商标注册和保护。

一般来说，大公司宜采用独立随意性导向的策略，小公司宜采用描述性导向的策略。作为一种折中，联想策略介于两者之中，它既有特色、保护力（识别和显著性），又能暗示消费者适当的信息。因此，这种策略的风险较小，因而也为绝大多数的营销人士采用。我国的一些知名品牌如白猫、旺旺、金嗓子、洁银、健力宝、养生堂、白丽都属于这种策略的运用。

当地化与全球化的选择策略：随着全球经济一体化和跨国营销的发展，品牌命名必须考虑全球通用的策略。一个完善的品牌名称应当易于为世界上尽可能多的人发音、拼写、认知和记忆，在任何语言中都没有贬义，这样才利于品牌名称在国际市场上的传播。在品牌命名上，首先要考虑如何使品牌名称适合当地。一种办法是为当地营销的产品取个独立的品牌名，也可把原有的品牌名翻译成适应当地的做法。NIKE 在中国翻译成“耐克”而不是“奈姬”、“娜基”之类，就在于它显示了一个清楚的含义：经久耐用、克敌制胜，与原意“胜利女神”不谋而合。另一种办法是从一开始就选择一个全球通用的名称。

世界著名的宏基（Acer）电脑在 1976 年创业时的英文名称叫 Multitech，经过十年的努力，Multitech 刚刚在国际市场上小有名气，却被一家美国计算机厂指控宏基侵犯该公司商标权。前功尽弃的宏基只好另起炉灶，前后花去近 100 万美元，委派著名奥美广告公司（Ogilvy & Mather）进行更改品牌名称的工作。前后历时大半年时间，终于选定 Acer 这个名字。与 Multitech 相比，显然 Acer 更具有个性和商标保护力，同时深具全球的通用性。它的优点在于：蕴含意义（Ace 有优秀、杰出的含义），富有联想（源于拉丁文的 Acer 代表鲜明、活泼、敏锐、有洞察力），有助于在出版资料中排名靠前，易读易记。如今 Acer 的品牌价值超过 1.8 亿美元。

（3）品牌命名的程序。

专业化的品牌命名遵循以下过程：提出方案、评价选择、测验分析和调整决策。

① 提出备选方案。产品经理要根据命名的原则，首先收集那些能够描述产品的单词或词组。采用“头脑风暴法”可得到大量的候选品牌名称。

② 评价选择。评价、筛选品牌名称的一个重要问题是，由什么人来筛选。组织一个合理的评价小组十分重要。该评价小组的成员最好包括语言学、心理学、美学、社会学、市场营销学等方面是专家。可供评价筛选的原则除了前面我们已经阐述的品牌命名原则外，还应注：品牌名称应该预示出企业良好的经营理念；品牌名称应该包括与该产品有关的字或词；不应该选择带有负面形象或涵义的品牌名称；从长远发展的角度考虑，为使品牌将来能够延伸，要避免品牌名称高度、狭窄的定位。

③ 测验分析。专家对品牌名称的评价和筛选并不是品牌名称的最后选定。消费者才是最终的决策者。测验分析就是对选择的方案进行消费者调查，以便最终确定品牌名称。通常可采用调查问卷的形式了解消费者对品牌名称的反应。

④ 调整决策。如果通过测试分析显示的结果是：消费者并不认同被测试的品牌名称，那么不管专家或企业老总多么偏爱这种品牌名称，都应该考虑重新命名。

2. 品牌标志设计

（1）品牌标志设计的原则。

品牌标志是指品牌中可以被识别，但不能用语言表达的部分，也可以说它是品牌图形记号。如可口可乐的红颜色圆柱曲线、麦当劳的黄色“M”以及迪斯尼公园的富有冒险精神、正直诚实、充满童真的米老鼠等。品牌标志与品牌名称都是构成完整的品牌概念的要素。品牌标志自身能够创造品牌认知、品牌联想和消费者的品牌偏好，进而影响品牌体现的质量与顾客的品牌忠诚度。品牌标志是一种“视觉语言”。它通过一定的图案、颜色来向消费者传输某种信息，以达到识别品牌、促进销售的目的。品牌标志自身能够创造品牌认知、品牌联想和消费者的品牌偏好，进而影响品牌体现的品质与顾客的品牌忠诚度。因此，在品牌标志设计中，我们除了最基本的平面设计和创意要求外，还必须考虑营销因素和消费者的认知、情感心理。这些方面构成了品牌设计的五大原则，见表 6.1。

表 6.1　品牌设计的五大原则

营销原则	创意原则	设计原则	认知原则	情感原则
体现产品特征	醒目直观	色彩搭配协调	通俗易懂	现代气息
体现产品品质	新颖独特	线条搭配协调	吸引公众注意	容易接受
准确传递信息	视觉冲击力强	布局合理	印象深刻	感染力强
体现品牌价值	具备法律上的显著性	对比鲜明	容易记忆	美的享受
体现品牌理念	适合各种媒体	平衡对称	符合文化背景	联想丰富
企业的象征	趋向国际化	清晰与简化	符合接受心理	令人喜欢
体现企业实力		隐喻象征恰当	与时俱进	

（2）品牌标志的设计方法。

品牌标志设计是在一定的原则前提下，选择特定的表现元素，结合创意手法和设计风格而成。典型的设计方法有两种：文字和名称的转化、图案的象征寓意，它们产生三类设计标志：文字型、图案型以及文图结合型。

文字和名称的转化：文字（包括西方文字和中国汉字）和名称的转化方法是直接运用一些

文字符号或单纯的图形作为标志的组成元素。所采用的字体符号可以是品牌名称，也可以品牌名称的缩写或代号。

这种方法的优点是识别力强，便于口碑传播，容易为消费者理解含义。在创意上，为了增强其美感和可接受性，往往借助象征、装饰点缀和色彩的力量。这方面成功的设计有红旗轿车的“红旗”标志、冰川牌羽绒服的“冰川”图案、李宁体育用品的“L”标志、麦当劳的“M”标志、施乐的“X”标志等。

图形象征与寓意：以图形或图案作为标志设计的元素，都是采用象征寓意的手法，进行高度艺术化的概括提炼，形成具有象征性的形象。

图形标志因为其视觉意念较易被人理解接受，故也得到普遍运用。特别是一些作为象征物的最普通客体，比如太阳、眼睛、女人的体态、星星、王冠、手、马等在品牌标志的设计中运用的非常广泛。例如美国雷诺兹公司推出的世界名牌“骆驼”香烟，其标志采用一只傲视俗世的骆驼驻足沙海；苹果电脑公司采用彩色苹果图案；雀巢公司使用“两只小鸟依偎在巢旁”的图案，形象鲜明生动。我国的“太阳神”牌保健品以简练、强烈的圆形（象征太阳）与三角形（“人”字形）组合而成，寓意公司健康向上、以人为本的经营理念。

四、品牌资产

1. 品牌资产的涵义

在西方国家，品牌资产（Brand Equity）一词于20世纪80年代被广泛使用。 西方多数学者对品牌资产的界定倾向于从使用某一个品牌与不使用该品牌时，消费者对某一特定产品或服务的不同反映这样一个角度来考察。一般认为，品牌资产是与品牌、品牌名称和标志相联系，能够增加或减少企业所销售产品或服务的价值的一系列资产与负债。品牌资产通过多种方式向消费者和企业提供价值。

2. 品牌资产的构成

品牌资产是一个系统概念，它由一系列因素构成，如图6.2所示。

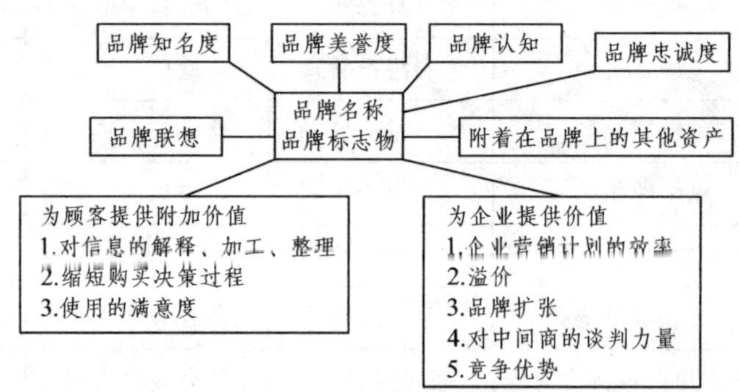

图6.2 品牌资产的系统概念

品牌名称和品牌标志物是品牌资产的物质载体，品牌知名度、品牌美誉度、品质认知、品牌联想、品牌忠诚度和附着在品牌上的其他资产是品牌资产的有机构成，为消费者和企业提供附加利益是品牌资产的实质内容。

3. 建立品牌认知

建立、提高和维护品牌认知是企业争取潜在消费者、提高市场占有率的重要步骤。品牌也如产品一样具有其生命周期，在新品牌推出的初期，企业营销的重点是在广大消费者心中建立起对品牌的认知，当品牌步入成长期时，提高品牌的认知度是企业营销努力的重点，进入成熟期的品牌，则主要侧重于品牌的维护了。消费者通过看、听或思想来认识品牌，所以建立品牌认识最关键的是让消费者熟悉其品牌名称、品牌术语、标记、符号或设计。

企业可合理进行促销组合即通过广告、人员推销、营业推广或人际关系合理配置，来建立品牌认知，这里需要指出的是，品牌重复可以增加品牌熟悉度（再认率），但是提高品牌回忆率需要把品牌与特定的产品类型或特定购买、消费场合相联系。所以在进行品牌营销建立品牌认识时，应注意品牌与合适的产生品牌回忆的因素联系起来。

（1）品牌的知名度。

品牌的知名度是指某品牌被公众知晓、了解的程度，它表明品牌为多少或多大比例的消费者所知晓，反映的是顾客关系的广度。品牌知名度是评价品牌社会影响大小的指标。品牌知名度的大小是相对而言的，名牌就是相对高知名度的品牌。

① 品牌知名度的层级。

品牌知名度的范围很大，包含一个连续的变化过程。一般知名度分为四个层次：无知名度、提示知名度、未提示知名度和第一提及知名度。从品牌管理的角度，一般考虑后三个方面。它们呈一个金字塔形，越往上发展，越难实现。

无知名度：指消费者对品牌没有任何印象，原因可能是消费者从未接触过该品牌，或者是该品牌没有任何特色，十分容易让消费者遗忘。消费者一般不会主动购买此品牌的产品。

提示知名度：是指消费者在经过提示或某种暗示后，可想起某一品牌，能够说出自己曾经听说过的品牌名字。比如，当问某人电风扇中有哪些品牌时，他（她）可能说不出什么品牌。但经提示“美的”后给出肯定的回答，那么“美的”就具有一种提示知名度。这个层次是传播活动的第一个目标，它在顾客购买商品选择品牌时具有十分重要的地位。

未提示知名度：消费者在不需要任何提示的情况下能够想起某种品牌，即能正确区别先前所见或听到的品牌。对某类产品来说，具有未提示知名度的往往不是一个品牌，而是一串品牌。比如，对于彩电品牌，你可能说出长虹、海尔、康佳、TCL、松下、飞利浦等很多。虽然品牌没有被第一个想到，但也非常重要。

第一提及知名度：是指消费者在没有任何提示的情况下，所想到或说出的某类产品的第一个品牌。如，有些消费者说到家电便想到“海尔”，说到碳酸饮料，“可口可乐”是其首选，买香水要买“夏奈尔 5 号”。在每一个产品领域，都有某一个具有“第一提及知名度”的品牌，它们是市场领导者，或者说是强势品牌（Strong Brand）。调研显示，第一提及的品牌往往也是消费者在商店指定购买的品牌。

产品经理的任务之一就是让本企业的品牌进入金字塔的第二和第三层，最好是顶层，即具有第一提及知名度。

② 品牌知名度的资产价值。

品牌知名度的资产价值体现在以下几方面：有助于人们产生品牌联想、使人们由熟悉而引发好感、示某种承诺、成为被选购的对象、弱化竞争品牌的影响。

③ 品牌知名度。

考察品牌知名度可以从三个不同方面来进行，即：公众知名度、社会知名度和行业知名度。

品牌的公众知名度：是指某品牌在相关公众中的影响力。从市场营销的角度来说，主要是指该品牌在顾客中的影响力。

品牌的社会知名度：是指某品牌在社会大众中的影响力，通常用该品牌在大众媒体上出现的频率来表示。大众传播对社会大众的舆论导向作用巨大，传播的广度和深度是其他方式不能比拟的。品牌知名度的提高主要是依赖于传播的力度。考察社会知名度，可以根据企业对品牌的定位，将有关大众传播媒体分类，然后分别计算出该品牌在各类别媒体上出现的频率，就可以得到该品牌的社会知名度。

品牌的行业知名度：是指某品牌在相关行业（特别在本行业）中的影响力，通常也是通过问卷调查的方法来研究。调查品牌行业知名度可以参照品牌公众知名度的方法。在每个行业中往往有若干个品牌存在，行业知名度可以反映出某品牌的行业地位、本品牌与竞争品牌在知名度上的差异。

（2）品牌美誉度。

品牌的美誉度是指某品牌获得公众信任、支持和赞许的程度。如果说品牌知名度是一个量的指标，那么品牌美誉度就是一个质的指标，它反映某品牌社会影响的好坏。

① 品牌美誉度的资产价值。

品牌美誉度的资产作用体现在“口碑效应”上，即通过人们的口头称赞，一传十，十传百，引发源源不断的销售。一些调查报告显示由口传信息所引起的购买次数三倍于广告所引起的购买次数；口传信息的影响力是广播广告的二倍、人员推销的四倍、报纸和杂志广告的七倍。品牌的美誉度越高，“口碑效应”就越明显，品牌的资产价值也就越高。

② 品牌美誉度的测量。

相对于品牌的知名度，考察品牌美誉度也应分为公众美誉度、社会美誉度、和行业美誉度三方面的研究。因为行业内部影响因素比较复杂，所以行业美誉度只作为参考，应重点对公众美誉度和社会美誉度进行考察。

（3）品牌忠诚度。

① 品牌忠诚的涵义。

在现实生活中，可以发现一种有趣的购买现象，那就是相当一部分消费者在品牌选择上呈现高度的一致性，即在某一段时间甚至很长时间内重复选择一个或少数几个品牌，很少将其选择范围扩大到其他品牌。这种消费者在一段时间甚至很长时间内重复选择某一品牌，并形成重复购买的倾向，被称为品牌忠诚。

品牌忠诚度是顾客对品牌感情的量度，反映出一个顾客转向另一个品牌的可能程度，是企业重要的竞争优势。

② 品牌忠诚度的层级。

与品牌知名度相类似，按品牌忠诚度也可以把消费者分为几个层级，它们分别是无忠诚度者、习惯购买者、满意购买者、情感购买者和忠诚购买者。从品牌经营的角度一般考虑后四个群体。它们也呈一个金字塔形。

无忠诚度者：是指那些从不专注于一个品牌的购买者，他们对品牌不敏感，基本上是随机性购买。

习惯购买者：它是指那些对产品满意或起码没有表示不满的买主。他们习惯性地购买某些品牌，但易受带来明显利益的竞争者的影响，转换品牌的可能性较大。

满意购买者：这类买主对产品感到满意，能感觉到品牌转换成本，也就是说购买另一个新品牌，会感到有时间、金钱、适应等方面的成本与风险，与习惯购买者相比，他们转换品牌的可能性要小一些。

情感购买者：这类买主真正喜欢某一品牌，他们把品牌当做自己的朋友、生活中不可缺少的用品，对品牌发出由衷的赞美，对它具有一种情感的依附。这种联系建立在买主对品牌识别、使用经历或品牌的品质认知等联想的基础上。

忠诚购买者：这类买主不仅持续、重复购买特定品牌，而且还引以为傲，会向其他人积极推荐此品牌。拥有相当数量的忠诚购买者的品牌被誉为最有魅力的品牌。

在实际购买中，这五种层级并不总以单纯的形式出现，也有其他的复合形式。研究发现，“品牌忠诚度”包含消费者对品牌的两个重要态度：“满意”和“赞美”。消费者对品牌评价所持的满意和赞美程度，可以用“品牌美誉度”来描述。在 1997 年 1 月第三次博赛尔-盖洛普世界产品全球民意测验中，中国产品的美誉度名列第九，美誉度为 8.2%，与排在第一位的日本产品（美誉度为 41.2%）差距很大。

③ 品牌忠诚的资产价值。

研究发现，吸引一个新消费者的花费是保持一个已有的消费者的 4～6 倍，从品牌忠诚者身上获得的利润是品牌非忠诚者的 9 倍之多。美国通用汽车公司曾经算过这样一笔账：每一位美国青年只需推开其经销商的大门，他将在一生中为通用公司带来大约 230 万美元的买卖，这其中包括他购买的车、他妻子购买的车和他的孩子们购买的车。公司与这位购车者培养长久的关系要比去征服一位新的信徒节省 5 倍的开支。

品牌忠诚度是一项战略性资产，如果对它进行恰当的经营开发，那么它就会给企业创造多项价值：降低营销成本、增强通路谈判力、吸引新顾客、减缓竞争威胁。品牌忠诚还为企业争取到了对竞争作出反应的时间，或者说是喘息的余地。如果竞争者开发了一种卓越的产品，就会逼迫企业对产品进行改进，而品牌忠诚的存在就给企业争取到了对产品进行改良的缓冲时间，以开发出更卓越的产品对抗竞争者。

④ 品牌忠诚度的测量。

消费者对某品牌的忠诚度，可用顾客重复购买次数、顾客购买挑选时间等来进行测量。在利用顾客挑选时间测定品牌忠诚度时，也要考虑产品的属性。不同属性的产品在消费者心目中的地位是不同的。例如，盐、火柴、味精、手套、袜子等产品，消费者几乎对品牌不介意，而化妆品、酒、烟、计算机、汽车等产品的品牌在消费者购买决策时，起着举足轻重的作用。

（4）品牌联想。

① 品牌联想的涵义。

品牌联想就是消费者想到某一品牌时能记起的与品牌相连的信息。比如产品特点、使用场合、品牌个性等。

品牌联想（或品牌联系）大致可分为以下三种层次：

品牌属性联想：品牌属性联想是指对于产品或服务特色的联想，比如消费者所认为产品和服务是什么。根据与产品或服务的关联程度，我们可把属性分为与产品有关的属性和与产品无关的属性。与产品有关的属性联想是指产品的物理组成或服务要求，它决定着产品性能的本质和等级。与产品无关的特性并不直接影响产品性能，但它可能影响购买或消费过程。比如产品颜色、包装、产品的制造厂家或国家，产品出售场所，哪些人认同该品牌。

品牌产品利益联想：品牌利益联想是指消费者感觉认为某一品牌产品或服务属性能给他带来的价值和意义。品牌利益联想又可分为产品功能利益联想，产品象征性的利益联想和产品利益联想。产品功能利益联想：功能利益指是产品或服务固有内在可以提供给消费者的利益，这种利益一般与“产品相关属性”匹配，它是消费者购买该产品最基本的动机，比如购买冰箱，就是为防止食物腐烂，速冻食品。产品象征性的利益联想：象征性的利益是指产品或服务能提供给消费者的相对外在的利益，它一般与“产品无关属性”匹配，尤其是使用者状况。这种象征性的利益满足消费者的社交需要，自尊需要等一些比较高层次需要。经验利益联想（Experiential benefits）经验利益是指消费者消费产品或服务后的感受，它既与“产品相关属性”相配，又与“产品无关属性”相配，这些利益能使消费者获得感观愉悦或者某种刺激。

品牌态度：品牌态度是最高层次也是最抽象的品牌联想，品牌态度是指消费者对品牌的总体评价，品牌态度直接影响消费者品牌的选择，它通常建立在品牌属性和品牌利益上，比如说，消费者对旅馆的态度建立在它的位置方便，舒适的房间，外观，设计，服务质量，娱乐设施，食品，安全性，价格上。品牌态度有一定的幅度，从厌恶到喜欢就有几个层次。值得一提的是，品牌态度是难以改变的。

② 品牌联想的资产价值。

品牌联想具有丰富的价值。美好、积极的品牌联想意味着品牌的被接受、认可、喜爱、有竞争力与成功。总体来说，品牌联想的价值包括如下几个方面。

帮助处理信息：品牌联想引发个人传播（Individual Communication，亦即自身传播），消费者在头脑中汇集了大量的信息，这可以帮助消费者总结出一系列的事实情况和数据，好比为消费者创造出一个袖珍信息库。此外，品牌联想还能影响到对具体事实的解释和对信息的回忆。

产生差异化：品牌联想也可以为产品的差异化提供重要的基础。有区别的联想可能会成为关键的竞争优势，它为竞争者制造了一道无法逾越的障碍。品牌名称、定位、广告等沟通手段都可以创造差异化联想。

提供购买理由：许多品牌联想都涉及产品特征，都直接与消费者利益有关，从而能提供一个特别的理由促使消费者购买或使用这一品牌。一些联想通过在品牌中表现出信誉和自信而影响消费者的购买决策。

成为品牌延伸基础：品牌所具有的联想可以用于其他产品上，因为它们可以共享同一种联想。比如，本田公司在小型发动机制造方面颇具经验，这种联想有利于它从摩托车生产延伸到摩托艇等产品上。

第三节 品牌策略

一、品牌化决策

1. 品牌化决策的概念

商业品牌化的发展非常迅速。时至今日，已经很少有产品不使用品牌了。所谓品牌，也就是产品的牌子。它是企业给自己的产品规定的商业名称，通常由文字、标记、符号、图案和颜色等要素或这些要素的组合构成，用作一个企业和企业集团的标志，以便同竞争者的产 品相区别。 品牌化决策是指公司是否一定要给产品加注品牌名称的决策。

2. 品牌的作用

品牌意味着市场定位，意味着产品质量、性能、技术、装备和服务等等的价值，它最终体现了企业的经营理念。品牌是有灵魂、有个性、有环境特征的，是活生生的，最后，品牌是无国籍的。耐克卖的是“牌子”而不仅是“鞋子”，不论在哪里生产，消费者的感受都是一样的。

使用品牌对企业有如下好处：有利于订单处理和对产品的跟踪；保护产品的某些独特特征被竞争者模仿；为吸引忠诚顾客提供了机会；有助于市场细分；有助于树立产品和企业形象。

二、品牌使用者决策

企业决定使用本企业（制造商）的品牌，还是使用经销商的品牌，或两种品牌同时兼用，叫做品牌使用者决策。

一般情况下，品牌是制造商的产品标记，制造商决定产品的设计、质量、特色等。享有盛誉的制造商还将其商标租借给其他中小制造商，收取一定的特许使用费。近年来，经销商的品牌日益增多。西方国家许多享有盛誉的百货公司、超级市场、服装商店等都使用自己的品牌，有些著名商家（如美国的沃尔玛）经销的90%商品都用自己的品牌。同时强有力的批发商中也有许多使用自己的品牌，增强对价格、供货时间等方面的控制能力。

当前，经销商品牌已经成为品牌竞争的重要因素。但使用经销商品牌对于经销商会带来一些问题。经销商需大量订货，占用大量资金，承担的风险较大；同时经销商为扩大自身品牌的声誉，需要大力宣传其品牌，经营成本提高。经销商使用自身品牌也会带来诸多利益，比如因进货数量较大则其进货成本较低，因而销售价格较低，竞争力较强，可以得到较高的利润。同时经销商可以较好地控制价格，可以在某种程度上控制其他中间商。

在现代市场经济条件下，制造商品牌和经销商品牌之间经常展开激烈的竞争，也就是所谓品牌战。一般来说，制造商品牌和经销商品牌之间的竞争，本质上是制造商与经销商之间实力的较量。在制造商具有良好的市场声誉，拥有较大市场份额的条件下，应多使用制造商品牌，无力经营自己品牌的经销商只能接受制造商品牌。相反，当经销商品牌在某一市场领域中拥有良好的品牌信誉及庞大的、完善的销售体系时，利用经销商品牌也是有利的。因此进行品牌使用者决策时，要结合具体情况，充分考虑制造商与经销商的实力对比，以求客观地作出决策。

三、品牌名称决策

企业决定所有的产品使用一个或几个品牌，还是不同产品分别使用不同的品牌，这就是品牌名称决策。在这个问题上，可以大致有以下四种决策模式：

个别品牌名称：即企业规定每个产品使用不同的品牌。采用个别品牌名称，为每种产品寻求不同的市场定位，有利于增加销售额和对抗竞争对手，还可以分散风险，使企业的整个声誉不致因某种产品表现不佳而受到影响。如“宝洁”公司的洗衣粉使用了“汰渍”、“碧浪”；肥皂使用了“舒肤佳”；牙膏使用了“佳洁士”。

对所有产品使用共同的家族品牌名称：即企业的所有产品都使用同一种品牌。对于那些享有高声誉的著名企业，全部产品采用统一品牌名称策略可以充分利用其名牌效应，使企业所有产品畅销。同时企业宣传介绍新产品的费用开支也相对较低，有利于新产品进入市场。如美国通用电气公司的所有产品都用GE作为品牌名称。

各大类产品使用不同的家族品牌名称：企业使用这种策略，一般是为了区分不同大类的产品，一个产品大类下的产品再使用共同的家族品牌，以便在不同大类产品领域中树立各自的品牌形象。例如史威夫特公司生产的一个产品大类是火腿，还有一个大类是化肥，就分别取名为“普利姆”和“肥高洛”。

个别品牌名称与企业名称并用：即企业决定其不同类别的产品分别采取不同的品牌名称，且在品牌名称之前都加上企业的名称。企业多把此种策略用于新产品的开发。在新产品的品牌名称上加上企业名称，可以使新产品享受企业的声誉，而采用不同的品牌名称，又可使各种新产品显示出不同的特色。例如海尔集团就推出了“探路者”彩电，“大力神”冷柜，“大王子”、“小王子”和“小小神童”洗衣机。

四、品牌战略决策

品牌战略决策有以下 4 种：

产品线扩展策略：产品线扩展指企业现有的产品线使用同一品牌，当增加该产品线的产品时，仍沿用原有的品牌。这种新产品往往都是现有产品的局部改进，如增加新的功能、包装、式样和风格等等。通常厂家会在这些商品的包装上标明不同的规格，不同的功能特色或不同的使用者。

多品牌策略：在相同产品类别中引进多个品牌的策略称为多品牌策略。一个企业建立品牌组合，实施多品牌战略，往往也是基于减少风险增加赢利机会的考虑，并且这种品牌组合的各个品牌形象相互之间是既有差别又有联系的，不是大杂烩，组合的概念蕴含着整体大于个别的意义。

采取多品牌策略是培植市场的需要，多个品牌使企业有机会最大限度地覆盖市场，可以突出和保护核心品牌，多品牌策略还有助于企业培植、覆盖市场，降低营销成本，限制竞争对手和有力地回应零售商的挑战。但采取多品牌策略同时也存在诸多局限性：① 随着新品牌的引入，其净市场贡献率将成一种边际递减的趋势；② 品牌推广成本较大。

新品牌策略：为新产品设计新品牌的策略称为新品牌策略。当企业在新产品类别中推出一个产品时，它可能发现原有的品牌名不适合于它，或是对新产品来说有更好更合适的品牌名称，企业需要设计新品牌。例如，春兰集团以生产空调著名，当它决定开发摩托车时，采用春兰这个女性化的名称就不太合适，于是采用了新的品牌“春兰豹”。又如，原来生产保健品的养生堂开发饮用水时，使用了更好的品牌名称“农夫山泉”。

合作品牌策略：合作品牌（也称为双重品牌）是两个或更多的品牌在一个产品上联合起来。每个品牌都期望另一个品牌能强化整体的形象或购买意愿。

合作品牌的形式有多种。一种是中间产品合作品牌，如富豪汽车公司的广告说，它使用米其林轮胎。另一种形式是同一企业合作品牌，如摩托罗拉公司的一款手机使用的是“摩托罗拉掌中宝”，掌中宝也是公司注册的一个商标。还有一种形式是合资合作品牌，如日立的一种灯泡使用“日立”和“GE”联合品牌。

五、品牌再定位决策

也许一种品牌在市场上最初的定位是适宜的、成功的，但是到后来企业可能不得不对之重新定位。原因是多方面的，如竞争者可能继企业品牌之后推出他的品牌，并削减企业的市场份额；顾客偏好也会转移，使对企业品牌的需求减少；或者公司决定进入新的细分市场。

在作出品牌再定位决策时，首先应考虑将品牌转移到另一个细分市场所需要的成本，包括产品品质改变费、包装费和广告费。一般来说，再定位的跨度越大，所需成本越高。其次，要考虑品牌定位于新位置后可能产生的收益。收益大小是由以下因素决定的：某一目标市场的消费者人数；消费者的平均购买率；在同一细分市场竞争者的数量和实力，以及在该细分市场中为品牌再定位要付出的代价。

“七喜”品牌的重新定位是一个成功的典型范例。七喜牌饮料是许多软饮料中的一种，调查结果表明，主要购买者是老年人，他们对饮料的要求是刺激性小和有柠檬味。七喜公司使了一个高招，进行了一次出色的活动，标榜自己是生产非可乐饮料的，从而获得了非可乐饮料市场的领先地位。

六、品牌延伸策略

1. 品牌延伸的概念

品牌延伸，是指一个现有的品牌名称使用到一个新类别的产品上。即品牌延伸策略是将现有成功的品牌，用于新产品或修正过的产品上的一种策略。

品牌延伸并非只借用表面上的品牌名称，而是对整个品牌资产的策略性使用。随着全球经济一体化进程的加速，市场竞争愈加激烈，厂商之间的同类产品在性能、质量、价格等方面强调差异化变得越来越困难。厂商的有形营销威力大大减弱，品牌资源的独占性使得品牌成为厂商之间竞争力较量的一个重要筹码。于是，使用新品牌或延伸旧品牌成了企业推出新产品时必须面对的品牌决策。品牌延伸是实现品牌无形资产转移、发展的有效途径。品牌也受生命周期的约束，存在导入期、成长期、成熟期和衰退期。品牌作为无形资产是企业的战略性资源，如何充分发挥企业的品牌资源潜能并延续其生命周期便成为企业的一项重大的战略决策。品牌延伸一方面在新产品上实现了品牌资产的转移，另一方面又以新产品形象延续了品牌寿命，因而成为企业的现实选择。

2. 品牌延伸的决策步骤

品牌延伸决策步骤是结合品牌延伸决策原则的考虑，着重于对已有品牌资产的调查、新产品合适性作系统分析的过程。

① 品牌资产调查阶段。

这个阶段的任务是探测存在于公众头脑中与品牌有关的所有联想。这个阶段推测哪些产品能够符合品牌意义。我们要得到的认识包括品牌的属性、个性、意图、内心、承诺和隐藏的潜力分别是什么。可借助于定量（确定品牌和品牌形象的普及程度）和定性的方法进行研究。定性研究是建设性的，我们在脑海中推测品牌改变了产品的类别，并寻求期望的产品能适合这个品牌的条件。一旦这个结论得出，那么就可以把目光转向市场。接着进入第二个阶段。

② 测试新产品的构想。

测试新产品的构想不但要识别适合品牌延伸的相关产品，确定延伸是否与品牌保持一致，而且也要确定产品是否被认为是超越它的竞争对手，即延伸是否创造了一种市场欲望。例如麦当劳这个快餐品牌，如果要进入摄影领域，并非特别不现实。譬如，把主题放置于麦当劳超越汉堡包本身的对家庭关系的洞察力上，其表现就是在环境中设置主题活动区域。

通过以上阶段的研究，即可以对品牌延伸划分出几个区域：内部核心域/产品线延伸，外部核心域/自然联想，延伸域/隐在潜力，禁区/威胁品牌资产。它们由内到外构成四个同心圆的关系。这对企业的品牌延伸战略具有长期的指导作用。

最后，值是提出的是，品牌延伸决策不能单独依靠以上两个步骤的决策。因为品牌延伸是战略决策的结果，还要结合生产、营销、财务和人力资源等因素作综合考虑。品牌延伸通常也涉及某种风险，没有一种研究能够精确地预测品牌延伸在一段时间里的效果。因此，企业实施品牌延伸战略，一定要着眼于长远利益。不管怎样，拥有品牌情况的完整认识对于品牌延伸决策来讲总是必要的。

七、品牌的更新

1. 品牌更新的意义

品牌更新是指随着企业经营环境的变化和消费者需求的变化，品牌的内涵和表现形式也要不断变化发展，以适应社会经济发展的需要。

品牌更新是社会经济发展的必然。只要社会经济环境在发展变化，人们需求特征在趋向多样化，社会时尚在变，就不会存在一劳永逸的品牌，只有不断设计出符合时代需求的品牌，品牌才有生命力。

品牌创新是品牌自我发展的必然要求，是克服品牌老化的唯一途径。由于内部和外部原因，企业品牌在市场竞争中的知名度、美誉度下降，以及销量、市场占有率降低等的品牌失落的现象，称为品牌老化。现代社会，技术进步愈来愈快，一些行业内，产品生命周期也越来越短，同时社会消费意识、消费观念的变化频率也逐渐加快，这都会影响到产品的市场寿命。如英雄牌打字机，曾以电子式英文打字机盛销一时，但后来随个人电脑技术及多任务系统的推出，机械式及电子式英文打字机由于缺乏通信端口而被市场淘汰，该品牌也就因此而被 IBM 等电脑公司的品牌所取代。

2. 品牌更新策略

（1）形象更新。

形象更新，顾名思义，就是品牌不断创新形象，适应消费者心理的变化，从而在消费者心目中形成新的印象的过程。有以下几种情况：第一，消费观念变化导致企业积极调整品牌战略，塑造新形象。如随着人们环保意识的增强，消费者已开始把无公害消费作为选择商品、选择不同品牌的标准，企业这时即可采用避实击虚的方法，重新塑造产品形象，避免涉及环保内容或采用迎头而上的策略，更新品牌形象为环保形象。第二，档次调整。企业要开发新市场，就需要为新市场而塑造新形象。如日本小汽车在美国市场的形象，就经历了由小巧、省油、耗能低、价廉的形象到高科技概念车形象的转变，给品牌的成长注入了新的生命力。

（2）定位的修正。

从企业的角度，不存在一劳永逸的品牌，从时代发展的角度，要求品牌的内涵和形式不断变化。品牌从某种意义上就是从商业、经济和社会文化的角度对这种变化的认识和把握。所以，企业在建立品牌之后，会因竞争形势而修正自己的目标市场，有时也会因时代特征、社会文化的变化而引起修正定位。

第一，竞争环境使得企业避实就虚，扬长避短，修正定位。

美国著名非可乐饮料品牌“七喜”，在进入软饮料市场后研究发现，其饮料总是和保守型的人结合在一起，而那些思想新潮者总是渴望能够找到象征自己狂放不羁思想的标志物，于是该饮料即开始以新形象新包装上市，并专门鼓励思想新潮者组织各种活动。避实就虚的战略使得七喜获得了成功，这是在面对两大可乐公司的紧逼下寻找到的市场空隙，品牌的新市场定位给他们带来了生机。

第二，时代变化而引起修正定位。

例如英国创立于 1908 年的李库柏（LEE COOPER）牛仔裤是世界上著名的服装品牌之一，也是欧洲领先的牛仔裤生产商，近百年来，他的品牌形象在不断地变化：40 年代 ——自由无拘束；50 年代 ——叛逆；60 年代 ——轻松时髦；70 年代 ——豪放粗犷；80 年代 ——新浪潮下的标新立异；90 年代 ——返璞归真。

（3）产品更新换代。

在现代社会，科学技术作为第一生产力，第一竞争要素，也是品牌竞争的实力基础。企业的品牌想要在竞争中处于不败之地，就必须保持技术创新，不断地进行产品的更新换代。有这么一个例子：香雪海冰箱的合作厂家曾经错误地估计中国技术水平及市场消费能力，误认为中国无氟制剂技术近几年之内不会获得成功并投入使用。但中国很快便研制出了无氟环保冰箱并批量上市，此时，他们却仍守着旧冰箱生产线的投资，眼望着人家先行一步并占尽商机而懊悔不已。在我国有诸多外国知名品牌，比如“汰渍”洗衣粉已推出多代新产品，其技术水平呈升高趋势，这也是为什么众多消费者偏爱该品牌的缘故。

（4）管理创新。

“管理创新是企业生存与发展的灵魂”。企业与品牌是紧密结合在一起的，企业的兴盛发展必将推动品牌的成长与成熟。品牌的维系，从根本上说是企业管理的一项重要内容。管理创新是指从企业生存的核心内容来指导品牌的维系与培养，它含有多项内容，诸如与品牌有关的观念创新、技术创新、制度创新、管理过程创新等。上的纽带较弱，因此对品牌资产经营与发展的控制力也较弱。

第四节　产品包装策略

一、包装的含义

进入市场的许多产品必须包装。包装既可以起到较小的作用（如对不昂贵的五金商品人又可以起到重要的作用（如对化妆品）。有一些包装是闻名于世的：如“可口可乐”的瓶子，“雷格”女用连裤袜，蛋形容器，许多营销人员把包装化（Packaging）称为第五个 P，前面四个 P 分别为价格（Price），产品（Product），地点（place）和促销（promotion）。

我们将包装化定义为：包装化是指设计并生产容器或包扎物一系列活动。这种容器或包扎物被称为包装（package）。包装可以包括多达三个层次的含义。第一层次的包装是指最接近产品的容器。例如，装有“修面后除香洗净液”的瓶子是最接近产品的包装。第二层次的包装是指保护第一层次包装的材料，当产品使用时，它即被丢弃。用来包装瓶装的“修面后洗净液”的硬纸板盒就属于第二层次的包装，它为产品提供了进一步的保护和促销机会。输包装是指产品储存、辨认和运输时所必需的包装。如装有六打“修面后陈香洗净液”的波纹盒就是运输包装。此外，标签化亦是包装化的一个组成部分，它是由表明该产品的印制好的信息所构成，出现在包装物上面或和包装物合为一体。

二、包装的意义

目前，包装已成为强有力的营销手段。设计良好的包装能为消费者创造方便价值，为生产者创造促销价值。多种多样的因素会促进包装化作为一种营销手段在应用方面的进一步发展。由于越来越多的产品在超级市场上和折扣商店里以自助的形式出售。现在，包装必须执行许多推销任务。包装具有多方面的意义：保护商品，便于储运；包装能吸引注意力，说明产品的特色，给消费者以信心，形成一个有利的总体印象；包装还能提供创新的机会。

三、包装化概念与产品包装原则

1. 包装化的概念

为新产品制定有效的包装，首先要建立包装化概念。包装化概念的定义是，规定包装基本上应为何物，或为一个特定产品起什么作用。包装的主要作用应为优质产品提供保护，引进一个新颖的使用方式，提示产品或公司的某种质量，或者是其他某些作用。

通用食品公司开发了一种新颖的狗食品，其形状像小肉馅饼。管理当局决定要最大限度使人们看到这些个馅饼所具有的独特的和可口的外表。可见性是作为包装化的基本构思加以规定的，管理当局就是据此考虑了若干包装物方案。该公司最后选定在盘子上覆盖一层透明薄膜的包装方式。此外，还必须为包装设计的其他要素作出决策，如包装物的大小、形状、材料、色彩，文字说明，以及品牌标记。

2. 产品包装原则

适用原则：包装的主要目的是保护商品。因此，首先要根据产品的不同性质和特点，合理地选用包装材料和包装技术，确保产品不损坏、不变质、不变形等，尽量使用符合环保标准的包装材料；其次要合理设计包装，便于运输等。

美观原则：销售包装具有美化商品的作用，因此在设计上要求外形新颖、大方、美观，具有较强的艺术性。

经济原则：在符合营销策略的前提下，应尽量降低包装成本。

四、产品包装策略

类似包装策略：企业对其生产的产品采用相同的图案、近似的色彩、相同的包装材料和相同的造型进行包装，便于顾客识别出本企业产品。对于忠实于本企业的顾客，类似包装无疑具有促销的作用，企业还可因此而节省包装的设计、制作费用。但类似包装策略只能适宜于质量相同的产品，对于品种差异大、质量水平悬殊的产品则不宜采用。

配套包装策略：按各国消费者的消费习惯，讲数种有关联的产品配套包装在一起成套供应，便于消费者购买、使用、和携带，同时还可扩大产品的销售。在配套产品中如加紧某种新产品，可使消费者不知不觉地习惯使用新产品，有利于新产品上市和普及。

再使用包装：指包装内的产品使用完后，包装物还有其他的用途。如各种形状的香水瓶可作装饰物，精美的食品盒也可被再利用等。这种包装策略可使消费者感到一物多用而引起其购买欲望，而且包装物的重复使用也起到了对产品的广告宣传作用。大饼谨慎使用该策略，避免因成本加大引起商品价格过高而影响产品的销售。

附赠包装策略：记载商品包装物重附赠奖券或实物，或包装本身可以换取礼品，吸引顾客的惠顾效应，导致重复购买。我国出口的“芭蕾珍珠膏”，每个包装盒附赠珍珠别针一枚，顾客购至 50 颗就可以串连成一条美丽的珍珠项链，这使珍珠膏在国际市场十分畅销。

改变包装策略：即改变和放弃原有的产品包装，改用新的包装。由于包装技术、包装材料的不断更新，消费者的偏好不断变化，采用新的包装以弥补原包装的不足，企业在改变包装的同时必须配合好宣传工作，以消除消费者以为产品质量下降或其他的误解。

复习与思考题

1. 高价值的品牌资产给企业带来哪些竞争优势？
2. 如何理解品牌概念？品牌与商标有何区别？如何进行品牌决策？
3. 包装在营销中有何作用？如何进行包装决策？
4. 分析“可口可乐”之所以成为知名的商标的原因，其包装设计有什么特点？
5. 某公司要生产一种高档调味盐，请你为高档调味盐设计品牌和包装。

第七章　新产品开发策略

学习目的和要求

1. 明确新产品的涵义与内容；
2. 领会和理解新产品构思方法；
3. 掌握新产品概念的形成与测试。

第一节　新产品概述

一、新产品的涵义

按产品研究开发过程，新产品可分为全新产品、模仿型新产品、改进型新产品、形成系列型新产品、降低成本型新产品和重新定位型新产品。

全新产品：是指应用新原理、新技术、新材料，具有新结构、新功能的产品。该新产品在全世界首先开发，能开创全新的市场。如电灯、计算机、电视机等产品最初上市时都属全新产品。

改进型新产品：是指在原有老产品的基础上进行改进，使产品在结构、功能、品质、花色、款式及包装上具有新的特点和新的突破。这种新产品与老产品十分接近，有利于消费者迅速接受，开发也不需要大量的资金，失败的可能性相对要小。

模仿型新产品：企业对国内外市场上已有的产品进行模仿生产，称为本企业的新产品。

形成系列型新产品：它是指在原有的产品大类中开发出新的品种、花色、规格等，从而与企业原有产品形成系列，扩大产品的目标市场。如，系列化妆品等，这种新产品与原有产品的差别不大，所需开发投资不大，技术革新程度也不高。

降低成本型新产品：以较低的成本提供同样性能的新产品，主要是指企业利用新科技，改进生产工艺或提高生产效率，削减原产品的成本，但保持原有功能不变的新产品。

重新定位型新产品：指企业的老产品进入新的市场而被称为该市场的新产品

二、开发新产品的意义

当今时代，唯一不变的事情就是变化，创新已成为时代发展的主旋律，大多数企业销售收入的三分之一强来自新产品及新服务。对企业而言，开发新产品具有重要的战略意义，它是企业生存和发展的重要支柱。具体来看，新产品的开发对企业的重要性主要体现在以下方面：开发新产品有利于促进企业成长；可以维护企业的竞争优势和竞争地位；有利于充分利用企业的生产和经营能力；有利于企业更好地适应环境的变化；有利于加速新技术、新材料、新工艺的传播和应用。

第二节　新产品构思

一、构思的来源

进行新产品构思是新产品开发的首要阶段。构思是创造性思维，即对新产品进行设想或创意的过程。缺乏好的新产品构思已成为许多行业新产品开发的瓶颈。一个好的新产品构思是新产品开发成功关键。企业通常可从企业内部和企业外部寻找新产品构思的来源。

1. 公司内部人员

公司内部人员包括公司的生产部门，技术部门，市场营销部门以及包装，维修等从属于公司内部的部门人员。这些人员与产品的直接接触程度各不相同，但他们总的共同点便是都熟悉公司业务的某一或某几方面。对公司提供的产品较外人有更多的了解与关注，因而往往能针对产品的优缺点提出改进或创新产品的构思。在公司的这些内部人员中，除研究开发部门外，销售人员和高层管理部门的人员是新产品构思极为重要与广泛的来源。

2. 企业外部

顾客：顾客是新产品构思最丰富的来源。顾客在使用企业产品的过程中，直接感受到产品的方便与不便之处，并针对这些不便产生关于产品改进或进行相关产品系列扩展的需求。研究证明，大量工业品的新产品构思起源于用户。许多构思搜索者认为，要找到最理想的产品构思，通过向顾客询问现行产品的问题来获得。来自于顾客的产品构思通常不包括完整的产品概念，只是包含了产品概念的三个主要方面（需求、形式、技术），但也正是这些不完整的构思，成为点燃新产品构思之源的火花。

中间商：不同行业的经纪人、推销员、分销商、批发商及零售商都可能成为新产品设想的较好来源，他们提供的有关新产品构思对企业也常具较高价值。这些中间商熟悉市场需求，清楚现有产品的缺陷，且许多中间商因为已成为消费者直接的产品使用顾问，他们提出的建议也因而具备较高的开发价值。

竞争对手：研究竞争对手的产品，从而改进企业现有的产品，是新产品构思来源的一条重要途径，竞争者的新产品可能是本公司跳跃式或附加型新产品构思的间接来源。企业可以建立正式程序来获取有关竞争对手新产品的情况，这种程序包括在交易中有意识的收集即将上市的新产品的信息及上市后对产品性能与销售情况的分析。

除此之外企业外的研究和发明人员、咨询公司和营销调研公司　营销调研公司也是新产品构思不可缺失的来源

二、新产品构思的方法

1. 属性分析

属性分析是指将企业某种新产品的属性一一列出，然后寻求改进每一种属性的方法，从而改良这种产品。不同类型的属性产生不同的属性分析方法。

多方面分析：所有能够影响产品的销售状况、增加市场需求的产品属性及其附加属性，都可能成为产品创新的构思来源点。例如，新的产品材料、新的产品功能、新的产品用途、新的产品质量、新的制造技术、新的产品外观、新的产品商标、新的产品包装、新的产品形象等等，都可能引起产品特征及其市场变化，这种属性的简单罗列往往是激发新产品开发人员创造性思

想的火花来源，它对于企业进行年终产品系列审查尤为有效。

功能分析：产品功能是一种重要的产品要素，不同的产品具有不同的产品功能或用途，一种产品的功能和用途，就是这种产品的使用价值，它是决定产品市场需求量的关键因素之一。因此，在进行新产品构思时，只要能够使一种产品具有新的功能或用途，或作用一种产品功能的完好度不同（如电视机有黑白与彩色、普通与高清晰度之分）或使同一种产品用途范围的宽窄不同（如载货吨位不同的货车及载客人数不同的客车等），就意味着实现了产品创新。

实现产品功能创新的方式有三种：增加现有产品功能；减少现有产品功能；改变现有产品功能的市场定位（如将视为交通工具的自行车的功能定义为竞赛、娱乐）。

功效分析：功效与功能是相区别的，如骑行、降速、拐弯等是自行车的功能，而运输、娱乐、锻炼、刺激性等则为自行车的功效。在功效分析时，消费者或用户把被研究产品的所有功效罗列出来，希望能从中发现尚未意识到的功效和未预计的功效缺损。功效分析的方法常具有较强的建设性，特别有利于新产品开发人员更深入地把握到产品在日常生活中的功效。

差异分析：差异分析研究的是各种产品的属性带给消费者的不同感受，进行这种分析能确定各种产品间的差异。

2. 需求分析

（1）需求的类型。

先发明某产品然后寻找需求曾经获得巨大成功，但绝大多数有成就的企业家都是先明确需求，然后用一种系统性的方法去满足需求。市场需求纷繁复杂。变化多端，企业在新产品创意时，需要针对不同的需求开发新产品。

特定需求：指容易描绘，能被大多数人理解并且适用大多数人的需求。如针对大家远距离交流的需求，人类发明了电话，针对大家钻眼的需要发明了钻头等。针对特定需求的产品特征是质量和设计要被原样出售，因而这两点也十分重要，特定需求很可能预先或在开发过程中调查得出，也可能很容易地从外部找到满足需求的办法。

模糊需求：这是一种含而不露的需求，是一种我们知道确有其事却因其变化不定而无法定义或定位的需求，模糊需求极难定义，也很难研究。模糊需求常发生在环境出现难以接受的变化时，决策者已经知道应该避免什么却还不知道想要什么的时候。针对模糊需求的产品的质量和设计要被原样出售，但这两点却难于事先调查得知。因此发明满足模糊需求的产品在很大程度上依赖灵感和直觉，并且要让顾客在上市阶段积极试用产品。

定制需求：定制需求是一种很直接的需求，其主体为个别的组织或个人，定制需求的满足要求按顾客的愿望增加或删除某些产品性能从改进整体产品的概念。针对定制需求而开发的新产品在诞生伊始就要由专业售货员为每个用户或每个用户群提供个别服务。定制需求的特点是一般只需增减产品的某些性能而不必对核心产品作出很大改动。

变动需求：消费者的需求随时会同为某种或某些主、客观因素的改变而发生变动，这就是变动需求，要满足不断发展变化的需求的确困难重重，针对变动需求开发的产品作为概念必须有价值，有无形资产收益，并要求敬业的专业人员为每个用户或每个用户群提供个别服务。

（2）针对需求而进行的新产品构思。

① 组成表。新产品开发者需要设法把某一类产品能够满足的需求全部列出来，但在罗列这些需求时他们常常会发现许多以前所未知的需求。组成表就是一张包含了产品满足需求所有方式的表格，它能使我们看到现有产品的各种变动是如何更有效地满足这些需求的。

② 需求分析。组成表中所获得的用户需求往往是千差万别的，为此，新产品构思需要对

这些需求进行相应的核查与分析。这一工作可以采用“需求分析核查表”的形式进行。

（3）激发以需求为基础的产品创意。

一个已经界定了目标需求并希望加速开发新产品的创新小组可以到公司外部寻找解决问题的方法，也可以在创新小组内部获得新的产品创意。小组成员可就问题清单中的一个或两个方案表决并在此基础上采用逆转创新技巧获得新产品创意。

逆转需求构思技巧的特点是从需求的对立面去进行新产品构思。例如，观察到的需求为：日光浴者需要一种有效的便捷式挡风用具。这一需求的第一个反面是日光浴者不需要向身上吹冷风的产品。这一反面设想给我们指明了新产品开发中要避免的事宜。但若从第二个反面向这一假设挑战，则可以作出日光浴者可能喜欢产生微风的机器这一推断。采用逆转的构思技巧，新产品设想很容易获得，同时，我们还可以用类比方法来延伸这一技巧。我们可以提问：这个问题与什么相似？类似问题在其他环境中是如何解决的？即使类比并不直接，它也能给创新构思增加价值，并且，在另一种模式中重新构建问题的框架往往能带来实现突破的灵感。

三、构思筛选

1. 筛选的目的

新产品构思筛选是运用一系列评价标准，对各种构思进行比较判断，从中找出最有成功希望的构思的一种“过滤“工程。进行构思筛选有以下目的：① 权衡各创新项目的费用、潜在效益与风险，尽早发现和放弃不良构思，找出可能成功的构思；② 筛选的过程有助于对原有构思作出修改与完善；③ 筛选可促进跨职能的联系与交流。对不同构思进行评分时，评分者往往需要讲叙自已判分的理由，这是吸取他人经验并增长才干的大好机会。

2. 筛选的原则

可行性原则：这是新产品构思必须满足的标准，它包括技术上的可行性、经济上的可行性与政策法规上的可行性。以上三条中任何一条得不到满足都必须舍弃该构思。

效益性原则：这需要市场调研部门来协助进行分析。根据市场调研的结果，对市场潜力、回报周期、赢利幅度等作出判断。新产品构思方案能被采用的根本原因在于它能使企业获得效益。

适应性原则：新产品开发工作必须与公司现有的研究开发力量、生产力量、销售力量，以及顾客需求相适应，与公司长期目标一致，这种适应性是新产品构思能顺利实施的保障。

为满足三个关键性的原则，企业需要建立一套新产品开发必须满足的最低标准，如，新产品能产生独一无二的利润；解决现有产品未能解决的问题；开辟一个巨大且不断增长的市场；具有长期的潜力；赢利幅度较大；可因此而摆脱竞争的影响，或不存在有优势的竞争对手等。

3. 筛选工作程序

① 筛选小组的成立。

企业通常需要设立或临时成立新产品构思筛选小组。小组成员需要涉及财务、技术、生产、销售和营销等方面的专家与代表，在筛选人员的选配上，不仅要考虑他们各自代表的职能和部门，还须考虑筛选人员的评分能力和性格特征，筛选人员之间要做到性格互补。有些企业在考察评价人员的评分能力时，首先对评分人员进行筛选，即将所有应选人员的评分进行平均，去掉那些评分过低的人员。除非是小型企业，企业的高层领导者及提出构思的人员最好避免参与构思筛选，以免他们的发言左右其他人的思想。评分人员的选择须谨慎，这将直接关系到新产品开发的成败。

② 经验筛选。

亦称粗筛，由筛选人员根据自己的经验来判断构思与企业经营目标、生产技术、财务能力、销售能力是否相适应，把明显不适应的构思剔除而将较接近者留下以作进一步筛选。

③ 评分筛选。

亦称精筛。指利用评分模型对粗筛留下的构思进行评分筛选。评分模型筛选具有各种评分模式，但无论何种类型的评分模型都包括四个基本要素：评分因素、评分等级、权重及评分人员。评分因素是指影响新产品开发成功的各主要因素。如，企业的研究能力、财务能力、生产能力、营销能力、原材料的采购能力、市场潜力、竞争状况、公司形象等。评分等级即对各评价因素的进行量化。筛选人员依据评分模式对各构思加权计分，再依据其分值选出下一步开发的对象。

第三节 新产品概念的形成与测试

一、新产品概念形成过程

1. 新产品概念

新产品概念是企业从消费者的角度对产品构思进行的详尽描述。即将新产品构思具体化，描述出产品的性能、具体用途、形状、优点、外形、价格、名称、提供给消费者的利益等，让消费者能一目了然地识别出新产品的特征。因为消费者不是购买新产品构思，而是购买新产品概念。

2. 新产品概念的形成

新产品概念形成的过程亦即把粗略的产品构思转化为详细的产品概念。该过程的首要步骤是搜集辅助信息，以获得有关市场特征、竞争状况等的更多信息；进行专利搜索以找出潜在的竞争对手；通过与行业专家及潜在顾客的谈话来评估对新产品构思的态度。其次，从愿意合作且产品使用经验丰富的主要顾客那获得有关新产品概念的建议，这些顾客不一定具有代表性，在某些情况下，仅有少数样本的定性分析就可以开发出新产品概念。有些情况下则需要进行大样本调查才能开发出新产品概念。如，通用汽车公司在开发Aurors时，项目小组在进行最早设计之前采取抽样调查对全国4 200名顾客进行了访问，才确定了产品概念。

任何一种产品构思都可转化为几种产品概念。新产品概念的形成来源于针对新产品构思提出问题的回答，一般通过对以下三个问题的回答，可形成不同的新产品概念。即，谁使用该产品？该产品提供的主要利益是什么？该产品适用于什么场合？

扩展阅读

净化空气产品的概念构思

净化空气的产品首先要考虑的是企业希望为谁提供净化空气的产品，即目标消费者是谁？大凡空气浑浊的地方都可使用这种产品，是针对家庭使用，还是提供给诸如商场、娱乐场所、医院等大型公共场使用，或者专门用于各种交通工具（火车、汽车、轮船、飞机）内部的空气净化。其次，净化空气的产品能提供的主要利益是什么？促使室内外空气循环？制造新鲜空气？杀菌？增加氧气？减少二氧化碳？吸收灰尘？根据对这些问题回答的组合，可得到以下几个新产品概念：

概念1：一种家庭空气净化器，为家庭室内保持清新的空气而准备。

概念2：一种专门为保持火车、汽车、轮船及飞机内空气新鲜的空气净化器。

概念3：一种供大型公共场所使用的中央空气净化器。

概念4：专供医院使用的空气净化器，主要功能在于杀菌。
以家庭空气净化器这一概念为例还可以进一步展开分析。
根据baidu《新产品概念的形成》改编

二、新产品概念的测试

新产品概念一旦形成，就必须在一大群消费者中进行新产品概念测试，这群人应该代表未来新产品的目标市场。新产品概念的测试主要是了解消费者对新产品概念的反应，受测试者是消费者，而不是新产品开发团队的人员。进行概念测试的目的在于：能从多个新产品概念中选出最有希望成功的新产品概念，以减少新产品失败的可能性；对新产品的市场前景有一个初步认识，为新产品的市场预测奠定基础；找出对这一新产品概念感兴趣的消费者，针对目标消费者的具体特点进行改进；为下一步的新产品开发工作指明方向。

1．新产品概念测试的内容

测试的内容一般包括：新产品概念的可传播性和可信度；潜在消费者对新产品概念的需求水平；新产品概念与现有产品的差距水平；潜在消费者对新产品概念的认知价值；潜在消费者购买意愿；用户目标、购买场合和购买频率的测试。

2．新产品概念测试的方法

新产品概念的测试越可靠，对下一步新产品开发的指导意义越大。新产品概念测试结果的可靠性在很大程度上取决于测试方法的科学性。新产品概念测试方法，绝大多数都是各种形式的定量分析和集中讨论。

① 单个新产品概念测试。向消费者口头或书面介绍新产品概念。这种方法主要对某一种新产品概念进行测试，以观察消费者的反应。采用调查问卷的方法

② 组合分析测试。通常对一个概念的不同版本，可能包括竞争对手的产品或针对同一需要的多个不同的产品概念，在同一概念测试中进行，因为，消费者在比较不同的产品概念时，往往能提供更有用的信息。组合分析测试便是用于测试某一产品构思下的多个不同产品概念。

汽车新产品概念的测试

对汽车新产品概念的测试，研究人员在计算机上使用某种软件来设计出像真实的汽车那样被驾驶的模拟汽车，通过操纵特定的控制，受试者可以接近模拟汽车，打开车门，坐上车，发动引擎，听到发动机的声音，体验驾驶的感觉。公司可在模拟陈列室中展示模拟汽车，模拟销售人员以一定的方式和语言接近顾客，以使测试过程更加生动逼真。测试过程完成后研究人员可向受测试者提出系列问题，这种汽车的优缺点，是否打算购买等。

根据baidu《新产品概念的形成》改编

第四节　新产品的实体开发

一、新产品设计

1．新产品设计的要求

新产品设计是应用相关的专业技术理论，将拟开发的新产品概念具体表达为被生产过程接

受的技术文件和图样的过程。新产品设计是新产品概念到新产品实体的转换器，新产品实体开发的指导书，是新产品实体开发的关键环节。有统计资料表明，新产品质量的好坏，60%～70%取决于产品设计工作，产品制造成本的高低在很大程度上也取决于设计工作。好的新产品设计应达到这样的效果：消费者觉得它体现产品概念中说明的关键属性，在正常使用和正常条件下，该原形安全地执行其功能；该原形能以预计的成本生产出来。对新产品设计的具体要求如下：

可靠性：是指产品能在规定的使用时间内和使用条件下，发挥其功能。可靠性是衡量产品质量的重要指标。产品质量的好坏首先取决于设计质量，因此要求设计人员对影响产品性能的多种因素进行分析，研究产品失败的规律，探索预防产品失败或发生故障的技术和措施。在设计过程中，要重视零部件的可靠性试验，注意原材料、协作件、外购件和成品的一致性。

可行性：要求设计人员进行产品设计时，既要考虑技术上的先进，又要考虑经济上的合理，更主要是考虑满足消费者的需求。力争做到消费者满意、技术可行、成本合理及制造便捷四者的统一。

标准化：在生产制造中实行标准化是企业加快新产品开发步伐，缩短试制周期，提高生产效率的有效途径。在设计中贯彻标准化，就是按图样管理制度进行技术文件的编制和图纸的设计、更改工作。对产品结构的设计尽量多采用标准件、通用件。贯彻标准化可以简化设计，简化产品结构，减少自制零部件的种类，避免设计工作中的重复劳动。

继承性：即把老产品中成熟的、合理的、先进的技术，结构等，充分运用到新产品设计中去。对现有产品进行改进是新产品开发的一个重要组成部分，因此提高产品的继承性，充分运用老产品的合理部分，是加快新产品设计和制造速度的重要途径.

2. 新产品试制的过程

根据新产品设计图纸制造出新产品实体个样，是新产品试制阶段的主要工作。进行新产品试制一方面可以验证新产品设计的可操作性，对设计中不适应生产的部分进行改进和修正。另一方面，可摸索和掌握新产品生产的初步经验，为顺利投入大批量生产创造条件。新产品试制的过程如下：新产品设计图纸的工艺分析与审查→拟定工艺方案→个样试制→编制工艺文件和工艺装备的设计制造→小批量试制。

二、新产品功能测试

新产品个样试制出来后，必须对新产品个样进行产品功能、实用性等方面的测试，审核其是否达到了设计所规定的技术标准，新产品实体是否能满足消费者对产品核心利益的要求。如，一种新型去头屑洗发水是否能真正有效地去头屑。只有对新产品实体个样进行测试，才能确定新产品个样是否合格，能否进入大批量生产。新产品个样测试主要是对新产品个样进行功能测试和市场评价。

1. 新产品个样功能测试

产品的功能是指该产品所具有的特定职能，即产品总体所具有的效能、用途、使用价值。如，火车的功能是“运输旅客和货物”，洗衣机的功能是“清洗衣物”。功能测试是在实验室和现场条件下进行的，以确保产品在使用过程中的安全性和有效性。

新产品个样的功能测试须根据产品类型来确定测试的内容和方法。如，机械产品的功能测试主要包括零部件试验、样机实验、操作试验、适应性试验、可靠性试验、震动噪声试验以及系统模拟试验等。医药产品的概念测试通常是先在实验室的动物身上试验，然后进行人体试验。

2. 新产品个样市场性评价

新产品最终成功与否，关键在于消费者的认同。新产品个样的市场评价是让消费者对实实在在的产品发表自己的看法。该阶段的测试便显得特别重要，其测试结果对新产品成败的指导意义十分重要。

新产品个样的消费者测试可采用多种方式，既可让消费者到实验室试验新产品样品，也可让消费者试用新产品样品。许多食品类新产品样品的试验是在实验室进行的，如让消费者品尝其味道。而许多日用品类的新产品个样试验采用让消费者试用的方式，如，杜邦公司开发新的合成地毯时，为许多家庭提供免费地毯，但使用新地毯的家庭须向公司提供使用新地毯的感受。

三、新产品商品化分析

1. 新产品的市场机会预测

（1）新产品市场潜力预测。

新产品的市场潜力是在一个既定的环境下，当行业营销努力达到无穷大时，市场需求所趋向的极限。一个产品的市场需求是在一定的地理区域和一定的时间内，一定的营销环境和一定的营销方案下，有特定的顾客群体愿意购买的总数量。市场总需求不是一个固定的数，而是一个在一组条件下的函数，市场总需求受营销环境、消费者收入水平及行业营销费用等因素的影响。市场总需求量的大小将随着其影响因素的变化而变化，但它的变化是在一定的区间内进行。当市场需求作为行业营销努力的函数时，我们把市场需求变化区间的下线称为市场最低量，即不需要任何营销努力也会发生的基本销售量，市场需求变化区间的上线称为市场潜量，既当营销努力超过一定水平后，市场销售量也不能再进一步增加。

一种新产品即将进入某一市场，其市场潜力的大小是新产品开发人员需考虑的重要参数。

（2）新产品市场渗透力预测。

市场潜力的大小表明了新产品存在的可能机会 ，市场机会预测的另一重要指标，是新产品上市后的规划期内，市场潜力将以何种速度逐渐实现，即新产品逐渐占领市场的速度，我们称之为市场渗透力。市场渗透力的强弱意味着新产品被消费者接受速度的快慢和程度的深浅。市场渗透力越强，新产品成功的概率越大。

2. 新产品的销售预测

对企业的新产品进行销售预测是企业以其选定的营销计划和假设的营销环境为基础所预测的企业销售水平。上面我们讨论了新产品市场潜力，该市场潜力是针对一个新产品所创造的行业内所有企业所共同拥有的市场机会。每个企业在这个新产品潜在的市场容量中能占有多大的市场份额，是各企业十分关注的焦点。为此，企业须对新产品的销售潜力进行预测。新产品的销售潜力是指当企业的营销努力达到最大限度时，可能实现的销售量。

（1）新产品销售预测特点。

缺乏预测的依据：与成熟产品销售预测相比，新产品销售预测的难度更大。由于预测的基本依据是预测对象的历史数据和特征，新产品因为其“新”而没有以往的销售资料。诚然我们可以借鉴或参考相似产品的历史销售资料，但这将使得对新产品销售的预测出现较大的偏差。特别是对全新新产品销售的预测，相似产品的可借鉴性不大。

预测方法和预测指标不同于成熟产品：成熟产品销售预测可采用的方法很多，如，时间序列法、回归分析法等。而新产品销售预测不宜采用这类方法，因为这类方法的使用前提是拥有大量的历史资料。对成熟产品在营销计划期内的销售预测一般侧重于计划期内可能达到的销售量。而新产品销售预测的重点在于估算新产品的首次购买量和重复购买量。

（2）新产品销售预测的影响因素。

良好的新产品销售预测要考虑以下四大主要变量：

潜在消费者的行为：即购买本企业新产品的潜在消费者会有多少？是企业对新产品销售进行预测要分析的首要因素。企业须对消费者的购买行为进行分析，以此来判断本企业新产品的可能销售量。

竞争者的行动：竞争者的介入会极大影响企业新产品的销售。如竞争者改变其价格、投入新的促销或推出类似新产品等措施。竞争将使本企业的销售量下降。

环境的影响：宏观环境的变化自然也会影响企业新产品销售的实现。如，宏观经济不景气，消费者可支配收入下降。或因国家出台新的政策、法规而影响新产品销售的例子并不少见。

企业的新产品战略：企业新产品开发战略确定了企业开发新产品的目标和手段。采取不同的新产品开发战略如，创业或冒险战略、紧跟战略、进取战略及防御战略对市场份额的追求各不相同。故而预测新产品销售潜力须结合企业的新产品战略。

四、新产品的试销

1. 试销的意义

新产品市场试销的目的是对新产品正式上市前所做的最后一次测试。对于最终把新产品投放到市场上能否得到目标市场消费者的青睐，企业对此没有绝对把握，通过市场试销将新产品投放到有代表性地区的小范围的目标市场进行测试，企业才能真正了解该新产品的市场前景。

市场试销是对新产品的全面检验，可为新产品是否全面上市提供全面、系统的决策依据，也为新产品的改进和市场营销策略的完善提供启示，有许多新产品是通过试销改进后才取得成功的。

对一种能掩饰疤痕的化妆品进行试销，结果发现许多妇女用来掩饰脸上的雀斑，由此扩大了该新产品的市场范围。但试销也会使企业成本增加，如，跨克麦片公司 1981 年进行的两次市场测试分别花费了 100 万美元。由于新产品试销一般要花费一年以上的时间，这会给竞争者提供可乘之机，如，美国的科洛格公司在对通用食品公司的一种新产品的试销结果有了充分认识后，率先在全国范围内推出这种新产品，从而赢得了该新产品的大部分市场。而且试销成功并不一定意味着市场销售就一定成功，原因在于消费者偏好的易变性、竞争者的加入及其他环境因素的变化都会影响新产品的销售。

2. 是否试销

新产品试销的首要问题是决定是否试销。并非所有的新产品都要经过试销，可根据新产品的特点及试销带给新产品的利弊比较来决定。

（1）需要经过试销的新产品。

① 高投入的新产品。高投入新产品的市场风险很大，不经试销直接上市，如果失败了，其损失是巨大的。试销是减少该类新产品失败风险的有效手段，且相对于高昂的开发费用，试销费用所占的比重是极小的。

② 全新的新产品。由于我们缺乏有关全新产品的消费者、市场方面的信息，也没有价格、销售渠道、促销等方面的经验，因此，对全新的新产品进行试销是必要的。

此外，某些新产品采用跟以往完全不同的包装、分销渠道、销售方法等手段，也须试销，对某些改良新产品进行试销也是值得的。总之，新产品的创新程度越高，越值得试销。

（2）典型的无须试销的新产品。

① 时效性极强的新产品。时效性极强的新产品在时间上不允许试销，如，新款时装等。

② 投入不大的新产品。对于投入不大的新产品也可直接上市，即便失败了损失也不太大，还可避免试销带来的负面效应。

③ 模仿型新产品。其他企业的该类新产品已经上市，本企业紧跟模仿，此时应尽快向市场推出新产品，而无须试销。

五、新产品进入市场策略

1. 早期进入市场策略

（1）早期进入市场策略分析。

早期指领先于其他厂商而率先在市场上推出自己的产品。这一时期往往对应着产品生命周期的第一阶段即投入期，市场存在高风险和不确定的因素。但早期进入市场能形成一种竞争优势，即能建立并提高该行业的进入壁垒，防止潜在的竞争者进入，从而在市场占据主导地位。早期在市场中赢得一定的忠实客户，通过这些客户又可能对其他潜在的客户产生有利的影响，从而有利于建立强大的市场地位。尤其是对于全新产品或技术更新迅速的产品，早期进入市场的产品往往会成为或被默认为该行业的标准。IBM（国际商用机器公司）是世界上最早生产和推出个人计算机的厂商，它的计算机产品被业界认为是“正宗的”，而后来的COMPAQ（康柏）等公司生产的个人计算机都被称为“兼容机”。早期进入者总是有机会建立进入壁垒的。这些壁垒可以建立在规模经济，经济效应，进入后的营销计划修正，产品、生产与技术的继续改进等方面。

（2）早期进入市场的营销组合。

早期进入市场应该采取何种定价策略呢？撇脂和渗透是我们熟知的两种方案。一般来说，在产品成本以可变成本为主时，适于采用撇脂战略，如电子消费品和产业用品。这时，分销网点应该受到限制，以保护高价格；在固定成本很高时，适于采用渗透战略，如果追求广阔的细分市场，则进行的广泛的分销是很重要的，所以在交易导向的促销上多花些费用。当然，由于营销费用高，利润较低，所以显得比较昂贵。

由于新产品的市场潜力是很大的，所以对于早期进入者来说，没有太大的必要把主要精力放在阻止对手的进入，而把钱花在自身的产品开发和不断扩大产品的市场占有率上显得更为明智。或许通过发放许可证或其他手段来鼓励某些竞争者的进入可能是合适的，给定新兴阶段的一些特征，厂商往往可通过其他厂商拼命地出售行业产品并援助技术发展而受益。

2. 同期进入市场策略

同期是指与其他厂商同时或在十分接近的时间里将新产品推向市场，在这段时间，是否能成为第一对于市场和其他利益相关者没有太大的差别，因为在消费者对一种新的品牌和产品没有形成偏好之前，先进入者没有来得及建立进入壁垒，稍后进入的厂商与之前进入的厂商是处于竞争平衡状态的。这里的厂商往往是重要的竞争对手，而同期所指的时间长度也因不同行业不同产品而不同。

在品牌繁殖明显的市场中，当主要竞争对手的产品信息比较容易得到时，同期进入市场策略是较好的，因为可以迅速针对对手的举动采取防御或进攻的措施，以此削弱对手的开发可能造成的潜在优势，从而赢得更大的市场。在多元产品市场的情况下，同期进入可被用为一种进攻策略。反过来，如果知道对手是稍后进入者，并且善于迅速仿效，则可因势利导地将竞争者的注意力从比较重要的市场吸引到较小的市场去。

这一时期要重视市场的细分和定位，因为一旦细分市场把握不准，就可能失掉时机。

3. 晚期进入市场策略

晚期是指在竞争对手进入市场后，再将自己的新产品推向市场。这意味着推迟新产品的市场投放日期，以达到取得长期竞争优势的目的。当然，也有可能由于产品开发的时间比对手晚而被迫晚于对手推出自己的新产品。在这里，善于学习对手的经验是很重要的。

（1）晚期进入优势。

为什么要晚期进入市场呢？从早期进入策略中，我们分析了早期进入的两个缺点，即原始市场开拓的风险和成本大。如果企业的流动资金不是很充裕，则进行原始市场的开拓一旦失败就可能关系到企业的生死，如万燕的失败。晚期进入一方面可以避免风险，另一方面可以学习对手的经验，发现消费者的偏好，从而更好的改进新产品，找准目标市场，同时也节约了潜在成本。

除了善于学习，晚期进入策略的另一个需要注意的环节是要通过对手的市场开拓和对消费者偏好的了解发现自己新产品的特点和可能的消费者，还要善于发现未被开拓的细分市场，记住，之所以采取晚期进入是为了取得长期竞争优势。

采用晚期进入市场策略的例子很多，如VCD市场的新科。值得一提的是IBM近些年正是采用这种市场策略而扭转了其难堪的经营状况。IBM一直注视着美国硅谷的“开拓者”们，一旦他们有什么新产品推出，IBM便紧随推出针对性的改进产品，由于“开拓者”产品往往存在或多或少的缺点，因而IBM公司的改进产品取得了巨大的成功。有人戏称IBM为“快老二”。

（2）晚期进入的目标。

对于晚期进入者，有以下几种方案可供参考：① 以扩大市场占有率为目标，轻视资本收益率。这是为了扩大市场占有率，采用扩大产品品种投资、增加产量投资和降低价格的办法。② 以扩大市场占有率和收益率为目标。这种策略适用于存在未开发的细分市场的行业。③ 占领一定的市场，重视资本收益率。这是一种不以市场规模为目标，而是以开发和经营高价值和高档产品为方向，谋求提高企业收益的方案。④ 确保市场占有率，牺牲收益率。晚期进入者为了成为市场领导者，或在早期进入者实行低价格策略以甩掉竞争者时，适于采用的策略。但如果资金能力不足，不能进行这种竞争时，第三种方案会更为适合。

4. 进入市场的规模

新产品进入市场时有两种规模可供选择，一是针对目标细分市场全面投放新产品，一是针对目标细分市场采用某种顺序进行滚动式投放。目标细分市场可以是一个，也可以是多个。一般地，一个细分市场还被划分为多个亚市场，以便更好地进行资源配置。典型的细分市场包括有哪些以新产品的采用范畴、地理区域、分销渠道、销售队伍、广告媒介以及某些其他有用的变量界定的市场细分。该目标细分市场可以通过这些市场中的任何一个达到，市场进入的方法可以是顺序式的滚动，或是全面铺开式的市场投放。

当然，对于大部分的新产品，针对目标细分市场进行全面铺开式的投放也是可行的，但如果不是拥有强大实力的企业采用这种方式则可能带来不必要的麻烦。通过滚动式进入，可以在存在高风险和对市场反应不能确定的情况下取得较好的效果。因为，从第一个细分市场学习到的经验，可以为第二个细分市场的进入服务，调整既定的市场投放营销计划。因此，足够的学习之后，甚至使某些细分市场的进入而不需要市场调研。

5. 进入市场的反应强度

所谓进入市场的反应强度，是指新产品的投放对所有利益相关者的感染强度。使市场产生反应的是新产品与顾客产生交流的要素或符号，如产品特性、价格、促销、展示等等。对于一个企业而言，最关心的可能是新产品的投放产生多大的反应较为合适。

进入市场的反应强度有着两个极限，即最高和最低。通常，企业可能希望自己的新产品在投放之后产生最高的反应强度。的确，由于高强度的反应，会加快新产品在消费者中的扩散，同时也为企业带来宣传费用的减少。一般地，要想获得较高的反应强度，要求企业的“销售宣传计划”做到以下几点：目标针对有关利益相关者的细分市场；具有很大的强度和冲击力；时机掌握正确，长到足以产生效果，又不至于会受挫；向利益相关者传递一种协调一致的，然而又使公司有别于竞争对手的信息。

但是，前面提到的“利益相关者”不只是指消费者，还包括竞争对手及其他。过高的反应强度，一方面会使消费者产生对新产品的过高期望或其他负面影响；另一方面也会过早的引起竞争对手的警觉。

低强度反应的进入，是基于这样的考虑而采取的，即为了同时向多个目标细分市场进行一种或多种新产品的投放，而不暴露自己的总体战略，并尽量不引起竞争对手的注意。对于一些高敏感度的市场，采用低强度反应的进入可能是合适的，例如银行、保险公司的新业务开展。

新产品的进入可以在最高和最低市场反映强度之间选择一个合适的。之所以要考虑市场进入的反应强度，主要的好处或许是要决定这个合适的强度，就必须事先仔细规定清楚新产品的市场投放目标。通常，新产品的目的、目标、上马与否所用的市场投放指标，往往是在毫不顾及利益相关者中所产生的效果是否与市场投放计划相符的情况下就轻易做出的。通过确定反应强度，可以认识到可能推迟新产品接受的主要市场摩擦的来源，并且还可能需要有更具体的评价市场对于新产品反应的模型和方法。在新产品的市场推广中根据产品的不同性质做出慎重的决策。

思考与讨论题

1. 新产品的涵义与内容。
2. 新产品构思方法。
3. 试对高档调味盐进行概念的形成与测试。

第八章 渠道营销策略

学习目的和要求：

1. 理解营销渠道的含义与职能；
2. 掌握营销渠道的类型；
3. 了解营销渠道影响的因素；
4. 掌握营销渠道的决策；
5. 重点掌握营销渠道的管理；
6. 了解批发商与零售商的类型。

在制造商和最终使用者之间，常存在着一大群营销“中介机构”，执行多方面的职能，在现代营销体系中扮演着重要的角色。营销渠道是市场营销的血管，透过它，厂商的产品才能送达目标市场的消费者手中，营销才能完成。企业对分销渠道的决策与管理，不仅关系产品能否“物畅其流”，直接影响经济效益；而且会使企业通过与渠道成员建立的业务管理形成或强或弱的结合竞争力，在战略层面上影响企业长期发展。因此，营销渠道决策时企业高层管理者面临的最富挑战性的决策之一。

第一节 营销渠道及其结构

一、营销渠道的含义与职能

1. 营销渠道的含义

在市场营销理论中，有两个与渠道有关的术语经常不加区分地交替使用，这就是市场营销渠道和分销渠道。

市场营销渠道是指配合起来生产、分销和消费某一生产者的产品和服务的所有企业和个人。也就是说，市场营销渠道包括某种产品供产销过程中的所有有关企业和个人，如供应商、生产者、商人中间商、代理中间商、辅助商以及最终消费者或用户等。

分销渠道是指某种产品和服务在从生产者向消费者转移过程中，取得这种产品和服务的所有权或帮助所有权转移的所有企业和个人。因此，分销渠道包括商人中间商（因为他们取得所有权）和代理中间商（因为他们帮助转移所有权），此外，还包括处于渠道起点和终点的生产者和最终消费者或用户。但不不包括供应商、辅助商。

当然，在实际的使用中，我们常常没有严格区分二者，而将二者等同时用。

2. 营销渠道的职能

在产品分销过程中，需要完成由产销矛盾决定的一系列价值创造活动。由此，要求分销渠道具有下述功能：

研究：即收集制订计划和进行交换所必需的信息。

促销：传递与供应品相关的各类信息，与顾客充分沟通并吸引顾客。

接洽：即寻找可能的购买者并与之进行沟通。

配合：即使所供应的物品符合购买的需要，包括分类、分等、装配、包装等活动。

谈判：即为了转移所供物品的所有权，而就其价格及有关条件达成最后协议。

物流：即从事产品的运输、储存。

融资：即为补偿渠道工作的成本费用而对资金的取得与支出。

风险承担：即承担与渠道工作有关的全部风险。

上述功能的前五项，是为了帮助达成交易；是帮助已达成的交易付诸实践。

扩展阅读

蒙牛的“营销三段论”

体育竞赛中有三级跳的项目，运动员只有在每一级都发挥出最佳状态，才能取得优异的成绩。市场营销也是一个循序渐进的过程，只有经过阶段性扎实、细致的运作，才会形成一个完整的、稳定的市场。蒙牛集团认为蒙牛发展的是中型客户，据此根据公司现状制定了“一年翻一番”的市场规划，提出：“蒙牛刚起步、还需大家来帮助。”蒙牛有条不紊地进行销售指导、配送督导、覆盖监督、品牌建设等工作，并提出“营销三段论”：

1. 依照各地域特征，以地区中心城市为圆心，划分市场类型、合理设定客户进行地毯式铺货，迅速提高市场覆盖率，扩大公司知名度。

2. 巩固原有中心网络，加强对周边县区分销商的开发与辐射，发展多家“卫星经销商”，全面提高占有率。

3. 健全销售网络、在扩大商品销售和维护公司形象的基础上，维护稳定价格，完善售后服务，保持销售有序发展。

由于蒙牛的渠道成员的共同努力，蒙牛取得了巨大成功，现已跻身于中国乳业前三强。

根据王唤明《蒙牛快速成长的秘籍》中国管理传播网 2006 年 10 月 25 日改编

二、营销渠道的类型

按流通（购销）环节的多少，可以将营销渠道分为直接渠道和间接渠道；按流通环节或层次的多少可分为长渠道与短渠道；按参与各环节中间商数目的多少，可分为宽渠道和窄渠道。

1. 直接渠道和间接渠道

（1）直接渠道。

又称零阶渠道。指没有中间商的参与，产品由生产者直接销售给消费者的渠道类型，如图 9.1 中所示的零阶渠道。

零阶渠道主要适用于以下情况：① 产品用途单一：生产厂家根据用户的特殊需求组织加工供应；② 产品技术复杂：许多高技术产品的服务要求高，需要一条龙服务体系；③ 产品用户集中：购买批次少、批量大；④ 鲜活食品、手工业制品等传统产业，邮购、网络购物、电视购物等特殊销售形式。

（2）间接渠道。

指有一级或多级中间商参与，产品经由一个或多个商业环节售给消费者的渠道类型。如图 8.1 所示的一阶、二阶和三阶渠道。间接渠道是消费品分销的主要方式。采用间接渠道，意味着制造商在某种程度上放弃对如何销售产品和售给谁等方面的控制，增大了市场风险。然而，制造商之所以做出这种选择，是因为通过有专业化职能的中间商分销产品，能获得更大的比较利益。大多数制造商缺乏直接组织市场销售的财力和经验，而采用间接渠道能发挥中间商在广泛提供产品和进入目标市场方面的最高效率，集中企业资源拓展其主营业务；利用中间商的销售网络、商务关系与经验、专业化水准和规模经济优势，费用总水平。

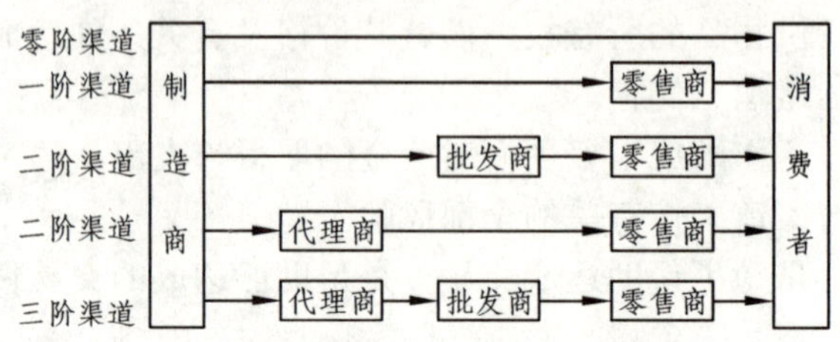

图 8.1 消费品营销渠道的基本类型

2. 长渠道与短渠道

产品从生产者转移到消费者的过程中，任何一个对产品拥有所有权或负有推销责任的机构，就叫渠道的一个层次。市场营销以中间机构层次的数目确定渠道的长度。在商品分销过程中，经过的环节或层次越多，渠道越长；反之渠道越短。分销渠道的长短一般是按通过流通环节的多少来划分，具体包括以下四层：

零阶渠道：即产品由生产者直接到消费者，不经过任何中间商。

一阶渠道：就是含有一个销售中介机构的分销渠道。在消费市场中，这个中介机构主要是零售商。

二阶渠道：就是含有两个中介机构的分销渠道。在消费市场中，可能是批发商和零售商；在产业市场中可能是销售代理商和批发商。

三阶渠道：就是含有三个中介机构的分销渠道。它适合于日常消费品以及技术含量较低，无需产销双方见面进行产品介绍或示范操作的产品。

此外，此外，还有更多中间环节的多阶渠道，在此就不再叙述了。

3. 宽渠道与窄渠道及其分销策略

分销渠道的宽度是指渠道的每个层次使用同种类型中间商数目的多少。多者为宽渠道，意味着销售网点多，市场覆盖面大，少者则为窄渠道，市场覆盖面也就相应较小或很少。根据不同的渠道宽度，通常分为 3 种分销策略：密集分销、独家分销和选择分销。

密集分销：又叫做广泛分销或开放性分销，是指制造商尽可能地发展批发商和零售商，并由它们销售其产品。其优点是市场覆盖面广，潜在顾客有较多的机会接触到产品。缺点是中间商的经营积极性较低，责任心差。这种策略较适用于食品、日用杂品等生活必需品和便利品一类的产品。这些产品的特点是以大多数消费者为对象，而消费者又希望能轻而易举、随时随地买到这些产品。

独家分销：是指制造商在某一地区仅使用一家中间商销售其产品。通常双方协商签订独家经销合同，一方面规定制造商不再在该地区发展经销商；另一方面也规定经销商不得经营竞争者的产品。这是最窄的一种分销渠道形式。生产和经营名牌，高档消费品和技术性强、价格较高的工业用品的企业多采用这一形式。这种做法的优点在于：中间商经营积极性高，责任心强。缺点是市场覆盖面相对较窄，而且有一定的风险，如该中间商经营能力差或出现意外情况，将会影响到企业开拓该市场的整个计划。

选择分销：是指制造商根据自己所设定的交易基准和条件精心挑选最合适的中间商销售其

产品。这是介于独家分销商和广泛分销商之间的一种中间形式。主要适用于消费品中的选购品和特殊品，工业用品中的零部件和一些机器、设备等。当然经营其他产品的企业也可以参照这一做法。如果中间商选择得当，采用此种分销方式可以兼得前两种方式的优点。

三、营销渠道的系统结构

营销渠道系统是由一系列相互独立，在功能上相互依赖的组织机构构成的。传统的营销渠道系统中，渠道成员部作为一个独立的实体追求自己的利润最大化，即使损害整个系统的利益也在所不惜。而且一旦成员认为不能达到获利的预期目标，任何一方都可能随时终止合作。因此，为了使营销渠道系统的运作更有效率，对营销渠道系统创新的要求就越来越迫切。在这种新的机制下，营销渠道系统可以协调一致高效率运行，垂直渠道营销系统、水平渠道营销系统和多渠道营销系统就是实现渠道协调的三种典型形式。

1. 垂直渠道营销系统

垂直渠道营销系统是由生产者、批发商和零售商所组成的一种统一的联合体。某个渠道成员作为渠道领袖拥有其他成员的产权，或者是一种特许经营关系，或者这个渠道成员拥有相当实力使得其他成员与之合作。垂直渠道营销系统可以由生产商支配，也可以由批发商或者零售商支配。每个渠道成员都把自己看做是系统的一部分，着眼于整个渠道系统的运营效率。根据渠道成员之间连接方式的不同，垂直渠道营销系统分为公司式、管理式和合同式三种类型。

公司式垂直渠道系统：这种系统依靠产权关系在渠道成员之间建立关联，通过制造商对中间商或中间商对制造商实施控股或参股的形式形成，因而对渠道实现高水平的控制。如西尔斯百货公司 50%以上的商品销售是通过这种系统完成的。

管理式垂直渠道系统：这种系统是由某个实力强大的渠道成员组织其他成员形成的一个统一体，在实力强大的渠道成员领导下，其他成员愿意接受该渠道领袖的领导，整个渠道系统统一行动。如宝洁、柯达等公司能够在商品展销、货柜位置、促销和定价等方面得到其零售商的支持。

合同式垂直渠道系统：这种系统是通过合作契约在独立的渠道成员之间建立起比较紧密的联系，从而形成一个统一的联合体，以求获得比独立行动时所能得到的更大的经济和销售效果。合同式垂直渠道系统有三种形式：特许经营组织、零售合作组织、批发商倡办的自愿连锁组织。

2. 水平渠道营销系统

水平渠道营销系统是指营销渠道内同一层次的若干企业采取横向联合的形式，以合作或合资的方式组成新的渠道系统。这种合作可能是暂时的，也可能是永久的，主要是为了获得协同效应，或者减少独自经营的风险。

生产者之间联合的典型形式是农业生产者组建的农业合作社，如日本的农业合作社承担着92.7%的农产品销售任务和 75.8%的农业生产资料和生活资料的采购任务。消费者之间联合的典型形式是消费者合作社。

3. 多渠道营销系统

多渠道营销系统是指企业建立两个或更多的营销渠道以满足一个或多个目标市场的做法。这种营销渠道系统一般有两种形式：一种是制造商通过多种渠道销售不同品牌的产品；另一种是制造商通过多种渠道销售同一品牌的产品。

通过增加多渠道营销系统，企业可以获得三个重要的好处：一是增加了市场覆盖面，细分市场的顾客需求会得到更好的满足；二是降低渠道成本，企业可以增加能降低销售成本的新渠道；三是顾客定制化销售，企业可以增加更适合顾客要求的渠道。

第二节　营销渠道决策与管理

一、影响营销渠道选择的因素

分销渠道是渠道成员相互选择的结果。每一个企业都要根据特定的目标和现实条件，遵循一定规则，选择或创新分销渠道，做出理想的分销渠道决策。这种决策，在企业创办之初，面对较窄的和有限的当地经销商，可能不成为问题。但随着公司规模扩大，开发新市场，甚至进入国际市场，分销渠道的决策与渠道伙伴的选择就会面临困难。

这里，我们首先讨论制造商选择分销渠道的一般制约因素。

1. 产品因素

产品的理化性质：对一些易腐易损商品、危险品，应尽量避免多次转手、反复搬运，宜选用较短渠道或专用渠道。一些体积大的笨重商品，如大型设备、煤炭、木材、水泥构件等，也应努力减少中间环节，尽量采用直接渠道。

产品单价：一般而言，价格昂贵的工业品、耐用消费品、享受品均应减少流通环节，采用直接渠道或短渠道；单价较低的日用品、一般选购品，则可采用较长较宽的分销渠道。

产品式样：式样花色多变、时尚程度较高的产品，如时装、高档玩具、家具等，宜以较短渠道分销；款式不易变化的产品，分销渠道可长些，一些非标准品及特殊规格、式样的产品通常要由企业销售部门直接向用户销售。

产品技术的复杂程度：产品技术越复杂，用户对其安装、调试和维修服务要求越高，采用直接渠道或短渠道的要求越迫切。

2. 市场因素

目标市场范围：市场范围越大，分销渠道相应越长；相反，则可短些。

顾客的集中程度：如顾客集中在某一地区，甚至某一地点，则可采用短渠道或直接渠道；如果顾客分散在广大地区，则需要更多地发挥中间商作用，采用长而宽的渠道。

消费者购买习惯：如消费者对产品购买方便程度的要求，每次购买的数量，购买地点及购买方式的选择等，会影响企业选择不同的分销渠道。

销售的季节性：销售季节性较强的产品，一般应充分发挥中间商的调节作用，以便均衡生产，不失销售时机，所以较多采用较长的分销渠道。

竞争状况：通常，同类产品应与竞争者采取相同或相似的分销渠道。在竞争特别激烈时，则应伺机寻求有独到之处的销售渠道。

3. 企业自身因素

企业的财力、信誉：财力雄厚、信誉良好的企业，有能力选择较固定的中间商经销产品，甚至建立自己的控制分销系统，或采取短渠道；反之，就要更为依靠中间商。

企业的管理能力：有较强的市场营销能力和经验的企业，可以自行销售产品，采用短渠道或组合渠道营销系统。

企业控制渠道的愿望：有些企业为了有效控制分销渠道，宁愿花费较高的渠道成本，建立短而宽的渠道；也有一些企业并不希望控制渠道，会根据成本等因素来取较长且宽的分销渠道。

4. 经济形势及有关法规

经济形势：经济景气，发展快，企业选择分销渠道的余地较大；当出现经济萧条、衰退时，市场需求下降，企业就必须减少一些中间环节，使用较短的渠道。

有关法规：国家法律、政策，如专卖制度、反垄断法规、进出口规定、税法等，也会影响分销渠道选择。在一些实施医药、烟草和酒类专营或专卖制度的国家，这些产品的分销渠道选择，就会受到很大的限制。

二、营销渠道设计决策

1. 对顾客需要的服务产出水平进行分析

在设计营销渠道时，营销人员必须了解目标顾客需要的服务产出水平。渠道可提供以下五种服务产出：

第一，可购买批量。批量是在一次购买中营销渠道能够提供给顾客的产品单位数量。如制造商喜欢大量购买的渠道，而消费者喜欢可零散购买的渠道。

第二，等待时间。等待时间即渠道顾客等待收到货物的平均时间。顾客喜欢快捷的营销渠道，因此渠道的效率非常重要。

第三，空间便利性。空间便利性是营销渠道为顾客提供产品的方便程度。如宝洁、可口可乐等公司使用尽可能多的营销渠道来分销产品，使消费者能方便地购买到其产品。

第四，选择性。营销渠道能提供尽可能多的产品品种，即产品组合的宽广度，就能更好地满足顾客的选择需要。

第五，服务支持。服务支持是指渠道提供的附加服务，如信贷、交货、安装、保修等。营销人员还应该认识到，渠道提供的服务产出水平越高越能满足顾客的需求，以吸引顾客留在渠道内，但这也就意味着渠道成本的增加和对顾客价格的增加。因此，营销人员必须在服务和成本之间找到平衡点。

2. 确定营销渠道目标

所谓营销渠道目标，就是为了实现公司总体目标而期望在渠道方面达到的结果。营销人员在确定营销渠道目标时要考虑以下三个方面的因素：

第一，渠道效率的评估标准是渠道成员销售绩效、渠道成员维持的库存、渠道成员的销售能力、渠道成员的各种态度、渠道成员所面临的竞争、渠道成员总的发展前景等。

第二，对渠道控制主要是争取渠道成员的合作与支持、掌握渠道主动权，其基本手段是沟通、利润控制、库存控制和营销方案控制、掌握尽可能多的下一级中间商等。

第三，财务开支依据制造商愿意支付多少财务资源而定。

3. 识别主要的渠道选择方案

渠道的选择方案由三方面要素构成，即中间商的数目、中间商的类型、渠道成员的条件和责任。

（1）中间商的数目。

营销渠道每一层次选择和使用中间商的数目决定了渠道的宽度，这主要取决于在目标市场上扩散范围、产品本身的特点、市场容量的大小和需求面的宽窄。通常可选择的形式有 3 种，即密集分销、选择性分销和独家分销。

（2）中间商的类型。

制造商决定通过中间商分销其产品，就要决定中间商的类型：批发商还是零售商？什么样的批发商和零售商？一般来说，企业的类型或产品的类型决定了中间商的类型，许多企业常采用本行业传统的营销渠道和中间商类型,但一些企业将自己的产品尝试通过新的渠道进行分销。如力帆集团通过分销摩托车的渠道销售“力帆酒”，从而避开了竞争激烈的烟酒传统分销渠道，获得了意想不到的效果。在一定的区域内，中间商总是有限的，决定什么是最佳渠道可能不是问题，关键是如何说服一个或几个可利用的中间商来经销这种产品线。

（3）渠道成员的条件和责任。

制造商必须确定渠道成员的权利和责任，对每个渠道成员要差别对待并给它们赢利的机会，必须考虑渠道成员所承担的职能和与之对等的利益。其所要考虑的权利和责任如下：

价格政策：制造商制定的产品价目表和折扣政策是对购买量和关系程度不同的中间商的一种优惠，此时制造商既要使中间商感到公平合理，也要保持对不同购买动机中间商的鼓励。价格折扣的执行通常是引起渠道冲突的原因之一，因此制造商在采取价格政策时要小心谨慎。

销售条件：即付款条件和制造商的担保。一般来说，制造商对于付款较早的中间商给予现金折扣。有些制造商也向中间商提供价格下跌引起损失的担保，以吸引中间商购买较大数量的商品。

地区权利：即制造商为中间商划定的销售区域范围。中间商也应该清楚自己所获得的销售地区权限，以及制造商给予其他中间商的特许条件。

双方服务和责任：即制造商与中间商相互为对方提供服务的约定。尤其是在采用特许经营和独家代理等渠道形式时，在运营过程中要严格按照服务标准、产品质量、促销支持等进行认真执行。

4. 渠道方案评估标准

每一个渠道交替方案都是企业将产品送达最后顾客的可能路径。生产者所要解决的问题就是从那些看来似乎合理但又相互排斥的交替方案中，选择最能满足长期目标的一种。因此，必须对各个可能的渠道交替方案进行评估。通常，渠道评估的标准有三个，即经济性、可控性和适应性，其中最重要的是经济性标准。

（1）经济性标准评估。

不同的渠道方案将会产生不同的销量和成本。

首先要分析各方案的销量，即使用公司的推销队伍销量大，还是使用代理商销量大呢？其实两者都有足够的理由获得较高销售额。前者更能取得交易成功的理由是：公司推销人员在本公司产品的推销方面训练有素，能专心推销其产品，他们富于进取，积极肯干，其前途与企业的发展紧密相连，顾客也比较喜欢直接与企业打交道。另一方面，后者有可能比前者的销量还要大，其理由有四：一是代理商的推销人员比制造商的要多；二是代理商的推销人员如果激励得当，也可能具有与公司推销人员相同的积极性；三是有些顾客喜欢与代理商打交道；四是代理商在市场上建立起广泛的联系。

其次是估计各渠道方案实现某一销售额所需成本。利用代理商所花固定成本比企业设立推销机构、组建推销队伍所需固定成本要低。但利用代理商的费用增长很快，因为代理商的佣金比公司推销人员要高。

如图 8.2 所示，销售额达到某一水平 S 时，两种渠道的销售成本相等；低于 S 时，利用代理商较为有利；高于 S 时，较适合利用公司推销机构。

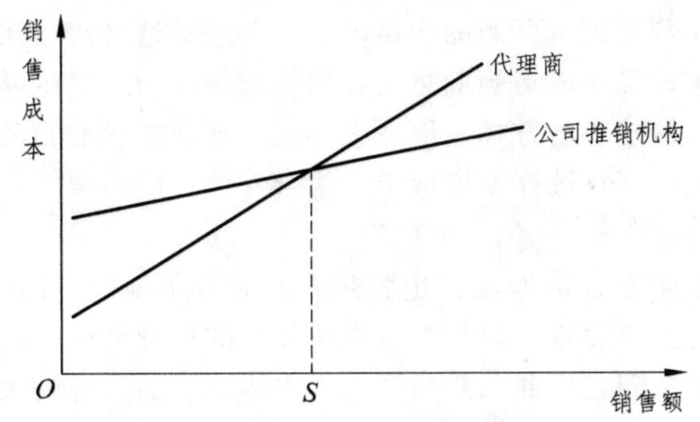

图 8.2　公司的推销机构与代理商的销售额及其成本比较

（2）可控性标准评估。

使用代理商会增加控制上的问题。代理商是独立的企业，所关心的是自己如何取得最大利润，它可能不愿与相邻地区同一委托人的代理商合作，它可能只注重访问那些与其推销产品有关的顾客，而忽略对委托人很重要的顾客。代理商的推销员可能无心去了解与委托人产品相关的技术细节，也很难正确认真对待委托人的促销资料。一般而言，采用中间商可控性小些，企业直接销售可控性大，分销渠道长，可控性难度大，分销渠道短，可控性较容易些，企业必须进行全面比较、权衡，选择最优方案。

（3）适应性标准评估。

在评估各渠道选择方案时，还要考虑生产者是否具有适应环境变化的能力，即应变力如何。每个渠道方案都会因某些固定期间的承诺而失去弹性。某一制造商决定利用销售代理商推销时，可能要签订 5 年的合同。而在此期间，即使采用其他销售方式如直接邮购会更有效，制造商也不得任意解除合同，这样企业选择分销渠道便缺乏灵活性。

三、营销渠道的管理

在选定分销渠道方案后，企业还需要完成一系列的管理工作，包括对各类中间商的具体选择、激励、评估，以及根据情况变化调整渠道方案和协调渠道成员间的矛盾。

1. 选择渠道成员

生产者招募中间商时常处于两种极端情况之间。一是毫不费力地找到特定的商店，并使之加入渠道系统。它之所以能吸引经销商加入渠道系统，可能是因为很有声望，也可能是因为它的产品赚钱。在某些情况下，独家分销或选择性分销的“特权”，也会吸引大量中间商加入渠道。对于这些毫不费力得到所需数目中间商的生产者来讲，所做的工作只是甄选适当的中间商而已。第二种情况是生产者费尽心血才能找到期望数量的中间商。它必须研究中间商如何做出购买决策，尤其是在制定决策时对毛利、广告与销售促进、退货保证等重视的程度；此外，还必须开发一些能使中间商赚钱的产品。

（1）选择渠道成员的原则。

不同行业的厂商，选择渠道成员的原则不同。市场的不同发展阶段，厂商选择渠道成员的原则也不同。但总的来说，厂商选择渠道成员需要遵循如下一些基本原则。

相互认同原则：这是最基本的原则。厂商与渠道成员之间的合作前提在于与渠道成员之间的相互认同。

进入目标市场原则：这是最重要的原则。让厂商的产品迅速进入到目标市场，以方便目标市场的消费者能够就近的购买到本厂商的产品。这就要求渠道经理、渠道总监或其他决策者在选择渠道成员时需要注意该渠道成员当前是否在目标市场拥有分销通路及拥有销售场所等。

产品销售原则：这是最核心的选择。厂商选择渠道成员的核心目的在于通过渠道成员帮助厂商完成营销目标，因此厂商在选择渠道成员作为合作伙伴的时候，通常都比较注重渠道成员的实际销售能力。

形象匹配原则：这是最普遍的原则，也就是人们通常所说的“门当户对”。一个渠道成员的形象必然代表着厂商的企业形象。对于拥有卓越品牌的厂商来说，尤其要重视对渠道成员形象的考虑。在通常情况下，知名厂商总是与资金实力雄厚、商誉好的渠道成员结为合作伙伴或战略合作伙伴。

（2）选择渠道成员的标准。

在西方市场，从20世纪50年代开始，就不断有渠道专家研究选择渠道成员的标准。最早从事这项研究工作的是布仁德，他为当时的工业企业创立了一套包括 20 个关键问题的选择标准。到了20世纪60年代，营销渠道实践家罗杰·潘格勒姆（Roger Pegram）在研究了200多家美国和加拿大的制造商之后提出了最综合和最具影响力的选择渠道成员的标准。

罗杰·潘格勒姆提出的其中 10 个标准分别是：信用和财务状况、销售能力、产品线、声誉、市场覆盖范围、销售绩效、管理的连续性、管理能力、态度、规模。在罗杰·潘格勒姆的研究中发现，在很多时候，厂商选择渠道成员几乎就是根据其规模大小来认定。

扩展阅读

苏宁缘何成为惠普首家直供渠道——传统分销模式遭遇新的变革

从分销到直销，主流IT渠道链的供货模式再次迎来一场新的变革：2009年7月，惠普与苏宁联合宣布，双方将全面建立直供合作。该合作意味着苏宁将成为惠普在中国市场的首家直供渠道商，与此同时，惠普此前沿承多年的总代模式也将面临新的挑战。

据了解，双方在基于产品销售的基础上，将加强包销定制，通过计算机产品优势全面带动外设产品关联销售，为消费者提供一站式便捷服务。同时，惠普将向苏宁门店派驻 500 名专业销售工程师，并在年内完成 500 家门店惠普体验店的建设。借此合作，双方希望在2009年实现15亿元销售规模，未来3年增长至50亿元。

众所周知，惠普此前对包括3C卖场在内的所有销售渠道的走货模式均通过神州数码、英迈等全国总代理进行。受全球金融危机以及宏观经济增速放缓的影响，渠道供应链中间环节的层层“盘剥”，使得厂商的经营压力随之越来越大，这其实才是众多厂商纷纷选择绕过中间环节、直接面向终端渠道供货的核心动因。

惠普公司 IPG 集团全球副总裁、中国区总裁柯玉章指出，直供模式能够优化供应链，同时还将大幅提升惠普产品的市场竞争力。

按照苏宁电器的统计，直供后惠普计算机的供货价相较此前将下降 100 到 200 元，中间毛利率最高将上升30%，使产品更具价格优势。

其实，早在此前几年，渠道直供模式在欧美市场已被普遍采用。基于直供模式，供应商在获得销售利润最大化的同时，还能够在第一时间获得一手市场信息，并为其产品升级及市场策略提供最直接的决策依据。

毋庸置疑，零售终端在整个渠道供应链中的位置已越来越重要。尤其是随着3C连锁等新兴零售业态的崛起，传统代理模式下的二级分销体系已被一步步逼入死胡同。

因此，未来能否从传统分销向产品直供模式变革过程中争得话语权，渠道商唯一能做的就是提升对终端客户的把握能力，否则，随着上游厂商渠道扁平化策略的进一步深入，这部分渠道迟早将被淘汰出局。

（资料来源：刘燕，电脑商情报，2009-08-03）

2. 激励渠道成员

生产者不仅要选择中间商，而且要经常激励中间商，使之尽职。因为生产者不仅通过中间商销售产品，而且把产品销售给中间商。这就使得激励中间商的工作不仅十分必要，而且非常复杂。

（1）激励的首要原则是换位思考。

换位思考就是站在别人的立场，设身处地为别人着想，而不应只从自己的观点出发看问题。

（2）必须避免激励过分与激励不足。

当生产者给中间商的优惠超过它取得合作所需提供的条件时，就会出现激励过分的情况。其结果是销售量提高，而利润量下降。当给予中间商的条件过于苛刻，以至于不能激励中间商努力时，会出现激励不足的情况，其结果是销售降低，利润减少。所以，生产者必须确定应该花费多少力量以及花费何种力量鼓励中间商。

一般来讲，对中间商的基本激励水平，应以交易关系组合为基础。如果对中间商仍激励不足，生产者可采取两条措施：

① 提高中间商可得的毛利率，放宽信用条件，或改变交易关系组合，使之更有利于中间商。

② 采取人为的方法刺激中间商，使之付出更大努力。例如可以挑剔它们，迫使它们创造有效的销售业绩；举办中间商销售竞赛；加强对最终顾客与中间商的广告等。不论上述方法是否与真正交易关系组合有直接或间接关系，都必须小心观察中间商如何从自身利益出发来看待、理解这些措施。因为在渠道关系中，存在许多潜伏的矛盾，拥有控制权的制造商很容易无意地伤害到中间商的利益。

（3）加强与经销商的关系。

生产者处理与经销商的关系，常依不同的情况而采取相应的方法。

合作：不少生产者认为，激励的目的是设法争取独立中间商、不忠诚的中间商或懈怠懒惰的中间商的合作。因此，这些生产者多利用高利润、奖赏、津贴、销售比赛等积极手段激励中间商。如果不能奏效，它们就采取一些消极的惩罚手段，诸如威胁减少中间商的利润，减少为中间商提供的服务，甚至终止关系等。这些方法的根本问题，是生产者从未认真研究过经销商的需要、困难及其优缺点。相反，它们只是依靠草率地“刺激—反应”式的思考，把很多繁杂的手段拼凑起来而已。

合伙：也有一些企业，试图与经销商建立长期合伙关系。这就要求深入了解，制造商能从经销商得到什么，以及经销商可从制造商得到什么。这些可用市场覆盖程度、产品可得性、市场开发、寻找顾客、技术方法与服务、市场信息等各种因素来衡量。制造商希望经销商能同意上述有关政策，并根据其遵守程度的具体情况确定付酬办法。例如，不是直接付给经销商 25% 的销售佣金，而是按下列标准支付：保持适当的存货，付 5%；能达到销售配额，再付 5%；能有效地为顾客服务，再付 5%；能及时报告最终顾客的购买情况，再付 5%；能对应收账款进行适当管理，再付 5%。

分销规划：制造商与经销商还可进一步建立和发展更密切的关系。分销规划是指建立一个有计划的、实行专业化管理的垂直营销系统，把制造商的需要与经销商的需要结合起来。制造商可在营销部门下专设一个分销关系规划处，负责确认经销商的需要，制定交易计划及其他各种方案，帮助经销商以最佳方式经营。由该部门和经销商合作确定交易目标、存货水平、产品陈列计划、销售训练要求、广告与销售促进计划。借助该部门的上述活动，可以转变经销商对制造商的某些不利看法。比如，过去经销商可能认为它之所以能赚钱，是因为它与购买者站在一起，共同对抗制造商的结果；现在它可能改变了看法，认为它之所以能赚钱，是它与销售者站在一起，作为销售者精密规划的垂直营销系统的一个组成部分而赚钱。

（4）生产者可以借助某些权力来赢得中间商的合作。

赢得中间商的合作包括：

胁迫力： 指生产者对不合作（如服务差、未实现销售目标、窜货等）的中间商威胁撤回某种资源或中止关系而形成的权力。中间商对生产者的依赖性越强，这种权力的效果越明显。

付酬力： 指生产者给执行了某种职能的中间商额外付酬而形成的权力。付酬力的负面效应，是中间商为生产者服务往往不是出于固有的信念，而是因为额外的报酬。每当生产者要求中间商执行某种职能时，中间商往往要求更高的报酬。

法定力： 指生产者要求中间商履行双方达成的合同而执行某些职能的权力。

专家力： 是生产者因拥有某种专业知识而对中间商构成的控制力。例如生产者可借助复杂精密的系统，领导或控制中间商，也可向中间商提供专业培训或系统升级服务，如果中间商得不到这些专业服务，其经营就很难成功，由此可形成专家力。一旦专业知识传授给了中间商，这种专家力就会削弱。

声誉力： 指中间商对生产者深怀敬意并希望与之长期合作而形成的权力。像IBM、微软、摩托罗拉等等国际知名公司，都有很强的声誉力，中间商都愿意与之建立长期稳定的合作关系，也心甘情愿按生产者的要求行事。

3. 评估渠道成员

生产者除了选择和激励渠道成员，还必须定期评估它们的绩效。如果某一渠道成员的绩效过分低于既定标准，则需找出主要原因，同时还应考虑可能的补救方法。放弃或更换中间商会导致更坏的结果时，生产者只能容忍这种令人不满的局面。当不至于出现更坏的结果时，生产者应要求成绩或表现欠佳的中间商，在一定时期内有所改进，否则就要取消它的资格。

4. 调整分销渠道

为了适应市场环境变化，现有分销渠道经过一段时间运作后，往往需要加以修改和调整。促使企业调整分销渠道的主要原因，是消费者购买方式的变化、市场扩大或缩小、新的分销渠道出现等。另外，现有渠道结构通常不可能总是在既定的成本下带来最高效的服务产出，随着渠道成本的递增，需要根据理想的渠道结构加以调整。

生产企业调整分销渠道，主要有三种方式：

增减某一渠道成员： 作这种调整，需要进行经济增量分析。即分析增加或减少某个中间商，将会对企业利润带来何种影响，影响程度如何。企业如果决定在某目标市场增加一家特许商或批发商，不仅要考虑通过增加的渠道将带来多大的直接利益（销售量的增加额），而且要考虑对其他经销商的需求、成本和情绪会产生什么影响（导致销售量的增减）等问题。

增减某一分销渠道： 当在同一渠道增减个别中间商不能解决主要问题时，企业就会考虑采取增减某一条分销渠道。如某化妆品公司发现其经销商只注意经营成人市场而忽视儿童市场，导致其儿童护肤品销售不畅。为了促进儿童护肤品市场的开发，就需要增加一条新的分销渠道。作这样的决定，也需要广泛地对可能带来的直接、间接反应及效益作系统分析。

调整改进整个渠道： 这是对企业现有分销体系作通盘调整。这类调整难度最大，因为它不是对原有渠道的修修补补，而是要全面改变企业的渠道决策。如汽车制造商改变原来通过批发商代理渠道而采用直接销售渠道；饮料制造商考虑以集中装瓶和直接销售取代地区特许装瓶厂。这种决策，要求改变大多数市场营销组合策略，会产生深远影响，通常要由企业最高管理层作出。

上述调整方法，前一种属于结构性调整，立足于增加或减少原有渠道的某些中间层次；后两种属于功能性调整，立足于将一条或多条渠道工作在渠道成员中重新分配。企业的现有分销渠道是否需要调整，调整到什么程度，取决于分销渠道是否处于平衡和理想状态。如果矛盾突出，即渠道处于边际获利机会的不平衡状态，通过调整能解决一定矛盾，增加获利机会，一般就应当进行调整。

5. 渠道矛盾的协调

渠道冲突在分销渠道中是十分常见的现象，其根源在于渠道成员之间是既相互独立又相互依赖的关系。一般说来，渠道冲突具有显著的负面影响，会影响顾客的购买、品牌形象和销售业绩，分散了企业的注意力、精力和资源。但在渠道系统中，有些冲突不仅不是消极的，而且还具有一定的建设性，它会提高渠道的运行效率。

（1）渠道冲突的类型。

渠道冲突主要有以下三种类型：

垂直渠道冲突：是指同一分销渠道中不同层次的渠道成员之间的冲突。如零售商抱怨制造商产品质量不良、留给自己的利润空间太小、或者制造商抱怨零售商或批发商开发市场不力，有太多的积压货品，为最终消费者提供的售后服务太差等。

水平渠道冲突：是指分销渠道中同一层次的渠道成员之间发生的冲突。如某制造商的一些批发商抱怨同一地区的另一些批发商随意降低价格，扰乱市场。

多渠道冲突：是指同一制造商建立了两条或两条以上的渠道，它们间同一市场推销商品时产生的冲突。如制造商直接开设销售机构会招致其他经销商的不满；或制造商越过原有的区域独家代理商，向大型连锁零售商直接供货等。

（2）渠道冲突的原因。

① 导致渠道冲突的原因很多，但是目标是不一致的。

在渠道系统内各渠道成员都是独立的经济实体，因而都有自己的目标，并企图实现自己的目标，当这些目标不一致时就会产生冲突。如制造商想要通过低价获取快速销售成长，而中间商则想通过高毛利而获取最大化的短期收益；或制造商希望中间商帮助做促销，而中间商则期望制造商提供更多的广告或销售促进支持等。

② 知觉差异也是产生冲突的一个原因。

不同渠道成员对待同一事物的解释与态度可能大相径庭。如制造商可能对未来的经济前景表示乐观而要求中间商多备货，而中间商对经济前景却持相反的态度；或制造商认为卖场广告是一种有效的促销手段，而零售商却认为这对销售没有多大影响反而占用了卖场空间等。

③ 沟通障碍也会产生冲突。

当某个渠道成员不能问其他渠道成员及时传递重要信息，或在传递过程中出现失误或偏差时，就会产生渠道冲突。

（3）渠道冲突的解决。

① 垂直渠道冲突的解决。

解决办法一般采取以下措施：

激励：对工作不负责任和较懒散的成员，可采用提高它们的利润、补贴、展示宣传津贴、组织销售竞赛以及奖励成绩显著的成员等方法，以激励他们努力工作。

说服协商：成员之间相互将问题摆出来，共同研究协商，沟通意见，以便寻求一个大家都能接受的方案来消除分歧。

惩罚：这往往是在激励、说服协商不起作用的情况下使用的消极方法。可利用团体规范，通过警告、减少服务、降低经营上的援助，甚至取消合作关系等方法实现。

分享管理权：这是一种行之有效的方法。一种方式是建立契约性的纵向销售组织。即将自主活动的制造商、批发商和零售商，以契约的形式联合起来，实行有计划的专业化管理。合作确定销售目标、存货水平、商品陈列、销售训练要求、广告与销售促进计划，以减少成员内部的冲突。另一种形式是成立渠道管理委员会。由主导成员定期召集其他成员的代表，共同商议并决定管理事项。这也是减少冲突，增进相互理解支持的有效方法。

加强制造商与中间商的合作：中间商一般都是代表用户需要向制造商采购商品，往往以用户的采购人自居。因此，它们最关心的是用户的需要和购买。而且，它们一般都经营许多制造商的产品，对某一个制造商的需要（如各种产品销售情况的记录、市场信息的收集与反馈等）是不太重视的。所以在渠道合作关系中，制造商起着主导的作用。制造商要争取中间商的配合，必须把中间商作为用户来对待。制造商可采用提供适销对路的产品、加强广告宣传、援助中间商的促销活动、协助中间商进行市场调查、财务支持、协助搞好经营管理等方法来支持中间商，以提高它们的满意度，密切双方的合作关系。

扩展阅读

格力退出国美

2004 年，一场空调销售渠道的裂变在两个巨头企业——空调行业巨头格力电器与家电流通行业巨头国美电器之间上演。

2004 年 2 月 17 日，成都国美召开发布会，通告成都当地空调经销商，将执行国美“空调大战”计划，并明确表示国美将出资 200 万元用于这次活动。

2 月 24 日，成都国美对几乎所有品牌空调进行大幅度促销，其中有一款格力空调降幅达 40%，为所有品牌空调降价之首，因此，格力向成都国美正式发函，要求国美“立即中止低价销售行为”。成都国美方面则坚持说这是商家的一次正常促销活动，坚持继续降价。交涉未果，格力决定正式停止向成都国美供货。

3 月 9 日，国美总部向各地分公司下发了一份“关于清理格力空调库存的紧急通知”，要求各地分公司将格力空调的库存及业务清理完毕。格力总部则反击称：如果国美不按照格力的游戏规则处事，格力将把国美清除出自己的销售体系。

3 月 11 日，国美在全国卖场清理格力空调，格力全线退出国美。

根据 BAIDU《格力空调：离开国美，走自己的路》改编

② 水平渠道冲突的解决 ——窜货现象。

窜货又称倒货或冲货，是经销网络中的企业分支机构或中间商受到利益驱动，使所经销的产品跨地区销售，造成市场价格混乱，从而使其他经销商对产品失去信心，消费者对品牌失去信任的营销现象。窜货在很大程度上在于利益驱使。

解决办法一般采取以下措施：

A. 必须严格设计和执行分销层次与价格层次相匹配的级差价格体系，实施标准化规范化分销管理。标准化是分销渠道稳定、有序的重要条件。

B. 销量目标应尽可能客观合理，不强行压货压销量，提防不符合实际、故意提高销售量的分销成员，并对产品进行区域标码识别，以实现区隔。区域标码识别是有效扼制窜货的措施，但需要提高管理成本。

C.建立严格的窜货奖罚制度，实行“窜货处罚、不窜货奖励”，加强监控，发现问题立即处

理，开展区域市场的阶段性审计工作，对业务人员的业绩考核也应建立相应的综合指标。这种办法是“胡萝卜加大棒理论”的活用，成本较低，效果显著。

D. 建立综合渠道考量制度，注重过程管理和过程返利，综合分销成员的铺货、陈列、库存、价格和渠道维护来制定返利策略，并将不冲货、不乱价作为年终返利的必要条件。

E. 合同上明确双方权利、责任，合理、清楚地界定分销商的分销区域和价格，明晰分销层级，建立合理的差价体系。

F. 加强分销系统管理，加强对竞争对手的研究。所谓“攘外必先安内”，加强系统管理，才能安定内部，从而为攘外打基础；研究对手，才能知己知彼而百战不殆。

G. 销售政策应尽量兼顾公平，保持终端力度平衡，避免厚此薄彼，同时稳定渠道力度。中国有句古话：“不患寡而患不均”，利益均衡，是分销渠道激励的重要措施，是保证分销商积极性的重要条件，不可以忽视。

H. 加强库存管理，严控经销商库存，舍弃一些短期利益，保证市场供求平衡。

窜货现象在商品分销渠道中，短时期内是难以彻底消除的，但它的危害是巨大的，严重时会使企业辛辛苦苦建立起来的营销网络毁于一旦，对于它的存在不能掉以轻心。因此，对窜货问题应有清晰的认识，发生窜货时要认真研究其原因，对症下药及时处理，这是保障厂家自身长远利益的关键。

扩展阅读

诺基亚整治渠道未料后果——经销商被逼改做窜货商

2009 年 5 月初，诺基亚陆续在全国各地开展“WKA（诺基亚批发商）项目”，重新划分销售范围，每个签约经销商都将获得更大的销售区域，并能获得诺基亚的直接支持——提供客户资源、帮助经销商把渠道延伸到乡镇中去。

诺基亚在中国的销售渠道中，有全国直供分销平台、代理商、直供零售和省级直控分销平台（FD），FD 下面设有众多覆盖更深的经销商（WKA），主要在各个通信市场里从事批发工作。经销商从 FD 拿货，FD 的出货价格受到诺基亚严格指定，诺基亚甚至还对销售终端实行指导价格。为了维护各 FD 在当地的权益不受侵害，诺基亚要求各经销商之间不能跨区域销售，更不能跨省销售，否则就被处以重罚。

在此次 WKA 项目中，诺基亚重新筛选经销商，以上海为例，原来诺基业设有五六个经销商，但现在只留两家。“诺基亚掌控大的经销商，给经销商划分更大的销售范围，经销商以服务本渠道为主，不会有心思窜货。”一位胜出的经销商说，“从而把窜货商排挤掉，剩下的窜货商只能倒三四手货。”

过去，经销商的经营模式就是坐在通信市场里，等着小商贩来拿货。而现在，诺基亚要求经销商把诺基亚手机送到客户手中。为此，上述上海经销商除了保留通信市场的摊位外，还单独租用了办公室，雇用了会计、送货等专业人员，成立了公司。

除了抓窜货、收罚款外，诺基亚也开始在具体业务经营上与经销商接触，诺基亚在各地成立电话营销人员，给客户打电话，客户下订单后，把订单转给当地经销商，而这些客户大多是经销商也没有开发的乡镇市场。

诺基亚希望打击窜货行为，扶持正规军、排挤窜货商，然而市场却将诺基亚经销商推向了窜货商。

江西一家最大的经销商此次主动退出了诺基亚经销商体系，这位经销商称，作为诺基亚签约经销商，必须承担 3 个风险——先打货款，先打返点，还要承担窜货罚款。完不成任务量就拿不到返点，就算拿到返点也不能返回自己手里，而是直接冲抵下个月货款，担心完不成任务量就要窜货，一经被抓就要罚款，罚款从返点中直接扣除，有时候返点甚至不足以交罚款，就从下个月的货款中扣除。

“只要有差价，就会有窜货”赛迪顾问分析师李学芳说。

在市场中，经销商需要利润，价格是最能打动人的，以北京 7 月 21 日价格为参考，诺基亚 E71 出厂价是 2230 元，就算以底价卖到乡镇，还要搭人力、物力，而窜货价格只要 2150 元，而越是那些深入到乡镇的小客户，越不会拿高价正规货。

（资料来源：王然，经济观察报，2009-07-25）

第三节 批发商与零售商

一、批发商

批发是将货物或服务销售给为了转卖或者商业用途而进行购买的人或组织的活动。

批发商之所以能生存和发展，是因为以社会分工为基础的社会化大生产和大规模流通需要批发这个中间环节。在商品流通的过程中，批发商担负着繁重的集散各地产品的任务，起着调节市场供求的蓄水池作用。

批发商可以划分为三大类：即商人批发商、代理商及经纪商、制造商及零售商自设的批发机构。

1. 商人批发商

它们是独立的企业，对经营的商品拥有所有权。也就是自己购进并销售产品的批发机构。独立批发商无论是在数量还是销售额上，在批发业中均居重要的地位。独立批发商可分为两类：完全服务批发商和有限服务批发商。

（1）完全服务批发商。

完全服务批发商向顾客提供全方位的服务。主要包括：保持存货、雇用固定的销售人员、提供信贷、送货、协助管理。完全服务批发商又分为批发商人和产业分销商两类。

① 批发商人。

批发商人主要向零售商销售，并提供广泛的服务。他们还可分为：

综合批发商：它们经营的商品种类很多，包括食品杂货、服装、家具等许多特别是小型零售商需经常购进的商品。有人称它们是从事批发业的"百货商店"。

单一种类或整类商品批发商：它们从事批发某一特定种类的商品，且在品种、规格、品牌等方面具有相当的完善性。同时还经营一些与这类商品密切关联的商品。

专业批发商：它们只经营一个产品类别中的部分品种，专业化程度较高。它们精通产品的专业知识，能在较狭窄的产品范围内为顾客提供较深的选择和专门的技术知识和服务。它们服务的对象主要是大型零售商、专业商店和产业用户。

② 产业分销商。

是指向制造商而不是零售商销售的独立批发商。它们为制造商提供全面服务，经营的商品类别有多有少，但每类商品的品种、规格、品牌都很齐全。便于买主一次就可买到所需的各种商品。

（2）有限服务批发商。

有限服务批发商向其供应商和顾客提供的服务较少。主要有以下类型：

货架批发商：它们在超级市场和其他杂货商店设置自己的货架，商品卖出后，零售商才付给货款。这是零售商所欢迎的寄售方式，但也是一种费用较大的批发业务。

现款交易批发商：顾客购货时，当场支付货款，并当场提走货物。这种批发商既不赊销也不送货，也没有推销员。服务对象主要是食品杂货业中的小型零售商。

邮购批发商：它们是通过邮寄接受订货，然后将商品以邮寄、寄运等方式送货的批发商。

它们的主要顾客是边远地区的小零售商等。

卡车批发商：它们主要是执行销售和送货职能。经营品种主要是易腐，需周转很快的食品、饮料、水果等。卡车既是送货的工具，又是活动的仓库。

承销批发商：它们主要经营的是大宗产品，如煤和木材等。它们既不储存也不送货，而是在得到订单后，将产品直接从制造商运到买主所在地，因此经营费用很低，销售对象主要是工业用户和其他中间商。

2. 代理商及经纪商

（1）代理商。

代理商是指为委托人（通常是供应者）服务的批发机构。他们不拥有产品所有权，只代表卖方与买方进行磋商，主要功能是促进买卖。产品销售后，按销售量由委托单位付给一定的佣金。代理商最大的优势是熟悉行情，有专业知识，推销努力，且收费较低。因而许多制造商愿意采用代理商销售产品。特别是打入新市场时，代理商更具有特殊作用。代理商主要有以下类型：

制造商代理商：它是受制造商委托，在一定区域内出售制造商产品的代理商。通常，制造商在特定区域可以同时利用几个这类代理商销售产品，而代理商也常常代销若干个制造商的产品，但经营的产品应是互补的而不是相互竞争的。代理商分别和每个制造商签订有关定价政策、销售区域、订单处理程序、送货服务、各种保证及佣金比例等方面的合同。大多数制造商的代理商都是小企业，雇用的销售人员少，但都极为干练。许多无力组织销售队伍的小公司常雇用这种代理商。有些大公司在开拓新市场或者在难以雇用专职销售人员的地区也常用其充当代表。制造商代理商主要从事推销职能，起着补充制造商推销人员的作用。

销售代理商：它是受制造商委托，负责销售制造商某些特定产品或全部产品的代理商，它不受地区限制，并对定价、销售条件、广告、产品设计等有决定性的发言权。销售代理商通常与两个以上的委托人签订合同，但一个制造商只能对全部产品或几个产品类别使用一个代理商。这种代理商在纺织、木材、某些金属产品、某些食品、服装行业中使用较多。这种代理商事实上取代了制造商的全部销售职能，而不像制造商的代理商那样只起补充的作用。销售代理商主要适用于那些没有力量推销自己产品的小制造商。

佣金商：指对商品实体具有控制力，并处理商品销售的代理商。它们与委托人一般没有长期关系。在西方国家，大多数佣金商从事农产品的代销业务，他们用卡车将农产品运送到中心市场，以最好的价格出售，然后扣去佣金和各项开支，将余款汇给生产者。

拍卖行：指为买卖双方提供交易场所和各种服务项目，以公开拍卖的形式决定价格，组织买卖成交的代理商。

进出口代理商：指在主要口岸设有办事处，专门替委托人从国外寻找供应来源和向国外推销产品的代理商。

（2）经纪人。

经纪人与代理商有些类似，他们也不拥有产品所有权，不控制产品实物、价格以及销售条件。经纪人的主要作用是为买卖双方牵线搭桥，协助谈判，促成交易。交易完成后，由委托方付给佣金。它们与买卖双方没有固定关系。最常见的有食品经纪人、不动产经纪人、保险经纪人和证券经纪人等。

3. 制造商自设的批发机构

他们的所有权和经营权都属制造商。包括设置在各地的分销机构和销售办事处，分销机构承揽着征集订单、储存和送货等多种业务。销售办事处则主要是征集和传递订单。此外，制造商还可在展销会和批发市场上长年租赁展台、场地、设立批发窗口。

二、零售商

零售商形式繁多，并不断有新的形式出现，划分的标准也不统一。在这里，我们将讨论商店零售商、无店铺零售和零售组织。

1. 商店零售商

商店零售商可以划分为专业商店、百货商店、超级市场、联合商店、超级商店、特级市场、方便商店、折扣商店、仓库商店、目录销售陈列室等主要类型。

专业商店：这类商店专门经营某一类产品或某一类产品中的部分品种。例如服装商店、家具商店、书店等，它们经营单一种类的产品。

百货商店：百货商店经营的产品种类很多，商店按产品类别布局和管理，一般都设在城市的闹市区，规模较大，装修考究，能为顾客提供完善的服务，能满足顾客在同一地点选购多种商品的需要。百货商店的组织形式有三种：一是独立的百货商店，即一家百货商店独立经营，别无分店；二是连锁百货商店，即一家百货商店在各地开设若干百货商店，它们是这家总公司的分号或联号，属总公司所有，由总公司集中管理；三是百货商店所有权集团，即原来若干独立的百货商店联合组成百货商店集团，实行统一管理。

超级市场：超级市场主要经营便于携带的食品和一些家庭日常用品。其特点是顾客自我服务、奉行较低价格、低成本和大量销售的原则；经营场地较大，陈列和辅助设施齐全；品种齐全，为顾客的多品目购买提供方便。有资料表明，在美国有四分之三的食品是通过超级市场出售的。

超级商店、联合商店和特级市场：这是三种与超级市场类似，但规模更大的商店。超级商店营业面积为 3 000 m^2 左右，经营产品广泛，能满足消费者包括食品在内的一切日常用品的需要，而且还经营诸如洗衣、修鞋、廉价午餐柜等服务项目。能使顾客一次买齐日常所需的一切消费品和服务。

联合商店是 20 世纪 70 年代出现于美国的一种新兴联合企业。它实际上是一个超级市场和一个非食品零售商店（通常是药店）在一个核算组织内的结合。联合商店营业面积在 2 700 ~ 5 000 m^2，非食品销售额约占 25%，比一般的超级市场更具战略优势。巨型超级商店，也叫特级市场，它规模更大，营业面积在 7 400 ~ 20 000 m^2。它采取超级市场、廉价商店和仓库售货的经营原则，廉价出售品种繁多的食品和非食品，其中包括家具、重轻型器具、各类服装和许多其他物品。

方便商店（便利店）：方便商店与超级市场经营的商品类似，也是以经营食品为主，但经营种类有限，商店较小，价格比超级市场高。购买时的迅速方便，以及营业时间长是它们的主要特点。

折扣商店：折扣商店不是指那些有时削价出售商品的商店，也不是指那些低价出售劣质品的商店。折扣商店的主要特征是：① 以一贯低于那些毛利高、周转慢的商店所流行的价格出售产品；② 着重经营名牌产品，因而低价并不意味着质量差；③ 实行自我服务，尽量减少雇员；④ 设备简陋而实用；⑤ 商店一般设在低租金地段。正因如此，折扣商店以低成本保证了低价格，以低价格赢得了较大的销售量和较快的资金周转。使其成为第二次世界大战以后零售业中的一个创新。

仓库商店： 是类似仓库的零售商店。这种商店装饰布置简陋，设在低租金区，场地也多是由仓库改建而成，经营品种较多，规模较大，是一种典型的薄利多销的零售方式。

目录销售陈列室： 它是将商店目录和折扣原则应用于大量可选择的毛利高、周转快的有品牌商品的销售。其中包括珠宝饰物、摄影器材、皮箱、电动工具等。

这些商店是20世纪60年代后期出现的，现已成为西方国家零售业及其走红的零售方式。目录销售陈列室与传统的商品目录销售有所不同，后者主要供消费者在家购物，没有折扣，而顾客要过几天甚至更长的时间才能收到商品。目录销售陈列室每年要发行长达几百页的彩色商品目录（图册），每个品种都注有"目录价格"和"折扣价格"，顾客可用电话订购商品，并支付运费，或开车去陈列室看样选购。

2. 无店铺零售

无店铺零售主要包括：直接销售、直接市场营销、自动售货、邮购和电话订购、上门零售等。

直接销售： 这是利用推销员或推销代表（或视为公司雇用的外围推销员）挨家挨户推销，或上办公室等其他场合推销的零售方式。

直接市场营销： 直接市场营销起源于邮购销售，但今天已经发展到电话营销、电视直销、商品目录营销、电子购物等。

自动售货： 即通过自动售货机向顾客出售商品的零售方式。

这种方式在美国、日本等经济发达国家运用较为普遍。在这些国家，自动销售已经被用在相当多的商品上，包括具有高度方便价值的冲动购买品（如香烟、软饮料、糖果、报纸和热饮料等）和其他产品（袜子、化妆品、点心、热汤和食品、平装书、唱片、胶卷、T恤、保险套以及鞋油等）。在工厂、办公室、大型零售商店、加油站甚至铁路餐车上都有售货机。自动售货机向顾客提供24小时售货、自我服务和无需搬运商品的便利条件。

3. 零售组织

尽管许多零售商店拥有独立的所有权，但是越来越多的商店正在采用某种团体零售形式。团体零售有以下几种主要类型：公司连锁商店、自愿连锁商店和零售店合作社、消费者合作社、特许经营组织和销售联合大企业。

公司连锁： 连锁店包括两个或者更多的共同所有和共同管理的商店，它们实行集中采购和销售相似产品线的产品。公司连锁店出现在各种零售类型里，食品店、药店、鞋店，等等。但在百货商店中力量最为强大。

公司连锁店比起独立商店有很多优势。由于规模较大，因此可大量进货，以便充分利用数量折扣和运输费用低这个优势。连锁店能够雇用优秀管理人员。在销售额预测、存货控制、定价和促销等到方面制定科学的管理程序。连锁店可以综合批发和零售的功能，而独立的零售商却必须与许多批发商打交道。连锁店所做的广告可使各个分店都能受益，而且其费用可由分店分摊，从而做到促销方面的经济节约。有些连锁店允许各分店享有某种程度的自由，以适应消费者不同的偏好和对付当地市场的竞争。

自愿连锁商店和零售商合作社： 连锁店带来的竞争使得独立商店开始组成两种联盟。一是自愿连锁店，是由批发商牵头组成的独立零售商店集团，它们从事大量采购和共同销售业务。另一种是零售商合作社，这是由一群独立的零售商店组成的一个集中采购组织，采取联合促销行动。这些组织在销售商品方面可达到一定的经济节约要求，而且能够有效地迎接公司连锁店的价格挑战。

消费者合作社：消费者合作社是一种由消费者自身拥有的零售公司。社区的居民觉得当地的零售商店服务欠佳，或者是价格太高，或是提供的产品质量低劣，于是他们便自发组织起消费者合作社。这些居民出资开设自己的商店，采用投票方式进行决策，并推选出一些人对合作社进行管理。这些店可以定价较低，也可以按正常价格销售，根据每个人的购货多少给予惠顾红利。

扩展阅读

北京城兴起“小区团购”

只需往社区居委会打一个电话，就会有专人将居民所需的生活用品送上门来，从2005年8月开始，北京海淀区知春里等100多个小区成为北京首批享有“团购”的社区。负责社区“团购”的工作人员就是居民小区内的下岗职工或生活困难的居民，他们专门负责搜索居民每天日常生活用品等方面的订单，并向专业网站进行网上团购。团购不仅方便了居民的购买，而且多数商品的价格也都比普通超市便宜。例如，团购一桶5升装第二代食用金龙鱼牌调和油的价格是44.5元，比市场便宜了1.5元；一袋25公斤装的古船标准面粉销售价为52元，比市场便宜了2.6元；900克桶装的立白超浓缩无磷洗衣粉售价为14.38元，比市场便宜了近1元。团购商品已经成为北京部分社区居民越来越喜欢的一种购物方式。除了团购有形商品外，朝阳区望京社区已经将团购的范围扩大到家教、外语学习、健身培训等服务产品的购买上。

（资料来源：李环宇，从柴米油盐到健身、家教，京城兴起“小区团购”，北京晚报，2005-08-21）

特许经营组织：特许经营组织是在特许人（生产商、批发商或服务机构）和被特许人（购买特许经营系统中一个或若干个品种的所有权和经营权的独立商人）之间的契约式联合。特许经营组织的基础一般是独特的产品、服务或者是做生意的独特方式、商标名、专利或者是特许人已经树立的良好声誉。在西方国家，快餐、音像商店、保健中心、理发、汽车租赁、汽车旅馆、旅行社、不动产等几十个产品和服务业主要使用特许经营这一方式。

思考与讨论题

1．消费者市场分销渠道的类型有哪些？
2．影响分销渠道选择的因素有哪些？如何设计分销渠道？
3．如何管理分销渠道成员？
4．分销渠道冲突的类型有哪些？如何解决渠道冲突？
5．常见的批发商和零售商的类型有哪些？

扩展阅读

万豪的金字塔形营销体系

一座按照藏式风格精心设计的上海西藏大厦万怡酒店于2009年2月10日开业，成为上海徐家汇商业中心的地标性建筑，也为周围的景致平添了一抹富贵的韵味。

这家酒店是万豪国际集团（Marriott）（以下简称万豪）旗下的第800家万怡（Courtyard）酒店，也是在中国开业的第7家万怡酒店。“万怡是世界第12大酒店品牌，网络遍及28个国家和地区。”万豪亚太地区执行副总裁贾哲夫（Geoff Garside）说，“一直以来，万怡品牌不断创新，为商务旅客带来全新的体验。我们不断聆听商务旅客对万怡酒店的需要，他们希望有更多的服务选择，能够随心所欲地享用各种服务和设施，以便在工作与休闲之间达到理想的平衡。”

万豪创始人J·W·万豪曾提出过营销3大原则：其一，以尽可能低的代价传递信息；其二，把信息不断地传递给尽可能多的人；其三，在顾客头脑中不断留下一种突出的、不可磨灭的印象。

时至今日，这3大信息传播原则仍然为万豪所奉行。万豪发展规划部副总裁 Paul Foskey 说：“万豪每年都会在市场营销和广告方面投入巨资。随着业务不断扩展和酒店规模不断扩大，万豪形成了金字塔形营销体系。”

位于金字塔顶端的是万豪的 MARSHA 预订系统，其下为3个接入渠道：一是与旅行业全球预订分销系统（The Global Distrlbution System，GDS）衔接，与全球各地的航空公司、各大旅行社和旅行业务代理商直接连接；二是电话预订，对外公布免费预订电话号码，客人打电话预订客房，通过 MARSHA 统一处理；三是网上预订，自动输入 MARSHA。无论客人通过哪个渠道预订客房，都能当场予以确认。MARSHA 每年为万豪完成的客房预订业务量占到其客房销售量的50%以上。

万豪国际电子商务总监 Luis Babicek 说：“电子商务世界瞬息万变，万豪有必要让自己的中文网站精益求精，以满足中国顾客的需要。万豪中文网站新增加了一些功能，以便客人可以快捷、简便地获取各种服务信息，预订客房。”

万豪中文网站是中国功能最为齐全的旅游网站之一，与 www.marriott.com 为姐妹网站，而后者是全球第8大消费零售网站。万豪网站拥有多个国际市场站点，包括中国、英国、德国、法国、日本、韩国、澳大利亚以及拉丁美洲的一些国家，每个月光顾万豪网站的顾客超过1000万人次。如今，万豪的电子商务涵盖了各种销售渠道，每年为集团带来的客房收入超过了85亿美元。

从万豪公布的酒店投资计划看，万豪在亚太地区的发展步伐并没有受到全球经济危机的影响。到2014年年底，万豪在亚太地区的酒店数目将增至167家，在16个国家及地区通过7个品牌管理5万多间客房。其中，在中国北京、上海、南宁、杭州、苏州、西安、广州、天津、深圳和澳门，将有20家万豪不同品牌的酒店开业。

经验告诉人们，世界经济一旦复苏，亚太地区的复苏速度肯定相对较快，而中国则是全球酒店业发展速度最快的市场之一，其发展空间不可估量。

讨论题：万豪为什么要建立金字塔形的营销体系？

（根据李颖《万豪的金字塔形营销体系》新营销；2009.06 改编）

【案例分析】

另解“重赏之下，必有勇夫”

眼瞅着大半年过去了，可销售计划只完成了三分之一，怎么办？作为某食品公司营销经理的张某，一直为销售不畅苦恼着。于是他请示老总，决定搞一次大规模的促销活动，以激励零售商大量进货，方法就是每进一件产品，奖励现金50元。这招还真灵!零售商们见有利可图，进货积极性高涨，只一周时间，上半年落下的任务就超额完成了。张经理看着销售表，长长地舒了口气，“真是有钱能使鬼推磨，重赏之下，必有勇夫啊!"

然而，让张经理万没想到的是，没出一个月，市场就发生了意外：公司在市场上一直平稳的食品价格莫名其妙地一个劲儿往下滑。各零售点，无论大商场还是小食杂店都竞相降价甩货，不但造成零售价格一片混乱，也直接影响了公司的市场形象。老总火了，公司急忙派出人员出面调查制止。零售商们当面说得好听，可一转身，仍然低价出售。搞得公司焦头烂额，无可奈何。

原来，在高额促销费的驱动下，零售商们进货量猛增，表面上看，公司的库存降下来了，而商圈内消费者的消费量是相对有限和固定的，货虽然到了零售商手里，可并没有顺利地卖到消费者手中。由于零售商都进了大量的货，而一时又销不出去，为尽快处理库存积压，回笼被占用的资金，它们便争相降价甩卖。结果市场上卖什么价的都有，而且是越卖价越低。

低价甩卖，零售商不赔钱吗？它们当然不会做赔本的买卖，因为还有高额促销费垫底呢，只不过是少赚一点罢了。而食品公司的损失却要大得多了。公司形象受影响不说，而产品价格一旦降下来，再想拉上去几乎是不可能的。因为消费者一旦接受了更低的零售价格，若再涨上去，他们肯定是不买账的，正所谓：降价容易涨价难啊！

于是，该种产品的售价越卖越低，零售商的利润越来越薄，最后，干脆不卖这种产品了。没人再进货，这种产品也就寿终正寝了!而这时只有食品公司叫苦不迭。张经理也因此引咎辞职，痛苦地离开了这家企业。

（资料来源：庞洪芬，激励零售商的两大误区及对策，http：//www.zrddn.com）

思考分析：

1. 造成这一现象的根本原因是什么?

2. 如果你是这家食品公司的营销经理，你怎么办?

第九章　价格营销策略

学习目的和要求

1. 了解定价的主要影响因素，明确定价程序。
2. 掌握成本导向定价、需求导向定价和竞争导向定价等一般定价方法。
3. 掌握定价和调价策略。

对企业来说，有了适合顾客需要的产品，还需要决定以什么样的价格卖给顾客。这里所指的价格，不单纯是“价钱”，还指包括“价钱”在内的一系列因素。尤其是对于企业顾客来说，价格是一个一揽子条件的总称。在所有的市场营销组合要素中，价格是唯一能带来收入的因素，因而非常重要。价格还可能会随着竞争情况的变化而进行变更。如何能够使价格成为一个强有力的工具，帮助营销人员赢得市场和应有的利润，是营销人员面临的一个重要的课题。

厂商面对卖者的三种主要的定价决策问题是：对第一次销售的产品如何定价；怎样随时间和空间的转移修订一个产品的价格以适应各种环境和机会的需要；怎样调整价格和怎样对竞争者的价格调整作出反应。

第一节　影响企业定价的因素

价格作为营销因素组合中最活跃的因素，它应对整个市场变化做出灵活的反应。当然，这种变化必须受价值规律的制约，但它主要是受市场状况、消费者行为以及国家的政策、法令等因素的影响。价值是形成价格的基础，而成本又是价值的重要组成部分。因此，价格的制定必须考虑这两个重要因素。

一、商品价格的构成

商品价格一般包括四个要素：生产成本、流通费用、国家税金和企业利润。

1. 生产成本

生产成本亦称制造成本是指生产活动的成本，即，企业为生产产品而发生的成本。生产成本是生产过程中各种资源利用情况的货币表示，是衡量企业技术和管理水平的重要指标。商品生产中，必须支出物质消耗和劳动报酬。在正常情况下，每个企业在出售商品时应该收回这两部分支出，否则企业的再生产就会发生困难。

2. 流通费用

流通费用指商品在流通过程中所发生的各种费用。包括商品从产地到销地之间的运输，商品在流通过程中的保管、挑选、整理、分类、包装以及由商品购销活动和管理核算业务活动所引起的一系列开支。在商品进货及销售价格确定的前提下，企业流通费用越少，也就意味着企业盈利机会越大。众所周知，开源与节流是降低企业运行成本的两个关键性手段，比起“开源”，在不减少商品流通必要环节的前提下，“节流”显得尤为重要。而降低流通费用不能只在降低人力成本、精简商品流通环节上下工夫，更应该考虑尽可能降低商品储存、运输等成本。

3. 企业利润

企业利润是指企业在一定时期内生产经营的财务成果，包括营业利润、投资收益和营业外收支净额。是指存在着利息的情况下产业利润和商业利润的总称，它在数量上就是平均利润和利息的差额。企业利润是生产者为社会劳动所创造价值一部分的货币表现。它的量的大小，就一般而论，是商品价格与生产成本、流通费用和税金之间的差额。

4. 国家税金

国家按照税法规定，向经济单位和个人无偿征收的预算缴款，纳入国家财政收入。税金主要包括纳税人按规定缴纳的消费税、营业税、城乡维护建设税、资源税、土地增值税。教育费附加，可视同税金。

从成本的角度来看，商品价格的具体构成为：

出厂价格 = 产品成本+税金+生产企业利润

批发价格 = 出厂价格+批发流通费用+批发企业的利税

零售价格 = 批发价格+零售部门的费用+零售部门的利税

二、影响企业定价的主要因素

企业对产品的价格进行决策即定价，定价时考虑的因素很多。

1. 企业定价目标

在市场经济条件下，企业为产品定价时首先必须有明确的目标。不同企业、不同产品、不同市场有不同的营销目标，因而也就需要采取不同的定价策略。而决定企业定价的营销目标主要有以下五种：

维持企业生存：当企业由于经营管理不善，或由于市场竞争激烈、顾客需求偏好突然变化而造成产品销路不畅、大量积压、资金周转不灵，甚至濒临破产时，企业应为其积压产品定低价，只要能收回变动成本或部分固定成本即可，以求迅速出清存货，减少积压，收回资金。有时为了避免更大损失，甚至可以使售价低于成本。这种目标只能是企业面临困难时的短期目标，长期目标仍然是要获得发展，否则企业终将破产。

追求利润最大化：追求当期利润最大化而较少考虑企业的长期效益，以此为目标定价，是将几种不同价格与其相应的需求量，并结合产品成本进行比较综合考虑，从中选择一个适当的价格，即可以取得当期最大利润、最大现金流量和最大投资收益的价格。以当期利润最大化为目标来定价，必须具备一定条件，即当产品声誉卓著，在目标市场上占有竞争优势地位时，可以采用；否则，还是要以长期目标为主。

保持或扩大市场占有率：市场占有率是企业的销售量（额）占同行销售量（额）的百分比，是企业的经营状况和企业产品竞争力的直接反映，它的高低对企业的生存和发展具有重要意义。一个企业只有在产品市场逐渐扩大和销售额逐渐增加的情况下，才有可能生存和发展。因此，保持或提高市场占有率是一个十分重要的目标。许多企业宁愿牺牲短期利润，以确保长期的收益，即所谓“放长线，钓大鱼”。为此，就要实行全部或部分产品的低价策略，以实现提高市场占有率这一目标。

保持最优产品质量：有些领先企业的目标是以高质量的产品占领市场，这就需要实行“优质优价”策略，以高价来保证高质量产品的研究与开发成本和生产成本。采取这种定价目标的企业，其产品一般都在消费者心目中享有一定声誉，利用消费者的求名心理，制订一个较高的产品价格。

抑制或应付竞争：有些企业为了阻止竞争者进入自己的目标市场，故意将产品价格定得很低。这种定价目标一般适用于实力雄厚的大企业。还有些中小企业在市场竞争激烈的情况下，以市场主导企业的价格为基础，随行就市定价，从而也可以缓和竞争，稳定市场。

定价目标的选择，应当建立在需要与可能的基础上，坚持全局观念，保持各目标间的一致性，并视具体情况及时加以更改。

扩展阅读

定价策略：部分是艺术，部分是科学

对一家公司来说最难办的事情之一就是给一种产品或服务制订适当的价格。

在定价方面，你的相对竞争处境、你的有关产品或产品种类的战略目标，以及产品在自身生命周期中所处的阶段，这些都是重要的宏观决定因素。

如果你的主要战略目标是提高盈利能力，而不是增加市场份额，则你就不宜杀价，而是应当寻求那些愿意接受你的要价的顾客所占的市场部分，而不要为了吸引更大市场部分而降低价格。在竞争激烈的市场上，既要使利润最大化，又要获得最大限度的市场份额，这十分不合乎实际的期望。

在网络浏览器市场上，微软公司将其“因特网探索者”产品白白赠送。对扩大市场份额来说，这是一种所向披靡的战略。网景公司过去拿自己的浏览器卖钱，现在则为了生存而将其免费提供。

显然，必须记住的不仅有交叉补助，而且还有短期和长期的目标。如果赠送一种产品有助于今后为其他产品建设顾客基础，则短期的轰动效应可能会使你在长期里获得很大收益。

你的主要目标是使顾客满意吗？你是否认为满意的顾客将会形成市场份额和利润？如果是这样，那么定价的涵义就是对顾客采取长期观点，在一个较长时期里实现利润。

谁是你的顾客？你若不能明确回答这个问题，你就不能阐明合理的定价策略。营销的基本要素是明白你所追求的是谁（市场分割和选定目标）、你如何追求他们（找准位置）和你应当使用什么工具（包括定价在内的营销混合）。

资料来源：作者 美国西北大学营销学教授克里什纳莫蒂“定价：部分是艺术，部分是科学”，英国《金融时报》，2001.9.28

2. 产品成本

成本是定价的低限。产品成本包括制造成本、营销成本、储运成本等。它是价格构成中一项最基本、最主要的因素。成本是产品定价的最低限度。产品价格必须能够补偿产品生产、分销和促销的所有支出，并补偿企业为产品承担风险所付出的代价。企业利润是价格与成本的差额，因而企业必须了解成本的变动情况，尽可能去掉产品的过剩功能，节省一切不必要的消耗，降低成本，降低价格，从而扩大销售，增加赢利。

在一般情况下，企业商品的成本高，其价格也高，反之亦然。因此，企业商品的成本与其价格有着直接联系。企业商品的总成本除生产成本外，还包括商品在流转环节中的流通费用。从经济学的角度来看，商品价格通常应由正常的生产成本、合理利润、应纳税金和流通费所构成。即：商品价格 = 生产成本+流通费用+利润+税金

3. 需求弹性

价格会影响市场需求，根据需求规律，市场需求会按照与价格相反的方向变动。价格提高，市场需求就会减少；价格降低，市场需求就会增加。这是供求规律发生作用的表现。但是也有

例外情况。菲利普·科特勒指出，显示消费者身份地位的商品的需求曲线有时是向上倾斜的。例如香水提价后，其销售量却有可能增加。当然，如果香水的价格提得太高，其需求和销售将会减少。可见，市场需求对企业定价有着重要影响。而需求又受价格和收入变动的影响。

我们将价格和收入等因素的变动而对需求的影响程度称之为敏感性或需求弹性。需求弹性可分为需求的收入弹性、价格弹性和交叉弹性。

（1）需求的收入弹性。

需求的收入弹性是指因收入变动而引起的需求的相应的变动率。

（2）需求的价格弹性。

价格会影响市场需求。在正常情况下，市场需求会按照和价格相反的方向变动。价格提高，市场需求就会减少；价格降低，市场需求就会增加。所以，需求曲线是向下倾斜的。需求的价格弹性反映需求量对价格的敏感程度，以需求变动的百分比与价格变动的百分比之比值来计算，亦即价格变动百分之一会使需求变动百分之几。

在以下条件下，需求可能缺乏弹性：① 市场上没有替代品或者没有竞争者；② 购买者对较高价格不在意；③ 购买者改变购买习惯较慢，也不积极寻找较便宜的东西；④ 购买者认为产品质量有所提高，或者认为存在通货膨胀等，价格较高是应该的。

（3）需求的交叉弹性。

产品线中的某一个产品项目很可能是其他产品的替代品或互补品，同时，一项产品的价格变动往往会影响其他产品项目销售量的变动，两者之间存在着需求的交叉价格弹性。交叉弹性可以是正值也可以是负值。如为正值，则此二项产品为替代品。如果交叉弹性为负值，则此二项产品为互补品。

所谓替代性需求关系，是指在购买者实际收入不变的情况下，某项产品价格的小幅度变动将会使其关联产品的需求量出现大幅度的变动。而互补性需求关系，则是指在购买者实际收入不变的情况下，虽然某项产品价格大幅度地变动，但其关联产品的需求量并不发生太大变化。

4. 竞争者价格

产品的最高价格取决于该产品的市场需求最低价格取决于该产品的成本费用。在这种最高价格和最低价格的幅度内企业能把产品价格定多高则取决于竞争者同种产品的价格水平。企业必须采取适当方式了解竞争者所提供的产品质量和价格。企业获得这方面的信息后就可以与竞争产品比质比价更准确地制定本企业产品价格。如果两者质量大体一致则两者价格也应大体一样否则本企业产品可能卖不出去如果本企业产品质量较高则产品价格也可以定得较高如果本企业产品质量较低那么产品价格就应定得低一些。还应看到竞争者也可能随机应变针对本企业的产品价格而调整其价格也可能不调整价格而调整市场营销组合的其他变量与企业争夺顾客。当然对竞争者价格的变动企业也要及时掌握有关信息并做出明智的反应。

5. 其他因素

企业的定价策略除受企业定价目标、成本、需求以及竞争状况的影响外，还受到其他多种因素的影响。这些因素包括：① 政府或行业组织干预。在现代经济生活中，世界各国和地区政府对价格的干预和控制是普遍存在的，只是干预与控制的程度不同。② 消费者心理和习惯。价格的制定的变动在消费者心理上的反映也是价格策略必须考虑的因素。在现实生活中，很多消费者存在“一分钱一分货的观念”。但消费者心理和习惯上的反应是很复杂的，某些情况下会出现完全相反的反应。③ 企业或产品的形象因素。有时企业根据企业理念和企业形象设计的要求，需要对产品价格作出限制。④ 商品的特点。商品的种类、标准化程度、商品的季节性、时尚性、生命周期阶段等诸方面是企业制定价格时必须考虑的因素。

三、商品差价与商品比价因素

商品差价与商品比价，是价格体系的重要组成内容，也是国家价格政策的组成部分。企业定价时不可忽视这一政策因素。

1. 商品差价因素

商品差价是指同一商品由于销售地区、流转环节、销售季节、质量高低、用途等不同而形成的价格差额。商品差价形成的主要理论依据是上述各种情况下耗用的劳动量不同。其形式主要有以下六种：

地区差价因素：地区差价是指同种商品在同一时间、不同地区的价格差额。它由商品在地理空间转移过程中所增加的劳动消耗而造成。另外，由于不同地区的技术水平、资源条件、劳动熟练程度等不同，也会形成地区差价。

企业定价时应考虑差价因素，这是因为：其一，商品由于受地区差价的影响，必定会产生地区间流动，从而使某地区商品总量发生变化，这样势必使企业调整自己商品的价格。其二，企业对异地商品提价时应程度。差价过大，则竞争对手增多，差价过小，企业无利可图。

批零差价因素：批零差价是指同种商品在同一时间、同一市场零售价与批发价之间的差额。即零售价减去批发价的余额。由于它反映批发商与零售商的利益分配关系，因此，批零企业定价时应考虑合理的差价，这样才有利于双方对商品的销售。

季节性差价因素：季节差价是指同一商品、同一市场、不同季节之间价格的差额。它主要由于商品供求在时间上的矛盾而造成。对于这类商品，在销售旺季时，可采用高价策略。而在销售淡季时，则使用低价策略。生产企业则应更多地考虑产品的生产时间，准确预测商品需求的季节变化。

质量差价因素：质量差价是指同一种商品在同一市场上因产品质量差异而形成的价格差额，企业定价时应在考虑消费者对价格的反应与国家政策前提下按质论价，正确处理好商品的质量、效能、价格三者之间的关系，以满足不同类型消费者的需求。

平议差价因素：平议差价是指同种商品在同一市场中国家计划价格与市场价格间的差额。

用途差价因素：用途差价是指企业同一商品在不同用途上的价格差额。企业定价时，可采用高价以限制商品的某一用途；而以低价格鼓励商品另一用途。

2. 商品比价因素

商品比价是指在同一条件下不同商品价格的比例。它由不同商品之间价格量的比值和不同商品的供求状况所决定。比价形式主要有制成品与投入要素比价、替代品比价、连带品比价等。

（1）制成品与投入要素比价因素。

这种比价是指制成品与原材料、半成品、零部件等投入要素价格之间的比例。

企业应当考虑：第一，如果投入要素价格低，而制成品企业定价偏高，则投入要素的相差企业会提高其商品价格，或促使零部件企业自行组装整机。这样当制成品供应量增多时，会使制成品企业的产品积压。同样，如果制成品价格低，投入要素企业定价偏高，最终也会使投入要素企业的产品积压。第二，在一定时期内，当制成品与投入要素的价格升降幅度悬殊时，会造成购销双方生活者的利益矛盾，甚至使相关企业间长期建立的协作关系毁于一旦。

（2）替代品比价因素。

当同类商品中某一种商品的功能、用途等可由另一种商品所代替时，两种商品的价格比例则为替代品比价。

按替代程度可划分为完全替代和不完全替代两种。完全替代是指替代品与被替代品的功能、用途基本相同；不完全替代是指替代品与被替代品的用途相似，但功能有差异，其中一种商品只能满足消费者部分需求。对于前者，在一般情况下，消费者购买的随意性较大，而当两者比价悬殊时，顾客就会慎重选购。对于后者，在比价合理的情况下，购买的选择性不强，不同的消费者将按各自的需求购买商品；而当比价幅度很大时，顾客将会选购既能基本满足需求，价格又较廉的商品。此外，当不完全替代程度很高时，即使功能较优的商品价格较高，消费者也乐意接受这种高价商品。因此，在竞争激烈的市场中，企业既要考虑产品的功能设计，保证产品质量，又要考虑竞争对手的商品价格策略。

（3）连带品比价因素。

在同一类消费中，必须把两种或两种以上的商品结合起来才能满足需求的商品称为连带品，而连带品价格之比则称为连带品比价。

按照连带程度，可分为直接和间接连带品。企业定价时，通常应以有助于基础商品销售为原则，协调好连带品间的比价关系。间接连带是指在同一消费中两种或两种以上商品没有确定性连带特征，这类商品一般由多个企业生产并协商定价，力求协作效益或由某一企业采用多角经营的方式，发挥商品间的连带效益。

第二节　定价的程序与方法

一、定价的程序

1. 定价的一般程序

一般程序为：选择定价目标—测定需求价格弹性—分析竞争者价格水平和产品质量—考虑企业营销活动的有关策略—选择适当的定价策略和定价方法--确定最终价格。

2. 定价的具体步骤

企业制定价格是一项很复杂的工作，要采取六个步骤：

（1）选择定价目标。

企业的定价目标和企业的营销战略目标相适应，是对营销战略目标实现过程中的具体工作。企业在选择与确定定价目标时，应当遵循如下原则：

可行性原则：任何一种定价目标的成功实现，都需要有相应的前提条件。比如，短期利润最大化目标的实现必须有产品的需求函数和成本函数比较稳定容易把握等条件，而扩大市场占有率目标的实现也必须有实力雄厚、成本低廉等条件。企业在选定某个时期某种产品的定价目标时，一定要根据自身的能力和可能，选择有实现条件的定价目标，不能忽视其实现的前提条件。

风险性原则：企业在选择和确定定价目标时，既要坚持可行性原则，量力而行；又要树立风险性原则，勇于进取。在大多数情况下，企业定价总是面临不易完全准确把握的需求函数，不能充分了解竞争对手的对策，整个定价环境往往存在着诸多不确定性因素。在这种情况下，企业不能刻意求稳、缩手缩脚，而应该敢于冒险，大胆决策。不能等到把一切不确定性影响因素都完全弄清，所有条件完全具备之后才作出决策。因为市场环境是瞬息万变的，如果不抓住时机，迅速决策，将坐失良机，就会在竞争中失败。

全局性原则：企业定价的各种目标有时是互相矛盾的。比如，追求短期利益最大化目标，需要把产品价格定得很高，但这却是与扩大市场占有率目标相违背的，同时产品高价也容易招致消费者的反感，不利于树立企业的良好形象。又比如，追求短期利润最大化目标和当前销售收入最大化目标也是不一致的。针对各种互相矛盾的定价目标，企业应该树立全局的观点，从整个企业的利益出发，统筹考虑。

变化性原则：企业对任何定价目标的选择都不能“一价定终身”，永远固定不变。而是应该根据市场状况、产品周期、生产成本等主客观条件的变化，适时加以调整。

（2）测定市场需求。

产品价格与市场的实际需求量往往呈现反比关系。对于不同的产品，其需求价格弹性有所不同，所以需要进行测定。价格是影响需求的重要因素，那么，一种产品的定价目标确定之后，必须首先对这种目标下的市场需求进行预测。预测市场需求的步骤如下：

① 确定市场上是否已经有了一个预期价格：市场预期价格的准确测定关系到企业定价的科学程度，以及公司经济效益的大小。如果实际价格低于预期价格，企业的利益将受到损失，甚至还会影响产品的销路和公司的信誉。如果实际价格高于预期价格，则可能限制产品销路，甚至会导致产品因被顾客拒绝而销售失败的后果。

② 估计不同价格下的销售量：估计不同价格下的销售量的目的在于确定各种售价和销量的均衡点以及最优价格。

（3）估算成本。

制定价格时，产品的成本是一个当然要考虑的因素。一般来说，企业产品成本规定了价格的下限。某种产品的价格应当包括所有的生产、分销和推销该产品的成本，还应包括生产经营和承担投资风险应该获取的正常利润。

（4）分析竞争对手的产品与价格。

竞争对手的价格对企业定价的影响也极大，特别是那些容易经营、利润可观的产品及新产品，潜在的竞争威胁最大。企业在定价时，应该根据竞争对手所提供的价格和产品特点，采取相应的对策。

对竞争对手的分析，除了分析企业的竞争地位外，首先是要协调企业的定价方向：如果竞争对手的产品与本企业的产品差别不大，那么本企业必须把价格定得与竞争者的接近，否则就会失去顾客和销售市场；如果竞争对手的产品优于本企业的产品，那么必须把价格定得比竞争对手的低一些；如果竞争对手的产品比本企业的产品差，那么可以放心地把价格定得比竞争对手的高。其次，是要估计竞争企业的反应并且采取及时、正确的对策。一般可采取以下手段：派人去了解顾客对价格的态度和对照竞争对手的产品；设法获取竞争对手的价目表和购买竞争的产品并对其进行分析研究；询问购买者所认可的价格是怎样的价格和对每一个竞争对手的产品质量的感觉。

（5）选择定价策略、方法和技巧。

定价策略是指导企业在动态的市场环境中，如何根据定价目标的要求以及与其他营销活动协调一致的需要，来制定出最为恰当的产品价格的战略性决策。它主要包括两方面的内容：制定价格应遵循的基本方针，如实行高价还是低价等；对制定出的价格如何进行管理、如何促进销售、如何对付竞争、如何调整价格等。

定价策略着重解决的是定价手段中的思维方式和战略问题，它是沟通公司定价目标和具体定价方法和技巧的桥梁。它一方面受定价目标的决定，另一方面又决定着定价方法和技巧的选择。

定价方法是确定产品价格的具体手段，是公司定价目标和定价策略的具体化，属战术范畴。定价方法受定价目标和定价策略的决定，但定价目标和策略只有通过具体的定价方法和技巧才能实现。

（6）考虑与企业其他政策的协调。

企业在制定最终价格前还必须综合地、全面地考虑企业整个的生产经营计划，使定价政策同其他政策协调一致。在定价过程中，要考虑的其他政策主要有：

产品政策：不同的产品以及同种产品的不同阶段，对定价政策影响极大。企业在确定最终价格前要全面考虑企业的产品政策，如延长产品生命周期的措施、包装方法、厂牌商标的选择或改进政策，以及其他产品的定价政策等。

营销渠道选择策略：销售渠道的分配和经销商的选择也与定价关系密切。例如，如果向用户直接销售，产品价格可以最低；如果企业同时向批发商、零售商和用户销售产品，则应根据不同对象销售职能和所需成本的差别，分别给予不同价格。

推销计划：推广促销计划也是企业定价应考虑的因素。如果由经销商推广促销，则应给之以低价，使其能够获得合理利润；如果由本企业直接负责广告等促销活动，经销商无需另做广告时，则应以较高价格提供商品。

（7）选定最后价格。

企业根据定价目标的要求，通过分析成本、需求和竞争因素，接着选择具体的定价策略、方法和技巧，然后再根据与其他政策的协调要求对价格进行修订之后，就可以制定出产品的最终价格来。这是企业制定价格的最后一步。企业必须遵循四项原则：企业定价与定价目标一致；定价符合有关规定；定价符合消费者的整体及长远利益；企业定价与其他营销组合因素协调一致。

二、定价的方法

企业根据市场竞争和内外部环境的不同，采同的定价方法各不相同。主要有以下几种：

1. 成本导向定价法

成本导向定价法是一种以成本为中心的定价方法，也是传统的、运用得较普遍的定价方式。成本导向包括成本加成定价法和目标定价法。

2. 成本加成定价法

所谓成本加成定价是指按照单位成本加上一定百分比的加成来制定产品销售价格。加成的含义就是一定比率的利润。所以，成本加成定价公式为：

$$P=C(1+R)$$

式中，P 为单位产品售价；C 为单位产品成本；R 为成本加成率（%）。

零售企业往往以售价为基础进行加成定价。其加成率的衡量方法有两种：

① 用零售价格来衡量，即加成（毛利）率 = 毛利（加成）/售价。

② 用进货成本来衡量，即加成率 = 毛利（加成）/进货成本。

不同行业的加成率是不一样的，同一行业内的不同企业的加成率也不尽相同。加成率应随着市场需求及竞争情况的变化而调整。

3. 目标定价法

它是指根据估计的总销售收入（销售额）和估计的产量（销售量）来制定价格的一种方法。

4. **需求导向定价法**

需求导向定价法是一种以市场需求强度及消费者感受为主要依据的定价方法，包括认知价值定价法、反向定价法和需求差异定价法三种。

认知价值定价法：就是企业根据购买者对产品的认知价值来制定价格的一种方法。认知价值定价与现代市场定位观念相一致。认知价值定价的关键，在于准确地计算产品所提供的全部市场认知价值。

反向定价法：是指企业依据消费者能够接受的最终销售价格，计算自己从事经营的成本和利润后，逆向推算出产品的批发价和零售价。

需求差异定价法：是指在特定的条件下，根据需求中的某些差异而使价格有差别的定价方法。具体讲：①同一产品，不同的消费者，价格不同；如新老顾客有区别。②同种产品，其外观、款式、花色不同，而使价格不同；③同种产品，在不同的地点位置，价格不同；如饭店里不同的包箱；④同种产品，在不同的时间，价格不同。

5. **竞争导向定价法**

随行就市定价法：指企业按照行业的平均现行价格水平来定价。随行就市定价常常是同质产品市场的惯用定价方法。在异质产品市场上，企业有较大的自由度决定其价格。产品差异化使购买者对价格差异的存在不甚敏感。

投标定价法：即政府采购机构在报刊上登广告或发出函件，说明拟采购商品的品种、规格、数量等具体要求，邀请供应商在规定的期限内投标。

第三节　定价的基本策略

价格是企业竞争的主要手段之一，企业除了根据不同的定价目标，选择不同的定价方法，还要根据复杂的市场情况，采用灵活多变的方式确定产品的价格。

一、折扣定价策略

企业为了鼓励顾客及早付清货款、大量购买、淡季购买，还可以酌情降低其基本价格。这种价格调整叫做价格折扣。

1. **价格折扣的主要类型**

现金折扣：是对及时付清账款的购买者的一种价格折扣。

数量折扣：是企业给那些大量购买某种产品的顾客的一种折扣，以鼓励顾客购买更多的货物。大量购买能使企业降低生产、销售等环节的成本费用。

功能折扣：也叫贸易折扣。是制造商给予中间商的一种额外折扣，使中间商可以获得低于目录价格的价格。

季节折扣：是企业鼓励顾客淡季购买的一种减让，使企业的生产和销售一年四季能保持相对稳定。

价格折让：主要有以旧换新折让和促销折让。

2. **影响折扣策略的主要因素**

主要包括：竞争对手以及联合竞争的实力、折扣的成本均衡性和市场总体价格水平下降因素。企业实行折扣策略时，还应该考虑企业流动资金的成本、金融市场汇率变化、消费者对折扣的疑虑等因素。

二、地区定价策略

地区性定价策略，实质就是企业要决定：对于卖给不同地区顾客的某种产品，是分别制定不同的价格，还是制定相同的价格。

FOB 原产地定价：就是顾客（买方）按照厂价购买某种产品，企业（卖方）只负责将这种产品运到产地某种运输工具（如卡车、火车、船舶、飞机等）上交货。交货后，从产地到目的地的一切风险和费用概由顾客承担。

统一交货定价：就是企业对于卖给不同地区顾客的某种产品，都按照相同的厂价加相同的运费（按平均运费计算）定价。

分区定价：就是企业把全国（或某些地区）分为若干价格区，对于卖给不同价格区顾客的某种产品，分别制定不同的地区价格。距离企业远的价格区，价格定得较高；距离企业近的价格区，价格定得较低。

基点定价：是指企业选定某些城市作为基点，然后按一定的厂价加从基点城市到顾客所在地的运费来定价，而不管货实际上是从哪个城市起运的。

运费免收定价：企业为了和某些地区做生意，负担全部或部分实际运费。

三、心理定价策略

整数定价：是指将产品的价格定为合零凑整的价格水平，如定为 1000 元而不是 998 元。这种价格水平给人高一级档次的感觉。

声望定价：是指企业利用消费者仰慕名牌商品或名店的声望所产生的某种心理来制定商品的价格，故意把价格定成整数或高价。

尾数定价：是指利用消费者数字认知的某种心理，尽可能在价格数字上不进位，而保留零头，使消费者产生价格低廉和卖主经过认真的成本核算才定价的感觉，从而使消费者对企业产品及其定价产生信任感。

招徕定价：是指零售商利用部分顾客求廉的心理，特意将某几种商品的价格定得较低以吸引顾客。值得注意的是，用于招徕的降价品，必须是品种新、质量优的适销产品，而不能是处理品。否则，不仅达不到招徕顾客的目的，反而可能使企业声誉受到影响。

四、差别定价策略

所谓差别定价，也叫价格歧视，是指企业按照两种或两种以上不反映成本费用的比例差异的价格销售某种产品或服务。

1. 差别定价的主要形式

顾客差别定价：即企业按照不同的价格把同一种产品或服务卖给不同的顾客。

产品形式差别定价：即企业对不同型号或形式的产品分别制定不同的价格。

产品部位差别定价：即企业对于处在不同位置的产品或服务分别制定不同的价格，

销售时间差别定价：即企业对于不同季节、不同时期甚至不同钟点的产品或服务分别制定不同的价格。

2. 差别定价的适用条件

差别定价的适用于：市场必须是可以细分的，而且各个市场部分须表现出不同的需求程度；以较低价格购买某种产品的顾客没有可能以较高价格把这种产品倒卖给别人；竞争者没有可能在企业以较高价格销售产品的市场上以低价竞销；细分市场和控制市场的成本费用不得超过因实行价格歧视而得到的额外收入；价格歧视不会引起顾客反感；采取的价格歧视形式不能违法。

五、新产品定价策略

1. 新产品的撇脂定价策略

所谓撇脂定价，是指在产品生命周期的最初阶段，把产品的价格定得很高，以攫取最大利润。

撇脂定价的条件：市场有足够的购买者，他们的需求缺乏弹性，即使把价格定得很高，市场需求也不会大量减少；高价使需求减少，但不致抵消高价所带来的利益；在高价情况下，仍然独家经营，别无竞争者；高价使人们产生这种产品是高档产品的印象。

【案例分析】

雷诺公司的高价策略

雷诺公司在第二次世界大战结束后，为了迎合人们欢度战后第一个圣诞节的时机，从阿根廷引进了美国人从未见过的圆珠笔的生产技术，产在短期内投放市场。当时，研制和生产圆珠笔的成本为每支 0.5 美元，而卖给零售商的价格高达 10 美元，零售商又以 20 美元卖给顾客。尽管价格如此高昂，但由于圆珠笔的奇特、新颖和高贵而风靡美国，在市场上十分畅销。当其他厂家见利眼红都来生产圆珠笔的时候，成本降到每支 0.10 美元，零售价也仅卖到 0.7 美元一支，但此时雷诺公司已经大捞一把了。

（根据经营管理 - MBA 智库百科改编）

2. 新产品的渗透定价策略

所谓渗透定价，是指企业把其创新产品的价格定得相对较低，以吸引大量顾客，提高市场占有率。

渗透定价的条件：市场需求对价格极为敏感，低价会刺激市场需求迅速增长；企业的生产成本和经营费用会随着生产经营经验的增加而下降；低价不会引起实际和潜在的竞争。

扩展阅读

太麦克斯韦公司的定价策略

美国太麦克斯韦公司原是一家生产军用信管计时器的小公司，第二次世界大战后军火生意越来越难做，1950 年开始涉足手表制造业。但是，在当时的手表市场上强手如林，竞争十分激烈，像太麦克斯韦公司这样一个知名度不同的小公司要在竞争激烈的手表市场上站住脚，开辟和扩大自己的市场，的确不是一件容易的事。该公司的策略是，不断以低价向市场推出自己的新产品。20 世纪 50 年代，它们男式手表售价仅为 7 美元，比当时一般低档手表的价格要低得多；1963 年，首次生产电子手表，以 30 美元推向市场，仅为当时同类产品价格的一半；70 年代初，世界主要手表制造商推出 1 000 美元以上的豪华型石英手表，1972 年初日本、瑞士和其他手表厂的石英表也以 400 美元或更高价格推出，该公司 1972 年 4 月上市的石英表，售价才 125 美元。

正确的定价策略使该公司从 50 年代一个知名度很低的企业转变成 60 年代站稳脚跟，70 年代成为世界闻名的公司。年销售额达 2 亿美元，美国市场上每出售 2 块手表，就有 1 块是该公司的手表。

根据 BAIDU《定价策略》改编

六、产品组合定价策略

产品大类定价：当企业生产的系列产品存在需求和成本的内在关联性时，为了充分发挥这种内在关联性的积极效应，需要采用产品大类定价策略。

选择品定价：许多企业提供主产品的同时，会附带一些可供选择的产品或服务。

补充产品定价：制造商经常为主要产品制定较低的价格，而为附属产品制定较高的加成。

分部定价：服务性企业经常收取一笔固定费用，再加上可变的使用费。

副产品定价：在生产加工肉类、石油产品和其他化工产品的过程中，经常产生副产品。

产品系列定价：企业经常以某一价格出售一组产品，这一组产品的价格低于单独购买其中每一产品的费用总和。

第四节 价格变动反应及价格调整

企业在产品价格确定后，由于客观环境和市场情况的变化，往往会对价格进行修改和调整。

一、企业降价与提价

1. 企业降价

企业降价的主要原因：企业的生产能力过剩；在强大竞争者的压力之下，企业的市场占有率下降；企业的成本费用比竞争者低，通过降价来掌握市场或提高市场占有率。

2. 企业提价

企业提价的主要原因：

（1）由于通货膨胀，物价上涨，企业的成本费用提高。在通货膨胀条件下，许多企业往往采取种种方法来调整价格，对付通货膨胀。诸如：采取推迟报价定价的策略；在合同上规定调整条款；采取不包括某些商品和服务定价策略；降低价格折扣；取消低利产品；降低产品质量，减少产品特色和服务等。

（2）企业的产品供不应求，不能满足其所有顾客的需要。

二、顾客对企业变价的反应

1. 顾客对企业降价的反应

反应一般有五种：这种产品的式样老了，将被新型产品所代替；这种产品有某些缺点，销售不畅；企业财务困难，难以继续经营下去；价格还要进一步下跌；这种产品的质量下降了。

2. 顾客对企业提价的反应

反应一般有三种：这种产品很畅销，不赶快买就买不到了；这种产品很有价值；卖主想尽量取得更多利润。

三、竞争者对企业变价的反应

竞争者对企业变价的反应有以下几种类型：

相向式反应：你提价，他涨价；你降价他也降价。这样一致的行为，对企业影响不太大，不会导致严重后果。企业坚持合理营销策略，不会失掉市场和减少市场份额。

逆向式反应：你提价，他降价或维持原价不变；你降价，他提价或维持原价不变。这种相互冲突的行为，影响很严重，竞争者的目的也十分清楚，就是乘机争夺市场。对此，企业要进行调查分析，首先摸清竞争者的具体目的，其次要估计竞争者的实力，再次要了解市场的竞争格局。

交叉式反应：众多竞争者对企业调价反应不一，有相向的，有逆向的，有不变的，情况错综复杂。企业在不得不进行价格调整时应注意提高产品质量，加强广告宣传，保持分销渠道畅通等。

四、企业对竞争者变价的反应

1. 不同市场环境下的企业反应

在同质产品市场上，如果竞争者降价，企业必须随之降价；在异质产品市场上，企业对竞争者变价的反应有更多的选择余地。

面对竞争者的变价，企业必须认真调查研究如下问题：为什么竞争者变价？竞争者打算暂时变价还是永久变价？如果对竞争者变价置之不理，将对企业的市场占有率和利润有何影响？其他企业是否会做出反应？竞争者和其他企业对于本企业的每一个可能的反应又会有什么反应？

在回答以上问题的基础上，企业还必须结合所经营的产品特性确定对策。由于每个企业的产品在质量、品牌、服务、包装、消费者偏好等方面有着明显的不同，所以面对竞争者的调价策略，企业有着较大的选择余地：

第一，价格不变，顺其自然，靠顾客对产品的偏爱和忠诚度来抵御竞争者的价格进攻，待市场环境发生变化或出现某种有利时机，企业再做行动。

第二，价格不变，加强非价格竞争。例如，企业加强广告攻势，增加销售网点，强化售后服务，提高产品质量，或者在包装、功能、用途等方面对产品进行改进。

第三，部分或完全跟随竞争者的价格变动，采取较稳妥的策略，维持原来的市场格局，巩固取得的市场地位，在价格上与竞争对手一较高低。

第四，以优越于竞争者的价格跟进，并结合非价格手段进行反击。比竞争者更大的幅度降价，比竞争者小的幅度提价，强化非价格竞争，形成产品差异，利用较强的经济实力或优越的市场地位，居高临下，给竞争者以毁灭性的打击。

2. 市场主导者的反应

一般有三种反应：维持价格不变；降价；提价。

3. 企业应变需考虑的因素

① 产品生命周期所处的阶段及其在企业产品投资组合中的重要程度。② 竞争者的意图和资源。③ 市场对价格和价值的敏感性。④ 成本费用随着销量和产量的变化而变化的情况。

【案例讨论】

英特尔（Intel）

一个分析师曾这样形容英特尔公司的定价政策：“这个集成电路巨人每 12 个月就要推出一种新的、具有更高盈利的微处理器，并把旧的微处理器的价格定在更低的价位上以满足需求。”当英特尔公司推出一种新的计算机集成电路时，它的定价是 1 000 美元，这个价格使它刚好能占有市场的一定份额。这些新的集成电路能够增加高能级个人电脑和服务器的性能。如果顾客等不及，他们就会在价格较高时去购买。随着销售额的下降及竞争对手推出相似的集成电路对其构成威胁时，英特尔公司就会降低其产品的价格来吸引下一层次对价格敏感的顾客。最终价格跌落到最低水平，每个集成电路仅售 200 美元多一点，使该集成电路成为一个热线大众市场的处理器。通过这种方式，英特尔公司从各个不同的市场中获取了最大量的收入。

（改编自[美]菲利普·科特勒著:《营销管理》第550页，北京，中国人民大学出版社，第1版，2001.7）

课堂讨论问题：

（1）英特尔公司采取的是什么定价策略?

（2）请说出英特尔公司采取这种定价策略成功原因。

（3）如何看待企业的降价策略?

思考与讨论题

1．结合实例，阐述价格策略和产品策略、渠道策略、促销策略的相互关系。

2．我国企业在航空客票市场、家电市场都曾产生过恶性价格竞争。试分析其成因、后果及有效的解决方法。

第十章　促销策略

学习目的和要求：

1. 了解促销组合策略的基本理论和特点；
2. 理解销售过程管理的主要内容；
3. 掌握销售促进策略。

第一节　促销概述

一、促销的类型和特点

促销又叫营业推广，是指企业在特有的目标市场中，为迅速地刺激需求和鼓励消费而采取的策略。简言之，是短时间的，刺激性强的手段。促销手法多种多样，随不同对象、不同产品变化而变化，如赠送样品、有奖销售、举办展销等，但多数为完成某一时期特定的营销目标而运用的短期的特殊推销方法。

促销往往对刺激需求的效果十分明显，因而常被企业用作新产品进入市场的重要策略，若与广告配合使用，则更能相得益彰，有利于缩短产品介绍期、迅速占领市场。而当企业产品进入成熟期后，促销又是制造品牌转换者与竞争者争夺顾客的主要手段。但是，促销方法如果运用不当、操之过急，会损害商品以及企业的形象。

1. 促销的特点

由于促销形式的广泛应用和迅速发展，其特点也发生了很大的变化，见表 10.1。

表 10.1　传统促销和现代促销的特点比较

传统促销	现代促销
辅助性手段	重要沟通方式和策略
刺激性	冲击性
针对性	针对性
被动性	主动性
局部性	全面性
时效性	时效性
非经常性	经常性转化为长期性
形象损坏	发展形象
单一销售活动	整体营销活动
	抗争性

表 10.1 中，针对性指促销是针对企业的产品积压、市场占有率减少等问题展开的；形象损坏指促销容易损坏自身形象，容易给消费者不良印象；冲击性指促销对消费者、中间商和企业

内部的刺激性是非常强烈的；抗争性指促销不是应急之策，而是竞争的必要手段；时效性指促销见效快、方法灵活，能使消费者迅速对产品产生好感。

传统促销往往只是就问题解决问题，而没有预测性，其结果会造成不良循环，如图 10.1 所示。

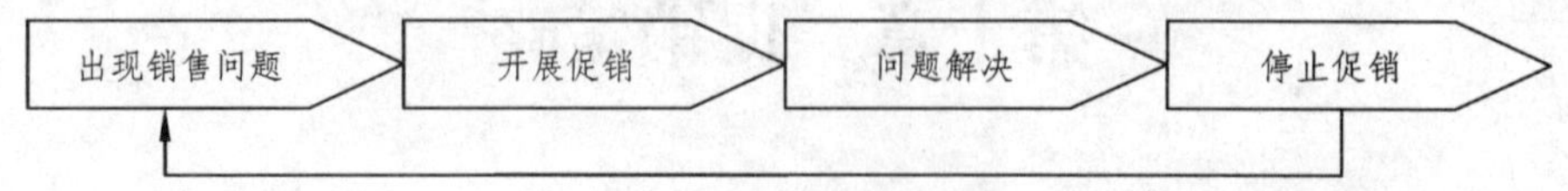

图 10.1 传统促销循环图

之所以产生这样的现象，关键是企业管理人员对促销的认识有根本的错误，只把它看成是一块“敲门砖”。只有当企业销售出现问题时，才想到利用促销手段，这也会给消费者和购买者造成错觉，使他们对公司产品产生怀疑，从而不敢购买产品，如此反复，必将形成恶性循环。而现代促销高明之处就在于其具有超前性，这种超前性是建立在对竞争的预测分析基础之上的。企业通过不断变换促销手段，使消费者获得多方的刺激，从而使消费者对产品产生依赖感，最终形成良性循环。

“康师傅”面霸 120，现金 5 000 好运连环中

康师傅”把奖项直接放在调味包里，打开即知是否中奖。奖项分别是：“现金 5000 元”、“现金 120 元”、“再送一箱”等，共 30 000 个中奖机会。此外，集 2 个面霸 120 空袋寄往指定地点，可以参加“现金 5 000 大抽奖”，总共有 40 名获奖者。此活动结束后，“康师傅”又推出“面霸”碗面同样的促销活动，奖项稍微降低，分别为“电话卡”100 元、50 元、20 元及“免费再来一碗’，同时中奖机会高达 40 万个。

——选自《消费品营销策略》

由上一案例可以看出，促销已从原来的被动应付型发展成主动进攻型。这是传统促销与现代促销最大区别，也是促销策略的难题和核心。

2. 促销的类型

由于促销是除公共关系、广告、人员推销以外的所有沟通方式，因此，其范围是非常广泛的，其分类也会有多种划分方法。一般按促销对象来分，可以分为：

对消费者的促销：这是指对广大消费者进行的促销活动。由于最终消费者大都是利益敏感型或价格敏感型，所以促销的效果一般较好，且见效快，这也许是为什么许多企业经常采用此种方法的原因。

对中间商的促销：这是指对中间购买者（包括批发商、零售商）的促销。这种促销有很强的意义，因为中间商是以赚取利润为目的的，它需要的批量较大。这对企业来说销售利润率高，销售成本低，资金周转快。所以，很多企业都热衷于这种促销，以便尽快实现经济效益。

对推销人员的促销：这是指对企业内专门从事销售工作的销售人员进行的促销。其优点在于从销售的根本问题人手，影响深远。它与企业的管理工作紧密结合在一起，反映了“以人为本”的思想。其缺点是促销结果不能立竿见影。

二、促销目标

企业运用促销一般要根据目标市场的需求、企业的营销计划来确定，它具有针对性和灵活性的特点，不仅要明确促销的对象，而且要有明确的促销目标，借此才能有效地运用具体的战术。

1. 对消费者的促销目标（表 10.2）

表 10.2　对消费者各种促销目标的计划表

目　标	一般采取的计划
短期目标	短期目标
促使顾客试用新产品	样品赠送、价格优惠、附赠等
鼓励顾客重复购买	价格折扣、数量折扣、赠品等
鼓励偶尔型顾客改变购买习惯	优惠券、陈列、折扣、赠品等
长期目标	长期目标
应付竞争	展销会、抽奖、竞赛等
巩固与扩大市场份额，增强知名度	主办活动

2. 对中间商促销的目标

制造商除了对顾客要以促销手段来推动其购买外，推动中间商，特别是零售商的营销工作，对于最终实现商品价值，建立制造商和商品品牌声誉、提高市场占有率具有重要意义。

表 10.3　对中间商各种促销目标的计划

目　标	一般采取的计划
促使中间商参与制造商的促销活动	价格折扣、津贴、免费商品
刺激中间商更多购买	数量折扣、免费赠送、价格折扣、销售竞赛、目录
帮助中间商改善营销工作	培训人员、人员激励

3. 对推销人员的促销目标

对推销人员的促销不单是指制造商对本企业推销人员的促销，也包括制造商对中间商推销人员的促销。其目标显然是鼓励推销人员积极工作，努力开拓新市场，增加产品的销售量。对于推销人员进行促销不仅有助于将新产品打入市场，也有助于推销落令产品或滞销产品。制造商对本企业推销人员的促销手段主要有销售提成、销售竞赛、推销培训，对中间商推销人员除培训、销售竞赛外，常见的还有馈赠礼品。

三、促销工具

一项工具可以同时为几项目标服务，而一项目标有时又需多项工具的支持，对促销来说，亦是如此。促销的策划者在选择何种推广工具时，要综合考虑市场营销环境、目标市场特征、竞争者情况、促销的对象和目标、每一种工具的成本效益预测等因素，特别是还要注意将促销同其他沟通策略如广告、公共关系、人员推广等的互补配合。

1. 对消费者的促销工具

向消费者推销产品，必须对消费者有所了解。为此，要掌握消费者的年龄、性别、民族、职业、宗教信仰等基本情况，进而了解消费者的购买欲望、购买能力、购买特点和习惯等，并且，要注意消费者的心理反应。对不同的消费者，施以不同的推销技巧。对消费者的促销工具很多（图 10.2），但往往需要与广告配合，否则很难在某种促销策略实施的有效时间内让更多消费者获知这一消息，并立即作出反应，从而造成促销的效率损失。

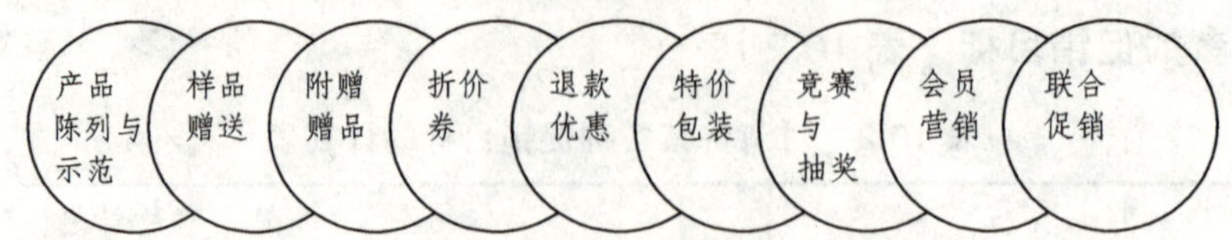

图 10.2 对消费者的促销工具

产品陈列与示范：制造商在零售店占据有利位置进行橱窗陈列、柜台陈列或流动陈列，有时同时进行操作使用示范，以展示产品的性能与特长，打消顾客疑虑。这种方法在新产品进入市场，以及在食品业、家用电器、化妆品业等方面都有广泛应用。如有些化妆品制造商派专门的人员占据一些大商店的位置，为顾客测试皮肤性能，而后根据皮肤的不同，向顾客介绍相应护肤品及其使用方法，甚至让顾客试用来劝说顾客购买。

样品赠送：向消费者免费赠送样品，通过他们了解效果，传播信息来争取扩大销量。如联合利华在推出其夏士莲产品时，推出了免费试用样品，包括黑芝麻洗发露、天然润白霜、润肤香皂等。这些产品在广告播放的同时，向居民家中派发样品以供试用。这些样品通常都是少量的试用品，其分量只够消费者认识该产品的利益所在，尽管如此，它仍是最为昂贵的促销工具之一。

样品赠送适用于价值低廉的日用消费品，那些易于小包装、差异明显，且目标客户群能区别的产品可以通过消费者亲身试用来提高接受度。该方法特别适用于新产品导入市场期，不少情况下是改变其他品牌忠实消费者的唯一方式。另外，样品赠送能提高入市速度。广告需反复诉求才能达到效果，但总不如“眼见为实”来得更有说服力，但开展样品赠送活动时，必须有足够的广告加以支持，这样才能达到预期的效果。

附赠赠品：附赠赠品是顾客购买某种特定产品后，免费或以极低价格获得产品。它与样品赠送不同，前者是为有市场基础的产品而设置的，主要为了争取竞争性产品的消费者转移到使用促销者的产品，也是为了防止竞争者侵入促销者的产品市场。因此，赠品必须让消费者有深刻的印象和一定的实用价值。赠品的优势是明显的，它可以创造产品的差异化、传达品牌概念、增加产品的使用频率和购买量。但不少附赠赠品失败的最主要原因是赠品太差，当赠品的吸引力不够、品质欠佳时，反而会使本想购买该产品的顾客打退堂鼓，从而导致销售量的下降。因此赠品的选择是非常重要的。

折价券：折价券是持有人的一种凭证，在指定地点购买某种商品时，可免付一定金额的钱。这种方法一般用于已有一定品牌声望的商品当中，但这种产品应该是一次性使用，周期较短，顾客需经常购买或一次性购买量较大的产品。如果在购买率较低的产品上使用折价券，通常反应冷淡。在实际操作过程中，企业应慎重考虑兑换率的问题，因为它影响到促销的预算及其分配。另外应注意不要过于频繁地使用折价券以免影响品牌形象。

折价券可以邮寄，或附在其他商品中，或在广告中附送，但一般是由制造商发出的，因此该策略要取得预期效果，必须得到零售商的支持、配合，并要给他们以适当的补偿。

退款优惠：退款优惠运用的方式非常简单，通常指厂商在消费者购买商品后，消费者邮寄特定产品的购买证明，可以得到部分全额或超额退款的一种促销方式。该产品主要用于鼓励试用新产品。

退款优惠这种促销方法投资成本低，有利于收集客户资料，而且能刺激消费者购买一些不易销售的高价位商品。但是邮寄购买证明费时费力，因此消费者真正利用此项优惠的比率往往很小，回收兑换率低，自然会影响到促销效果。

特价包装：制造商对其产品的正常零售价格给以一定的折扣优惠，并把原正常价格与限定的优惠价标明在商品包装或标签上。特价包装的形式，可以是将同种商品包装起来减价出售，如“强生”沐浴露产品的促销包装，不论外形、款式都与平时的相似，但容量更大了一点，包装瓶上清楚地标明“加送200毫升”。包装也可以采取组合包装的形式，将两件或多件相关商品包装在一起，如“白猫”将其系列产品（佳美洗衣粉、洗洁精、百洁布、卫生纸等）组合销售，原价为43元，活动期间消费者只需25元就可买到。

特价包装用于非耐用消费品、购买频繁、价格较低的商品。对于短期促销它比折价券更能刺激消费者。这种方法操作简易，容易控制，并能塑造“消费者能以较低的花费买到较大、较高价值的产品”的印象。

竞赛与抽奖：竞赛就是让消费者按照竞赛要求，运用其知识技能来赢得现金、实物或旅游奖励，这种竞赛不完全依靠一个人的本领，还需要借助运气，而竞赛题目或内容又总与主办者自身特征或多或少的联系或结合。抽奖是指消费者凭其资格证明，如购物发票或以此换取的对奖券，所使用的商品标记，如包装纸、瓶盖等，向主办者申请获奖机会。而主办者根据事先公布的准则、程序，以一定比例从参加者中抽取获奖者，向其颁发奖金或奖品。

竞赛和抽奖的诱惑力还是很高的，它有助于增强广告吸引力，强化品牌形象。但竞赛活动参加率低，无法普及，设计创新的难度也较大；抽奖虽然普及面高一些，但它通常需要大量的媒体经费进行宣传才能达到一定的效果，而且很难事先对活动效果进行完善的效益评估。

会员营销：会员营销又叫俱乐部营销，它是指企业以某项利益或服务为主题，将各种消费者组成俱乐部形式，开展宣传、促销和销售活动。加入俱乐部的形式多种多样，可以是交纳一定的会费，也可以将产品与特定消费者联系起来。

会员营销易培养消费者的品牌忠诚度，缩短厂商与消费者之间的距离，加强营销竞争力。另外，由于这种促销直接与消费者接触，是“暗中”进行的，企业的一举一动不易被竞争者察觉。但会员营销的回报结果较慢，费用较高，而且由于俱乐部的服务是否真正受欢迎，只有看俱乐部运转一段时间后的效果，因此其效果是难以预计的。

联合促销：联合促销是指两个或两个以上的公司合作开展促销活动，推销他们的产品或服务，以扩大活动的影响力。这种方法的最大好处是可以使联合体内的各成员以较少的费用，获得最大的促销效果。

联合促销最大的好处在于降低促销成本，促销活动中的广告费、赠品等各项成本均可由联合各方分摊，大大降低了各自的促销投资。另外，选择目标顾客已接受的品牌作为联合促销的合作伙伴，可使本产品快速接触到目标消费者，加快本产品的推进速度。

当然，联合促销需估计到合作各方的利益，协调有一定困难；而且促销中多品牌的出现可能影响本企业产品形象的突出，因此，联合促销中的新产品尤其要注意配合相应的独立广告，以补充说明产品的利益点。

扩展阅读

可口可乐的联合促销

“可口可乐”在1999年一二月间，选择中国新年的大好时机，在上海开展了号称可能是上海有史以来最大型的联合促销活动：消费者只要购买可口可乐公司的饮料至规定数量，即可获赠红包1个及贺年礼品1份。礼品包括“酷极”糖果、“台丰”花生、或“奇巧”巧克力。

红包中印有幸运号码，可参加每周连环大抽奖，赢取现金压岁钱，最高为5 000元。另外，在此红包中还有至少 7 张优惠券，包括吃穿玩乐等多种休闲娱乐项目，如四驱车游戏券、卡丁车游戏券、游乐园门票、电影票、保健品优惠券、服装优惠券、麦当劳快餐优惠券、新年糖果优惠券等。

在之后的 3～4 月间，活动进一步举办，主题改为“吃喝玩乐送不停”，并且购买标准降低一半，兑奖凭证由收集外箱包装改为收集产品包装，礼品改为轻便相架或记事本或玻璃杯，红包内优待券由原来的至少 7 张改为 4 张，凭红包号码继续可以抽奖。

根据联合促销-MBA 智库百科改编

2. 对中间商促销的工具

中间商对所购商品具有丰富的专门知识，其购买行为也属于理智型。这就需要促销人员具备相当的业务知识和较高的推销技巧。慎重选择以下促销的工具（图 10.3）：

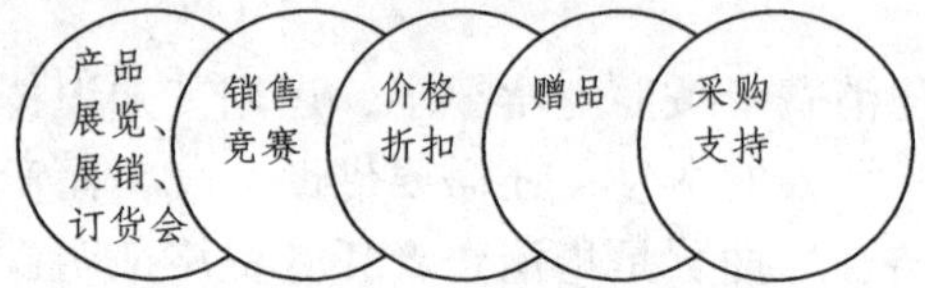

图 10.3 对中间商的促销工具

产品展览、展销、订货会议：生产厂商，无论是消费品生产厂商还是工业品生产厂商，都可以利用产品展览、展销、订货会议等多种方式来陈列其产品并作示范操作。生产厂商的推销员可以在会上同前来参观的消费者、有购买影响力的客户代表以至高层决策者进行直接洽谈，接受询价，引导进一步消费行为。参加或发起主办这些展出的卖主可以由此获得多方面的利益，如招徕顾客，发展顾客，向准顾客与既有顾客介绍新产品，与老顾客加强联系并劝导他们购买更多的产品。

要有效地运用这一促销策略，使其实现生产厂商的预期目标，还有赖于生产厂商对参加展出的准备，包括布置展览摊位、介绍资料、印制产品宣传、利用传播媒体开展广告与公关宣传活动等。若是自己发起组织的展销会、订货会，则还要做好来客的迎送接待工作，任何细节方面的不妥都会影响促销效果。

销售竞赛：生产厂商为了激励中间商竭尽全力推销其产品，规定一个具体的销售目标，凡在实现这一既定目标过程中的优胜者可以获得生产厂商的奖励。竞赛优劣通常以销售额、销售增长率、货款回笼速度、售后服务质量等一系列指标为标准，而奖励的形式也多种多样，除可获得生产厂商的财务支持、福利支持外，还可获得更多的促销支持。

生产厂商规定的竞赛目标对于中间商而言既要有一定的挑战性，又要现实合理，这样才能吸引尽可能多的中间商投入竞赛。因为，每一参赛者所实现的小幅度销售增长，汇总起来将是相当可观的，而生产厂商为竞赛所支付的促销费用相对来讲就可能微不足道。虽然，这一促销策略也难以有持续性效果，但它对于促进与改善生产厂商与中间商的合作关系却有不容忽视的作用。

价格折扣：这是一种运用非常普遍的促进中间商大量进货的方法。包括制造商给予中间商数量折扣或职能折扣两种基本形式。前者是指购货者在一定时期内进货到达一定批量即可享受一定的价格折扣率，后者是指当中间商为产品作了广告宣传而给予其费用补偿或对中间商特意陈列产品而给予相应津贴。一般而言，对于作出同样贡献或提供同样服务和促销支持的中间商，应给予同样的待遇。执行统一的促销政策才能使中间商感知受尊重并受激励，由此而化为对产品的促销努力。

为了将一种新产品导入市场，或者鼓励中间商尝试推销其从未销售过的产品，或者为了吸引中间商加入制造商组织的整个地区的联合促销活动，价格折扣往往是不可避免的选择，只是数量折扣的效果相对具有持久性，可作为一种日常的促销手段，职能折扣更具有瞬时性效果。

赠品：赠品不仅是刺激消费者的有力工具，而且对于中间商来说，也是一种重要的刺激手段。首先，它表现为一种实际的利益；其次它又可表现为制造商对中间商的一种感恩情结，有利于增进与稳定合作关系。因此对中间商的赠品选择更加广泛，它可以是促销产品本身或样品，也可以是各种有价值的文具用品，日用品乃至纪念品，在这些赠品上篆刻上公司的名称或产品品牌是值得考虑的一项策略。

采购支持：采购支持是指企业为了帮助中间商节约采购费用和库存成本等，而采取的一系列帮助采购的促销活动。它的具体形式有：① 库存支持系统：在这个体系中，企业一接到中间商的需求通知就立即送货。这种方法在库存如此重要的今天尤其被中间商看中。但这样企业可能开销太大，因此可根据情况对某些产品，在某段时间采用这种方式。② 自动订货系统：企业向中间商提供订购的各种表单，并通过计算机与中间商保持紧密的联系，一旦需要订货，企业马上提供。这种方式在计算机特别是网络技术普及的今天越来越受到重视。它的优点是联系性强，交货时减少了必要的沟通费用。但这个系统必须通过一定时期人员的感情联系才能正常运转。③ 报销采购费用：企业对中间商人员到本单位提货的住宿费、差旅费、运输费均给予报销，以此来吸引中间商的采购人员。

3. 对推销人员的促销工具

对销售人员的激励手段，长期以来最有效的莫过于销售提成，广泛的事实证明，销售人员的报酬与其销售实绩挂钩总比销售人员只享有固定工资更有激励性，销售人员会更主动、积极地工作，销售实绩会不断体现销售人员的潜力。只是制造商对其自己的销售人员易实行提成制，而要沿用于中间商的推销人员则难度较大。

销售竞赛既可以一年评比一次，也可以配合一阶段的促销活动而进行，无论对制造商还是中间商的推销人员，只要宣传深入、目标明确、评选公平、奖励富有吸引力，都是可行的。给予推销人员的奖励一般只是其创造的额外收益的一小部分。

制造商的推销人员会更多地重视培训机会——这将证明他受肯定、受重视以及富有发展潜力——为此，他们可以付出更多的努力，争取更多的销售实绩。制造商有计划地设置培训课程、确立培训目标，并将此与推销人员的职位、薪水收入有机结合，可以焕发起推销人员极大的工作热情，不仅可以由此发现与培养优秀推销员，而且也会给企业带来实际业务增长与稳定的客户关系。

扩展阅读

对销售人员的刺激原理

马斯洛的需要层次理论：美国著名心理学家、美国心理学会前会长马斯洛在1943年提出了“需要层次理论”，它把人的各种需求归纳为五大类，并排成一个序列：生理需要——安全需要——社交需要——尊重需要——自我实现需要。他认为：人的需求取决于他已经占有了什么和还没有占有什么。只有在需求尚未得到满足时才能影响行为。这一理论得到了多方面的验证，对于销售人员的刺激，它指导我们要注意了解销售人员现已满足内容及程度，刺激点就在这内容以外、程度以上。

佛隆的激励理论：1964 年美国心理学家佛隆在《工作和激励》中，提出了一种激励理论模式，这一模式为：目标期望值 = 目标价值 × 期望概率

目标价值是指这个需求对某人来说有多大的吸引强度；期望概率是指达到这一目标的可能性。根据

上述激励模式，我们可以得到对销售人员的激励模式为：

销售人员的激励＝奖金额×实现销售任务的可能性

所以，最佳的激励强度是奖金额高，可能性也大。

四、促销策略的制定

促销策略是一个复杂多样的系统工程，它包含促销目标的确定、促销工具的选择、促销规模的确定、促销媒介的确定、促销时间及时机的确定以及促销预算的确定。

1. 促销目标的确定

促销目标在前文已提到，在确定促销目标时要注意对效果进行综合全面的策划，对于希望在多大时间内维持这种效果也要有必要的平衡，长期目标与短期目标之实现还需要不同的促销手段组合运用。

2. 促销工具的选择

促销工具在前文已有详细描述，在选择促销工具时要注意促销目标的影响。如将一项新产品引入市场与对一项已进入成熟期或衰退期、市场竞争极其激烈的产品进行推广时，前者会倾向于选择产品陈列、展销、对中间商和消费者赠送样品、有奖销售、向中间商提供职能折扣等，后者则倾向于发放折价券、奖券、给中间商以较大的数量折扣等。

不同的促销对象，应选择的激励手段也会不同，对中间商提供的价格折扣中会有职能折扣这一重要因素，这比向消费者提供折扣更富有目的性，而推销培训只是适用于对推销人员的激励，对于消费者则是大可不必的。

不同的促销效果（如希望短期内创造很高的市场需求、营业额迅速增大，或希望长时间内保持稳定、可观的销售记录）要求所选择的促销策略会明显不同。一般来说，对推销人员展开的推广活动时效性很长，而对消费者的刺激一般只能帮助实现阶段性目标。

扩展阅读

销售促进方式的选取和调整

成都思红服务公司推出一种新产品，预计半年内赢得四川 20%的市场占有率，其初购率是 50%，再购率是 29%。该公司决定增加再购率。公司分析得出：产品的知名度不大；公司以服务产品为主；竞争者众多；销售力量有限；增加预算的可能性不大。基于此，企业决定选取附有优惠券的包装进行促销。

如果附有优惠券的包装效果在 30 天内不佳，可改为产品保证促销。如果附有优惠券促销效果好，可采用邮寄优惠券的促销形式。

——选自互联网 佚名 2009 年 10 月 21 日《市场营销案例选》

3. 促销规模的确定

以多大的费用投入来刺激消费者需求决定着销售实绩。如果要促销成功，一定的最低水平的刺激是不可或缺的，随着刺激强度的增强，销售量会增加，但到了一定程度后，其效应是递减的。所以一个营销经理不仅要了解各种促销手段的效率，还要认清刺激强度与销售量变化的关系，以争取合理、预期的推广效果。

4. 促销媒体的确定

以怎样的途径来传递促销信息、实施促销手段，这对促销的效率起着至关重要的作用。一种新型食品上市期间优惠 5%的折价券，可以放在零售商处分发，可以邮寄，可以放在包装袋里，也可以附在报纸、广告上。显然，每一种分发方法的效率和成本都各不相同：以包装为媒体，只能刺激曾经消费过的顾客，零售点宣传资料可以烘托促销气氛，影响力却只局限于该零售店内的顾客，邮寄可以达到特定的顾客，用得过滥或顾客消费意识成熟，反应就可能不理想，广告有利于大范围快速传播，影响大但成本高。

5. 促销时间及时机的确定

促销时间应有一定的持续性，但要恰当：持续时间太短，一些顾客将由于无法及时重新购买而失去享受优惠的机会，由此会导致其今后购买重复率降低，持续时间太长，则促销的号召力逐步递减，起不到刺激消费者马上购买的作用，如赠品促销一般维持在8～12周，优惠券维持6～8周，抽奖以2～4个月为宜。安排促销时间，应考虑选择一个理想的起始日，并保持一个合适的持续时间，同时，它应置于整体营销策略之中来筹划，以求与整体营销活动相协调，创造一个预期的销售高潮。

时机的选择对促销效果来说也是很重要的，不同的促销方式选择的促销时机各不相同。样品理想的运用时机是旺季来临前，且商品的铺货率到达50%以上；优惠券促销选择在旺季或旺季来临前，有时企业为维持淡季的生产任务，在淡季也加以使用。

6. 促销预算的确定

（1）预算方法。

促销方案的制订最终要落实到预算上，常用的预算方法有三种。

参照上期费用来测算本期费用：这种方法简便易行，在促销对象、手段、预期效果都不变的情况下可以采用，但许多主观因素和客观因素都在不断变化，故运用这种方法必须考虑对一些费用构成予以调整。

比例法：根据一定的比例从沟通费用中提取促销费用的额度，再将它按不同百分比分配到各个产品或品牌上。对不同的产品、不同品牌的促销，在不同市场上的促销，其费用预算的百分率是不同的，而且还要受到产品生命周期的不同阶段及该市场上竞争者的促销投入的影响。如果一个公司的某种产品有若干个品牌，则哪种品牌需要促销，哪种不需要，应该很好地统筹与协调，在预算上也必然反映为不同的百分比。

总和法：即先确定每一个促销项目费用，然后汇总得出该次促销成本总预算。促销各项目的费用主要包括：优惠成本，如免费赠送样品、奖品成本、折价券折让成本等，运作成本，如广告费、印刷费、邮寄费等管理费用。显然，在预算制定过程中，对促销期间可能售出的预算数量的估计是必不可少的。

（2）预算应注意的问题。

进行促销预算时特别要注意量力而行、留有余地，要做到这一点，应对以下两点加以注意：忌赌徒心理、事先对资金的安排作出周密计划。

扩展阅读

斯沃琪的胜利

20世纪80年代初，瑞士表在廉价的“西铁城”、“精工”和“卡西欧”等品牌的冲击下，在中低档品市场上领地尽失。为了重振瑞士表的雄风，1981年，瑞士最大手表公司的子公司ETA开始推出了著名的斯沃琪手表。

为了推销斯沃琪手表，他们做出了一个惊人的举动，设计了一个巨大的斯沃琪手表，500英尺长，悬挂在德国商业银行总部大楼，显示如下扼要的信息：“斯沃琪瑞士60德国马克”。德国商业银行是法兰克福最高的一幢摩天大厦。该举动即刻引起了轰动，德国新闻界为斯沃琪免费做了许多广告。在接下来的两个星期内，每个德国人都知道了斯沃琪。斯沃琪还打破人们“便宜没好货”的传统观念。价格虽然只有40美元到100美元不等，但它具备瑞士表的高质量：重量轻，能防水防震，电子模拟，表带是多种颜色的塑料带，各种颜色都很鲜艳，很适合运动。

斯沃琪另类营销还体现在独特的促销技巧——维护高品位低价位的品牌形象，需要非常的促销技巧。低价位和高品位似乎难以调和，但斯沃琪却别有一套功夫。所有的斯沃琪手表在推出5个月后将停止生产，因此即使最便宜的手表都将是有收藏价值的。而且斯沃琪公司每年分两次推出数目极为有限的时髦手表设计版本。斯沃琪手表的收藏家有特权参与投标，购买其中的一种设计版本。问题是公司可能只生产4万只手表，而收藏家的订单却有10万份甚至更多。公司只好举行抽签活动来决定可以购买手表的4万位幸运收藏家。克里斯蒂（chd—sties）拍卖行对以前的斯沃琪手表定期举行拍卖。有位收藏家为一只为数不多的斯沃琪手表花了6万美元。

斯沃琪的另类营销很快收到高回报，1983年开始实施的企业设计，使斯沃琪的价值有了巨大增长。到1992年，斯沃琪公司的销售额达到20亿美元，利润为2.8亿美元，公司的市场价值超过了38亿美元。

——选自互联网 佚名 2009年10月21日《市场营销案例选》

五、促销的实施和评价

促销方案一旦被批准，就可以予以实施，但在实施之前，可考虑进行预试。对于一些预算大、影响面广、尤其是新产品大规模上市推荐都应考虑选择一些特定区域进行预试，甚至可作不同方案的预试，以最后选择较优方案。

1. 正式实施和控制促销

（1）一个好的促销方案能否实现其预期目标，将取决于实施阶段的努力，这种努力体现在两个方面：① 对推广的控制，以求符合既定方案的思路；② 对一些不测事件的控制和必要调整，以求最大限度排除意外干扰的负面影响。成都一家有名的醋厂，在《成都晚报》上登载一条促销广告，内容是“明天吃醋不要钱”，但是第二天当醋厂发现许多人持广告来领取“不要钱”的醋时，未能及时控制，反而使得企业弄巧成拙。

（2）一般来说，一项促销活动在时间上可以分为两个阶段；准备阶段和销售阶段。

① 准备阶段的工作包括各种促销工具的策划，如广告和销售人员材料的创意、设计、制作等；促销信息的传播，如材料邮寄或分送到户，广告播放或刊登等；产品包装的修改；赠品的选择与采购；零售点合理库存的分配，促销人员的招聘与培训等。所有这些准备工作，有的尽管是琐碎具体的，但将决定日后销售的结果是否能达到预期水平。

② 销售阶段是指从某一特别选择的起始日开始的一段持续的促销时间，在这期间，消费者由于受到吸引，如各种优待、优惠方法的刺激，而会纷纷加入到购买者行列中，从而掀起一个销售高潮。这段时间可短可长，短的一周、十天，长的可达一两个月。促销的控制是保证促销活动实现其方案构想的重要手段。

2. 评价促销效果

对促销效果的评价不仅是对本次促销活动的总结，而且对于了解该促销方式的有效性、如何运用其他沟通策略以提高整体营销效率，以及为今后改进和提高促销手段提供丰富的经验教训等方面，都有积极意义。

（1）衡量促销效果最常用的方法是分析促销前、促销过程中及实施后的销售量变动情况。

在其他条件不变的情况下，将由于销售量增加而增加的贡献毛利率与促销成本比较，即得出该次促销的净效果，以此可基本评价该次促销活动的得失。

一般销售情况的变化会出现情况：① 期初奏效，但持续时间短，缺乏实质内容；② 没什么影响，浪费促销费用； 进行促销前后市场份额的分析，还可以进一步帮助营销人员认识该次促销活动有无改变总需求。例如某巧克力在促销前后的市场占有率。该种巧克力促销前市场占有率 10%，在促销期间顾客受各种刺激踊跃购买，市场份额突升到 20%，促销后不久又跌至 8%，因为消费者需要消化一下他们的存货。当该次促销活动过去很长一段时间后，若市场份额又回升到 10%，则说明该次促销仅仅改变了需求的时间形态，并未取得长期效果，但在这种巧克力存货过多，流动资金紧张的情况下，仍不失为一个有效的行动。若超过原来 10%的水平，如达到 12%，则说明该巧克力可能获得了一些新的顾客。

（2）另一种用于评价促销效果的方法是对顾客调查。

调查是为了了解顾客数量、类型、购买量、重复购买率，以及他们的意见、要求与今后的行为趋向。调查的问题可以是：① 你是否还会购买促销的产品？② 赠品你觉得是否实用？③ 如果换一种促销方式，你最希望换成什么？④ 促销后你的购买量有没有变化？

（3）促销也可以通过实验加以评估。

这些实验可随着促销措施的性质、方式不同而异，如可以通过改变优惠价值、促销规模、持续时间、传播媒体、分销渠道等来了解顾客的不同反应。

可见，促销在整个促销组合中占据着极其重要的位置，它不仅给顾客带来某些实惠，而且在产品生命周期的不同阶段，运用不同的促销手段，并恰当配合其他沟通手段，就可以使企业实现其预期的促销目标，或暂时削减产品库存，或有效撤退。显然，要实现促销目标，离不开一个完整周密的方案以及实施过程中的有效控制。

第二节　促销组合策略

一、促销的概念与内涵

1. 促销的概念

促销是促进产品销售的简称，从市场营销的角度看，促销是企业通过人员和非人员的方式，沟通企业与消费者之间的信息，引发、刺激消费者的消费欲望和兴趣，使其产生购买行为的活动。

促销实质上是一种沟通活动，即营销者（信息提供者或发送者）发出作为刺激消费的各种信息，把信息传递到一个或更多的目标对象（即信息接受者，如听众、观众、读者、消费者或用户等），以影响其态度和行为。 常用的促销手段有广告、人员推销、网络营销、营业推广和公共关系。企业可根据实际情况及市场、产品等因素选择一种或多种促销手段的组合。

2. 促销的内涵

从这个概念不难看出，促销具有以下几个内涵：促销工作的核心是沟通信息；促销的目的是引发、刺激消费者产生购买行为；促销的方式有人员促销和非人员促销两类。

二、促销的目的

1. 提供商业信息

通过促销宣传，可以使顾客了解企业生产经营什么产品，有哪些特点，到什么地方购买，购买的条件是什么等，从而引起顾客注意，激发其购买欲望，为实现和扩大销售作好舆论准备。

2. 突出产品特点，提高竞争能力

在激烈的市场竞争中，企业通过促销活动，宣传本企业产品的特点，努力提高产品和企业的知名度，促使顾客加深对本企业产品的了解和喜爱，增强信任感，从而也就提高了企业和产品的竞争力。

3. 强化企业形象，巩固市场地位

通过促销活动，可以树立良好的企业形象和商品形象，尤其是通过对名、优、特产品的宣传，更能促使顾客对企业产品及企业本身产生好感，从而培养和提高“品牌忠诚度”，巩固和扩大市场占有率。

4. 影响消费，刺激需求，开拓市场

新产品上市之初，顾客对它的性能、用途、作用、特点并不了解，通过促销沟通，引起顾客兴趣，诱导需求，并创造新的需求，从而为新产品打开市场，建立声誉。

三、促销组合

1. 促销组合的相关概念

促销组合是指企业根据促销的目的和需要，对广告、人员推销、销售促进和宣传等促销方式进行选择、组合和搭配。促销组合的构成要素可从广义和狭义两个角度分析。广义地讲，市场营销组合中的所有因素都可被认为是促销的要素，如产品的包装、品牌、服务、价格等都传播了某些信息。狭义而言，促销组合只包括具有沟通性质的促销工具，如广告、宣传、人员推销、销售促进的各种方式等。从促销的发展历史看，企业最早划分出来的是人员推销职能；其次是广告；再次是销售促进；最后是宣传。

2. 影响促销组合的因素

这就涉及促销预算如何在各种促销工具之间合理分配的问题。企业应考虑如下因素：

（1）产品类型。

各种促销方式对消费品和产业用品的促销效果是不同的。一般来说，从事消费品营销的企业，最主要的促销方式是广告，其次是销售促进，然后是人员推销，最后是宣传。而从事产业用品的企业，最重要的促销方式是人员推销，依次为销售促进，广告和宣传。这是由两种不同的市场需求特点和顾客的购买行为不同决定的。

但广告在产业用品中也起着重大的职能，如建立知晓、有效提醒、提供线索、证明有效和再度保证等。主要表现为：广告在能够树立企业声誉的前提下，将有助于推销员的工作；企业声誉在产品复杂，风险大及购买者专业训练不够的情况下，一般具有较强的影响力。

同样，推销员在消费品促销中也起着一定的作用：具有较强说服力的推销员，可以说服代理商、经销商多进商品，为企业产品增加货位空间；促进中间商对企业产品销售的热情；劝导推销。

（2）企业的促销策略。

企业促销活动有“推动”与“拉引”之分。所谓推动策略，就是以中间商为主要促销对象，把产品推进分销渠道，推向顾客和市场；拉引策略是以最终消费者为主要的促销对象，首先设法引起潜在购买者对产品的需求和兴趣，然后消费者向中间商询购这种商品，中间商看到有利可图，会向制造商进货。

显然，如果企业采取“推动”策略，则人员推销作用大；如果企业采取“拉引”策略，则广告作用更大（见图 10.4）。

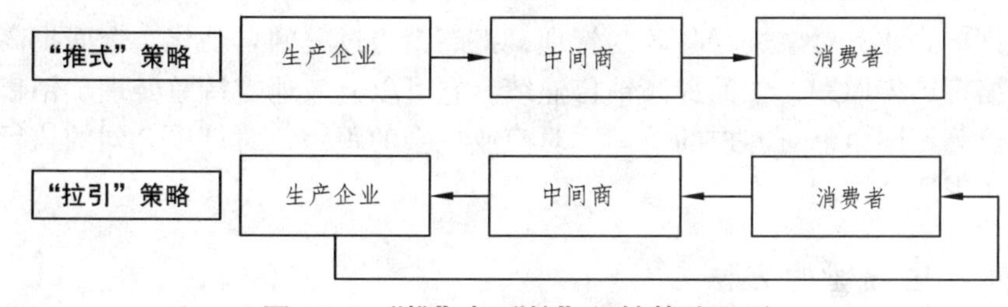

图 10.4　"推"与"拉"促销策略区别

（3）购买准备过程阶段。

顾客的待购阶段一般可分为六个阶段，即知晓、了解、喜欢、偏好、确信和购买。对于处于不同阶段的产品，企业应采取不同的促销组合策略。在建立顾客知晓阶段，广告、销售促进和宣传的作用较大；在了解和喜欢阶段，广告的效益最好，人员推销其次；在偏好和确信阶段，人员推销作用较大，广告作用略小于人员推销；在购买阶段，主要是人员推销发挥作用，销售促进也起一定作用。

（4）产品生命周期阶段。

总的来讲，促销的作用在产品生命周期的介绍期和成熟期最大。对处于不同生命周期阶段的产品而言，促销的重点目的各不相同，所采用的促销方式也有所区别。当产品处于介绍期时，需要扩大知名度，让顾客认识和了解产品，吸引顾客的注意力，故广告和宣传的效果最佳，销售促进在鼓励顾客试用也起到了一定作用。在成长期，如果企业想提高市场占有率，广告和宣传工作仍需加强，只是侧重点有所不同。企业想取得更多利润，则应加强人员推销工作，来降低成本。在成熟期，应增加各种销售促进活动，削弱广告，这时的广告只是提示性广告。衰退期，企业应把促销规模降到最低限度，某些销售促进措施仍可保持，用少量广告保持顾客记忆即可。

（5）经济前景。

企业应随着经济前景的变化，及时调整促销组合。如通货膨胀时期，人们对价格十分敏感，企业可采取如下对策：第一，加强销售促进，减少广告；第二，在促销中特别强调产品价值；第三，提供咨询服务等。

第三节　销售过程管理

一、销售过程管理的概述

销售过程管理，也称作营销过程管理，或营销业务流程管理，是分解销售链的一连串的营销活动，并针对这些活动的作业流程进行管理。其目标在解构营销业务流程，采用恰当的方法，来确保企业中各种营销活动的执行成果能具有一定的水准和精确度，同时也能持续改善活动的进行方式，串联活动的作业流程，让企业具有强有力的销售链，保持在市场上的竞争力。

在营销过程管理中的核心是工作流程，因为流程的明确与否和销售计划是否能被有效执行有极大的关系。而许多营销管理上的问题都和销售链作业程序（也就是营销活动）有关，各种层面的流程改善（例如销售计划、计划分解、业务协同、阶段进度、销售步骤、阶段成果的作业程序）对企业的营销结果有关键性的作用。

销售过程管理是客户关系管理系统的核心组件。在销售过程中，它针对每一个线索、客户、商机、合同、订单等业务对象进行有效的管理，提高销售过程的自动化，全面提高企业销售部门的工作效率缩短销售周期，帮助提高销售业绩。它可以有效地支持总经理、销售总监、销售主管、销售人员等不同角色对客户的管理、对商业机会的跟踪，对订单合同的执行等，有效导入销售规范，实现团队协同工作。

二、销售过程管理的方法

1. 销售目标管理

企业在制定了销售目标（包括销售额目标、毛利目标、增加销售网点目标、货款完全回收目标等）后，那么实现这一目标的关键在两方面：

一是销售经理要具体细致地将上述各项目标分解给业务员、经销商，再配合各项销售与推广计划，来协助业务员、经销商完成月别、季别、年度别或产品别、地区别的销售目标。

二是要对销售过程进行追踪与控制，了解日常销售工作的动态、进度，及早发现销售活动中所出现的异常现象及问题，立即解决。也就是说，销售过程管理的主要目的，就是要重视目标与实绩之间的关系，通过对销售过程的追踪与监控，确保销售目标的实现。

2. 时间管理

销售过程管理的一大关键，就是要把过程管理当中的时间管理，从过去的年度追踪细化到每月、每周甚至每日追踪。

销售过程管理分为：业务员与办事处主任要进行每日追踪（也可说是自我管理）；中层主管要掌握每周进度；高层主管则须控制每月管理；经营者则只要看成果即可。

3. 销售员过程管理

销售员的过程管理主要包括以下过程：

每日拜访计划：业务人员在了解公司分配的销售目标及销售政策后，应每天制订拜访计划，包括计划拜访的客户及区域；拜访的时间安排；计划拜访的项目或目的（开发新客户、市场调研、收款、服务、客诉处理、订货或其他），这些都应在"每日拜访计划表"上仔细填写。这张表须由主管核签。

每日销售报告表：业务员在工作结束后，要将每日的出勤状况、拜访客户洽谈结果、客诉处理、货款回收或订货目标达成的实绩与比率、竞争者的市场信息、客户反映的意见、客户的最新动态、今日拜访心得等资料，都填写在“每日拜访报告表”上，并经主管签核、批示意见。销售经理可以通过“客户拜访计划表”，知道业务员每天要做什么；通过“每日销售报告表”，知道业务员个人做得怎么样。这是第一个过程管理。

评价推销的效率：在了解业务员每日销售报告后，销售主管应就各种目标值累计达成的进度加以追踪，同时对今天拜访的实绩进行成果评估，并了解今日在拜访客户时花费的费用，以评价推销的效率。

如有必要，应召集业务员进行个别或集体面谈，以便掌握深度的、广度的市场信息。这是第二个过程管理，也是最重要的管理内容。

市场状况反应表：业务员在拜访客户的过程中，会掌握许多有用的信息，如消费者对产品提出的意见、竞争对手进行的新的促销活动或推出的新品、经销商是否有严重抱怨、客户公司的人事更动等，除了应立即填在每日拜访表上之外，若情况严重并足以影响公司产品的销售时，则应立即另外填写市场状况反映表或客户投诉处理报告表，以迅速向上级报告。

周进度控制：各区域市场的业务主管为了让公司掌握销售动态，应于每周一提出销售管理报告书，报告本周的市场状况。其内容包括销售目标达成、新开发客户数、货款回收、有效拜访率、交易率、平均每人每周销售额、竞争者动态、异常客户处理、本周各式报表呈交及汇报或处理、下周目标与计划等，这也就是中层主管的周进度控制。

业务员各种报表填写质量与报表上交的效率，应列为业务员的考核项目，这样才能使业务主管在过程管理与追踪进度时面面俱到。

销售会议：销售过程管理的一个重要手段，就是销售会议，包括早会、晚会及周会。由于业务主管需随时掌握最新市场信息，所以早会或晚会是每天不可忽视的重点。有些公司的业务员分布于全国各地，无法每日召开早会或晚会时，应将其拜访报告表以传真或电话联络方式，随时向公司反映。

在了解了各个业务员的工作情况后，业务主管要对那些业绩差的业务员、新业务员的工作态度及效率，随时给予指导、纠正和帮助。总之，销售经理若能掌握人（业务员）、事（报表及会议）、地（现象和问题）、物（产品和货款），销售过程管理也就做好了。

三、销售过程管理的阶段

1. 寻找目标客户

目标客户指对产品或服务有需求并具有购买能力的个人或企业。

除了通过是代理商（经销商）寻找最终客户外，企业可以通过三种手段进行寻找：① 利用公司资源。公司其他部门的客户、财务部门、服务部门、广告公司、电话和邮寄、导购、展销会客户名单。② 利用外部资源。非竞争公司的销售人员、专业日录、社团和组织、报纸和杂志，尤其是本行业的杂志。③ 利用个人资源。游说兜售、连锁介绍法、个人观察法、委托助手法、市场咨询法。

2. 进行目标客户甄别

直接顾客甄别：目标客户一定是对你的产品有需求愿望、有购买能力、有购买决定权、有资格购买。特别要注意的是：利用个人资源的方法时，一定要注意不要陷入盲目的推销之中，不要死缠烂打，这样只会引起顾客反感。一定要深刻洞察客户的需求，并将产品或服务的卖点转变成能为客户带来价值的利益点。

代理商甄别：从法律角度讲，代理商从生产商处拿货，与生产商之间形成的是买卖代理关系，即所谓的代理法律关系，生产商给予代理商授权，由代理商以生产商的名义与客户办理货物买卖相关事宜，法律效果归属于生产商，而代理商从中赚取佣金，通俗讲即代理商帮生产商卖货，代理商不拥有货物的所有权。所以，生产商要加强代理商的管理，对代理商进行明确的授权，因为授权不明所产生的民事责任，由生产商承担。

代理商甄别包括六个方面：

财务能力甄别：注册资金、实际投入资金是否宽余；必备的经营设施（仓储、运输、营业场地等）是否承受目前业务；给厂家付款的方式；资金周转率，利润率如何；放账的程度；银行贷款能力；税务是否守法；欠账的程度。

市场能力甄别：经销其他品牌的产品能否到达目标卖场；铺货覆盖率达百分之几；批发能力如何（几级批发构成）；网络能否渗透到周边；批发、直销手段如何；能否控制价格；业务人员是否熟练精干；促销手段是否科学、有效。

信誉能力甄别：信誉能力 同行口碑；厂家的评价（合作程度）；卖场的评价（送货是否及时，促销是否到位）；守法经营，工商、税务、银行的评价。

管理能力甄别：是否协调一致（内部沟通情况）；有无长期发展战略； 对货物放账处理方式；货物流向控制能力。

家庭情况甄别：家和万事兴，很难想象，一个家庭不和，邻里关系恶劣的公司能经营长久。分析代理商（经销商）性格和为人处世方式，可以看出能不能长期合作。

代理商（经销商）的理念甄别：主要是经营思想、风格，这是最关键的一点。详细描述本公司基本情况、产品特点、利益点；本公司经营理念、政策等，力求达成共识；倾听代理商（经销商）其对公司、产品和品牌的看法，看是否适合本公司市场运营思路。

3. 制定目标计划

完成交易是最终目的，但并非是每次销售访问的目的。制定目标是让潜在顾客充分了解你、你的公司及产品/服务；从新的潜在顾客那里获得有关公司需求动向的信息；弄清谁有购买的决定；留下产品的文字介绍及样品；弄清楚潜在顾客从当前供货商那里进货的原因；留下初步印象，为下一次销售访问打好基础。

目标必须量化，比如，对经销商的拜访，不是神侃一番就走人，我们应当做这样一个目标计划。主要包括：帮助经销商做生意的回顾。这段时间的销售情况、渠道和终端的开发和维护情况、销售队伍情况，存在什么问题，怎么解决以及厂家如何来配合解决。接下来是清点库存，退换货或者破损统计；厂家销售策略和政策解释传达；了解经销商的经营计划；经销商的培训、管理提升需求；订单、回款等。

这是主要内容，当然每次拜访时重要都会不一样，但是一定要有目标，否则拜访就失去了意义。

4. 接触客户

接触客户前的准备。熟悉客户的基本信息、一些关键信息、客户的基本需求和要求，找到切入话题的一些机会。对目标和计划要烂熟于胸，做到知己知彼，才能百战百胜。并事先和客户进行预约，提高拜访的成功率和效果。

主要有三种方式：电话预约法，自我介绍，并介绍自己的公司；陈述打电话的目的引起潜在顾客的兴趣；要求安排一次会面；克服对方各种推辞。信件预约法。通过第三方预约。

客户接触。开场白很重要，但不要扯出很多无关的话题。可以先递上名片，说明来意，向客户介绍自己。接下来就可以简单介绍公司及产品。注意，第一印象很重要，为了营造好第一印象，可以在开场白之前赠送特别的小礼品，在介绍之后可以准备 个简单的问题对对方的需求进行探寻，以试探对方的反应和兴趣。

注意服装是否干净整齐，男士最好结领带，女士尽量穿着朴实，头发整理好。本次的商谈主要的叙述重点是什么；商谈的要点及优先顺序应该事先确定；商谈之前应事先拟出客户可能提出的问题，并做充分的研讨应对技巧；商谈进行时应随时注意客户的反应，了解客户的重点；判断签约时机。

5. 介绍产品

做产品介绍的目的是向目标客户提供具体的产品信息。向目标客户说明产品的性能、特点、使用等有关产品本身的信息。

（1）销售陈述的类型。

记忆型陈述：陈述内容事先经过周密计划，由公司里最好的销售人员精心编排。 销售人员将全部内容熟记在心，然后对客户进行严格无误的重述。 适用：上门推销或电话推销，有时间限制，由新手来进行。优点：使新手从容进行陈述，增强自信，减少赘语、使销售人员工作标准化。缺点：不能针对不同客户具体特点进行灵活变化，易产生机械化效果，不能引发客户兴趣，忽略了顾客对产品的需求。

提纲式陈述：要求销售人员记住有关此次陈述的主要内容梗概，在现场进行具体的发挥创造，保证了不会忽略销售陈述的要点，同时创造了一种和谐、友好的交流气氛。程序化陈述，主要是采用一种客户可以看到的提纲，还可以运用图片、照片、销售手册或指南等一系列安排得当的辅助产品帮助展示，激起顾客兴趣，并引起要点；优点：顾客可以积极参与其中。

视听辅助陈述：指运用一些视听工具，如幻灯片、样本、录像、电影、录音等来进行辅助，减少销售人员工作量，同时保证销售要点无遗漏。

需求确认陈述：其理论基础是：销售中“针对问题，对症下药”，即销售人员与潜在客户如果能够在一起很好地合作的话，就能够确定客户需要，并提出最佳办法。要求销售人员主动与潜在客户打交道，发现并确认其需要，只有熟练而有经验的销售人员才能胜任。适用于产业用品销售或销售极其复杂的产品和服务，可用于不适合现场展示的笨重而庞大的产品。

调查陈述：同样基于“解决具体问题”的理论；不同：对客户的情况进行更为详尽而全面的调查。适用于只有全面、细致地了解客户所处环境、形势之后才能确认陈述的主要内容。向客户传递此项调查的主要思路向客户传递所提供的产品/服务所带来的利益。调查、询问客户单位人员察看公司的有关记录考察客户的具体运作情况。

（2）产品介绍。

产品的特点、产品本身的描述：产品带给客户的利益，即产品给顾客带来了什么好处。如果是代理商（经销商）就要介绍公司相关的政策和市场支持，从客户的生意角度出发，分析产品给客户生意的贡献。

产品比较：列举市场面上主要的竞争品牌（三种左右），分别分析竞争品牌产品的优势、劣势，并将自己的产品优势放大，用提炼的独特利益点抗击竞争品牌产品的弱点。如果是代理商（经销商），则要分析投入资金、预计产品销售收入、毛利、资金、产品的周转率、市场投入、支持、扣点等综合几项和全部与竞争品牌作对比。一定要形成相对的比较明显的优势。

产品演示：对于高技术或操作比较复杂的产品。要进行现场的演示。演示的好处：改进沟通、顾客参与、强化记忆、减少顾客异议、使顾客产生拥有感、减轻销售员压力.准备演示：组织、预演、突出重点、检查设备。有效演示的技巧：定制演示、吸引所有感官、设定演示节奏、使顾客参与、选择场景、吸引注意力、演示无形产品；演示工具：产品本身、视听工具。演示中需注意的问题：使用顾客的语言、表现出对自己产品的尊重、保持演示简短.

6. 处理客户异议

什么是顾客异议？异议存在于销售陈述过程中，大部分属于沟通问题只有消除了异议才会达成最后的交易；顾客的异议向销售人员展现了其兴趣所在，销售人员因此可以更接近成功进行销售的目标。

异议的类型：

对需求的异议：不感兴趣；对产品/服务的异议；对来源的异议；对价格的异议；对立即购买的异议；隐含的异议。

处理异议的方案：倾听顾客异议；证实理解了异议；不要争论；回答异议；努力成交。

处理异议的技术：“是，但是”的回答法；迂回的方法；强调感觉的方法；提问的方法；

补偿的方法；抢先法；直接否认。

7. 成交失败的原因分析

成交失败的原因主要有以下几种：产品没有吸引力；市场定位错误；沟通能力欠佳；运气欠佳；错过提议时机，在成交的时间上把握不够等等。

8. 销售过程的管控

详细知道了销售的全过程，接下来就要对整个过程进行控制和管理。对于企业通过代理商（经销商）操作市场的方式，销售过程管理显得尤为重要。主要体现在以下几个方面：

（1）确保销售目标的实现。

销售管理的根本目的是可控的实现销售目标。要实现目标关键在在两方面：销售目标及分解、过程追踪及控制。

对销售过程进行追踪与控制，了解日常销售工作的动态、进度，及早发现销售活动中所出现的异常现象及问题，立即解决。销售过程管理的主要目的，就是要重视目标与实绩之间的关系，通过对销售过程的追踪与监控，确保销售目标的实现。

（2）区域管理和时间管理。

区域管理是让过程有一个落脚点。当前多数企业，特别是快速消费品行业都有自己的重点区域市场，区域市场通常由办事处、销售人员、经销商、分销商、终端、消费者构成。进行区域市场管理的主要目的是提高销售的效率，对市场全方位进行开发和管理，实施精细化营销。

时间管理是销售过程管理的重要内容，从年度追踪细化到每月、每周甚至每日追踪。时间管理主要用来把握销售工作的节奏进度。如何实现高效率的时间管理：第一，必须把年度、月度计划细分到周计划。每天的工作要有明确的目标和实施计划；客户进行分类，按计划进行拜访。对于区域经理而言，月度和周计划的细分，并明确自己的一周行程，要解决的重要问题，相应的策略和措施。人的精力是能有限的，所以要将主要精力用在产生最大效益的地方。

扩展阅读

终端八步骤拜访法

第一步：准备工作

每天销售代表在拜访客户前，都要做好相应的准备工作。这些工作主要包括：

◇检查个人的仪表。销售代表是公司的“形象大使”，在客户的眼中代表着公司的形象、产品的形象、甚至是品牌的形象。因此，销售代表在客户面前展现出整齐统一的外在形象，良好的精神状态，会在很大程度上给客户带来愉悦的心情。很难想象一个衣衫不整、邋遢脏乱的销售代表会给客户留下好印象。销售代表的外表和服装要整洁、胡子要刮干净、不得留长发、皮鞋要擦亮、夏天不准穿凉鞋和拖鞋、手指甲要干净不留长指甲，同时还要保持自身交通工具的清洁等等。

◇检查客户资料。销售代表每天都要按照固定的线路走访客户。这样在拜访客户之前要检查并携带今天所要访问客户的资料，主要包括：当天线路的客户卡、线路拜访表、装送单（订单）、业绩报告等等。

◇准备产品生动化材料。主要包括商标（品牌贴纸）、海报、价格牌、促销牌、冷饮设备贴纸，以及餐牌 POP 广告。销售代表在小店内充分合理地利用这些生动化材料，可以正确地向消费者传递产品信息，有效地刺激消费者的购买欲望，从而建立品牌的良好形象。

◇准备清洁用品。带上干净的抹布，用来帮助小店清洁陈列架上的本公司产品。

销售代表做好这些准备工作后，接下来就可以离开公司，按照计划拜访的路线来开始一天的工作了。

第二步：检查户外广告

◇及时更外观破损、肮脏的海报招贴。销售代表到达小店后，要首先检查原来张贴在小店外表的广告贴纸。外观不良的广告用品，会有损于产品及品牌的形象。重新在小店外部张贴崭新的海报、品牌贴可以更好在消费者面前树立公司品牌的良好形象，并帮助产品销售。

◇检查广告的张贴是否显眼，不要被其他物品遮盖。各种快速消费品厂家在小店的POP大战是异常激烈的，各种样式、形状的POP可谓是“你方唱罢我登台”。作为百事的销售代表，就要在小店选择最佳的位置，视线最好的角度以使POP达到最佳的市场显现效果。

第三步：和客户打招呼

进入小店店内时，要面带微笑，合情合理地称呼店主的名字，以展现自身的亲和力，树立公司的良好形象。与此同时，对店内的其他人员也要以礼相待。和客户寒暄时，不要直接就谈及订货的事情，而是要和店主通过友好的交谈以了解其生意的状况，甚至要帮助客户出出点子，怎么样来提高他的经营业绩，以及产品在他店内的销量。让客户感觉到你是在真切地关心他，而不仅仅是出于生意的关系才来拜访他。只有长此以往地这样下去，才会有助于销售代表和客户之间形成良性的互动，为打下建立坚实的客情关系奠定良好的基础。

第四步：做终端及冷饮设备生动化

产品生动化是拜访客户的重点环节，并且是提升销售点销量的最有效途径之一。销售代表要根据小店的实际状况，来执行小店的产品陈列。主要包括：检查户内广告是否完整，及时更换破旧的室内POP；整理并陈列产品，按先时先出的原则循环摆放；如小店内摆放百事公司的冷水柜、现调机等冷饮设备，则要按冷饮设备的陈列标准，进行生动化操作，如设备内缺货则立即补充百事产品。

第五步：检查库存

做完产品生动化之后，销售代表要按品牌/包装的顺序来清点小店的库存。只有这样才不至于出现遗漏哪一个品牌或包装的产品，也只有这样才能够非常准确地清点出客户的实际库存量。在清点小店的存货时，主要包括清点两个地点的存货即：前线存货和库房存货。前线存货主要是指小店的货架、柜台上所摆放的没有售卖完的产品，库房存货则是指存放在小店仓库中用于补货的货物，两个地点的存货数量加在一起，就是小店的实际库存总量。

第六步：进行销售拜访

清点小店的库存之后，销售代表可按照1.5倍的安全库存原则向客户提出订货建议。根据“1.5倍的安全存货量”订货，可以使客户在正常的经营状况下不至于发生缺货或断货的现象，避免造成生意上的损失，还可以帮助客户有效地利用空间和资金，不发生货物积压、资金无效占用的缺失。最后，“1.5倍的安全库存原则”再加上存货周转的科学性，可以保证客户提供给消费者的产品永远都是新鲜的，这样就可以改善小店形象，从而带动其他产品的销售。

“1.5倍的安全库存原则”的计算公式如下：

安全库存＝上次拜访后的实际销售量×1.5

建议订货量＝安全存货量－现有库存

向客户提出建议订货量之后，客户大多会提出异议。销售代表要善于处理客户提出的异议，说服客户接受自己提出的建议订货量。在进行销售拜访时，销售代表要主动地推荐新产品，并努力做到产品的全系列铺货。如果在公司有小店促销计划时，销售代表要积极地介绍促销内容，并向客户提出实效性的操作建议，从而致力于成为客户的专业行销顾问。

第七步：订货

销售拜访结束后，销售人员要再一次确认客户的定货量，并按照客户的实际订货量填写客户卡和订单。客户卡上清晰地记载着客户的名称、地点、电话、客户类型、上次进货数量、存货数量等项目。客户卡按星期设置，即星期一1本，星期二1本……一直延续下去，直到一周。销售代表养成良好的填写客户卡习惯，可以更有条理、更为准备地了解客户的需求，以便更好地为客户提供服务。

第八步：向客户致谢并告之下次拜访时间

每一个小店客户都在销售代表的计划拜访路线上，销售代表在拜访客户结束后，都要表示谢意，并要明确告之其下次拜访时间，这样可以加深客户对销售代表在固定时间来拜访自己的记忆，从而有助于客户形成在固定时间接待销售代表的习惯，以提高客户的满意度。

计划性拜访的八个步骤，可以帮助小店销售人员在每一个售点都取得成功销售过程的模式。在实际的拜访过程中，一定会出现一些因素影响销售代表实施八步骤。但是销售代表只要根据具体的实际情况来灵活运用，并把“拜访八步骤”当成一种习惯，在不久的将来一定会成为一名更专业、更优秀的销售人员。

第四节　销售促进策略

所谓销售促进，是指企业运用各种短期诱因，鼓励购买或销售企业产品或服务的促销活动。销售促进这种有效的促销工具由许多分类方式，包括：针对消费者促销工具（如样品、折价券、以旧换新、减价、赠奖、竞赛、商品示范等），针对中间商的促销工具（如购买折让、免费货品、商品推广津贴、合作广告、推销金、经销商销售竞赛等），以及针对推销人员的促销工具（如红利、竞赛、销售集会等）。

一般来讲，企业的销售促进策略包括确定目标，选择工具，制订方案，预试方案，实施和控制方案，以及评价结果等内容。

一、确定销售促进目标

销售促进目标是由基本的市场营销沟通目标推衍出来的，而后者又是由产品的更基本的市场营销目标推衍出来的。从这个角度讲，销售促进的特定目标将依目标市场的不同而有所差异。

就消费者而言，目标包括鼓励消费者更多地使用产品和促其大量购买，争取未使用者试用，吸引竞争者品牌的使用者等。

就零售商而言，目标包括吸引零售商经营新的产品专案和维持较高水准的存货，鼓励他们购买落令商品，储存相关产品专案，抵消各种竞争性的促销影响，建立零售商的品牌忠诚度，获得新的零售商的合作与支持等。

就推销人员而言，目标包括鼓励其支援一种新产品或新式样、新型号，激励其寻找更多的潜在顾客，刺激其推销落令商品等。

二、选择销售促进工具

有许多不同的销售促进工具可以用来实现不同的目标，而且各种不的新工具仍不断地被发展出来。选择销售促进工具，必须充分考虑市场类型、销售促进目标、竞争情况以及每一种销售促进工具的成本效益等各种因素。下面我们仅从市场类型和销售促进目标的角度进行分析。

1．企业使用于消费者市场的销售促进工具

如果销售促进目标是抵制竞争者的促销，则可设计一组降价的产品组合，以取得快速的防御性反应。如果企业产品有明显的竞争优势，目标在于吸引消费者率先采用，则产品样品可作为有效的销售促进工具。企业可以向消费者赠送免费样品或试用样品，尤其是当企业推出新产品时。这些样品可以挨户赠送，通过邮寄赠送，在商店 散发，在其他商品中附送，也可以公开广告赠送。

2．零售商使用于消费者市场的销售促进工具

零售商关心的是顾客的光顾、购买以及吸引更多的人进入店中，销售促进工具的选择便以此目标为中心。折价券、特价包、赠奖、交易印花、购（售）点陈列和商品示范表演、竞赛、兑奖、游戏等在零售业最常用。

折价券：就是给持有人一个凭证，他在购买某种商品时可凭此免付一定金额的钱。折价券可以邮寄，附在其他商品中，或在广告中附送。这是一种刺激成熟品牌产品销路的有效工具，也可以鼓励买主的早期试用新品牌。

特价包：就是向消费者提供低于正常价格的销售商品的一种方法，其做法是在商品包装或标签上加以附带标明。它们可以采取减价包的形式，即将商品单独包装起来减价出售，例如原来买一件商品的价格现在可以买两件。也可以采取组合包的形式，即将两件相关的商品并在一起减价出售，例如牙膏和牙刷等。特价包对于刺激短期销售十分有效。

赠奖：就是以相当低的价格出售或免费赠送商品作为购买特定商品的刺激。它有三种主要形式：① 随附赠品，可以附在商品或包装中，或包装物本身就是一个能重新使用的容器；② 免费邮寄赠品，即消费者交出买过这种商品的包装、标签或其他证据，商店就免费给他寄去一个商品；③ 低价赠奖，即以低于正常零售价的价格出售给需要此种商品的消费者。

交易印花：是顾客通过购买而得到的一种特殊类型的赠奖。顾客通过印花兑换中心可以将其兑换成某些商品。最初采用交易印花的商人常常招徕了新的生意，其他商人被动地起而仿效，最后交易印花成了大家的负担，结果有些商人决定放弃它，用减价出售来取代之。

竞赛、兑奖和游戏：是让消费者、中间商或推销人员有某种机会去赢得一些东西，如现金、旅游或商品作为他们运气和努力的报答。竞赛要求向消费者提出某种参赛的专案，通过裁判员或评委会评出最优者。兑奖要求消费者将其姓名放进摇奖箱进行摇奖。游戏是指消费者每次购买时卖主赠送给消费者一些有助于他们获得奖品的东西。

3. 企业使用于中间商的销售促进工具

企业为取得批发商和零售商的合作，可以运用购买折让、广告折让、陈列折让、推销金等销售促进工具。购买折让是指购货者在规定期限内购买某种商品时，每买一次就可以享受一定的小额购货折让，以鼓励购货者大量购买商品尤其是那些通常不愿进货的新品种。中间商可以利用这种购买折让得到立即实现的利润、广告或价格上的补偿。

企业为酬谢中间商替其作商品广告，往往要给中间商以广告折让。中间商为生产企业商品举办特别陈列，企业要给予中间商陈列折让。当中间商购买某种商品达到一定数量时，企业要为其提供免费品。当中间商推销企业产品有成绩时，企业要给予中间商推销金，或免费赠送附有企业名字的特别广告赠品，如钢笔、日历、笔记本、烟灰缸、领带等。

4. 企业使用于推销人员的销售促进工具

推销人员经常要将许多不同品牌的商品推荐给消费者使用，因此，企业常运用的销售竞赛、销售红利、奖品等销售促进工具直接刺激推销人员。上面所讲的企业使用于中间商的销售促进工具也可使用于推销人员，包括中间商的推销人员和企业自有的推销人员。

三、制定销售促进方案

企业市场营销人员不仅要选择适当的销售促进工具，而且还要作出一些附加的决策以制定和阐明一个完整的促销方案。主要决策包括诱因的大小、参与者的条件、促销媒体的分配、促销时间的长短、促销时机的选择、促销的总预算等。

1. 诱因的大小

市场营销人员必须确定使企业成本与效益效果最佳的诱因规模。要想取得促销的成功，一定规模的最低限度的诱因是必需的。我们假设销售反应会随着诱因大小而增减，则一张减价 15 元的折价券比减价 5 元折价券带来更多的消费者试用，但不能因此而确定前者的反应为后者的 3 倍。事实上，销售反应函数一般都呈 S 形，也就是说，诱因规模很小时，销售反应也很小。一定的最小诱因规模才足以使促销活动开始引起足够的注意。当超过一定点时，较大的诱因以递减率的形式增加销售反应。通过考察销售和成本增加的相对比率，市场营销人员可以确定最佳诱因规模。

2. 参与者的条件

销售促进决策的另一个重要内容，就是决定参与者的条件。例如，特价包是提供给每一个人，还是仅给予那些购买量最大的人。抽奖可能限定在某一范围内，而不允许企业职员的家属或某一定年龄以下的人。通过确定参与者的条件，卖主可以有选择地排除那些不可能成为商品固定使用者的人。当然，应该看到，如果条件过于严格，往往导致只有大部分品牌忠诚者或喜好优待的消费者才会参与。

3. 促销媒体的分配

市场营销人员还必须决定如何将促销方案向目标市场贯彻。假设促销是一张减价 15 元的折价券时，则至少有四种途径可使顾客获得折价券：一是放在包装内，二是在商店 分发，三是邮寄，四是附于广告媒体上。每一种途径的送达率和成本都不相同。例如，第一种途径主要用于送达经常使用者，而第三种途径虽然成本费用较高，却可送达非本品牌使用者。

4. 促销时间的长短

市场营销人员还要决定销售促进时间的长短。如果时间太短，则 一些顾客可能无法重购，或由于太忙而无法利用促销的好处。如果促销时间长，则消费者可能认为这是长期降价，而使优待失去效力，甚至还会使消费者对产品品质产生怀疑。亚瑟斯特恩（Arthur Stern）根据自己的调查研究，发现最佳的频率为每季度有三周的优待活动，最佳时间长度为平均购买周期。当然，这种情况会随着促销目标、消费者购买习惯、竞争者策略及其他因素的不同而有所差异。

5. 促销时机的选择

在现代企业 ，品牌经理通常要根据销售部门的要求来安排销售促进的时机和日程。而日程安排又必须由地区市场营销管理人员根据整个地区的市场营销战略来研究和评估。此外，促销时机和日程的安排还要注意使生产、分销、推销的时机和日程协调一致。

6. 促销的总预算

销售促进总预算可以通过两种方式确定：

（1）自下而上的方式。

即市场营销人员根据全年销售促进活动的内容、所运用的销售促进工具及相应的成本费来确定销售促进总预算。实际上，销售促进总成本 Pc 是由管理成本 Ac（如印刷费、邮寄费和促销活动费）加诱因成本 Ic（如赠奖、折扣等成本）乘以在这种交易活动中售出的预期单位数量 Qe 组成的，即

$$Pc=(Ac+Ic)Qe$$

就一项赠送折价券的交易来说，计算成本时要考虑到只有一部分消费者使用所赠的折价券购买。就一张附在包装中的赠奖来说，交易成本必须包括奖品采购和奖品包装再扣减因包装引起的价格增加。

（2）按习惯比例来确定各项促销预算占总促销预算的比率。

例如，牙膏的促销预算占总促销预算的 30%，而香波的促销预算就可能要占到总促销预算的 50%。在不同市场上对不同品牌的促销预算比率是不同的，并且受产品生命周期的各个阶段和竞争者促销预算的影响。经营多品牌的企业应将其销售促进预算在各品牌之间进行协调，以取得尽可能大的收益。虽然不是所有销售促进活动都能事先计划，但是协调却可以节省费用，例如一次邮寄多种赠券给消费者，就可以节省邮寄及其他相关费用。

企业在制定销售促进总预算时，尤其要注意避免如下失误：缺乏对成本效益的考虑；使用

过分简化的决策规划，沿用上年的促销开支数字，按预期销售的一个百分比计算，维持对广告支出的一个固定比例，或将确定的广告费减去，剩余的就是可用于促销的费用；广告预算和销售促进预算分开制定等。

四、预试销售促进方案

虽然销售促进方案是在经验基础上制定的，但仍应经过预试以确认所选用的工具是否适当，诱因规模是否最佳，实施的途径效率如何。面向消费者市场的销售促进能够轻易地进行预试，可邀请消费者对几种不同的可能的优惠方法作出评价，给出评分，也可以在有限的地区的范围内进行试用性测试。

五、实施和控制销售促进方案

对每一项销售促进工作都应确定实施和控制计划。实施计划必须包括前置时间和销售延续时间。前置时间是从开始实施这种方案所必需的准备时间。它包括：最初的计划工作，设计工作，材料的邮寄和分送，与之配合的广告的准备工作，销售现场的陈列，现场推销人员的通过，个别分销商地区定额的分配，购买和印刷特别赠品或包装材料，预期存货的生产，存放到分销中心准备在特定的日期发放。还包括给零售商的分销工作。

六、评价销售促进结果

企业可用多种方法对销售促进结果进行评价。评价程式随着市场类型的不同而有所差异。例如，企业在测定对零售商促销的有效性时，可根据零售商销售量、商店货档空间的分布和零售商对合作广告的投入等进行评估。企业可通过比较销售绩效的变动来测定消费者促销的有效性。在其他条件不变的情况下，销售的增加可归因于销售促进的影响。

扩展阅读

促销活动方案的构成

一、活动目的

对市场现状及活动目的进行阐述。市场现状如何？开展这次活动的目的是什么？是处理库存？是提升销量？是打击竞争对手？是新品上市？还是提升品牌认知度及美誉度？只有目的明确，才能使活动有的放矢。

二、活动对象

活动针对的是目标市场的每一个人还是某一特定群体？活动控制在范围多大内？哪些人是促销的主要目标？哪些人是促销的次要目标？这些选择的正确与否会直接影响到促销的最终效果。

三、活动主题

在这一部分，主要是解决两个问题：① 确定活动主题；② 包装活动主题。

降价？价格折扣？赠品？抽奖？礼券？服务促销？演示促销？消费信用？还是其他促销工具？选择什么样的促销工具和什么样的促销主题，要考虑到活动的目标、竞争条件和环境及促销的费用预算和分配。

在确定了主题之后要尽可能艺术化地“扯虎皮做大旗”，淡化促销的商业目的，使活动更接近于消费者，更能打动消费者。几年前爱多 VCD 的“阳光行动”堪称经典，把一个简简单单的降价促销行动包装成维护消费者权益的爱心行动。

这一部分是促销活动方案的核心部分，应该力求创新，使活动具有震撼力和排他性。

四、活动方式

这一部分主要阐述活动开展的具体方式。有两个问题要重点考虑：

1. 确定伙伴：拉上政府做后盾，还是挂上媒体的“羊头”来卖自己的“狗肉”？是厂家单独行动，还是和经销商联手？或是与其他厂家联合促销？和政府或媒体合作，有助于借势和造势；和经销商或其他厂家联合可整合资源，降低费用及风险。

2. 确定刺激程度：要使促销取得成功，必须使活动具有刺激力，能刺激目标对象参与。刺激程度越高，促进销售的反应越大。但这种刺激也存在边际效应。因此必须根据促销实践进行分析和总结，并结合客观市场环境确定适当的刺激程度和相应的费用投入。

五、活动时间和地点

促销活动的时间和地点选择得当会事半功倍，选择不当则会费力不讨好。在时间上尽量让消费者有空闲参与，在地点上也要让消费者方便，而且要事前与城管、工商等部门沟通好。不仅发动促销战役的时机和地点很重要，持续多长时间效果会最好也要深入分析。持续时间过短会导致在这一时间内无法实现重复购买，很多应获得的利益不能实现；持续时间过长，又会引起费用过高而且市场形不成热度，并降低顾客心目中的身价。

六、广告配合方式

一个成功的促销活动，需要全方位的广告配合。选择什么样的广告创意及表现手法？选择什么样的媒介炒作？这些都意味着不同的受众抵达率和费用投入。

七、前期准备

前期准备分三块：1. 人员安排；2. 物资准备；3. 试验方案

在人员安排方面要“人人有事做，事事有人管”，无空白点，也无交叉点。谁负责与政府、媒体的沟通？谁负责文案写作？谁负责现场管理？谁负责礼品发放？谁负责顾客投诉？要各个环节都考虑清楚，否则就会临阵出麻烦，顾此失彼。

在物资准备方面，要事无巨细，大到车辆，小到螺丝钉，都要罗列出来，然后按单清点，确保万无一失，否则必然导致现场的忙乱。

尤为重要的是，由于活动方案是在经验的基础上确定，因此有必要进行必要的试验来判断促销工具的选择是否正确，刺激程度是否合适，现有的途径是否理想。试验方式可以是询问消费者，填调查表或在特定的区域试行方案等。

八、中期操作

中期操作主要是活动纪律和现场控制。

纪律是战斗力的保证，是方案得到完美执行的先决条件，在方案中对应对参与活动人员各方面纪律作出细致的规定。

现场控制主要是把各个环节安排清楚，要做到忙而不乱，有条有理。

同时，在实施方案过程中，应及时对促销范围、强度、额度和重点进行调整，保持对促销方案的控制。

九、后期延续

后期延续主要是媒体宣传的问题，对这次活动将采取何种方式在哪些媒体进行后续宣传？脑白金在这方面是高手，即使一个不怎么样成功的促销活动也会在媒体上炒得盛况空前。

十、费用预算

没有利益就没有存在的意义。对促销活动的费用投入和产出应作出预算。当年爱多 VCD 的“阳光行动 B 计划”以失败告终的原因就在于没有在费用方面进行预算，直到活动开展后，才发现这个计划公司根本没有财力支撑。一个好的促销活动，仅靠一个好的点子是不够的。

十一、意外防范

每次活动都有可能出现一些意外。比如政府部门的干预、消费者的投诉、甚至天气突变导致户外的促销活动无法继续进行等等。必须对各个可能出现的意外事件作必要的人力、物力、财力方面的准备。

十二、效果预估

预测这次活动会达到什么样的效果，以利于活动结束后与实际情况进行比较，从刺激程度、促销时机、促销媒介等各方面总结成功点和失败点。

当然以上十二部分只是促销活动方案的一个大体框架，在操作时还需根据实际情况加以充实和完善，另外负责人还应大胆想象，小心求证，进行分析比较和优化组合，这样才能实现最佳效益。

根据 叶茂中 著《促销活动方案》 机械工业出版社 2006 年 改编

第五节　广告策略

一、广告的概念与种类

1. 广告的概念

广告（advertising）一词源于拉丁语（adverture），有“注意”、“诱导”、“大喊大叫”和“广而告之”之意。广告作为一种传递信息的活动，它是企业在促销中普遍重视且应用最广的促销方式。市场营销学中探讨的广告，是一种经济广告。亦即，市场营销学中的广告是广告主以促进销售为目的，付出一定的费用，通过特定的媒体传播商品或劳务等有关经济信息的大众传播活动。从广告的概念可以看出，广告是以广大消费者为广告对象的大众传播活动；广告以传播商品或劳务等有关经济信息为其内容；广告是通过特定的媒体来实现的，并且广告主要对使用的媒体支付一定的费用；广告的目的是为了促进商品销售，进而获得较好的经济效益。

2. 广告的特点

广告的基本功能是传递信息，它既可用来树立企业和产品形象，又可用来刺激销售，是一种被广泛运用的促销方式。企业应根据其特点，扬长避短，灵活运用。

（1）广告传播效果的特点。

传播面广：广告是借助大众媒体传播信息的，它的公众性和普及性赋予广告突出的“广而告之”的优点。广告主可以通过电视、报纸、广播、杂志等大众传媒在短期内迅速地将其信息告之众多的目标消费者和社会公众，这是人员推销等其他促销方式方法与之无法比拟的。

传递速度快：广告是利用大众媒体传递信息的，大众传媒是一种迅捷的信息传播途径。它能使广告主发行的信息在很短的时间内传达给目标消费者。因此．在现代信息化社会，它是一种富有效率的促销方式。

表现力强：广告是一种富有表现力的信息传递方式。它可以借助各种艺术形式、手段与技巧，提供将一个企业及其产品感情化、性格化、戏剧化的表现机会，增大其说服力与吸引力。

（2）广告费用支出具有投资的特点。

广告费用作为一种投入，产出的是增加了销售利润。广告产出的效益虽不是直接的。但广告促进了销售，在销售扩大带来利润扩大的过程中广告虽没直接带来利润，但广告起了重要的作用。广告效果有时产生的虽不是即时效应，但是一种积累效应。

3. 广告的种类

根据不同的划分标准，广告有不同的种类。

（1）根据广告的内容和目的划分。

商品广告：它是针对商品销售开展的大众传播活动。商品广告按其目的不同可分为三种类型：一是开拓性广告，亦称报道性广告。它是以激发顾客对产品的初始需求为目标，主要介绍刚刚进入投入期的产品的用途、性能、质量、价格等有关情况，以促使新产品进入目标市场。二是劝告性广告，又叫竞争性广告。是以激发顾客对产品产生兴趣，增进“选择性需求”为目标，对进入成长期和成熟前期的产品所做的各种传播活动。三是提醒性广告，也叫备忘性广告或提示性广告。是指对已进入成熟后期或衰退期的产品所进行的广告宣传，目的是在于提醒顾客，使其产生“惯性”需求。

企业广告：又称商誉广告。这类广告着重宣传、介绍企业名称、企业精神、企业概况（包括厂史、生产能力、服务项目等情况）等有关企业信息，其目的是提高企业的声望、名誉和形象。

公益广告：公益广告是用来宣传公益事业或公共道德的广告。它的出现是广告观念的一次革命。公益广告能够实现企业自身目标与社会目标的融合，有利于树立并强化企业形象。公益广告有广阔的发展前景。

（2）根据广告传播的区域来划分。

全国性广告：是指采用信息传播能覆盖全国的媒体所做的广告，以此激发全国消费者对所广告的产品产生需求。在全国发行的报纸、杂志以及广播、电视等媒体上所做的广告，均属全国性广告。这种广告要求广告产品是适合全国通用的产品，并且，因其费用较高，也只适合生产规模较大、服务范围较广的大企业，而对实力较弱的小企业实用性较差。

地区性广告：指的是采用信息传播只能覆盖一定区域的媒体所作的广告，借以刺激某些特定地区消费者对产品的需求。在省、县报纸、杂志、广播、电视所做的广告，以及路牌、霓虹灯上的广告均属地区性广告。此类广告传播范围小，多适合于生产规模小、产品通用性差的企业和产品进行广告宣传。

二、媒体的选择

在广告传播活动中，公司都希望能以最小的成本获得最好的广告效果。在广告媒体运用时，如何选择媒体、媒体组合及把握媒体的推出时机，都牵涉到广告预算及广告效果评价，因此，必须精心策划，从众多广告媒体中作出正确的选择。

1. 广告媒体类型

广告媒体就像大海中的一叶飞舟，将信息传递给大海两岸的消费者。而广告媒体的发展也是日新月异，种类不断增加，形式不断变化。

报纸：报纸广告是一种历史悠久的广告媒体，我国全国性和省一级的报纸有一百多种，分成日报、晚报、隔日报、周报，并按报纸内容分成综合性和专业性等不同种类。由于报纸与广大消费者的生活密切相关，它成为我国最重要的广告媒体之一。

杂志：我国共有五千多种杂志，可分为周刊、半月刊、月刊、双月刊、季刊以及年刊，专业领域分布从政治、经济、军事，到文化、教育、生活、娱乐等多方面，有些是完全专门性的，有些是综合性的。杂志广告中封面和封底的价值最大，其次是封二、底二，中间插页以及其他部位。

广播：广播广告在我国有七十多年的历史，是我国覆盖面最广、消息传递最迅速的媒体。广播广告完全通过语言和音响效果来表达广告的意境，要求广告语言自然、简短易记，并有很高的播音技巧。

电视：电视广告集声音、形象、音乐于一体，作为现代社会信息传播中最具魅力的工具，其广告效果也是最为明显的。电视广告的表现方式丰富多彩，可以通过故事式、名人推荐式、解决问题式、引证式、示范式、警吓式、赋予广告以生命力的幽默式等形式，提高电视广告的吸引力。

户外广告：户外广告主要包括路牌、霓虹灯、旗帜、招贴、灯箱等形式。如果我们能在城市的主要交通路口，人群汇集地选择引人注目的地方，用独特的方式进行户外广告，效果是非常好的。

网络：随着 Internet 的发展，网络广告越来越得到广泛的运用。据报道，英国前 100 家最大的广告主中有 83 家做网络广告，全球最大的 500 家企业中有 400 家在环球网上注册了网址，目前中国也逐渐重视网络广告的作用，越来越多的企业采用了上网做广告的形式。

以上六种媒体可谓各具特色，它们的优缺点见表 10.4。

表 10.4 六种媒体优缺点比较表

媒体形式	优点	缺点
报纸	读者广泛、稳定、覆盖面广；传递及时、可长期保存、反复研究；收费低，改稿容易。	寿命短，因为报纸很少重印；内容多，易分散注意力；清晰度低，美感少。
杂志	灵活性高；寿命长，能重复出现；宣传对象准确，效率高；转读率高，可保存	时间长，往往失去良机；杂志广告隐于书中，不易被发现；影响较小。
广播	不受交通限制，传播信息快；灵活性高；范围宽广；费用低。	电波转瞬即逝，不易保存；只有声音不见形象，不能给消费者以深刻的印象。
电视	可利用各种艺术手法，给消费者强烈的感染力；较高的灵活性；范围广；不受时空限制，及时迅速。	费用高；受外界干扰少，使广告的针对性下降；有时播放不当，容易引起消费者的反感。
户外广播	展示时间长；表现手法灵活；不受竞争对手干扰；费用低。	很难有特别的创意；可选地方受限制；难修改，时效性差。
网络	速度快，制作成本低；跨越时间、空间限制；动态及时；反馈的可测性高；与消费者的互动性强。	目前网络广告点击率还不高，这使宣传范围受限；技术含量要求高；在中国，网络广告还受种种限制。

2. 具体广告媒体选择指标

在进行具体广告媒体选择时，一个最基本的指标是千人成本标准，即计算某一特定媒体工具触及一千人的平均成本。

如某日报整版套红印刷的广告费用为 800 元，其读者约有 300 万人，则广告触及每一千人的平均成本是：（8 800 × 1 000）/3 000 000 = 2.9 元。又如，甲乙两种性质相同的报纸，对同一广告的收费分别为：5 万元和 3 万元，甲报的读者量为 1 000 万人，乙报的读者量为 500 万人，用千人成本法比较：

$$\text{甲报千人成本} = (50\,000 \times 1\,000)/10\,000\,000 = 5\text{（元）}$$
$$\text{乙报千人成本} = (30\,000 \times 1\,000)/5\,000\,000 = 6\text{（元）}$$

由上可看出，选择千人成本较小的甲报作为广告媒体更合算。

3. 选择媒体时应考虑的因素

为了正确地选择各种广告媒体，实现广告目标，企业在选择媒体之前，必须对媒体的接触度、频率和效果作出决策。接触度是企业必须在一定的时期内使多少人接触广告。频率决策是企业决定在一定时间内，平均使每人接触多少次广告。过多费用太高，过少又难以加深记忆。效果决策是指企业决定广告显露的效果。具体来讲，选择媒体时应考虑的因素包括：① 目标市场接触媒体的习惯。例如，对青少年顾客来说，电视广告的效果最好。② 产品种类。例如，为妇女服装做广告，选择彩色印刷杂志广告很有吸引力。③ 广告信息。选择何种媒介还取决于广告信息本身。例如，复杂的技术信息在广播和电视中都难以说情，而选择专业杂志和邮寄广告较为理想。④ 成本费用。电视广告成本很高，而广播、报纸相对成本较低。

三、广告媒体组合

每一种媒体都有其短处和长处，将两种或两种以上的媒体组合起来，优势互补，克服弱点，使广告达到最佳效果，这是媒体组合的根本指导思想。

1. 广告媒体组合的优势

广告媒体组合策略之所以能使商品产生轰动效应和良好的促销效果，主要由于具有以下三方面的优势：

重复效应：由于各种媒体覆盖的对象有时是重复的，因此媒体组合的使用将使部分广告受众增加，广告接触次数增多，也就是增加广告传播深度。消费者接触广告次数越多，对产品的注意度、记忆度、理解度就越高，购买的冲动就越强。

延伸效应：各种媒体都有各自覆盖范围的局限性，假若将媒体组合运用则可以增加广告传播的广度，延伸广告覆盖范围。广告覆盖面越大，产品知名度越高。

互补效应：即以两种以上广告媒体来传播同一广告内容，对于同一受众来说，其广告效果是相辅相成、互相补充的。由于不同媒体各有利弊，因此组合使用能取长补短，相得益彰。

扩展阅读

广告组合的好处

美国广告学者吉·苏尔马尼克在其所著《广告媒体研究》一书中，对媒体组合的好处提出五条理由：① 达到第一种媒介所未达到的人士；② 在第一种媒介得到最佳到达率之后，再以较便宜的第二种媒介提供额外的重复暴露；③ 利用媒介所固有的某些价值以扩展广告运用的创作效果（诸如在广播中运用音乐，在印刷媒介上运用长文案）；④ 当媒介计划以广播电视作为主要媒介时，在印刷媒介上可以送折价券；⑤ 协同作用，这是从化学上借用的术语。描述各种成分经混合所产生的总和效果，此种效果远远大于各种成分个别相加总和。

2. 媒体组合策略的方式

瞬间媒体与长效媒体的组合：瞬间媒体指广告信息瞬时消失的媒体，如广播电视等媒体，由于广告一闪而过，信息不易保留，因而要与能长期保留信息，可供反复查阅的长效媒体配合使用。长效媒体一般是指那些可以较长时间传播同一广告的印刷品、路牌、霓虹灯、公共汽车等媒体。

视觉媒体与听觉媒体的组合：视觉媒体指借助于视觉要素表现的媒体，如报纸、杂志、户外广告、招贴、公共汽车广告等。听觉媒体主要借用听觉要素表现的媒体如广播、音响广告，电视可以说是听视觉完美结合的媒体。听觉媒体更抽象，可以给人丰富的想象。视觉媒体更直观，给人以一种真实感。

大众媒体与促销媒体的组合：大众媒体指报纸、电视、广播、杂志等传播面广，声势浩大的广告媒体，其传播优势在于“面”。但这些媒体与销售现场脱离开来，只能起到间接促销作用。促销媒体主要指招贴、邮寄、展销，户外广告等传播面小、传播范围固定，具有直接促销作用的广告，它的优势在于“点”，若在采用大众媒体的同时又配合使用促销媒体能够点面结合，起到直接促销的效果。

扩展阅读

“娃哈哈”的媒体组合

“娃哈哈”是一种家喻户晓的儿童营养液，在江浙一带几乎已深入到每一个家庭，然而其在北京的市场占有率并不高。如何使北京人也喜爱娃哈哈呢？聪明的企业家决定使用广告媒体组合的方式打破这个缺口。

"娃哈哈"首先选择报纸媒体进行"巷战"。因为"娃哈哈"是一种营养型口服液，而市场上口服液品种繁多，消费者所需要的是科学性的指导和解说，而报纸应该是首选。他们选择的主要报纸有：北京日报、北京晚报、北京广播电视报；健康报、医药报、妇女报、少年儿童报，中国科技日报、经济日报。整个活动以北京晚报为主，这个媒介在北京拥有读者最多，是最理想的发布媒介。

在消费者对"娃哈哈"有一定了解后，"娃哈哈"把重点放在了电视广告上。他们选择了北京电视台作为主要媒介，其理由是北京市民对市电视台在一定程度上要比其他台有亲近感，收视率高，另外经济合算，收费适中。电视广告播出后，引起强烈反响，收到了预期的效果。

"娃哈哈"对广播媒体也不放过。北京市民收听广播的习惯一直较好，因此可以借助广播电台的力量为我所用。广告分为两则，一则以抒情诉求方式为主，另一则以产品告示诉求方式为主，都取得了良好的效果。

另外，"娃哈哈"还联系了几个地段，树立路牌，做起了户外广告，扩大了产品的影响。

"娃哈哈"的广告媒体组合策略为企业和产品树立了良好的形象，赢得了广大消费者的青睐，"娃哈哈"可以说是隔着门缝吹喇叭——名声在外了。

——根据 周锡冰《娃哈哈营销革命》2008-01-01 第 1 版 改编

四、媒体时机决策

媒体时机的决策是指对广告发布时间和广告使用方式的规划与安排。

1. 广告发布的时间形式

广告发布时间一般可分为：集中式、连续式、间歇式。

集中式：是指广告费用集中于一段时间使用，以便在较短时间内形成强大的广告攻势。这种方法常用于开拓新市场、新品上市等情况。如"恒源祥"在推出其羊绒线时在中央电视台频繁做广告，每隔五分钟观众就能听到"羊羊羊"的声音，给人深刻的印象。

连续式：是指在一段时间内均匀地安排广告发布时间，使广告反复地出现在观众面前，以逐渐加深消费者对产品的印象。这种方法在对顾客不因季节变化而购买的产品中经常使用。如可口可乐和百事可乐几乎每天都活跃在银屏上，而且经常变换着广告的形式，日积月累，红色的可口可乐和蓝色的百事可乐在消费者心中已根深蒂固。

间歇式：是指做一段时间广告，然后停一段时间，这样反复进行下去。这种方法在季节性产品及广告费用不足时经常使用。比如各种品牌的空调在夏季广告攻势较强，在冬季则很少。

2. 广告发布的使用方式

广告使用方法可分为：水平式、上升式、下降式、交替式。

水平式指均匀使用广告；上升式指开始使用强度小，然后逐渐增强；下降式则指开始使用强度大，然后逐渐减弱；交替式指使用强度交替变化。

图 10.5 清晰地显示了广告发布时间和广告使用方法的组合。

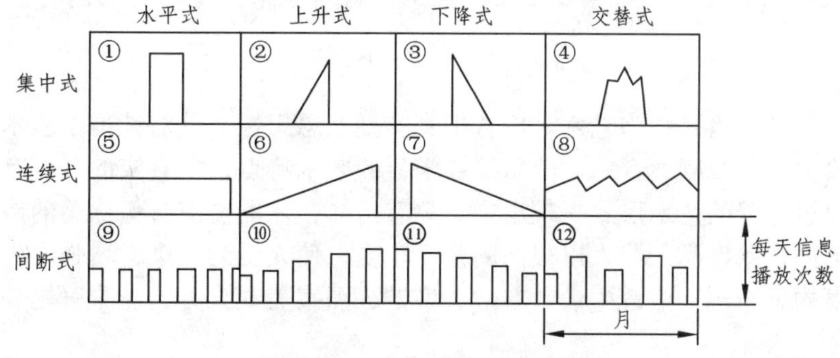

图 10.5　广告时机形式分类

3. 影响广告发布方式的因素

以上 12 种不同的组合，究竟哪一种是最佳安排呢？这可能需要考虑三个因素：

购买者周转率：这是指新顾客在市场上出现的速率，速率越高，广告越应该连续不断。

购买频率：这是指某一时期内购买者平均购买产品的次数，购买频率越高，广告越应该连续。

遗忘率：这是指购买者遗忘某种产品的速率，遗忘率越高，广告越应该连续。

因此，一定时期内是均匀地安排广告还是不均匀地安排广告并没有一个定论，一般的选择方式是根据经营者对购买者的认识和经验决定。

五、广告的设计原则

广告效果，不仅决定于广告媒体的选择，还取决于广告设计的质量。高质量的广告必须遵循下列原则来设计。

1. 真实性

广告的生命在于真实。虚伪、欺骗性的广告，必然会丧失企业的信誉。广告的真实性体现在两方面。一方面，广告的内容要真实，包括：广告的语言文字要真实，不宜使用含糊、模棱两可的言词；画面也要真实，并且两者要统一起来：艺术手法修饰要得当，以免使广告内容与实际情况不相符合。另一方面，广告主与广告商品也必须是真实的，如果广告主根本不生产或经营广告中宣传的商品，甚至连广告主也是虚构的单位，那么，广告肯定是虚构的、不真实的。企业必须依据真实性原则设计广告，这也是一种商业道德和社会责任。

2. 社会性

广告是一种信息传递。在传播经济信息的同时，也传播了一定的思想意识，必然会潜移默化地影响社会文化、社会风气。从一定意义上说，广告不仅是一种促销形式，而且是一种具有鲜明思想性的社会意识形态。广告的社会性体现在：广告必须符合社会文化、思想道德的客观要求。具体说来，广告要遵循党和国家的有关方针、政策，不违背国家的法律、法令和制度，有利于社会主义精神文明，有利于培养人民的高尚情操，严禁出现带有中国国旗、国徽、国歌标志、国歌音响的广告内容和形式，杜绝损害我国民族尊严的、甚至有反动、淫秽、迷信、荒诞内容的广告等，如“用黑社会交易来反映产品紧俏、短缺以劝诱购买”的广告创意是不足取的。

3. 针对性

广告的内容和形式要富有针对性，即对不同的商品、不同的目标市场要有不同的内容，采取不同的表现手法。由于各个消费者群体都有自己的喜好、厌恶和风俗习惯，为适应不同消费者群的不同特点和要求，广告要根据不同的广告对象来决定广告的内容，采用与之相适应的形式。

4. 艺术性

广告是一门科学，也是一门艺术。广告把真实性、思想性、针对性寓于艺术性之中。利用科学技术，吸收文学、戏剧、音乐、美术等各学科的艺术特点，把真实的、富有思想性、针对性的广告内容通过完善的艺术形式表现出来。只有这样，才能使广告像优美的诗歌，像美丽的图画，成为精美的艺术作品，给人以很高的艺术享受，使人受到感染，增强广告的效果。这就要求广告设计要构思新颖，语言生动、有趣、诙谐，图案美观大方，色彩鲜艳和谐，广告形式要不断创新。

六、广告效果的测定

广告效果的测定，不仅能对企业以前的广告作出客观的评价，而且对其今后的广告活动起到指导作用。因此广告的评价活动是广告策略不可或缺的一部分。一般评价活动包括沟通效果评价和销售效果评价，沟通效果的评价可以采用预试的方法，而销售效果的评价，更多地需要考虑实际的市场反应，难度也会大一些。

1. 沟通效果评价

沟通效果的测试主要是判断广告是否在有效地传播信息。它包括事前和事后测试两种。

第一种，事前测试。

表 10.5　广告评价单表

评价项目和依据	权数	广告打分 Y											评分
	X	0	1	2	3	4	5	6	7	8	9	10	X·Y
因广告引起的立即购买行为	0.2							√					1．2
对广告宣传重点的认知	0.2											√	2．0
对广告的好感程度	0.1							√					0.6
能否知道广告的全部内容	0.1						√						0.5
广告引起的兴趣程度	0.1										√		0.9
广告吸引注意的程度	0.2							√					1．2
广告所唤起的潜在能力	0.1									√			0.8
合计	1．0												7.2

（1）直接评分法。就是邀请学者、专家或其他有代表性的顾客来评价广告的效果。一般是通过广告评价单来进行测评，即根据广告每一项目评价得分，再根据评分判断是否是好广告。

（2）市场试验法。该方法是选择两个以上试验市场，进行广告效果测定的一种方法。具体做法是选择两个情况基本相同的地区销售同一种产品，一个地区运用甲广告，另一个地区运用乙广告，然后比较两个地区的广告效果，总结经验，扬长避短。该方法优点在于真实可靠，但耗费大量人力物力。

（3）仪器测定法。广告研究人员利用各种仪器来测量公众对于广告的心理反应，如心跳、血压、瞳孔放大以及流汗情景，这类试验只能测量广告的吸引力，而无法测量公众对广告的信任、态度或意图。

第二种，事后评价。

（1）广告触及率测定。这里的触及率指的是接触过广告的人数占被测总人数的百分比。如某广告发布后，经测定，看过的人数为 5 000 人，被测人数为 10 000 人，其广告触及率为（5 000/10 000）×100% = 50%。

（2）知名度测定。知名度通常是以广告接受者对企业名称、广告品牌、商标等的记忆程度为测定内容。通过诸如“你看过夏士莲的广告吗？”等问题来统计品牌的知名人数，然后以知名人数占测定人数的百分比作为知名度进行测定。

（3）理解度测定。理解度通常以广告接受者对广告内容、产品作用、功能等的了解程度作为测定内容。如某产品经过广告宣传后，经测定，品牌理解人数为 5 000 人，被测定人数为 10 000

人，则理解度为（5 000/10 000）×100% = 50%。

理解度可以用问卷的形式加以测定。如：

夏士莲是一种什么产品？选择：药品　洗发及护肤用品　电视　食品　酒

2. 销售效果测定

在现实的市场营销过程中，人们可以发现一个具有好的沟通效果的广告，并不一定就能带来好的沟通效果。很明显，决定市场销售的因素异常复杂，可能是来自于广告，也可能来自于产品本身或价格，或销售渠道。一个好的广告可能迅速提高了某一产品的知名度，增加了公众的偏好，但究竟能提高多少销售量，也是一个难以准确回答的问题。一般有两种方法来测试广告的销售效果。

① 统计法。统计法是运用先进的统计技术，推算广告费用与产品销售比率，以此来测定广告宣传效果的方法。比如，可以用"广告费用/销售额"来计算广告费用比率，广告费用比率越低，广告效果越好；又如，可以用"销售额增加率/广告费用增加率"来计算广告效果比率，广告效果比率越高，广告宣传效果越好；另外还可以用"广告利润效益法"进行测定，广告利润效益:（广告后销售量－广告前销售量）×每件产品利润额－广告费用。广告利润效益越大，广告宣传效果越好，当其为负值时，广告是亏本的。

② 实验法。即把市场划分为不同的细分市场，这些细分市场有些是同质的，有些是异质的，研究人员可以在这些同质和异质的细分市场上投资不同量的广告，然后观察细分市场的反应，从而确定哪种广告投资在不同的细分市场上最适合。例如，美国著名的杜邦公司，它的颜料部将 56 个销售区域分成高、中、低三种市场份额的区域。杜邦公司在其中 1/3 区域采用正常数额的广告费；在另一个 1/3 区域花正常数额的 2.5 倍的广告费；而余下的 1/3 区域中花正常数额的 4 倍的广告费（表 10.6）。

表 10.6　测试三种不同水平的广告支出对市场份额影响的实验设计

杜邦公司的市场份额		杜邦公司的广告费用：正常数额	2.5×正常数额	4×正常数额
	高			
	中			
	低			

杜邦公司先前认为较高水平的广告支出可创造更多的市场份额。然而，试验的结果却发现，较高的广告支出所产生的销售增长呈递减趋势，即使在原来市场份额较高的区域，较高的广告支出所带来的市场销售增长也很微弱。因此对广告的支出应抱谨慎态度，应把注意力更多地集中于市场的实际反应。

扩展阅读

辛格浩的营销术

日本乐天集团董事长辛格浩，拥有乐天制烟、乐天不动产，乐天电子工业，乐天职业棒球队等十多个企业，尤其是他的开山基业--乐天口香糖公司，在日本更是人人皆知。其销量占了日本70%的口香糖市场。

他的成功之道，是将广告、营业推广等诸多种促销方案联合使用，形成了“多兵种连续攻击术。”

第二次世界大战后，他成立了“乐天公司”，开始了他的口香糖奋斗生涯。当时，日本国内已有四百多家生产口香糖的厂家，而且美国的箭牌口香糖又在日本倾销，要使乐天的产品站住脚，谈何容易！辛格浩决意，用广告来打开产品的销路。1951 年，乐天搞出了嚼过后还能在嘴唇上或竹管上吹出气球的口香糖。当年 9 月，恰逢日本首相吉田茂访美，辛格浩立即就将这种新型口香糖命名为“和平口香糖”，并大做广告。这正迎合了战后人民的心理。产品上市后，果然不同凡响，在日本独占鳌头，供不应求。

50 年代初，美国的西部影片充斥日本，非常卖座。辛格浩又在上面大做文章，推出了五日元一包的“牛仔口香糖”，顿时引起了赶时髦的人们和影迷们争相购买，形成了一股“牛仔口香糖”热。

紧接着，辛格浩又利用美国医学科学界发明的叶绿素治疗外伤一事引起的轰动，及时推出“叶绿素口香糖”，在广告宣传下，人们似乎觉得一块叶绿素口香糖在口，虽不会减少灾难，但会多一份安全感。这种联想又一次和消费者心理合拍了。

1955 年 11 月，日本电视首次开播，辛格浩不失时机，掀起了“评选乐天小姐”的热潮。一时间，“乐天口香糖寻找美女”的传闻变得家喻户晓，使得“乐天”又一次名声大振。

1956 年，日本第一支南极探险队准备远征，向乐天公司订购口香糖作为队员的附带食品，乐天公司立即把第一批特制的口香糖全部免费赠送给探险队，成为新闻界的热门话题，此实况经电视和报纸的报道，成为一则很好的宣传材料。探险队回国后，带回了乐天口香糖在零下五十度不变质的客观证明，而且口味极佳，这为乐天口香糖大树了口碑。

接着，乐天公司又研制出飞行员专用的口香糖。专家指出，嘴嚼这种口香糖能促进中枢神经的正常活动，在高气压下，还能避免耳鸣目眩。乐天公司把第一批的这种口香糖免费赠送给自卫队。此后，自卫队就成为乐天公司的长期大主顾。到了六十年代，乐天公司的促销已达到炉火纯青的地步。配合广告，他们搞了“一千万日元奖票特卖”的营业推广活动。买几块口香糖，即使得不到奖，也不至于折大本，但如果……在这种心理驱动下，无论大小商店，只要销售乐天口香糖，无不人头攒动，水泄不通。结果，该月销售额发疯似的向上窜。

这场风潮才过去，乐天公司又推出了“巧克力口香糖”以每周播出 500 频次的频率，在全日本各大电视台大放广告片，并雇佣了数百名大学生走上街头抛售巧克力口香糖。

1964 年，法国电影明星阿兰·德龙访问日本，乐天公司便邀请他前来参观口香糖工厂。在车间里，阿兰·德龙尝了一口巧克力口香糖，顺口说了一句：“我不知道日本也有这样棒的巧克力！”这句话被乐天公司及时地录了音，从此后又成了电视上每天都出现了这句名言"，口香糖更是风靡了日本无数的阿兰·德龙影迷！

乐天公司还经常举办吃口香糖大奖赛，1962 年举行的大奖赛中，请来了众议院的议长原健三郎等社会名流，观看在新日本大饭店举行的比赛实况。

辛格浩在不断革新产品品种的同时，永无止境地翻出促销新花样，由于他如此善作广告，被称为广告“鬼才”。

一个企业，如果能根据产品市场生命周期各阶段的特点，制定和运用各种销售策略，那它的产品在千变万化的市场上肯定能够站稳脚跟。

根据 广告诡才辛格浩[J] 黑龙江对外经贸 1994 年 01 期 改编

七、广告创意

1. 广告创意含义

“Creative”在英语中表示“创意”，其意思是创造、创建、造成。“创意”从字面上理解是“创造意象之意”，从这一层面进行挖掘，则广告创意是介于广告策划与广告表现制作之间的艺术构思活动。即根据广告主题，经过精心思考和策划，运用艺术手段，把所掌握的材料进行创造性的组合，以塑造一个意象的过程。简而言之，即广告主题意念的意象化。

在人们头脑中形成的表象经过创作者的感受、情感体验和理解作用，渗透进主观情感、情绪的一定的意味，经过一定的联想、夸大、浓缩、扭曲和变形，便形成转化为意象。表象一旦转化为意象便具有了特定的含义和主观色彩，意象对客观事物及创作者意念的反映程度是不同的，其所能引发的受众的感觉也意象会有差别。用意象反映客观事物的格调和程度即为意境。也就是意象所能达到的境界。意境是衡量艺术作品质量的重要指标。

2. 广告创意的原则

独创性原则：是指广告创意中不能因循守旧、墨守成规，而要勇于的善于标新立异、独辟蹊径。独创性的广告创意具有最大强度的心理突破效果。与众不同的 新奇感是引人注目，且其鲜明的魅力会触发人们烈的兴趣，能够在受众脑海中留下深刻的印象。长久地被记忆，这一系列心理过程符合广告传达的心理阶梯的目标。

实效性原则：它是广告创意的首要原则，但独创性不是目的。广告创意能否达到促销的目的基本上取决于广告信息的传达效率，这就是广告创意的实效性原则，其包括理解性和相关性。理解性即易为广大受众所接受。在进行广告创意时，就要善于将各种信息符号元素进行最佳组合，使其具有适度的新颖性和独创性．其关键是在“新颖性”与“可理解性”之间寻找到最佳结合点。而相关性是指广告创意中的意象组合和广告主题内容的内存相关联系。

3. 广告创意的金字塔原理

对发展广告表现的创意面议，金字塔原理（Pyramid Principle） 是特别有效而极具实用性的工具。从金字塔原理，可洞察广告设计者的思考过程，究竟用什么逻辑把创意发展到极致。

从金字塔结构可以看出广告的创意是仅次于金字塔顶端。创意的金字塔原理，共分三个层次，第一层是资讯，它涉及的范围相当广泛，包括企业内部资料，竞争企业情报以及经济环境资讯等。这些包罗万象的资讯只是个别的统计数据，仅供参考，不可照本宣科笼统应用，必须经过第二个层次审慎的分析。此一层次涉及的范畴尤为广泛，必须运用统计学，心理学，经济学以及社会学等，经过分析评估之后，才有第三层次广告创意的出现。唯有通过这些层次所延伸出来的创意都是发挥广告效果的动力，才是弹无虚发的广告招数。

4. 广告创意的过程及其思考方法

（1）广告创意过程。

广告创意过程可分下列五个阶段

准备期：研究所搜集资料，根据旧经验，启发新创意，资料分为一般资料和特殊资料，所谓特殊资料，系指专为某一广告活动而搜集的有关资料。

孵化期：把所搜集的资料加以咀嚼消化，使意识自由发展，并使其结合。因为一切创意的产生，都在偶然的机会突然发现的。

启示期：大多数心理学家认为：印象是产生启示的源泉，所以本阶段是在意识发展与结合中，产生各种创意。

验证期：把所产生的创意予以检讨修正，使更臻完美

形成期：以文字或图形将创意具体化

（2）广告创意思考方法。

美国广告学教授，詹姆斯·扬说“创意不仅是靠灵感而发生的，纵使有了灵感，也是由于思考而获得的结果。”创意是从“现有的要素重新组合”而衍生出来的，创意并非天才者的独占品。

集体思考法：这种方法是通过集思广益进行创意的方法，为广告创意思考方法中最常用的方法之一。该方法是 20 世纪 70 年代左右由美国 bbdo 广告公司副总经理奥斯本提出，后在广告界广为流行的方法，此方法具有五大特征：集体创作、思考的连锁反应、禁止批评、创意量多

多益善、不介意创意的质量。

集体思考法，是适应日益复杂的经济社会发展而产生和得以广泛运用的。正如前面所讲，现代社会的广告创意活动，已经不再是广告“天才”个人活动所能够完成的了，而往往是集体思考或集体合作之后的决策活动。

垂直和水平思考法：这种方法是英国心理学家爱德华·戴勃诺博士所倡导的广告创意思考法，因此，此方法通常又被称作戴勃诺理论。

这种方法把人的思考法分为两种类型，一种是逻辑的思考和分析法，另一种称为水平思考法。

逻辑的思考和分析法是按照一定的思考线路，在一个固定的范围内，自上而下进行垂直思想，故被称为垂直思考法。此方法偏重于对于已有经验和知识，以对旧的经验和知识的重新组合来产生创意，能够在社会公众既定心理基础上交出广告创意的诉求，但是在广告形式上难以有大的突破，结果比较雷同。

水平思考法是指在思考问题时摆脱已有知识和旧的经验约束，冲破常规，提出富有创造性的见解、观点和方案。这种方法的运用，一般是基于人的发散性思维，故又把这种方法称为发散式思维法。例如，在人们普遍考虑“人为什么会得天花”问题时，琴纳考虑的则是“为什么在奶牛场劳动的女工不得天花？”正是采用这种发散式思维法，使他做出了医学上的重大发现。

跳越联想法：这种思考方法是在进行广告创意时，为了找到令人惊异的构思，而在看似毫无关联的两个问题之间构想出特定关系。这种方法是以跳越而产生联想，而并不把自己思考的基准点加以固定。

转移经验法：广告创意的转移经验法是指把一种知识或经验转移到其他事物上的思维方法。在进行经验的转移时，既可是同类、同质经验上的转移，也可是异类异质经验上的转移。

八、企业广告决策

1. 企业广告目标决策

企业的广告目标，取决于企业市场营销组合的整体战略要求，企业营销管理的不同阶段。要给广告确定具体的目标，归纳起来有以下几种。

以告知为目标：以此为目标的广告主要向市场介绍一种新产品的问世。目的在于使潜在顾客了解新产品，提高认知率，在市场上唤起初步的需求。

以说服为目标：这一广告目标是使消费者和用户不仅知道企业产品的名称，还要使他们了解、记忆企业及产品特点。这种广告在产品成长期配合差异性市场策略特别有效。

以增加销售量为目标：以此为目标的广告除了对商品进行详细的介绍外，一般还附有图示、说明价格、信贷条件、购买地点，有时还有广告附表。顾客通过阅读这样的广告，即可以决定是否购买，决定购买后，只需要填写广告附表即可成文。

以提醒为目标：当产品进入成熟期之后，配合营业推广促销采取以提醒为主的广告目标。因为这时市场对此产品已经相当熟悉，没有必要再像投入期那样详细地介绍产品，只需要向人们提醒它的销售地点和新的附加利益等就可以了。

2. 广告信息决策

确定了广告目标之后，企业就要设计广告内容，即作出广告信息决策。广告信息创作内容直接依据广告主所追求的目标市场及产品竞争定位策略的选择。同时还要具体研究目标市场不同年龄、不同收入、不同购买动机对不同广告信息的理解程度，设计几种不同的信息内容，评估、预测潜在市场对不同信息内容的销售反映函数。在此基础上评估、选择最佳的信息表达方式。

3. 广告主题选择

广告主题的确定应根据所推销的商品和不同的广告对象。

如果广告对象是最终消费者，宣传的重点应着重强调追求感情动机上容易成功；如是工业用户，就把重点放在追求理性购买动机上。但无论是追求感情还是理性购买动机，广告主题最重要是强调产品在使用中给买主带来的收益。

企业在确定广告主题时，应注意以下原则：第一、目标市场买主的社会经济条件所决定的买方利益的综合情况。第二、从买主所期望的利益中选择较为重要的因素。第三、经选择较为重要的买主利益，检查竞争对手是否也在用其广告主题，避免使用竞争者已采用过的广告主题。第四、一则广告强调突出一个主题，针对性强，可以有效地吸引买主的注意力。

4. 广告信息表达选择

广告信息的表达方式，一般存在以下几种表达形式：

生活片断：表现人们在日常生活中正在使用广告中的产品。

生活方式：强调本产品如何适应人们的生活方式。

音乐化：把企业或产品形象用广告歌表达，歌词反复强调产品名称。

想象与情趣：为产品制造一个能够唤起人们美好联想的气氛与形象。

拟人化：使产品人格化，让其能说话。一些日用品和儿童用品经常采用此方法表达。

科学证明：显示调查证明或科学实验。表明产品符合科学标准，一些家庭用保健品常用此方法。

九、广告策划

1. 广告策划的概念与特征

广告策划，是指广告人通过周密的市场调查和系统的分析，利用已经掌握的知识、情报和手段，合理而有效地布局广告活动的进程。

广告策划具有两方面的特征，一是事前的行为，二是行为本身具有全局性。因而，广告策划是对广告活动所进行的事前性和全局性的筹划与打算。广告策划在整个广告活动中处于指导地位，贯穿于广告活动的各个阶段，涉及广告活动的各个方面。

2. 广告策划的具体形式

广告策划一般有两种形式。一种是单独性的，即为一个或几个单一性的广告进行策划；另一种是系统性的，即为规模较大的，一连串的、为达到同一目标所做的各种不同的广告组合而进行的策划。

单个广告策划，可以使个别的广告活动或设计增强说服力，提高广告效果。但是，要从总体上实现企业的促销目标，使企业以其产品、劳务在市场中占据应有位置，只有个别的广告策划就不够了，而需要一个系统、全面、周密的广告策划，这种广告策划也称为整体广告策划。广告策划要服从企业整体营销目标，只有站在企业整体经营的高度，从整体广告活动出发，对其进行全面、系统的规划才能有效地达到广告预期目的。

从某种意义上讲，广告策划生产的不是物质产品，而是一种科学化的知识成果。它对企业具有不同程度的增值作用。在广告策划活动中，人是策划的主体。由于广告策划活动是众多学科知识渗透交叉的产物，必须充分发挥集体智慧的作用。因此，一个企业要想进行成功的广告宣传，就必须依靠各方面素质良好的广告策划人。

广告策划一般是委托拥有众多专业人才的广告公司承担。广告公司围绕广告主委托的任务，以取得最好的经济效益和社会效益为目标进行广告策划，制定出一个与市场情况、产品情况、消费者群体相适应的科学的《广告策划书》。广告策划方案一旦得到广告客户的认可，就成为未来广告活动的蓝图。

十、制定企业广告促销方案的步骤

1. 确定广告目标

广告目标是企业通过广告活动要达到的目的，其实质就是要在特定的时间对特定的受众完成特定内容的信息沟通任务。根据广告目标特点的不同，可以把广告目标分为告知、劝说和提示性广告和强化类广告四大类。

2. 确定广告预算

可以用四种制定促销预算的方法确定广告预算。在确定广告预算时，要考虑以下五个因素：① 产品的经济生命周期；② 市场份额和消费者群体规模；③ 竞争和市场秩序；④ 广告频率；⑤ 替代产品。

3. 确定广告信息

一项有创造性的广告活动包括以下几项：广告信息的产生、广告信息的评价和选择、广告的制作。

4. 选择广告媒体

常用的广告媒体包括：报纸、杂志、广播、电视、户外广告、邮寄广告、网络广告。

5. 估价广告效果

广告效果可从传播效果和销售效果两个指标来衡量。估价广告的传播效果主要有三种方法，即直接评分法、组合测试法和实验测试法。

【案例讨论】

Sonax 汽车护理用品广告方案

一、背景

Sonax 是由德国专业汽车护理用品厂商生产的优质产品，刚刚进入北京市场。当时市场背景是高档轿车消费市场不断扩大，而一些先进入市场的竞争者并没有形成规模，这些竞争者主要有美国的 GB、金鹰，英国的 BP、Nielson，日本的 Willson，加拿大的 Polar。各品牌实力相当，都正在准备以高昂的广告宣传费换取市场占有率。

二、目标消费群体分析

Sonax 汽车护理用品的主要用途是对小型车（轿车、高档旅行车）进行清洁和保养，根据这类产品的应用范畴和我国的特殊国情来看，能够决定并实现最终购买的群体实际上就是 Sonax 适用车型的车主。这个群体的一般特征是：（1）在事业上处于成长期；（2）对产品的品质非常挑剔；（3）一旦认定某种品牌就不易改变；（4）有强烈的阶层保护意识，一旦发现有与其生活层次相差较大的人使用同类产品，他们就会果断的放弃。

三、广告策略

1. 目标：在目标消费者中树立品牌知名度达 80%；品牌提示回忆度 60%；将准确的产品定位传递给目标消费者。

2. 群体定位：私家车主，民营企业、“三资”企业用车。

3. 诉求支持：来自德国、品质高贵、奔驰汽车总厂指定护理用品。

4. 广告定位：作为进入一个新的地区的产品对待；突出产品的品质和功能。

四、媒体策略

配合广告定位，选择覆盖目标市场较为集中的报纸和电台；在媒体暴露频率上选择较为温和的渗透方式。

具体媒体投放说明为：

1.《精品购物指南》。与"汽车世界"建立合作栏目，每期介绍1—2种产品的功能、特性；以彩色半版的形式刊出产品形象广告。

2.《北京晚报》。以通栏形式突出表现全系列产品及特别推荐适合本季使用的产品。

3.《北京青年报》。同上，意在扩大对目标消费者的影响。

4. 北京人民广播电台交通台。选择早或晚的栏目合作，每期节目分别介绍1—2种产品的功能、特性等。

——选自《MBA案例一市场营销卷》

案例思考

1. 试分析Sonax的广告定位，公司希望通过广告传播怎样的品牌形象？

2. 试分析Sonax的媒体策略，并提出具体的解决方案。

3. 如果进入市场后，Sonax发现汽车护理的领先者已经存在，此时公司的广告策略和广告定位应作何种调整？

第六节　公共关系策略

公共关系作为一种客观存在着的社会关系和社会现象，有着悠久的历史，但它作为一项专业活动，形成一门独立的学科体系，却只有近百年的历史。公共关系与市场营销的关系是紧密的。但它们之间的区别也是明显的。公共关系工作在企业中，几乎与市场营销融合在一起。换言之，企业的公共关系工作几乎完全为市场营销活动服务。正如英国公关专家弗兰克·杰夫金斯所说："销售中的每一个因素都需要公关人员来加强、完善"。因此，公共关系可以涉及市场营销的各个角落。

一、公共关系的起源与概念

1. 起源

"公共关系"一词的首次出现是在1807年美国总统托马斯·杰斐逊的国会演说。根据爱德华·伯尼斯（Edward Bernays）定义，公共关系是一项管理功能，制定政策及程序来获得公众的谅解和接纳。公共关系（Public Relations，P. R.，简称"公关"）是由英文"Public Relations"翻译而来的，中文可译为"公共关系"或"公众关系"，都是指组织机构与公众环境之间的沟通与传播关系。一般指一个社会组织用传播手段使自己与相关公众之间形成双向交流，使双方达到相互了解和相互适应的管理活动。这个定义反映了公共关系是一种传播活动，也是一种管理职能。

企业的公共关系部门（多简称PR部或公关部）主要从事组织机构信息传播，关系协调与形象管理事务的咨询、策划、实施和服务的管理职能。包括选择或者创造组织的成功，降低组织失败的影响，宣布变更等等。传统的营销学理论是建立在4P理论基础上的，4P理论从企业本身可以直接控制的4个因素出发，即：我能生产什么产品，定什么价格，用什么销售渠道，又如何促销。美国西北大学菲利普教授70年代末到国内来讲学的时候把4P理论发展为6P理论，他在传统 4P 的基础上又增加了 2 个 P，一个是政治权力（Political Power），还有一个就是 PR，即公共关系。他把公共关系独立出来了，认为公共关系不仅是一种促销策略，而且是一种整合各种社会关系（如媒介关系、政府关系、社区关系）的工作，能为营销活动创造良好的环境。

现代意义上的公共关系起源于美国。19 世纪下半叶，美国经济开始从自由竞争走向垄断，垄断财团一方面占有着社会的绝大部分财富，另一方面封锁企业的各种信息，既排斥工人，也排斥新闻媒介。企业内部发生的各种丑闻加剧了资本家与工人的对立，也激起公众与新闻界的不满。

公共关系在美国兴起的同时，也迅速传入英国，而后在第二次世界大战以后推广至欧洲大陆与亚洲。1955 年，国际公共关系协会在英国伦敦成立，标志公共关系作为一项世界性的独立行为而存在。随着事业的发展，公共关系也逐渐引用了最新的科技手段，如计算机、通讯卫星等。

2. 概念

斯坦利（Stanley，1982）将公共关系（public relations）的概念定义为：公共关系是一种管理功能，它判断公众的态度和意见，让组织的政策符合公众的利益，制定并执行行动方案，以赢得公众的理解和善意。

公共关系学会（IPR）给出了更简洁的定义：公共关系是慎重而有计划地在组织与其公众之间，建立并不断保持相互理解的关系。

从定义可以看到公关的核心内容即寻求组织与公众之间的相互理解，意思是组织需要了解外部世界及内部员工对它的看法，然后努力通过公关，确保这些看法符合自己所期望的形象和要实现的目标。达到这一目的最基本的方式是双向交流。

公众（public）是任何有某些共同特征的、某组织需要与之交流的集体。因为每个公众需要的信息不同，且与组织有着不同的关系，对组织发布的信息也有不同的理解。因此对不同的公众存在着不同的沟通问题。

（1）商业团体。指任何与公司有业务关系的人或与之竞争的人。因此，顾客、供货商和竞争者显然属于这一团体。这部分公关的主要任务是与其他以销售为导向的营销活动（如广告和上门推销）等手段配合使用。公关的重点在于发布产品信息，表明组织的态度和建议，对产品提供保证，或更广泛地宣传良好的公司形象。

（2）内部团体。内部团体由公司内部工作的人员组成，包括管理层、行政人员、生产人员和工会。内部公关极其重要，应当通过多种形式的公关活动，让员工知晓公司正在做什么，增强他们的主人公意识，使他们产生归属感，这有助于建立预期的企业文化。

（3）利益团体。这一团体在公司内有经济利益，包括股东、潜在投资者、银行和更广泛的经济团体。公关可增加他们对公司的信任，保证现有投资者不撤资，潜在投资者更多参与投资，银行在融资方面有更多的弹性。

（4）管理部门。"管理部门"是有能力影响公司行为方式的团体和机构，这种权力可以是法定的如中央和地方政府和法定机构，也可以是自发的如商会。与这些团体保持良好关系，可以使公司在协商起草有关规定时，有更大的发言权，至少在紧急事件发生前得到预警，以使公司有足够时间做充分准备，并有机会对管理部门进行游说。

（5）媒体。媒体是个重要团体，媒体包括电视、广播、全国和地方报刊、商业和专业报刊，组成一个既代表自身权益又是公关工具的公众。不管组织是想向公众发布好消息，还是想在危机中减少敌意媒体的反应，与媒体之间保持良好关系都是最基本的。

（6）一般公众。包括当地社区、特殊利益集团，特别是舆论制造者和引导者。组织需要被看成是一个好的企业公民，需要在社区中扮演一个适当的角色。组织可以通过赞助当地公益活动来积极积极宣传自己，减少与各种压力集团的公开冲突。

二、公共关系的基本特征

1. 形象至上

在公众中塑造、建立和维护组织的良好形象是公共关系活动的根本目的，而这种形象既与组织的总体有关，也与公众的状态和变化趋势直接相连。这就要求组织必须有合理的经营决策机制、正确的经营理念和创新精神，并根据公众、社会的需要及其变化，及时调整和修正自己的行为，不断地改进产品和服务，以便在公众面前树立良好的形象。可以这么说，良好的形象是组织最大的财富，是组织生存和发展的出发点和归宿，企业的一切工作都是为了顾客展开，失去了社会公众的支持和理解，组织也就没有存在的必要了。

2. 沟通为本

在现代社会，社会组织与公众打交道，实际上是通过信息双向交流和沟通来实现的。正是通过这种双向交流和信息共享过程，才形成了组织与公众之间的共同利益和互动关系。这是公共关系区别于法律、道德和制度等意识形态的地方。在这里，组织和公众之间可以进行平等自愿的、充分的信息交流和反馈，没有任何强制力量，双方都可畅所欲言，因而能最大限度地降低不良的副作用。

3. 互惠互利

对于一个社会组织而言，当然应该追求自身利益的最大化，但很多组织在这一过程中却发生了迷失。有的为求得一时之利，却失去更多，有的甚至什么也没得到。造成这种现象的根本原因就在于：利益从来都是相互的，从来没有一厢情愿的利益。人际交往中人们常说：与人方便就是与己方便；而对社会组织而言，只有在互惠互利的情况下，才能真正达到自身利益的最大化。

组织的公共关系工作之所以有成效、之所以必要，恰恰在于它能协调双方的利益，通过公共关系，可以实现双方利益的最大化，这也是具备公关意识的组织和不具备公关意识的组织的最大区别。

扩展阅读

微软和苹果因竞合而双赢

微软公司销售IBM个人电脑上使用的视窗操作系统。视窗结合IBM个人电脑，最大竞争者是苹果公司的麦金托什电脑。苹果公司和微软公司多年来一直争夺市场占有率，但他们不仅是竞争者，也是伙伴，为什么呢？因为微软也生产用于麦金托什电脑上的文书处理和试算表软件。没有微软公司的软件，较少有人愿意购买麦金托什电脑；没有麦金托什电脑，微软公司也损失部分利润丰厚的应用软件市场。这两家公司的关系即是竞合关系——某个领域内合作，某个领域内竞争。如果微软公司和苹果公司都视对方为死敌，这样的关系便无法存在。只有双方领导人都抛弃狭隘的军事心态，不再沉溺于毁灭竞争者的念头里，进行动机良好的竞争，甚至与竞争者合作以炒热市场，大家才能获得更丰富的利润。

4. 真实真诚

追求真实是现代公共关系工作的基本原则，自从“现代公关之父”美国人艾维·莱德拜特·李（Ivy Ledbetter Lee）提出讲真话的原则以来，告诉公众真相便一直是公关工作的不二信条。尤其是现代社会，信息及传媒手段空前发达，这使得任何组织都无法长期封锁消息、控制消息，以隐瞒真相，欺骗公众。正如美国前总统林肯所说，你可以在某一时刻欺骗所有人，也可以在所有时刻欺骗某些人，但你绝对不能在所有时刻欺骗所有人。真相总会被人知道。因此公共关系强调真实原则，要求公关人员实事求是地向公众提供真实信息，以取得公众的信任和理解。

5. 长远观点

由于公共关系是通过协调沟通、树立组织形象、建立互惠互利关系的过程，这个过程既包括向公众传递信息的过程，也包括影响并改变公众态度的过程，甚至还包括组织转型，如改变现有形象、塑造新的形象的过程。所有这一切，都不是一朝一夕就能完成的，必须经过长期艰苦的努力。因此，在公共关系工作中，公共关系组织和公关人员不应计较一城一池之得失，而要着眼于长远利益，只要持续不断地努力，付出总有回报。

三、公共关系的效用

公共关系，给企业的经营活动带来了巨大的效用。

1. 销售效用

从心理学角度来看，影响顾客购买行为的因素很多。包括顾客所处的文化、社会和组织环境，个人因素、行为因素及人际因素等，但起决定作用的应是个人因素和行为因素。而企业可针对顾客的疑虑和不满开展公共关系活动，以协调与顾客的关系，解除疑虑，达成交易。通过协调关系既发展了新顾客，也有利于保留老顾客。

2. 网络效用

公司利用针对顾客的公共关系活动可以建立营销网络。通过网络平台，公司可以获取大量的市场信息，以利于公司及时、准确地做出决策。同时，利用信息网，公司可以发布与传播企业信息；通过销售网络，有利于公司高效、经济地销售商品；通过运输网络，公司可以及时、安全、准确地把货物运达顾客手中；通过服务网络，公司可以稳定市场，扩大销售。以美国尿布生产厂家金百利公司为例，为增加市场份额，该公司花费一亿美元建立了一个包括 75%的美国孕妇的资料库，根据这些资料，孩子还没有生下来，公司的营销工作就开始了。孕妇们会按时收到公司寄来的信件和杂志，主要是传授如何保育婴儿的知识。当小孩一降生，带有金百利公司条码的优惠券就会立即送到产妇手中，折价供应纸尿布等妇婴用品。公司还可以利用这些优惠券，追踪哪一位母亲购买了公司的产品，通过零售网的信息系统，还可以继续追踪顾客持续使用该产品的变化情况。

3. 关联效用

在当前买方市场条件下，市场上每类产品都有成千上万个品牌，若想找一个虚位以待的空隙，机会非常少。要想把自己的新产品成功地定位于消费者心目中，企业可以将自己的品牌用某种方法与其他品牌的位置发生关联，从而将产品定位于消费者的心目中。这种将自己的品牌同著名品牌相提并论，抑或是将新观念与老观念相对照，使本公司与同行业的老大产生关联，建立和谐的关系，以提高本公司或产品的信誉。如“中国的皮尔·卡丹——雅戈尔”，就是借着皮尔·卡丹的信誉，圆了雅戈尔的名牌梦。

4. 协同效用

制造商与分销商应彼此信任，在信任中建立良好的关系，从中获取更高的利益，称为协同效用。瑞士国际学院的一个实证研究表明，能够与经销商保持良好依赖关系的制造商可以获取更多的竞争优势。该研究是将零售商对制造商的信任度分成高低两类。结果发现，在寻找新的供应货源，销售商对制造商的信用兑现，销售商销售制造商的产品线宽度以及由制造商评估的零售商业绩方面，因信任关系不同有较大差异。

5. 互补效用

企业营销伙伴成员之间，可以实现资源共享与能力互补，称为互补效用。企业在长期的经营中，各自具有不同的优势，就是说伙伴成员之间可以互相借用企业能力。另外由于企业能力的不可知性，企业能力的内部培育往往是不可能的，与其他有用资源不同的是，它遵循知识产品的收益递增规律，而非收益递减，而企业与企业之间良好的公共关系，提供了这一可能性，成员之间可以分享对方的企业能力，以实现企业的收益递增。

四、公共关系的功能

公共关系的功能反映为公共关系作用于公众以实现组织目标的过程中所显示出来的效能。

1. 监测功能

公共关系的监测功能就是指组织通过对信息的采集、处理和反馈来对公共关系的主体和客体的行为态度作出监视和预测。公共关系对其主体的监测，亦称对内监测，它指公关人员根据对组织内部和外部各种变化信息的掌握，对组织运行状态和组织目标的实现的可行性进行监测。公共关系对其客体的监测，称为对外监测，它主要是利用各种信息传播媒介来监测公众对组织的态度及其趋向。

2. 凝聚功能

公共关系旨在“内求团结、外求发展”，企业员工关系构成企业最重要的公共关系。所谓公共关系的凝聚功能即是对组织内部而言的，对于企业，就是要增强员工的向心力，不仅通过经济利益来构筑彼此关系，而且借助于情感沟通和心理认同，使企业员工能够为实现组织目标而团结起来，群策群力。在市场营销方面成功的企业往往非常重视开展针对企业营销人员的公共关系活动，使之对企业有归属感、对产品有自信感、对自己有自豪感。

3. 调节功能

组织是一定外部环境与内部条件综合作用的产物，于企业而言，亦是如此。因此企业总处于与外部环境的不断矛盾之中，其内部也无时无刻地存在各种摩擦与冲突，企业公关人员为此而承担着协调企业内外关系的重任。就企业内部而言，公关人员要尽力避免各种摩擦产生，做好上情下达与下情上达工作，并为各部门之间沟通做好“桥梁”工作；就企业外部而言，要积极争取公众对企业的理解与信任。一旦出现矛盾与纠纷，就要设法及时阻止矛盾扩大，消除不良后果，尽力降低对企业造成的危害，无论是企业内部出现工伤事故，还是顾客投诉产品损害消费者利益，都要在查清事实的基础上，充分与公众交流沟通，寻求企业运行机制的改善。

4. 应变功能

任何社会组织要在复杂多变的环境中生存与发展，都必须尽力把握各种环境因素的变化，然而事实上，作为承担监测环境职能的公共关系部门，也不可能始终准确预见所有有关影响组织运行的情况发生，所以公共关系部门还要承担应变功能，即当一个意外事件发生，而它又确实使组织形象遭受损害时，公关部门就要尽力予以弥补。这种意外事件在企业中一般可分为两种情况：

（1）确实是本企业行为不当造成，如饮料厂瓶装充气饮料爆炸造成顾客受伤，就应主动承担责任，并在调查的基础上，尽早公布处理结果与矫正措施，以期获取公众谅解，挽回不良影响。

（2）由于沟通不够而遭误解甚或遭敌意贬损，如名牌优质产品被人仿冒等，此时公关人员不应采取与公众对立的态度，甚或粗暴指责公众，而是应帮助公众认清事实，以客观证据说话，并充分利用大众传播媒介来表达企业的诚意，必要时也可运用行政、法律手段来捍卫企业形象。

五、公共关系的内容

对于企业而言，公共关系的主要外部客体由顾客、新闻媒介、金融机构、政府、竞争者、供应商、中间商等组成。其中，企业与顾客、供应商和分销商以及竞争者之间的关系直接影响着企业活动的各个方面。同时，现代企业的经营目标已经改变了一味追求交易利益的最大化的原则，而更看重长远的、整体利益的最大化。

1. 顾客关系

在市场经济的条件下，企业生存和发展的关键就在于其产品能否卖出去。因此，许多企业把“顾客是上帝”奉为经营宗旨。顾客成了上帝，相对企业就成了仆从，这种上帝和仆从的关系并不是理想的企业与顾客的关系。在企业和顾客之间，存在着共同的利益，顾客购买企业的产品，自身的需要得到满足；企业把产品卖出去，收回资金并获得利润，双方的愿望得以实现。由此可见，企业和顾客之间存在着一种合作和依赖的关系。企业为顾客提供了满意的产品和服务，从而使顾客对产品，进而对企业产生信赖感，成为企业的忠诚顾客。顾客对企业的忠诚是企业的无形资产，是一笔重要的财富。顾客的忠诚感可以使其成为企业的忠诚顾客，使企业有一个相对稳定的顾客群。研究表明，寻找新顾客的成本要比维持现有顾客的成本高 5 倍多。顾客忠诚使其产生重复购买行为，还会在自身的群体中产生传播效应，这是每一个企业都求之不得的。

2. 供应商、分销商关系

对于多数企业来说，它不可能也没有必要从原料的生产到产品的销售完全独立完成，较为普遍的模式是从供应商到企业，再到分销商，直至最终顾客的传统模式，即企业从供应商那里获取原材料，通过分销商销售产品。因为供应商提供原材料的费用和产品由分销商销售产生的分销费用构成了企业产品的成本，因此，一般认为，供应商和分销商会使企业的收益降低，企业与供应商、分销商之间存在着竞争。但实际上，企业和供应商、中间分销商之间也有共同的利益。在信息经济的条件下，竞争不仅仅是公司之间的竞争而是网络间的竞争。借助于先进的信息系统，供应链中的所有参与者都运用最新的现货销售信息。就是说，供应链中所有参与者成为信息伙伴，他们实现了信息共享和利益分享。这样形成的从供应商到企业，再到分销商之间的关系，不仅有竞争，更重要的是合作。这种合作使各方之间均获益最大。

3. 竞争者关系

中国有句俗语，叫“同行是冤家”。同行竞争者之间通常把商场比作战场。事实上竞争者之间可以建立起双赢的关系，而不一定都是“战争”关系。竞争者之间实施恶性竞争，到头来，只能是两败俱伤。曾有人做过形象的比喻，市场是一块蛋糕，吃的人越多，每个人分到的就越少。但换个角度，如果吃蛋糕的人合作起来，共同把蛋糕做大，则可以使每个人分到更多的蛋糕。事实上，竞争者合作，可以使合作各方获得更多的利益。从合作形式上可以是在某一特定营销活动内容上的水平合作，如两个或几个企业联合开发某一新产品；也可以是在不同营销活动内容上，分别承担某一营销活动。竞争者之间的合作还可以通过签订协议，实行特许经营，也可以通过组建企业集团来实现。

扩展阅读

奔驰公司失败的危机攻关

沸沸扬扬的“砸奔事件”在国内外凡响不小。不久前，一家国际著名的公关公司总监在接受记者采访时认为，这是一个完全失败的危机公关案例，危机公关中的几大忌讳，奔驰几乎都犯了。

而在3月25日，梅赛德斯-奔驰（中国）有限公司总裁麦基乐对他的失败公关做出检讨：“与客户沟通缺乏技巧”。

公关界人士对奔驰公关败笔有诸多评论，如反应迟缓、态度傲慢、渠道错误和国情不通等，但认为最不能容忍的失误是：对用户无端指责和威胁，使公司很快在公众中形成难以磨灭的傲慢自负的形象。

在“砸奔事件”中，奔驰公司的所有声明都有对消费者的指责，并给予令人难以接受甚至反感的定性。第一辆奔驰被砸后，奔驰公司的声明是：“极端的、没有必要的行为”、“非理性的而且无意义的举动”、“不必要且侵害我公司的权益的行为”。几顶大帽子盖下，又没有实质性的解决措施，连旁观者都看不下去。

在第二辆奔驰被砸后，奔驰的指责几乎升级为外交恐吓：“希望王先生的行为不会给正在进行国际化的中国造成不良影响。”此时，奔驰给人的联想只有店大欺客和蛮横自负，结果使自己为解决这一事件做的很多努力都付诸东流。

其实，公关业人士在讥笑奔驰的处理不当时，也对这种结果丝毫不感到意外，甚至认为“这是迟早要发生的事”。因为说来令人难以置信：这个世界顶级品牌的汽车公司，在中国居然没有聘用一家专业的公关公司，当然就更没有“危机处理小组”和“危机对策中心”之类的机构。

由于没有专业公关代理，没有与媒体的长期联系，以至出现这种尴尬景象：大笔的公关费投下去，危难之际竟无一家媒体援手，这当然是由于记者的良心和正义或民族情绪或舆论压力，以至不愿或不便出手，但如真有心帮忙也会干着急——因为奔驰的应对措施乏善可陈。

奔驰公关的错位一目了然。首先是制度的刻板导致反应的迟缓，德国公司大多如此，稍大点儿的事要报总部层层审批，新闻稿和采访稿都要字斟句酌。

另外，奔驰公司显然是技术替代公关、律师替代公关，这是奔驰公关败笔最根本原因。在奔驰的每次表态中，技术和律师都是主角，技术专家讲一通谁也听不懂的名词，律师再来一通不是每个人都能懂的术语，这些话可能都没有错，但别人听了却不是滋味。奔驰可能没有意识到，让那些严谨而较真的律师取代公关真是一种灾难，因为他们对法律的忠诚和信仰真可以到什么都不管不顾的地步。

根据孙涛 明月新华网（2002-05-24 09：59：19）奔驰的失败危机公关 改编

六、营销公关策略

公共关系的目标与功能是通过具体的公共关系活动来实现的。公共关系对市场营销有一定的促进作用，因此被作为促销组合策略的四个组成方面之一。然而，以公共关系活动作为促销手段，一般难以起到立竿见影的效果，它往往立足于长远，对顾客购买导向具有“润物细无声”的功力。

1. 调研活动

企业可以通过民意调查、报刊检索等多种方式来收集企业内部与外部环境的变化信息，了解公众对企业生产、经营、产品质量、功能、价格及销售方式等诸方面意见和建议，并及时按改进后的情况告知公众，如此可跟踪消费者需求趋势，尽力满足消费者及其他公众要求，保持企业与公众之间良好的沟通关系。

2. 举办或参加专题活动

当遇有较为重大的事件或纪念日，公关人员就要策划、组织诸如新闻发布会、厂庆纪念会、庆功会等专题活动，以将企业重大事项迅速传播至各类公众，强化与各有关公众之间的信息与情感联络。至于组织展销会、博览会、新技术新产品展示会等更具有直接介绍、推荐产品的作用，宜与营销部门合作举办而发挥整体优势。

3. 对外联络协调工作

企业要设法建立同政府、银行、新闻界、行业协会、消费者协会等社会各界人士的稳定的沟通关系，主动定期或经常性地向这些公众介绍企业状况，以征求其意见与建议、争取其理解与支持，这样既可避免误解而造成的不必要的麻烦，又可使企业一旦陷入困境而易于挽救不良后果，顺利克服困难。

4. 媒介事件策划

所谓媒介事件就是指专为新闻媒介进行报道而策划的事件。企业公关人员应利用一些有可能提高企业知名度与美誉度的事件，经过富有创意的设计，来吸引新闻舆论的注意，进而借助大众传播媒介而广泛吸引其他公众的注意，以此推广企业影响。此方面日本电通广告公司曾有一经典之作，电通公司在其66周年纪念日之时，将办公地址由原来的银座旧办公楼迁往新落成的筑地新厦，为此公司组织2 000多名员工在当日由旧办公地点游行至新办公地点，一路挥舞彩旗，高呼口号，彩旗与口号充满“感谢”、“欢迎赐教”之类的词语，引得路人驻足，新闻记者跟踪采访，一时举国上下，人人皆知。此举既有效地向公众宣告了公司迁址，又让公众记住其具有66周年的悠久历史，更让公众感受其公司团结奋发的精神面貌而留有良好深刻的印象。

5. 赞助和支持公益事业

企业作为社会成员之一，表现为对社会义务与责任的承担的一个重要方面，就是热心支持社会公益事业，如向福利机构、教育单位、体育、艺术活动提供资助等，这有利于赢得公众对企业的好感，进而有助于潜在顾客对产品的认同。

6. 其他日常活动

公共关系工作还包括许多日常活动的组织与安排，如礼宾接待、企业内部沟通、企业内部文稿与宣传资料的编撰、制作等，企业公关人员作为企业决策层的重要参谋人员，还要主动向决策人员提供各种意见、建议和决策方案，积极参与决策。

七、公关宣传策略

公关经理可以采用多种技巧和活动，但最重要的是宣传部门和新闻界关系，这是公关职责范围内的一个主要内容。然后要考虑的是对外交流和内部公关。

1. 公关宣传及与新闻界的关系

宣传是用来达到组织公关总目标，即与各种公众建立或保持良好关系的重要手段之一，它可以使公司用最低的成本来获得媒体支持。

各种大众媒体都可被用做宣传之用。在广播媒体内，除了新闻和时事节目外，大部分宣传是通过专访、消费者聊天和特别节目等形式来实现的。印刷媒体也可起到广泛的宣传作用。全国性和地方性的报纸覆盖了一般的商业新闻，专业刊物可以满足特定公众的特定兴趣需求。各种媒体之间的宣传内容常常可以互相引用，全国性的报刊和电视台可能从地方媒体或专业媒体收集新闻，以提供给更广泛的观众。

（1）制造好的口碑。

宣传可能是“不请自来的”，媒体经常会追踪新闻热点，准备宣传的也许是公司不愿意公开的事件。为了减少不利宣传的危险，大多数公司都与媒体之间建立良好关系，并尽量为媒体提供对公司有利的“好消息”。

发布新闻稿：正常情况下，组织会主动、定期地向媒体提供新闻稿，简单介绍关于某一事件的基本情况，有时新闻稿中还会附上图片和音像资料，以鼓励媒体去编写新闻。

如果公司的消息对新闻机构有吸引力，而且手头又有现成的资料来充实新闻内容，新闻机构通常会给该公司更多的宣传机会。但是从总体上来看，新闻稿的采用率是比较低的，大多数新闻稿最终被丢进了新闻编辑的垃圾箱里。要提高新闻稿的采用率，需要公司的公关宣传人员具有足够的新闻敏锐性，尽量切合公众的兴奋点，激发新闻编辑的兴趣和想象力。

新闻发布会：当公司有重要信息发布，或者爆发了危机，或必须让媒体了解公司的最新情况的时候，采用新闻稿的方式来进行宣传就显得力度不够，这时需要公司与媒体进行更广泛、更个人化的联系，以期能给公众留下更深的印象。

举办新闻发布会时，公司会将记者们聚集到一起发送相关资料并回答提问，以便能够解释或澄清某一事件的细节，并通过记者编辑的手将情况及时向公众传播。政府部门也会使用新闻发布会的形式对外发布最新出台的政策，介绍正在进行活动的背景情况。

记者招待会：记者招待会一般气氛会显得比较轻松。它是组织与媒体保持良好关系的一种重要手段，一般企业只是有选择地邀请部分全国性或商业界的、与企业关系比较密切的媒体成员参加某种形式的聚会，借此组织的管理人员与记者可以进行非正式的交流。事实证明，让媒体参与发布新闻稿或以其他形式为媒体提供信息，确实能起到良好的作用，如果让媒体更多地参与正在发生的事件，收获可能更大，但这可能需要支付更高的成本。

（2）公关宣传与广告的比较。

媒体本身既是一种公众，同时又是公司（或其他组织）与其他公众交流的第三方渠道。可以说，作为交流工具，广告只将好消息传播给广大群众，而与之相比，公共宣传具有另外一些优点：

可信度：广告是要付费的，因此公众对广告内容的引导倾向抱有某种程度的怀疑。而公共宣传被认为是免费的，来自中立的第三方，因此具有更大的可信度。一则广告可能告诉你，一辆特制的轿车具有特别良好的运行性能，你可以选择相信或不相信它。但如果是一家报纸的汽车专栏记者说该车性能良好，那分量就要高很多。

覆盖范围：要确定广告是否尽可能地覆盖了最广泛的受众，需要采取多媒体战略，并要支付极端昂贵的费用。而一个具有想象力并在印刷和广播媒体上同时占有大量篇幅的公关故事，则可能只需支付小部分费用，便能收到令人难以置信的效果，而且更有可能吸引平常不看或不关注广告的部分受众。

兴奋点：公关宣传，从定义上讲是关于新闻的。正在宣传的不管是什么，都是当前人们所关注的，并因此而制造出它们自己的兴奋点。一旦一个故事开始展开，它就可以刺激各媒体制造出更多内容，所谓的媒体热炒某某事件就是指的这种情况。

除了以上的优点，公关宣传也有不尽如人意之处，最大缺点就是其不可控制性。广告给予广告商说什么、何时说、如何说、在哪里说的完全控制权。而对公共宣传的控制权，则掌握在媒体手中。公司可以为媒体提供资料，但不能保证媒体会采用这些资料，而且也无法决定他们如何制作资料。结果，最坏的可能是根本没有产生鼓励作用，或者是没能覆盖希望中的目标受众。甚至有时媒体会对提供的资料进行歪曲。

2. 其他对外沟通的方法

其他形式的对外沟通也可被用于公关。

（1）广告。作为公关工具的广告，界于广告与公关之间，是两种职能的结合。这里所说的广告类型，不是指推销或促销某一特定商品或某一系列商品的广告，而是集中宣传公司的名称或特色的公司形象广告。这种形式可能缺少了宣传的客观性，增加了广告的功利性，但它对于组织来讲可以加以控制。它可以成为树立或改良公司形象的有效手段，可以通过大众媒体而覆盖大多数公众。

（2）举办大型活动。一个组织可以为公关目的而举办或参加各种大型活动。比如，公司可以借一个重大事件为主要股东、雇员、顾客和供应商举行一次聚会，公司的年度股东大会是针对股东和金融媒体的一次重要论坛，对于那些在组织里有经济利益的重要公众群体来说，股东大会是向他们进行公关活动的最佳时机和重要场合，高效的会议管理和自信的表现有助于增加公司可信度。当然，这类活动需要能够引起媒体足够的兴趣。

（3）出版物。企业（或其他组织）可以制作各种印刷品或音像资料，送给潜在消费者或客户，从而使他们了解组织的活动。如大多数大学都有一段关于招生的录像，送给中学或者是专科学校。这与只寄招生简章相比，能使考生对学校有更全面的了解。在大学就业办公室，则会堆满需要毕业生的公司送来的宣传资料。

① 年报。公司的年报是一份重要出版物，主要分发给股东和金融媒体，但通常也会送给对公司感兴趣的其他人。像年度股东大会一样，年报是展示公司积极形象，并对公司已取得的成就和未来发展方向进行公开展示的重要窗口。

② 公司历史介绍。作为企业文化的重要组成部分，公司可以将自己奋斗成长的历程汇编成册，出版公司的“自传”，并以此作为对内对外宣传的重要材料。

③ 游说。游说是一个非常专业的领域，需要有专业人士来从事这项工作。游说旨在发展和影响与“管理部门”之间的关系，为组织争取尽可能宽松的发展环境。游说通过让决策者知晓一个组织对待某种问题所持有的观点，目的在于影响政策的发展与实施。

3. 内部沟通

公司对自己的雇员和其他内部公众，也需要专门的、很好的沟通，这样才能在事件传到外界媒体之前知道正在发生的事件的更多细节；另外，对于公司所面临的环境，应该强调让公司的员工有知情权，这反映出业主对雇员重视的态度。这也是对员工激励的重要手段。良好的内部沟通可以营造一个高效率的工作环境，形成积极向上的企业文化。

（1）内部期刊和简讯。企业自己编辑出版的报纸或杂志是内部交流的最主要形式。它有助于公司，尤其是大公司，将各个分散部门联系在一起，强化员工的归属感。内刊不仅可以记录和报道出现在员工身边的日常琐事，也可以用于进行重要的管理交流。统计数字表明，大多数员工对公司要闻以及公司状况报道非常关心。

（2）员工通气会。员工通气会可为管理层和员工之间提供面对面接触，增加员工参与及授权的机会。在通气会上，既可以充分讨论经营问题，也可以将有关问题通过公司向下传达。更高级的管理者可以通过更大规模，更加正式的会议形式对员工发表讲话，报告经营结果和战略计划．并可直接回答问题。内部员工通气会是危机管理中的重要而有效的工具。

【案例分析】

攻心为上——伊莱克斯亲情化营销策略剖析

尽管伊莱克斯秉承“市场没有迟到者”的经营哲学，对进入中国家电市场抱有极大信心，但它进入的时机却不被看好。90年代初期的中国家电市场竞争已是白热化，仅就电冰箱而言，1985年我国电冰箱制造企业是 116 家，而到 90 年代初只剩 50 多家，甚至一些合资企业亦难逃被淘汰的命运。然而这一切都无法阻挡伊莱克斯匆匆的脚步，它认定中国是世界上最大的家电市场。

以“静音”切入

外国品牌进入中国市场不仅面临着产品本土化的问题，也面临着营销策略本土化的问题，伊莱克斯很好地把握住了这两点。90 年代后期我国电冰箱生产能力已达 2 300 万台，实际产量已达 1 000 万台以上，而市场需求仅为 800 万台。而且，由于冰箱市场已基本成熟，消费者对品牌的认知度很高。海尔、容声、美菱、新飞四大品牌的市场占有率已高达 71.9%。在这种难以撼动的强大对手面前，伊莱克斯针对自己的目标消费群特征和产品风格精心设计了一条充满亲情色彩的营销公关策略，并以“静音冰箱”作为进入中国千家万户的切入点。

伊莱克斯提出“冰箱的噪音你要忍受不是一天、两天，而是十年，十五年……”，“好得让您一生都能相依相靠，静得让您日日夜夜察觉不到。”这种具有亲情色彩的营销语言，除使中国消费者感受到温馨和真诚外，品牌形象和产品形象也随之得到了认可——“静音”就是伊莱克斯的个性和风格。

树立谦恭形象

90 年代后期的中国电冰箱市场份额继续向知名品牌集中，非名牌商品市场进一步萎缩，海尔作为电冰箱行业的龙头老大，市场占有率已达 30%以上，构成了伊莱克斯拓展中国冰箱市场主要的竞争对手之一。但同时，海尔在激烈的市场搏击过程中积累的丰富营销经验、售后服务经验、品牌形象扩展策略以及销售网络营建经验对伊莱克斯在中国实施本土化营销无疑是最有效、最便捷也最具影响力的启示。

伊莱克斯于 1998 年 2 月在海口召开的全国经销大会上郑重提出向海尔学习的口号，立即在工商界掀起轩然大波。一个年销售额在 147 亿美元的国际家电巨人向销售额仅仅是它 5%的中国品牌学习本身就造成了强烈的轰动效应，令国内企业界刮目相看。

广告、促销渗透人情味

据北京中企市场研究中心统计，在 1998 年电冰箱品牌的平面广告投放上，伊莱克斯的广告费用仅及海尔、容声的 1/3，且北京、上海以及东北、华东、华南地区的重点城市的高收入家庭是伊莱克斯既定的目标消费群体。

伊莱克斯另一营销群体是城市新婚家庭。每逢“国庆”、“春节”，伊莱克斯都适时推出极富针对性的“有情人蜜月有礼”促销活动，对购买伊莱克斯冰箱的新婚夫妇赠送食品搅拌机、蒸气熨斗、面包炉等小家电物品，还组织新婚夫妇种植纪念树活动并赠送爱情树苗等礼品以及其他形形色色的评选活动。

——摘自《中国经济时报》

案例思考

1. 简述伊莱克斯的主要公关策略。
2. 如何成功运用公关策略，特别是在海外市场？

第七节 营销沟通策略

一、营销沟通概述

1. 营销沟通的相关概念

营销沟通是指在（一个品牌的）营销组合中通过与顾客进行双向的信息交流建立共识而达成价值交换的过程。

作为一个销售人员，与不同的人进行沟通，总的来说分为两大类，即企业的内部沟通和企业的外部沟通。企业内部沟通是指企业内部人员之间的信息传递；企业外部沟通指销售人员与企业外部（在这里指客户）之间的信息传递。销售人员与客户的沟通是企业对外的桥梁和纽带；是外部客户的“搜索引擎”。故建立良好的、有效的外部沟通将有利于提高我们企业的执行力；有利于提高客户的满意度；有利于市场的持续性发展。企业外部沟通包括很多内容，包括了和供应商、分销商、顾客之间的信息传递等。

2. 营销沟通的类型

（1）“好好型”沟通。

好好型沟通是完全按照客户的思维方式的沟通。即客户说什么就是什么，客户说需要 10 万酒店进店费用，就是 10 万元费用；客户说流通会议支持 15%就是 15%；客户说公司的 B 款是我的费用，我想怎么投入就怎么投入，销售人员就说“好”，对客户提出的“意见”销售人员百依百顺；对市场操作完全以客户的意见为依据，只要客户说好，就是好；对于市场、对于客户提出的问题，销售人员没有意见、没有主见、没有计划；一切以“客户为中心”把市场、把公司赋予的销售责任停留在口头上；把主见建立在客户的喜好上。总担心因与客户的意见不一致而丧失该客户，销售就无法完成。造成此类型存在，其原因：一是对市场不熟悉，缺乏对市场的全面了解和判断，对市场出现的问题没有很好地去调查和了解，从而信心不足害怕失败；二是把所有的销售全部寄托在单一的客户身上，害怕客户不做我们的产品，一旦客户不做，我们即将受到严重的损失，甚至会导致销售任务完不成，导致下岗，与其下岗还不如“百依百顺”；三是想通过客户的嘴给自己的上级领导说几句“好话”，就是市场下滑了，也是市场的客观原因，给自己留一条后路。

对于以上的心态，我们应树立正确的市场观，做市场不要害怕失败，失败是成功之母，我们要做善败“将军”，自古就有善败将军，善败将军并非常败将军。淮阴侯韩信、蜀汉之孔明。皆善败将军！兵法所谓善胜者不阵，善阵者不战，善战者不败，善败者终胜——小败之后连兵结阵，透彻敌情，再造胜势，比之项羽百战皆胜而乌江一战一败涂地，岂不好得多，结合现在市场营销就是要不怕失败，要在失败中总结市场操作经验，透视隐藏表面现象的规律。只有在原有的基础上进行创新才能最终成为“胜者”；只有胸中自有千万兵，才能与客户进行良好的沟通，才能不做老好好型的人，才能有利于市场营销政策的顺利执行。

（2）“武断型”的沟通。

武断型的沟通是指对市场出现的问题在没有得到充分调查的情况下，主观臆断，强迫客户无条件执行的一种沟通方式。由于此沟通方式的存在导致沟通堵塞，形成孤立的单方面信息传递，缺乏有效的反馈，使沟通不能形成完整的循环（信息的发送—接收—反馈—再发送）。此沟通类型存在的原因主要有：一是过于相信理论知识和书本知识，没有在调查的基础上理论联系实际，经验来自于总结，而如果一成不变的按照“书本”去实施，无异于“刻舟求剑”。古人说的好“尽信书，则不如无书”，就像古代带兵打仗一样，哪一个带兵打仗没有读过《孙子兵法》？哪一个不知道《三十六计》？但为什么还有胜负之分？最关键就是“因地制宜、随势而变”；而市场如战场，我们同样要“因地制宜、随势而变”，不同的市场、不同的产品要有不同的市场方案。二是盲目跟从，跟着感觉走；看别人干什么就跟着干什么。看到竞品做买赠，也要求客户做买赠；看到竞品买断酒店，就要求客户买断酒店；看到竞品旅游，就要求客户做旅游；而完全不顾及市场在变化；不顾及客户的意见，强求客户执行。

（3）“科学艺术型”沟通。

科学艺术型沟通就是通过合理的沟通程序，利用专业艺术的语言进行的科学有效的沟通。科学艺术型沟通是我们每一个营销人员的追求。科学艺术型沟通有以下几个程序：一要明确沟通的目的、二要要做好沟通前的准备工作、三进行沟通中的说服。

二、有效营销沟通过程

1. 找出目标接收者，并且掌握客户的心理

目标接收者即营销沟通的对象是谁？对谁说？可能是企业的潜在购买者、目标使用者、购

买决策者或影响者，可能是个人、群体、特定的大众和一般大众。确定了受众，识别其特点与需求，从而决定下一步说什么？如何说？

推销员应学习如何把握甚至创造机会让客户熟悉了解自己，因为如果双方对某一事物的态度相同，会增加彼此间的熟悉和好感。当然，要发现与客户的共同点，并适时地让对方觉察到，这对推销员可是个不小的考验。

熟悉程度的加深会促进人际关系的深入发展。同时个性特征方面的吸引力、优良的个人素质和出众的才华也可以产生人际吸引，有利于建立融洽的人际关系。

端庄的外貌、优雅的举止、得体的穿戴和翩翩的风度，往往首先给人以悦目的感觉，让人产生与之继续交往的愿望。仪表也可以反映一个人的内心世界、知识修养、审美情趣等。因而推销员在与客户的交往中应该注意个人的仪表，以求给客户留下良好的第一印象。

从人际交往的心理过程来看，个人的吸引力总是从外表特征逐渐转向内在属性。一个具有良好内在品质的人，在与他人的交往过程中会逐渐表现出一种吸引力，从而易于与他人建立和保持良好的人际关系。毫无疑问一个人要想吸引别人、赢得别人，与别人保持良好的交往，“真诚”是必须有的品质。人与人之间真诚相待，会使您体验到真实友好的情感，人际关系自然向纵深的方面发展。

才能与被人喜欢的程度在一定程度上是成正比关系的。拥有出众才能的人会对他人产生巨大的吸引力。人们会为自己朋友的才能而感到自豪，获得心理上的满足，同时也相信能力强的人对自己有所裨益。

一般而言推销员与普通客户的交往主要受双方相似因素的影响，尤其是受对某事物态度或观点的一致性的影响。这是因为推销员与普通客户的交往一般是以商品交换为基础的，交往双方需要在很多方面达成共识才能完成一次交易。而对于某些推销员来说，要好的朋友也是他们的客户，他们的交往不限于商品交换，还需要从对方身上获得更多情感、思想的交流，因而受互补因素的影响会更大一些。

在建立和巩固客户关系的过程中充分运用好人际吸引规律，对提高我们的推销效率是大有裨益的。推销人员可以按照上述的人际吸引规律，正确处理与顾客的人际关系，促进推销事业的发展。

2. 确定沟通目标，明确沟通的目的

明确沟通的目的是实现良好沟通前提。任何一种沟通都要有目的，目的是沟通的核心，只有具备清晰的目的，才能在整个沟通过程中始终围绕目的去陈述，才能控制整个沟通的过程，从而达到沟通的成功。

营销者要根据目标受众目前对本企业及其产品的态度确定具体的沟通目标。在实际的业务开展中，你要与客户沟通一个事情，或者一个方案，如果你没有沟通的目的，则会出现客户不知道你到底想沟通什么，也达不到沟通成功。

比如：我们要沟通某种商品铺货方案，整个沟通过程都要围绕该种商品的铺货进行讨论，通过销售人员对铺货方案这一信息的传递、接收、反馈、再传递的过程，从而确定最后的铺市方案。我们不能一会说铺市的方案，一会又扯到超市的进店费用，一会又谈到具体商品的铺市，一会又谈窜货；结果浪费了大量的时间却没有解决掉一个问题。

3. 设计信息，做好沟通前准备工作

沟通前准备工作是实现良好沟通的基础。在沟通前要做好调查研究，要做好一套完整的方案，因此必须要了解客户的心态、了解市场竞品情况、了解自己的产品在区域市场中的清晰定位、了解方案在操作中会面临哪些问题、针对客户提及的问题你有几种解决的方案。

信息的设计，需重点解决四个问题，即：说什么——信息内容；如何逻辑地说——信息结构；如何以符号的方式来说——信息格式；由谁来说——信息来源。当然市场中的沟通不仅仅局限在方案的沟通，但市场操作方案的沟通是外部沟通的核心沟通部分；但无论是市场方案的沟通还是非文案沟通，我们必须要有充分的准备。

还必须选择沟通渠道，信息沟通渠道通常分为两大类：人员沟通与非人员沟通。人员沟通渠道指涉及两个或更多的人相互间的直接沟通。非人员沟通渠道指不经人员接触和交流而携载信息的沟通方式。选择沟通渠道，必须综合考虑多方面因素，使各种促销方式扬长避短，优化组合，以达到最佳的促销效果。有关影响因素一般包括以下方面：① 产品类型与特点；② 推或拉的策略；③ 现实和潜在顾客的状况；④ 产品生命周期阶段。

4. 进行沟通中的说服

沟通中的说服是实现良好沟通的关键。通过对沟通前的详细的准备，开始进入沟通的角色扮演，同时通过语言的准确、艺术性的表达进行沟通：

（1）情感说服。在说服的过程中要把握几个要点：一是利益，从真正让用户感兴趣的动机开始(利益动机);要与客户沟通如果按照公司这样做了,我们的市场会产生什么样的一个结果?如果不做我们又会产生什么样的结果。比如淡雅的铺市，如果你铺 300 家，哪怕只有 50%的回头率，你的利润可想而知；而如果你把产品全部放在仓库里，那么你的利润从哪里来？（况且，这些产品的所有权已经成为你客户自己的了）；二是从客户角度进行说服；三是要有热情，热情将加强你的说服力；如果说沟通中的事情或方案自己都毫无表情，也没有热情和激情，你怎么能打动客户呢？

在沟通中对待客户的反对观点，我们要做到：冷静、诚实、客观。一是倾听、理解、重新归纳；二是不攻击、批评、争辩和冲突。因为人们总存在理解上的差异！三是有不明之处，应及时礼貌地提问。四是针对怀疑、误解，分而治之；阐明自己的观点，并进行论证和说明。五是面对真正的缺点：暂时回避，补充理由，强调总体价值和利益，必要时做出让步。比如：如果某种商品你能铺货达到 2000 家，我公司可以承担实际跑单损失的 50%；这样可以排除客户由于担心损失，而影响铺货的速度和网点分销数量 。

（2）专业化说服。专业化的说明要求销售人员要具备以下素质：一是专业营销的理论和实践能力；二是掌握专业工具的使用技术和技能（如：电脑、投影仪、EXCEL/POWPERPOINT 的使用）；三是搜集数据和建立数据库的能力，要实施渠道销售报表制度。（一年回顾一次，只有一次改变的机会；一月回顾一次，一年有 12 次改变的机会；一周回顾一次，一年有 48 次改变的机会。）

（3）艺术化说服。沟通的艺术化就是利用语言艺术和措词提高沟通的效果和满意度。客户满意度的高低，在于我们销售人员与客户的沟通是否到位，良好沟通界面的话，或者开头愉快，全身心的投入才能做到更好信息的准确传达。

5. 制定促销预算

促销预算是指企业在计划期内反映有关促销费用的预算。促销支出是一种费用，也是一种投资，促销费用过低，会影响促销效果；促销费用过高又可能会影响企业的正常利润。促销预算也就是计划，即为了某一特殊的目的，把特定的一段时期内促销活动所需开支的费用详细列明用钱数体现出来。

确定企业促销方面的支出，制定促销预算，这往往是企业面临的最难做出的营销决策。常用的促销预算方法有：① 销售百分比法，即以目前或预估的销货额为基准乘以一定的百分比作为促销预算；② 量入而出法，即以地区或公司负担得起的促销费用为促销预算；③ 竞争对等法即以主要竞争对手的或平均的促销费用支出为促销预算；④ 目标任务法即促销预算是根据营销推广目的而决定的，营销人员首先设定其市场目标，然后评估为达成给项目所需投入的促销费用为其预算。另外，应特别注意的是，许多促销效果是累积性的，必须到一定的程度才能发挥应有的效果。如果促销费用忽上忽下，或发生中断都会使促销效果不大无法延续，还可能会打击内部士气，甚至会引起经销商或零售商的反感。

思考与讨论题

1. 促销组合策略的基本理论和特点；
2. 销售过程管理的主要内容；
3. 销售促进策略。

第十一章　服务产品与服务营销

学习目的和要求：

1. 掌握服务产品的概念与特征；
2. 了解服务产品的不同类型；
3. 了解服务营销组合的特殊性和组合要素；
4. 认识服务营销管理的重要性；
5. 认识如何进行服务质量管理。

服务经济的快速发展是现代经济的一个重要特征。在服务经济的时代，各种形式的服务在成为若干企业专门经营对象，同时制造业也日益采用服务的观念，形成以提供服务为主、产品为辅的经营形式。与此相对应，对服务产品的特点、服务营销策略及服务质量管理等问题的研究，也就成为现代营销理论和实践的重要内容。

第一节　服务与服务营销

一、服务经济时代的到来

人类社会经历了农业经济时代、工业经济时代之后，自 20 世纪 50 年代以来，全球经济经历着一场结构性的变革，对于这一变革，美国经济学家维克托·福克斯（Victor R. Fuchs）在 1965 年称之为“服务经济”。所谓服务经济是指服务经济产值在 GDP 中的相对比重超过 60%的一种经济状态，或者说服务经济是指服务经济中的就业人数在整个国民经济就业人数中的相对比重超过 60%的一种经济态势。

20 世纪 60 年代初，世界主要发达国家的经济重心开始转向服务业，产业结构呈现出“工业型经济”向“服务型经济”转型的总趋势。根据世界银行统计，目前全球服务业增加值已占到 GDP 的 69%，上世纪 90 年代以来每年提高 0.5 个百分点；主要发达国家超过 80%，即使是中低收入国家也达到了 43%的平均水平。在服务业吸收劳动力就业方面，西方发达国家服务业就业比重普遍达到 70%左右，少数发达国家达到 80%以上。由此可见，世界经济已开始进入“服务经济”时代。服务经济的发展是社会经济发展的必然阶段，但相比之下我国服务业的发展水平与世界主要经济体还有一定的差距。目前中国服务业占国内生产总值的比重也仅为 41%左右，明显偏低，服务业劳动就业占全部就业的比重仅为 31%左右，远低于国际平均水平，而且大部分分布于劳动密集型产业，以知识为基础的现代服务业发展滞后。

在服务经济社会中，服务在宏观和微观经济生活中扮演着越来越重要的角色。首先，服务业本身也在以比制造业更快的速度变化。许多国家对若干服务行业管理方式的变化，及现代科技的发展，特别是现代计算机技术与通讯技术的融合，促成了大批新型服务行业的涌现，并不断改变着许多传统服务的提供方式。许多行业，如零售业、银行业等的服务方式都发生了巨大的变革。许多以为顾客提供形式多样的服务为主要经营内容的企业，取得了巨大的成功。

其次，制造型企业逐渐加重服务的比重。不少原来以生产和供应有形产品为主的企业，受服务市场巨大潜力的吸引，也开始在继续从事有形产品营销的同时，开辟新的服务业务，以服务作为企业经济新的增长点，有些甚至由原来有形产品主导型的企业向服务主导型的企业演化。

最后，竞争的不断加剧还迫使越来越多的企业走上了借助于服务实施差别营销战略的道路。现代科技的快速发展和传播使得企业之间在有形产品上与竞争者拉开差距的难度越来越大，在许多成熟的行业，几乎是不可能的。许多企业在提供有形产品的同时，努力提供优异的附加服务，通过服务将自己与竞争者区别开来。服务成为企业营销成败的决定性因素，也是差别化营销策略的基本支点。

扩展阅读

IBM 的服务转型之路

作为从制造业向服务转型的代表性企业，IBM 走过了漫长曲折的变革之路。这家曾以各类电脑主机为主要产品的企业在上世纪 90 年代初期遭遇多重危机。一方面，IBM 面临着内部管理问题。对客户需求的认知不足以及组织僵化，导致其服务组合不能反映市场需求，同时服务合约的收入和利润不能满足预期。另一方面，市场迹象显示客户不再满足于传统的软硬件产品，导致核心市场的利润下滑，同时硬件及相关服务日趋商品化，市场份额遭到新竞争对手的不断蚕食。因此 IBM 遭遇了连续三年的亏损，总额高达 160 亿美元，并面临被拆分的危险。

此时临危受命的 CEO 郭士纳先生敏锐地发现了一个契机，即面对市场上涌现的大量产品提供商，客户更期望整合——需要有人来帮助他们把单一功能的、分离的系统连接起来。IBM 的转型之路由此切入，变革的重点在于将供给组合从单点式产品与服务向整合式、随需应变的方案进化，为客户提供更多的价值。IBM 本来的供给组合多为单点式或捆绑式方案，将自身的软硬件产品和服务单独或捆绑起来销售，面对的客户主要是部门经理和终端用户；在提出“随需应变”的战略方向后，IBM 更致力于帮助 CEO、CIO 等高层客户解决那些能影响业务价值的问题，如增加收入和利润、减少人工成本、管理资金及固定资产投资等。为达到这一目标，IBM 开展了全方位的变革：

- 招聘和提拔具有丰富服务管理经验的高级管理人员；
- 退出应用软件市场，并将其他应用软件厂商吸纳为整体解决方案的合作伙伴；
- 渐进地完善服务供应链，包括业务咨询及系统整合、业务托管服务、基础架构及技术服务；
- 在服务部门成熟之前承担长期亏损；
- 调整组织架构以避免服务部门和其他部门的业务冲突；
- 标准化销售流程，增强服务和产品部门之间的协调能力，从而保证对客户的整体关注；
- 改进已有的绩效评估系统，将员工的个人绩效与客户满意度和其他与客户服务相关的职责联系起来；建立管理服务实施的完善系统；
- 构筑知识共享系统以积累和重用服务经验。

通过长期不懈的努力，IBM 赢得了许多战略型服务合同，如服务于宝洁公司的为期 10 年、价值 4 亿美元的全球协议。根据合同，IBM 为近 80 个国家的近 9.8 万名宝洁雇员提供整体性的员工管理服务，包括工资管理、津贴管理、补偿计划、移居国外和相关的安置服务、差旅和相关费用的管理以及人力资源数据管理，还为宝洁的人力资源系统提供应用开发和管理服务，帮助其专注于其核心业务。16 没有转型的艰苦努力，IBM 将无法提供如此大规模和高质量的整体解决方案。

转型也给 IBM 带来了丰厚的回报。2008 年 IBM 的税前利润达到了创纪录的 167 亿美元，成为全球最赚钱的公司之一。而通过十多年的转型，服务已成为 IBM 业务的关键部分，收入额所占比重从 1994 年的 26%到 2008 年的 56%。对于 IBM 的转型之路，前任总裁郭士纳总结道，“我在服务和产品公司都工作过。毋庸置疑，服务业务更难管理……管理服务流程所需的技巧是很不同的……业务模型不同，整个经济情况也很不同。这是种你无法轻易获得的能力。你需要在时间和资金上面投入多年的赌注，然后才能获取通往成功之路的经验和规律。”

二、服务产品的概念与特征

1. 服务产品的概念

什么是服务？人们对此有着多种不同的理解。

美国营销学者科特勒给服务下了这样的定义："服务是一方能够向另一方提供的以无形性和不导致任何所有权转移为基本特征的行动或表现。它的生产既可能与某种有形产品相关联，也可能与之毫无关系。"美国营销学会则作了这样的定义：服务是"可被区分界定，主要为不可感知，却可使欲望获得满足的活动，而这种活动并不需要与其他的产品或服务的出售联系在一起。生产服务时可能会或不会需要利用实物，而且即使需要借助某些实物协助生产服务，这些实物的所有权将不涉及转移的问题。"Valarie A. Zeithaml 和 Mary Jo. Bitner 在她们的著作《服务营销》中则提出，用最简单的术语来表述，服务就是指某种能够使他人得到满足的"行为"（deeds）、"过程"（processes）或"表现"（performances）。这种行为、过程或表现不仅存在于服务企业的活动之中，而且也是许多制造商向市场提供的组合的一部分。也有些学者认为，服务产品包括了所有的产出并非为有形产品或建筑，通常在生产的同时被消费、能够为特定对象提供一定的附加价值，如方便、娱乐、时间节约、舒适、健康等的所有经济活动。

2. 服务产品的特征

在服务营销理论和实践发展的过程中，人们对服务产品所作的定义还有其他许多种。把握服务作为一种企业行为的特点，有助于更好地理解服务产品及服务营销。与对服务产品的理解一样，有关服务产品究竟有哪些特点这一问题，也曾出现过大量的争论。多年来，经过大量的论证探讨，营销学界对服务的下述基本特点取得了共识。

（1）无形性。

服务是指能够满足人们某种需要的行为或表现。人们不能像感受有形产品那样看、感觉或触摸服务。很多时候，服务产品的消费是在消费者既未看到，也未感觉到的情况下完成的。不能像若干物品那样被感觉、触摸的特性，即服务产品的无形性特征。当然，说服务产品是无形的，并不是说服务提供过程中不存在任何有形的物体或要素。事实上，就很多服务的提供来说，有形物体是不可缺少的要素或条件。在绝大多数情况下，企业向市场提供的是有形物品和无形服务的结合。萧斯塔克（Shostack）认为，一个组织向市场提供的既可能是纯粹的有形物品，也可能是纯粹的无形服务，还可能是有形物品与无形服务的结合体。根据有形性程度，她对产品和服务进行了排列。（图 11.1）在营销过程中，图中越靠左面的组合中有形性成分越多，而越靠右的组合中的无形性成分越多。

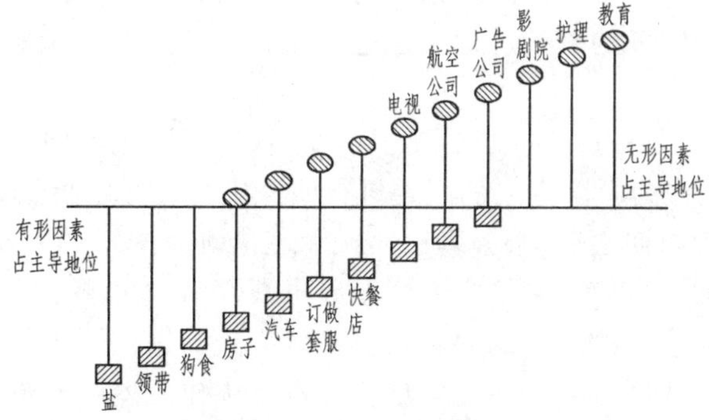

图 11.1　有形性谱系

（2）不可分离性。

有形产品的生产、销售及消费往往在不同的时间和空间进行。而服务产品则不同。在很多情况下，服务产品的生产过程与消费过程往往是同一的，两者难以相互割裂开来。在服务产品的供应商提供服务的同时，消费者也就享受了该种服务。某些情况下，顾客不仅在服务生产现场，而且在相当程度上参与服务生产过程。当然，企业提供服务产品的种类不同，顾客参与生产过程的程度也不同。在有些服务产品的提供过程中，顾客的全过程参与是生产的必要条件，如理发服务、外科手术服务等就是如此。有些情况下，顾客则不一定要参与到服务提供的全过程之中，如管理咨询服务等。

（3）差异性。

服务是一种行为或表现，其提供者是服务人员，享用者则是各种各样的顾客。不同服务人员的服务经验不同，同一服务人员在为不同对象服务及在不同时间为同一对象服务时的心理状态等也可能有很大差异，而不同顾客享用某种服务的经验及对服务的期望不同，从而服务的提供过程、顾客对服务的评价等都可能会因为时间、空间等因素的变化而发生很大差异，要保持服务的标准化十分困难。

（4）不可储存性。

不可储存性是指服务产品无法保留、转售及退还的特性。有形产品可以储存至另一时间销售，在顾客对所获得的产品不满时，可以退换。而提供法律服务的律师在某段时间内不从事法律服务，其不可能将这段时间的服务能力储存起来，在广告客户对广告公司的服务不满的情况下，也很难将其所购买的不满意的服务退还广告公司。企业在形成提供服务产品的能力后，如果没有顾客购买服务产品，则服务能力就是一种浪费。由于不可储存，也就无法用预先储存起来的服务满足高峰时期顾客的需要。顾客为消费某种服务而来，服务产品供不应求时，则也可能使顾客失望而归。有鉴于此，如何妥善处理供求矛盾，是服务营销过程中所面临的一个重要问题。

除了上述四个特点外，还有许多学者认为，在企业销售和顾客消费的过程中，不涉及所有权的转移也是服务产品的重要特征。在交易完成后，无形的服务也就不存在了，顾客并没有“实质性”地拥有服务。Lovelock 认为，服务与有形产品的关键区别在于：就服务而言，顾客往往是在没有获取对任何有形要素的所有权的情况下获得服务所提供的价值。

三、服务营销

服务产品的特殊性决定了其销售过程及消费行为等都必然与有形产品的销售过程和消费行为有很大的区别。服务营销就是一门讨论如何有效开展无形服务的营销活动的学科。其研究的内容不仅包括纯粹无形服务的营销过程，也包括与有形产品组合起来向消费者提供的无形服务部分的营销活动。

在企业经营实践中，服务营销的发展首先导源于银行、医院等服务行业发展的需要，而在理论研究中，将服务营销作为一个专门的问题进行研究则是在 20 世纪五、六十年代。大量的研究和进展则是在八十年代中期之后。服务营销实践和理论研究的发展主要受两方面因素的驱动。第一，市场竞争的不断加剧促使越来越多的企业寻求开辟新的市场空间，而随着收入、生活水平提高及新科技的发展而产生的巨大的服务需求无疑为企业提供了极有价值的市场机会。与此同时，科技的普及和发展使制造商之间在有形产品竞争中拉开差距的难度越来越大，从而迫使各类制造商在提供优质的有形产品的同时，也必须提供优质服务。大量服务活动的开展必然要求有相应的理论和方法指导。第二，有形产品营销的经验并不能简单地应用于服务营销。服务产品的特点决定了其营销活动中的若干特殊性。例如，由于服务产品的生产与消费往往是同步的，顾客参与到服务过程之中，对服务提供过程及服务的质量有很大的影响；享用服务的顾客之间会相互影响，"口碑"对新顾客的消费决策有更大的影响力。又如，服务产品不能受专利保护，因而很容易为新的进入者模仿，服务业，特别是进入障碍较低的服务业，往往存在着较为激烈的竞争。再如，服务产品不像有形产品那样可以很方便地进行展示和沟通；服务的提供和顾客的满意程度主要取决于雇员（服务人员）的行为等。

以向消费者提供尽可能大的价值，使消费者满意，从而实现企业利益的最大化为目的，除一般营销学所涉及的市场研究和市场开发内容外，服务营销特别注重对营销质量管理、顾客满意度、内部营销、服务的分类与设计等问题的研究。

第二节　服务市场营销战略

与有形物品的营销过程一样，服务营销战略同样包含两个最基本的内容，即运用合适的技术发现市场和采用合适的手段占领市场。发现市场问题就是进行营销环境分析、进行市场细分，选择目标市场进行市场定位。而采用合适的手段占领市场，实际上就是制定正确的营销组合策略。由于从营销技术角度看，在服务市场上进行环境分析，包括政治、经济、文化、社会和技术环境分析的方法和在有形物品市场上进行环境分析的方法是相同的，进行定位的基本方法同样也是一致的，因此，我们主要讨论服务市场的细分和服务营销组合策略。

一、服务的分类

根据传统的行业概念划分是服务细分最常见的一种方法，如将服务业区分为洗理业、交通运输业、咨询业等。这种分类方法无疑有其合理性。但从营销角度看，则显得过于简单。依据服务的特点，采用合适的标准，对服务进行科学的细分，无疑是企业发现合适的服务目标市场，并采取正确的对策措施的前提。以下即介绍国外部分学者所提出的分类方法。

Lovelock 认为，顾客参与到生产过程之中是服务的一个明显特点。他根据服务作用的直接对象和有形性程度，将服务区分为四类（表 11.1）。根据 Lovelock 的分类，卫生保健、美容、客运、餐饮等属于直接作用于人体的服务；货运、修理、仓储、洗衣等属于直接作用于物品的服务；公关、广告、广播、管理咨询、教育等属于直接作用于人类意识的服务；而会计、数据处理、数据传输、证券投资等则属于直接作用于无形资产的服务。在这四种不同类型服务的生产过程中，要求顾客参与的程度是不一样的。

表 11.1　服务的分类

服务行为的性质	服务直接的接受对象	
	人	物
可视行为	直接作用于人体的服务	直接作用于物品的服务
不可视行为	直接作用于人类意识的服务	直接作用于无形资产的服务

在第一类服务中，顾客亲临服务现场是服务交付的必要条件。就直接作用于人类意识的服务而言，顾客的思想意识必须要参与到服务提供的过程之中，但顾客本人不一定要在服务提供的现场。对以物为直接作用对象的服务来说，顾客本人的参与并非服务提供的必要条件。Lovelock的分类为企业服务营销过程中的定位和策略设计提供了很好的工具。对于以物品为直接作用对象、不需要顾客亲临现场的服务来说，关键在于要保证物品的使用价值。而对于要求顾客参与到生产过程中的服务来说，一方面要通过合理的服务程序设计，缩短顾客等候的时间，另一方面，则可以通过向等待中的顾客提供其他服务，降低顾客等候的成本，拓展业务范围。

与Lovelock的分类相比，Chase的分类则较为简单。根据顾客在服务提供过程中不同的参与程度，Chase将服务区分为高接触性服务、中接触性服务和低接触性服务三类。依照他的分类，电影院、公共交通部门、学校等所提供的服务属于高接触性服务，在这类服务提供的全过程或绝大部分时间内，顾客需要参与其中，否则就无法享受服务。房地产经纪人、律师等所提供的服务则属于中接触性服务，顾客只需部分参与到服务提供的过程之中。信息传递则属于低接触性服务，服务的完成主要依靠仪器设备完成，顾客与服务提供者之间的直接接触则较少。Chase的分类给企业提供的思路是：应当根据服务提供过程中顾客参与程度的不同制定不同的经营策略。

科特勒提出了几种服务分类的标准：

第一，根据服务提供手段的不同，可将服务分为以机器设备为基础的服务和以人为基础的服务。前者如自动售货服务，后者如会计服务等。以人为基础的服务则又可进一步分为非熟练工人、熟练工人及专门职业人员提供的服务。

第二，依据要求顾客亲临服务现场的程度的不同进行区分。有些服务需要顾客的参与，如外科手术服务；有些则不一定要求顾客全过程参与，如汽车修理服务。

第三，根据服务需求者的类型不同，可将服务区分为个人服务和组织服务。医疗机构在提供医疗服务的过程中，往往会区分个人客户和组织客户，提供不同的营销组合。

第四，可以根据服务提供者的目标及服务组织的所有制属性的不同来对服务进行区分。市场上绝大部分服务的提供者以赢利为目的，也有部分服务提供机构则是非赢利机构。服务有时是有私营机构提供的，也有些则是由公营机构提供的。服务目的不同，提供服务的组织的所有制属性不同，在服务设计及定位上自然就会有很大的区别。

Zeithaml和Bitner认为，服务细分及目标市场定位与制造品的市场细分及定位有很多相似之处。在服务营销过程中，同样可以借助于人口因素（年龄、性别、收入、民族、职业、宗教信仰）、地理因素（国家、地区）、心理因素、行为因素（知识、态度、使用方式）等来进行市场细分。但是，她们认为，在应用上述因素对服务市场进行细分并进行目标市场定位时，必须要认识到两点差异。第一，在服务产品提供过程中，服务现场往往同时有多位顾客，这就要求保证目标顾客之间的相容性，避免需求差异巨大的顾客在同一空间和同一时间所可能产生的相互干扰。第二，与有形产品提供者相比，服务提供者具有更强的按照顾客需要提供满足的能力。考虑到服务营销的特点，Zeithaml和Bitner提出，服务市场细分和目标市场定位的过程除了应包括确定细分的基础、弄清细分市场状况、选择合适的细分市场评价标准、选择细分市场等步骤外，还应包括一个重要的步骤，即确保细分市场内顾客之间的相容性。

二、服务营销组合

与有形产品的营销一样，在确定了合适的目标市场后，服务营销工作的重点同样是采用正确的营销组合策略，满足目标市场顾客的需求，占领目标市场。但是，服务及服务市场具有若干特殊性，从而决定了服务营销组合策略的特殊性。一般而言，在制定服务营销组合策略的过程中，企业必须要考虑七个 P。除传统的营销 4Ps 外，还包括人（people）、过程（process）及有形展示（physical evidence）。

1. 产品（product）

服务营销中的产品即指企业计划向市场提供的服务品种。在营销过程中，无论向市场提供的产品组合是以无形服务为主还是以有形物品为主，企业都必须要结合目标市场定位，形成清楚的产品概念，即本企业到底向市场提供怎样的服务，满足顾客的那些需求。

在有形产品的营销过程中，产品的概念比较容易把握，因为产品是实实在在的有形实体，其大小、款式、功能等都由企业事先设计好了，顾客所购买到的也正是企业所提供的。而服务产品的情形则有着很大不同。由于服务产品大都是无形的、不可感知的和易腐的，并且是消费于正在生产的过程之中。产品可以生产后储存起来，以备随时取用；而服务的取用则意味着在需要某种服务之时，由生产它的生产系统提供使用。此外，被服务的顾客往往是参与在生产过程之中，并也提供一部分自我服务。顾客购买服务的过程实质上是感知服务的过程、其伸缩性很强。服务产品与有形产品的区别在于它有以下特点：

- 许多服务项目都是在消费过程中提供的，如乘飞机、乘车、乘船、在饭馆吃饭；
- 有些服务项目具有时间制约性和批次性，虽非易腐品，却有易腐性。如飞机、火车上的客位，剩余的空座位，就会因过时而“腐烂”，失去价值；
- 服务性产品季节性强、敏感性高。如时装会随时间的流逝。虽实物很好，却会被弃而不用或沦为“二手货”而廉价抛售；
- 有些服务项目难于标准化。如医生为病人动手术；
- 有些服务产品难于或政府不允许出口。如西湖十景、桂林山水等只能是国内外旅游者亲临其境；
- 实际上产品与服务很难完全分离，既没有纯产品，也没有纯服务。两者是“你中有我，我中有你”。

这意味着企业提供的出售物同顾客所感知到的服务产品是不同的。因此，服务企业必须把顾客感知到的产品同自己所提供的出售物连接起来。

2. 价格（price）

服务营销中的竞争同样服从这样一个基本准则，即在不同企业向市场提供的价值相当的情况下，谁能以较低的价格向顾客提供这种价值，谁就能赢得顾客；而当不同企业向顾客收取的价格或费用相当的情况下，谁能向顾客提供更大的价值，谁就能赢得顾客。因此，合理的定价是服务营销过程中一个十分重要的问题。合理的价格不仅能吸引消费者，而且还有可能成为无形服务差别化策略的重要手段。但是，值得注意的是，由于服务产品所具有的特征，服务营销中的定价往往面临着更多困难：

（1）服务的无形性使服务产品的定价比有形产品更困难。顾客在购买有形产品时，可以根据产品的外观、做工的精致程度、产品的包装等方面判断产品的质量价格比；而在消费服务产品时，由于服务产品具有无形性，实物产品只是服务这种特殊产品赖以存在的载体，顾客在购买服务产品之前是看不到、听不到、尝不到、摸不到、闻不到的，对产品只有一个抽象的概念，难以对服务产品形成一个准确的质量价值认识。为了减少消费的不确定性，他们将从看到的服务环境、服务人员、服务设备、企业宣传资料和企业标志等与服务产品相联系的实体要素，来判断服务产品价格合理与否，从而在心目中形成一个模糊的价值概念，并将这个价值同企业确定的价格进行比较，判断是否物有所值。因此，所含实物成分越低的服务企业，在制定价格时就越需要更多地考虑顾客对该产品的心理评价，这就加大了服务企业的定价难度。

（2）服务的不可储存性及服务需求的不稳定性，产生了不同时期有差别的服务产品价格。服务的易逝性、不可储存性使服务的供求始终难以平衡。当供大于求时，服务企业可能会变多地使用优惠价、降价等促销方式，以充分利用剩余生产资源，例如在旅游淡季，酒店客房和航空公司实行折扣价、提供更多的服务内容等，以吸引更多的客人。但是，企业如果经常使用这种方式，只能会强化顾客对降价的预期心理，使他们可能会故意延迟对某种服务的消费时间。

（3）服务产品的可替代性，以及经营中存在的不规范化，导致更为激烈的价格竞争。市场竞争状况直接影响着企业定价，一般来说，越是独特的服务产品，企业越具有定价的主动权。但服务市场上的多数同类服务产品差异程度小，顾客不太关心服务产品的提供者是谁，他们会从众多的服务企业进行选择，企业之间竞争激烈，此时价格就成为影响顾客消费选择的主要因素。因此，各服务企业在政府法律、法规所允许范围内的价格竞争也会异常激烈。

（4）服务与服务提供者的不可分开性，使每一次服务的质量价格比各不相同。服务产品的质量很难以一个固定的标准来衡量，它要受到服务设备和服务提供者的技能、技术及情绪等因素的影响，这又增加了服务产品定价的不可确定性。

3. 渠道（place）

服务营销中的渠道即将服务从其生产者手中送达消费者手中的通道。在考虑渠道决策时，必须考虑到服务的不可存储性及不可分离性等特征所产生的影响。一般而言，服务销售以直销最普遍。此外，还有许多服务业的销售渠道，则包括一个或一个以上的中介机构，因此，直销不是服务业市场唯一的分销方法。中介机构执行着不同的功能，如承担所有权风险；担任所有权转移的中介角色（如采购）；或是担当实体移动（如运输）的任务，尽管中介机构的功能没有一致性，但服务企业在市场上可供选择的销售渠道主要有直销和经由中介机构分销两项。

另外在服务业渠道选择问题中，有关服务所在位置的选择是一个极为重要的方面。不论以什么渠道形态去获取顾客，中介机构的位置，也就是服务业公司应设置在什么地方，都是很重要的。银行、会计师事务所、法律顾问公司、餐厅、干洗店等服务业公司面临的位置决策，与销售实物产品的公司没什么两样。同时由于服务无法存储和运输，其生产、销售和消费很可能在同一空间完成，为使更多的目标市场顾客能获得满意的服务，在不可能进行大规模生产和销售的情况下，企业就必须要根据服务的具体特点，进行科学的网点决策，并要保证不同网点所提供的服务质量的统一。

4. 促销（promotion）

服务产品同样需要向市场推广。市场竞争越是激烈，就越是需要采取有力的推广措施。而当企业推出一种新型服务时，更需要通过宣传促使顾客理解、接受服务新品种。与有形产品的促销宣传一样，服务产品的促销宣传除了借助于广告、公共关系、营业推广及人员推销等手段外，特别强调口碑传播和服务承诺管理。

今天在网络服务竞争不断加剧的情况下，有些公司为吸引消费者，降低消费者使用新型服务的风险感，推出了在上网后一定时间内免费使用部分服务项目的促销措施，也有一些公司则对上网客户赠送一定的上网时间。这些措施与有形产品营销，如化妆品营销中的买一赠一，在性质上是完全相同的。但值得注意的是，由于服务是无形的，消费者要准确把握服务质量的优劣存在相当困难，有些服务在使用后仍无法对质量优劣做出出评价，因此，在消费决策过程中，其他消费者对某企业所提供的服务的“口碑”（WM，　Word of Mouth）往往起着十分关键的作用。在进行服务推广的过程中，出资进行广告宣传是必要的，但提供优质服务，建立良好的口碑显得更为重要。

在服务企业促销中另一种常用的宣传方式是服务承诺，也称服务保证。服务承诺，是指服务机构通过广告、人员推销和公共宣传等沟通方式向顾客预示服务质量或服务效果，并对服务质量或服务效果予以一定的保证，如旅馆的 24 小时热水供应、商店的包退包换等。为提升质量承诺的可信度与完善性，一些明智的服务组织又为此提供了一项附加性补偿承诺，即承诺在组织的服务质量达不到所承诺的标准与水平时，组织愿为此对顾客进行赔偿。服务承诺可以降低服务无形性所带来的感知风险，提升消费信心，为企业员工提供服务规范，但如何做出有意义的服务承诺则需要企业谨慎设计。

5. 人（people）

在服务产品提供的过程中，人（服务企业的员工）是一个不可或缺的因素。尽管有些服务产品是由机器设备来提供的，如自动售货服务、自动提款服务等，但零售企业和银行的员工在这些服务的提供过程中仍起着十分重要的作用。而对于那些要依靠员工直接提供的服务，如餐饮服务、医疗服务等来说，员工因素就显得更为重要。一方面，高素质、符合有关要求的员工的参与是服务提供的一个必不可少的条件；另一方面，员工服务的态度和水平也是决定顾客对企业所提供服务的满意程度的关键因素之一。一个高素质的员工能够弥补物质条件不足可能使消费者产生的缺憾感，而素质较差的员工则不仅不能充分发挥企业拥有的物质设施上的优势，还可能成为顾客拒绝再消费企业服务的主要缘由。考虑到人的因素在服务营销中的重要性，Christian Gronroos 提出，服务业的营销实际上由三个部分组成（图 11.2）。

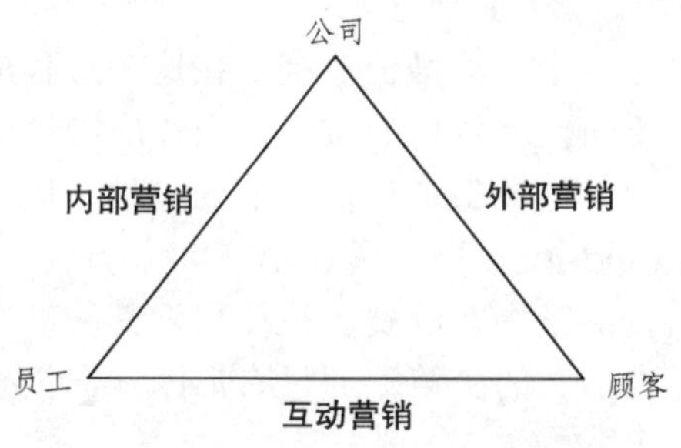

图 11.2　服务业三种类型的营销

其中，外部营销包括企业服务提供的准备、服务定价、促销、分销等内容；内部营销则指企业培训员工及为促使员工更好地向顾客提供服务所进行的其他各项工作；互动营销则主要强调员工向顾客提供服务的技能。图 11.2 中的模型清楚地显示了员工因素在服务营销中的重要地位。在服务营销组合中，处理好人的因素，就要求企业必须根据服务的特点和服务过程的需要，合理进行企业内部人力资源组合，合理调配好一线队伍和后勤工作人员。以一线员工为“顾客”，以向顾客提供一流的服务为目的，开展好企业内部营销工作。前已述及，顾客对企业服务质量评价的一个重要因素是一线员工的服务素质和能力，而要形成并保持一支素质一流、服务质量优异的一线员工队伍，企业管理部门就必须要做好员工的挑选和培训工作，同时要使企业内部的“二线”、“三线”队伍都围绕着为一线队伍的优质服务提供更好的条件这一中心展开。只有为一线员工创造了良好的服务环境，建立了员工对企业的忠诚，进而才能形成其为顾客服务的热诚，通过较高的服务质量赢得顾客对企业的忠诚。服务利润链（Service-Profit Chain，见图

11.3）对这一思路作出了很好的说明。

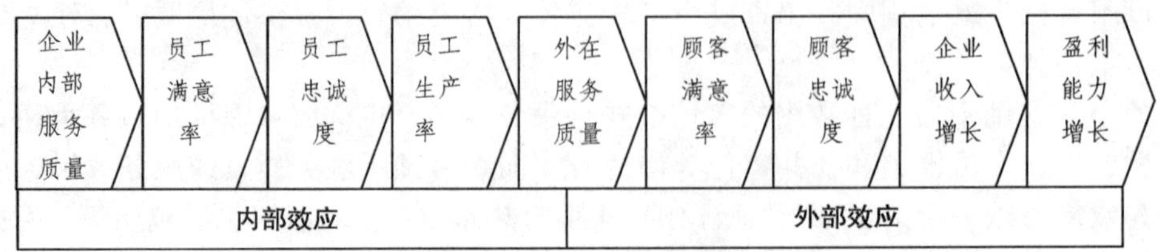

图 11.3 服务利润链

在营销过程中，服务的提供者不仅要明确拟向哪些目标顾客提供服务，提供哪些服务，而且要明确怎样提供目标顾客所需要的服务，也即合理设计服务提供的过程。服务提供过程的设计涉及以下几方面的问题：

第一，服务应当以怎样的次序、步骤提供？在什么时间、什么地点提供？应当以怎样的速度向顾客提供？

第二，在最终向目标顾客提供服务的过程中，本企业究竟担当什么职责？是由本企业来完成整个过程的工作，还是将部分工作发包给其他企业来完成？

第三，在服务提供过程中，服务提供人员与顾客之间如何进行接触？是由服务人员上门提供服务，还是吸引顾客前来购买服务？

第四，以怎样的方式提供服务？是根据各个顾客的要求提供个性化的服务，还是向大批顾客提供标准化的服务？

第五，如何评价并不断改进服务提供过程？如主要由顾客来评价，还是由管理人员评价？或是员工之间相互评价？

向顾客提供服务的过程也是一个价值增值过程。在这一过程中，不同部门都在程度不等地为最终更好地满足消费者的需要而作出各自的贡献。企业应围绕着以尽可能低的成本向顾客提供尽可能大的价值这一基本宗旨，优化整个价值增值的过程，确立自身在市场竞争中的优势。

6. 有形展示（physical evidence）

服务是无形的，在服务消费决策中，消费者往往根据其能够感知的有形因素的状况来判断无形服务的质量，从而做出是否消费的决策。通过有形因素向消费者展示无形服务的特点、层次等，即服务营销中的有形展示。

作为服务营销组合中的一项重要内容，有形展示起着十分重要的作用。第一，有形展示可以通过感官刺激，向消费者提供服务信息，让消费者感受到无形服务能够为其带来的利益，激发消费需求。第二，有形展示有助于引导消费者对服务质量的合理期望。消费者对企业服务不满的重要原因之一在于企业实际提供的服务不能满足顾客的期望。而消费期望不能得到很好地满足将会对企业利益产生不利影响。恰当的有形展示有助于使顾客建立对企业服务的恰当期望，降低实际服务利益低于其期望利益的可能性。第三，影响消费者对企业服务的印象。消费者对企业服务的印象建立在多种因素基础之上。服务消费的实际体验是决定其对服务印象的最重要的因素。但在决定消费者印象的若干因素中，由于有形展示是消费过程中首先接触的要素，它往往决定了消费者对企业及其所提供的无形服务的第一印象。

在服务营销中，有形展示具有十分重要的作用。企业必须通过对有形展示的管理，使消费者根据有形线索得出有利于服务推广的结论。对有形展示进行科学管理，关键在于合理地设计、组合各种有形要素。一切可向外界传达企业服务特色的有形要素，都构成服务营销中的有形展示。在营销过程中，能够为企业所控制、并会为消费者重视的有形线索主要包括三个方面。一是服务的物质环境，如服务场所的设计及其整洁程度、企业形象标志、服务设备的档次、服务人员的形象等。二是信息沟通，即沟通本企业与外界的所有宣传，如企业对外的广告宣传、外界对本企业服务质量和形象的评论等。三是价格。消费心理学表明，当消费者缺乏必要的专业知识来评价产品质量的优劣时，价格往往成为其判断质量优劣的重要指标，这也就是所谓的“按质论价心理”。在服务消费中，消费者也经常会面临着同样的问题。一方面，服务的无形性使其在实际消费服务前很难对服务的质量作出评价；另一方面，对于部分服务，甚至在消费之后仍难对质量作出准确的评价。在这些情况下，价格高低也就成为无形服务质量的可见性展示。科学进行服务的有形展示，要求企业能够根据目标市场需求的特点和本企业服务的特点，对上述各有形性因素进行合理的设计，并保证各种有形因素传达的信息的统一。

第三节　服务质量管理

一、服务质量概述

服务是服务营销学的基础，而服务质量则是服务营销的核心。无论是有形产品的生产企业还是服务业，服务质量都是企业在竞争中制胜的法宝。

服务质量是产品生产的服务或服务业满足规定或潜在要求（或需要）的特征和特性的总和。特性是用以区分不同类别的产品或服务的概念，如旅游有陶冶人的性情给人愉悦的特性，旅馆有给人提供休息、睡觉的特性。特征则是用以区分同类服务中不同规格、档次、品味的概念。服务质量最表层的内涵应包括服务的安全性、适用性、有效性和经济性等一般要求。

- 服务质量的内涵与有形产品质量的内涵有区别：
- 服务质量较有形产品的质量更难被消费者所评价；
- 顾客对服务质量的认识取决于他们预期同实际所感受到的服务水平的对比；
- 顾客对服务质量的评价不仅要考虑服务的结果，而且涉及服务的过程。

预期服务质量即顾客对服务企业所提供服务预期的满意度。感知服务质量则是顾客对服务企业提供的服务实际感知的水平。如果顾客对服务的感知水平符合或高于其预期水平，则顾客获得较高的满意度，从而认为企业具有较高的服务质量，反之，则会认为企业的服务质量较低。从这个角度看，服务质量是顾客的预期服务质量同其感知服务质量的比较。

预期服务质量是影响顾客对整体服务质量的感知的重要前提。如果预期质量过高，不切实际，则即使从某种客观意义上说他们所接受的服务水平是很高的，他们仍然会认为企业的服务质量较低。预期质量受四个因素的影响：即市场沟通、企业形象、顾客口碑和顾客需求。

（1）市场沟通包括广告、直接邮寄、公共关系以及促销活动等，直接为企业所控制。这些方面对预期服务质量的影响是显而易见的。例如，在广告活动中，一些企业过分夸大自己的产品及所提供的服务，导致顾客心存很高的预期质量，然而，当顾客一旦接触企业则发现其服务质量并不像宣传的那样，这样使顾客对其感知服务质量大打折扣。

（2）企业形象和顾客口碑只能间接地被企业控制，这些因素虽受许多外部条件的影响，但基本表现为与企业绩效的函数关系。

（3）顾客需求则是企业的不可控因素。顾客需求的千变万化及消费习惯、消费偏好的不同，决定了这一因素对预期服务质量的巨大影响。

二、服务质量的构成要素

服务质量既是服务本身的特性与特征的总和，也是消费者感知的反应，因而服务质量既由服务的技术质量、职能质量、形象质量和真实瞬间构成，也由感知质量与预期质量的差距所体现。

技术质量是指服务过程的产出，即顾客从服务过程中所得到的东西。例如宾馆为旅客休息提供的房间和床位，饭店为顾客提供的菜肴和饮料，航空公司为旅客提供的飞机、舱位等。对于技术质量，顾客容易感知，也便于评价。

职能质量是指服务推广的过程中顾客所感受到的服务人员在履行职责时的行为、态度、穿着、仪表等给顾客带来的利益和享受。职能质量完全取决于顾客的主观感受，难以进行客观的评价。技术质量与职能质量构成了感知服务质量的基本内容。

形象质量是指消费者企业在社会公众心目中形成的总体印象。它包括企业的整体形象和企业所在地区的形象两个层次。企业形象通过视觉识别、理念识别行为识别等系统多层次地体现。顾客可从企业的资源、组织结构、市场运作、企业行为方式等多个侧面认识企业形象。企业形象质量是顾客感知服务质量的过滤器。如果企业拥有良好的形象质量，些许的失误会赢得顾客的谅解；如果失误频繁发生，则必然会破坏企业形象；倘若企业形象不佳，则企业任何细微的失误都会给顾客造成很坏的印象。

真实瞬间则是服务过程中顾客与企业进行服务接触的过程。这个过程是一个特定的时间和地点，这是企业向顾客展示自己服务质量的时机。真实瞬间是服务质量展示的有限时机。一旦时机过去，服务交易结束，企业也就无法改变顾客对服务质量的感知；如果在这一瞬间服务质量出了问题也无法补救。真实瞬间是服务质量构成的特殊因素，这是有形产品质量所不包含的因素。

服务生产和传送过程应计划周密，执行有序，防止棘手的“真实的瞬间”出现。如果出现失控状况并任其发展，出现质量问题的危险性就会大大增加。一旦真实的瞬间失控，服务质量就会退回到一种原始状态。服务过程的职能质量更是深受其害，进一步恶化质量。

三、服务质量管理

在服务质量管理方面，美国的研究组合 PZB 进行了深入的研究。他们于 1985 年提出了差距模型，在这个模型中，他们将服务质量影响因素归纳为 10 类，以后又缩减为 5 类。在 10 要素的基础上，他们建立了 SERVQUAL 感知质量评价方法（1988）。

1. 服务质量差距模型

瓦拉瑞尔·A·泽斯曼尔在其所著《服务营销》的专著中提出了顾客感知服务质量差距模型。该模型以顾客差距为核心。中心思想在于想弥合期望服务与实际服务的差距。模型提出了五个需要缩小的差距：管理者认识的差距（差距 1）；质量标准差距（差距 2）；服务交易差距（差距 3）；营销沟通的差距（差距 4）；感知服务质量差距（差距 5），如图 11.4 所示。

首先，模型说明了服务质量是如何形成的。模型的上半部涉及与顾客有关的现象。期望的服务是顾客的实际经历、个人需求以及口碑沟通的函数。另外，也受到企业营销沟通活动的影响。实际经历的服务，在模型中称为感知的服务，它是一系列内部决策和内部活动的结果。在服务交易发生时，管理者对顾客期望的认识，对确定组织所遵循的服务质量标准起到指导作用。

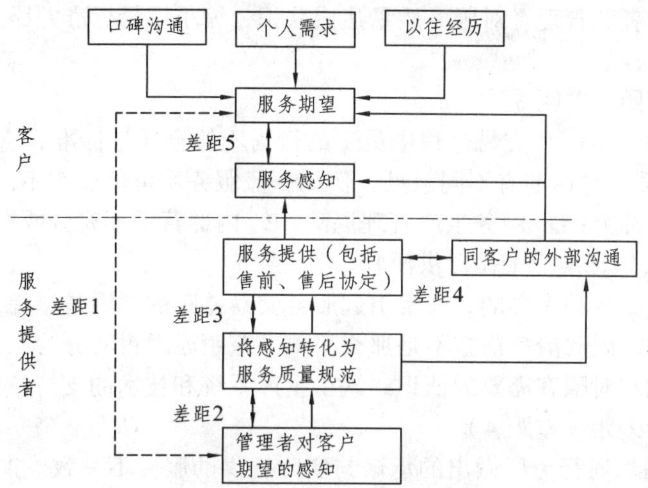

图 11.4　服务质量差距模型

当然，顾客亲身经历的服务交易和生产过程是作为一个与服务生产过程有关的质量因素，生产过程实施的技术措施是一个与服务生产的产出有关的质量因素。

分析和设计服务质量时，这个基本框架说明了必须考虑哪些步骤，然后查出问题的根源。要素之间有五种差异，也就是所谓的质量差距。质量差距是由质量管理前后不一致造成的。最主要的差距是期望服务和感知（实际经历）服务差距（差距 5），服务质量是服务质量差距的函数，测量企业内部存在的各种差距是有效地测量服务质量的手段，差距越大，顾客对企业的服务质量就越不满意，因此，差距分析可以作为复杂的服务过程控制的起点，为改善服务质量提供依据。因此，近 20 年来，服务质量差距研究便成了学者们关注的焦点。自从 PZB 等人提出五差距模型至今，该模型在酒店服务质量研究领域不断地被完善和扩展。这些扩展研究基本上都是围绕着顾客、各级管理者和一线员工三个层面、采用定性或定量两种研究方法展开的。五个差距以及它们造成的结果和产生的原因分述如下：

（1）管理者认识的差距（差距 1）。

这个差距指管理者对期望质量的感觉不明确。产生的原因有：A. 对市场研究和需求分析的信息不准确；B. 对期望的解释信息不准确；C. 没有需求分析；D. 从企业与顾客联系的层次向管理者传递的信息失真或丧失；E. 臃肿的组织层次阻碍或改变了在顾客联系中所产生的信息。

治疗措施各不相同。如果问题是由管理引起，显然不是改变管理，就是改变对服务竞争特点的认识。不过后者一般更合适一些。因为正常情况下没有竞争也就不会产生什么问题，但管理者一旦缺乏对服务竞争本质和需求的理解，则会导致严重的后果。

（2）质量标准差距（差距 2）。

这一差距指服务质量标准与管理者对质量期望的认识不一致。原因如下：A. 计划失误或计划过程不够充分；B. 计划管理混乱；C. 组织无明确目标；D. 服务质量的计划得不到最高管理层的支持。

第一个差距的大小决定计划的成功与否。但是，即使在顾客期望的信息充分和正确的情况下，质量标准的实施计划也会失败。出现这种情况的原因是，最高管理层没有保证服务质量的实现。质量没有被赋予最高优先权。治疗的措施自然是改变优先权的排列。今天，在服务竞争中，顾客感知的服务质量是成功的关键因素，因此在管理清单上把质量排在前列是非常必要的。

总之，服务生产者和管理者对服务质量达成共识，缩小质量标准差距，远要比任何严格的目标和计划过程重要得多。

（3）服务交易差距（差距3）。

这一差距指在服务生产和交易过程中员工的行为不符合质量标准，它是因为：A. 标准太复杂或太苛刻；B. 员工对标准有不同意见，例如一流服务质量可以有不同的行为；C. 标准与现有的企业文化发生冲突；D. 服务生产管理混乱；E、内部营销不充分或根本不开展内部营销；F. 技术和系统没有按照标准为工作提供便利。

可能出现的问题是多种多样的，通常引起服务交易差距的原因是错综复杂的，很少只有一个原因在单独起作用，因此治疗措施不是那么简单。差距原因粗略分为三类：管理和监督；职员对标准规则的认识和对顾客需要的认识；缺少生产系统和技术的支持。

（4）营销沟通的差距（差距4）。

这一差距指营销沟通行为所做出的承诺与实际提供的服务不一致。产生的原因是：A. 营销沟通计划与服务生产没统一；B. 传统的市场营销和服务生产之间缺乏协作；C. 营销沟通活动提出一些标准，但组织却不能按照这些标准完成工作；D. 有故意夸大其辞，承诺太多的倾向。

引起这一差距的原因可分为两类：

一是外部营销沟通的计划与执行没有和服务生产统一起来；

二是在广告等营销沟通过程中往往存在承诺过多的倾向。

在第一种情况下，治疗措施是建立一种使外部营销沟通活动的计划和执行与服务生产统一起来的制度。例如，至少每个重大活动应该与服务生产行为协调起来，达到两个目标：

第一，市场沟通中的承诺要更加准确和符合实际；

第二，外部营销活动中做出的承诺能够做到言出必行，避免夸夸其谈所产生的副作用。在第二种情况下，由于营销沟通存在滥用“最高级的毛病”，所以只能通过完善营销沟通的计划加以解决。治疗措施可能是更加完善的计划程序，不过管理上严密监督也很有帮助。

（5）感知服务质量差距（差距5）。

这一差距指感知或经历的服务与期望的服务不一样，它会导致以下后果：A. 消极的质量评价（劣质）和质量问题；B. 口碑不佳；C. 对公司形象的消极影响；D. 丧失业务。

第五个差距也有可能产生积极的结果，它可能导致相符的质量或过高的质量。感知服务差距产生的原因可能是本部分讨论的众多原因中的一个或者是它们的组合。当然，也有可能是其他未被提到的因素。

2. SERVQUAL 模型

SERVQUAL 理论是20世纪80年代末由美国市场营销学家帕拉休拉曼（A. Parasuraman）、来特汉毛尔（Zeithaml）和白瑞（Berry）依据全面质量管理（Total Quality Management，TQM）理论在服务行业中提出的一种新的服务质量评价体系，其理论核心是“服务质量差距模型”，即：服务质量取决于用户所感知的服务水平与用户所期望的服务水平之间的差别程度（因此又称为“期望－感知”模型），用户的期望是开展优质服务的先决条件，提供优质服务的关键就是要超过用户的期望值。其模型为：Servqual 分数＝实际感受分数－期望分数。

SERVQUAL 将服务质量分为五个层面：有形设施（Tangibles）、可靠性（Reliability）、响应性（Responsiveness）、保障性（Assurance）、情感投入（Empathy），每一层面又被细分为若干个问题，通过调查问卷的方式，让用户对每个问题的期望值、实际感受值及最低可接受值进行评分。并由其确立相关的 22 个具体因素来说明它。然后通过问卷调查、顾客打分和综合计算得出服务质量的分数。

近十年来，该模型已被管理者和学者广泛接受和采用。模型以差别理论为基础，即顾客对服务质量的期望，与顾客从服务组织实际得到的服务之间的差别。模型分别用五个尺度评价顾客所接受的不同服务的服务质量。研究表明，SERVQUAL 适合于测量信息系统服务质量，SERVQUAL 也是一个评价服务质量和用来决定提高服务质量行动的有效工具。SERVQUAL 模型衡量服务质量的五个尺度为；有形资产、可靠性、响应速度、信任和移情作用。

有形性：有形的设施、设备、人员和沟通材料的外表；如：设备完好率、工作人员的精神面貌，以及用以提供服务的其他工具和设备的完好情况。

可靠性：可靠地、准确地履行服务承诺的能力；如：企业提供服务的及时性和其承诺的履行情况。

响应性：帮助顾客并迅速提供服务的愿望；

保证性：员工所具有的知识、礼节以及表达出自信与可信的能力；

移情性：设身处地地为顾客着想和对顾客给予特别的关注

讨论与思考题

1. 在现代市场经济条件下，为什么要研究服务营销理论和方法？
2. 服务产品具有哪些特点？这些特点对服务营销过程提出了哪些特别的要求？
3. 服务市场细分的主要标准有哪些？
4. 为什么要加强服务质量管理？如何加强服务质量管理？

第十二章　市场营销的新领域

学习目的和要求：

1. 掌握直复营销的含义，了解直复营销的类型；
2. 掌握网络营销的内涵，了解网络营销的策略；
3. 理解绿色营销的内涵；
4. 掌握关系营销的内涵，了解如何实施关系营销；
5. 理解整合营销的内涵；
6. 掌握体验营销的内涵，了解体验营销的方式。

第一节　直复营销

一、什么是直复营销

1. 直复营销的概念

直复营销，源于英文词汇 Direct Marketing，即“直接回应的营销”。它是以赢利为目标，通过个性化的沟通媒介向目标市场成员发布发盘信息，以寻求对方直接回应（问询或订购）的社会和管理过程。

对直复营销的定义的供给并不缺乏，而其中最具权威性和被普遍接受的当属美国“直复营销协会”（即 Direct Marketing Association，简称 DMA，是一个贸易协会性组织）的定义。该协会将直复营销定义为：一种互动的营销系统，运用一种或多种广告媒介在任意地点产生可衡量的反应或交易。

2. 直复营销的特征

该定义揭示了直复营销的三个基本特征：互动性、可衡量性和空间上的广泛性。

（1）互动性。

直复营销是互动性的，营销者和顾客之间可以进行双向的沟通。营销者通过某个（或几个）特定的媒介（电视、目录、邮件、印刷媒介、广播、电话、互联网）向目标顾客或准顾客传递产品或服务信息，顾客通过邮件、电话、在线等方式对企业的发盘进行回应，订购企业发盘中提供的产品或服务，或者要求提供进一步的信息。

传统的大众营销方式只能提供单向信息沟通。传统大众营销通过在各种媒介做广告，向目标市场传递企业产品或服务方面的信息，视听群（读者或听者，又称为受众）并不对其作出立即反应，通常是在获得该产品或服务信息后，在以后的某个时间到相关的零售机构去购买。这样，在某个特定广告活动中，顾客与企业之间的信息沟通是单向的，即：由企业到目标市场成员。

直复营销的互动性给目标市场成员以回应的机会。同时，这种反映的信息又是企业规划后续直复营销项目的重要依据。

（2）可衡量性。

直复营销活动的效果更易于衡量。目标市场成员对企业直复营销活动项目的回应与否，都与每个目录邮件、每次直接反应电视广告、每次广播广告或每个直邮直接相关。可以说，直复营销活动的效果都是立竿见影的。

而且，直复营销者还可以借助于营销数据库，分析消费者个体或家庭的购买行为等方面的信息，进而得出顾客某方面商业特征的判断，以规划新的直复营销活动。数据库在直复营销活动中的地位是非常重要的，它可以说是所有直复营销活动的基础或前提。

（3）空间上的广泛性。

直复营销活动可以发生在任何地点。只要是直复营销者所选择的沟通媒介可以到达的地方，都可以开展直复营销。顾客不必亲临各种零售商店，也不用销售人员登门拜访，营销者与顾客间的联系可以通过邮件、电话、传真，或通过个人电脑在线沟通。而产品的传递一般可以通过邮递渠道。随着网络经济的发展，新的商品配送渠道也正在形成。

扩展阅读

IBM的服务转型之路

莱斯特·伟门（Lester Wunderman）被时代杂志列为20世纪中最重要的3位营销顾问之一。他是伟门营销顾问公司（Wunderman Cato Johnson）总裁、国际直销公司 WCJ 的创始人、扬雅广告公司 Young&Rubicam 董事会的资深顾问，同时也是日本电通伟门直复营销公司的董事。伟门先生早在1967年首先提出直复营销的概念。他认为人类社会开始的交易就是直接的，那种古典的一对一的销售（服务）方式是最符合并能最大限度地满足人们需要的方式，而工业革命所带来的大量生产和大量营销是不符合人性的、是不道德的。

由于长期以来对直复营销领域的重要贡献，他曾获颁奖项，并列名于美国直复营销协会的名人堂上。他一直是美国广告同业协会（4A）与美国广告评议会的理事。伟门的道根（Dogon）艺术收藏品是纽约大都会博物馆的永久馆藏的一部分。

二、直复营销与传统营销的区别

（1）直复营销更加强调和顾客间的良好关系，直复销售人员不是采取大众营销策略，而是要创造一个稳定、经常购买的消费者群，并使用具有人情味的营销手段，使顾客的品牌忠诚度增加，从而建立并维护公司与客户间的良好关系。

（2）直复营销具有独一无二的功能，就是将单一的产品转换成一种全面的服务和令人满意的一种享受。

（3）直复营销具有信息反馈的功能。顾客可以通过售后服务电话以及免费服务电话等，把自己的意见和相关的信息反馈到管理层上，从而使直复营销的效果把握在管理层手里，即时得到预测。

（4）直复营销使得市场的定义更加广泛，报纸、电视、收音机等所有的信息载体都可以是市场。

三、直复营销的主要形式

典型的直复营销主要有以下几种：电话营销，直邮营销，电视营销，报纸期刊等印刷媒介营销，数据库营销，网络营销等。在这几种媒介中，除了网络营销是近十几年才发展和兴起的，前 5 种媒介都是基本的直复营销媒介，而数据库营销则是几种基本直复营销媒介的组合使用。

1. 电话营销

电话是许多种消费品和企业类产品直复营销不可或缺的工具。随着信息技术的发展，电话已超越了其传统的功能。如今，一些发达国家的企业已经广泛运用各种通信硬件和软件、数据库技术、拨入和拨出、呼叫中心和自动拨号等新兴技术。电话营销也发展成为对电信和信息处理技术的综合运用，在优化公司营销组合中扮演着重要角色。

一个能够良好驾驭电话这种营销工具的企业，对电话营销都有一个系统的规划和操作性的计划、甚至流程，而不是随机的无计划的拨出或接入。而且，公司主动的电话拨出或对方的拨入都是有针对性的，通话的对方都是公司精心选择的目标市场成员，包括现实顾客或潜在顾客（准顾客）。公司运用电话营销，不仅可以实现与顾客的个性化互动，而且，还能够更好地满足顾客的需要，提高企业经济效益。因此，在众多成功的企业中，电话营销都被作为一个专业性很强的职能来管理。

实践中，电话营销通常被作为某个营销沟通计划中的一部分，很少作为唯一的媒介单独使用。换言之，电话营销通常是与其他媒介配合使用的。电话营销的一个主要优点是，公司可以运用它来建立并维持顾客关系，而且，公司不需要与顾客或准顾客见面，就可以实现他们之间互动性的个性化。

与发达国家相比，国内的企业在这方面确实存在着很大的差距。多数企业不重视电话营销的功能，究其原因，可以简单归结为以下两点：企业的市场导向仍然不强和国内的电信服务有待发展。

2. 直邮营销

直邮营销是通过向目标市场成员直接寄发载有公司产品或服务发盘的邮件进行信息沟通，目标市场成员通过寄回邮件或打订购电话进行购物。从广泛意义上说，直邮营销包括所有以邮寄发盘信息载体为手段寻求目标市场成员反应（订购或问询）的活动。具体地说，直邮主要包括单独的商品或服务发盘信息的小册子和同时包含众多商品的目录两种形式。

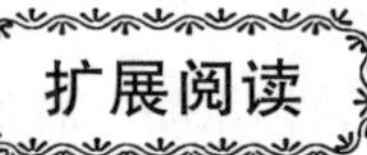

海客电影俱乐部 E-mall 营销

海客电影俱乐部 2003 年 8 月创立于北京，是寨克先生发起的，与 IT 业界著名的市场营销人马君海老师共同创办。俱乐部以电影为主体，以寻找快乐为宗旨，开办起来后一路健康温馨地发展至今，通过“线上网站+线下活动”运作模式，已快速发展成为目前拥有 1000 多位会员，吸引了一大批来自 IT、传媒、法律、财经、政府、咨询、文化等领域的电影爱好者，每次聚会都是宾朋满座，谈笑风生。每月一次固定的活动，AA 制付款的方式，没有多么豪华的场地，没有过于精美的食物，有的是他们乐在其中的有关电影的交流——他们都是爱电影的人，他们又都是企业里的中高管理层，相同的背景和共同的兴趣让他们有着很多共同的话题。

海客电影俱乐部致力于通过电影和相关精神原创品为中国新兴的中产阶级创建一个适合于他们的精神家园，让新朋友和老朋友相知相识，相互交流。

资料来源：中国管理成功网，http: //www.mba100.com.cn

3. 电视营销

直复营销人员利用电视这一媒体直接向顾客销售其产品或服务的营销形式。在直复营销中，电视正在成为一个日益重要的媒体。它既可以通过电视网，也可以通过闭路电视。电视营销是通过直接回应广告或通过设置专门的家庭购物频道来推销产品及服务的。由于电视媒介的高级影音效果及宽大的网络覆盖，图书的文字内容、包装设计、作者介绍、支付配送等信息尽可全方位地展示，可根据不同的频道选择电视受众，确定目标市场，进行电视图书直复营销。

4. 报纸、期刊等印刷媒介营销

通过报纸、期刊页面向媒介受众发布图书目录的信息，具有可信度高、案头寿命长、传播率高、目标客户针对性强等特点。

杂志是最古老的直接反应媒介之一。许多产品或服务的营销者利用杂志做直接反应广告。与杂志一样，报纸也是一种重要的直复营销媒介。在当今的新媒体（例如电视）没有出现 以前，报纸是占主导地位的大众媒介。随着人类沟通世界各种新技术的出现，报纸面临着越来越激烈的竞争，尤其是近年网络和有线电视的发展，使得报纸正在逐渐失去其历史上的主导传媒地位。而且，报纸出版商本身也在寻求新的传播渠道，纷纷将报纸搬上了互联网，发行所谓报纸的电子版。此外，在印刷媒介大类内部，由于杂志变得越来越具有精确的目标读者指向性和专业性，对报纸也构成了严重的挑战。

5. 数据库营销

数据库营销是一种交互式“营销方式”，它运用个性化营销媒体和渠道（如邮件、电话、销售队伍），建立个体顾客订购和询问方面的记录和数据库，来分析产品或服务，以更有效地满足顾客需要。

6. 网络营销

以电脑为载体，以互联网为媒介，向用户介绍上网商品并达到其销售目的的一种新型现代化的营销方式。在本章的后续部分还将详细介绍。

第二节　网络营销

当前，我们已经走入了以因特网为基础的网络经济时代。计算机网络的出现极大地改变了人们的生活方式，也对企业营销产生了巨大的影响。为了适应网络时代人们消费的新特点，世界各国企业都在研究如何开展新一代营销——网络营销。网络营销的出现对中国企业提出了前所未有的挑战，也提供了千载难逢的机会。因此，研究和探索中国企业如何开展网络营销已经成为理论界和企业界人士的共同课题。

一、网络营销概述

与许多新兴学科一样，“网络营销”同样也没有一个公认的、完善的定义。广义地说，凡是以互联网为主要手段进行的、为达到一定营销目标的营销活动，都可称之为网络营销（或叫网上营销），也就是说，网络营销贯穿于企业开展网上经营的整个过程，从信息发布、信息收集，到开展网上交易为主的电子商务阶段，网络营销一直都是一项重要内容。

为了理解网络营销的全貌，有必要为网络营销下一个比较合理的定义，从“营销”的角度出发，将网络营销定义为：

网络营销是企业整体营销战略的一个组成部分，是建立在互联网基础之上、借助于互联网特性来实现一定营销目标的一种营销手段。

二、网络营销的理论基础

网络营销仍属于市场营销理论的范畴，它在强化了传统市场营销理论的同时，也提出了一些不同于传统市场营销的新理论。

1. 网络整合营销理论

在传统市场营销策略中，由于技术手段和物质基础的限制，产品的价格、宣传和销售的渠道、商家（或厂家）所处的地理位置以及企业促销策略等就成了企业经营、市场分析和营销策略的关键性内容。美国密歇根州立大学的迈卡锡将这些内容归纳为市场营销策略中的4P组合，即：产品（Product）、价格（Price）、地点（Place）和促销（Promotion）。

传统的以 4P 理论为典型代表的营销理论的经济学基础是厂商理论，即利润最大化，所以 4P 理论的基本出发点是企业的利润，而没有把顾客的需求放到与企业的利润同等重要的位置上，它指导的营销决策是一条单向的链。而网络互动的特性使得顾客能够真正参与到整个营销过程中来，顾客不仅参与的主动性增强，而且选择的主动性也得到加强，在满足个性化消费需求的驱动之下，企业必须严格地执行以消费者需求为出发点、以满足消费者需求为归宿点的现代市场营销思想，否则顾客就会选择其他企业的产品。所以，网络营销首先要求把顾客整合到整个营销过程中来，从他们的需求出发开始整个营销过程。这样，要求企业同时考虑顾客需求和企业利润。

据此，以舒尔兹教授为首的一批营销学者从顾客需求的角度出发研究市场营销理论，提出了4C组合：

先不急于制定产品（Prodcut）策略，而以研究消费者的需求和欲望（Consumer wants and needs）为中心；

暂时把定价策略（Price）放到一边，而研究消费者为满足其需求所愿付出的成本（Cost）；

忘掉渠道策略（Place），着重考虑怎样给消费者提供方便（Convenience）以使其方便快捷地购买到所需的产品；

抛开促销策略（Promotion），着重于加强与消费者的沟通和交流（Communication）。

4P反映的是销售者关于能影响购买者的营销工具的观点。从购买者的观点来看，每一种营销工具都是为了传递顾客利益（即所谓的4C），也就是说企业关于4P的每一个决策都应该给顾客带来价值，否则这个决策即使能达到利润最大化的目的也没有任何用处，因为顾客在有很多商品选择余地的情况下，他不会选择对自己没有价值或价值很小的商品。但反过来讲，企业如果从 4P 对应的 4C 出发（而不是从利润最大化出发），在此前提下寻找能实现企业利益的最大化的营销决策，则可能同时达到利润最大和满足顾客需求两个目标。

所以，网络营销的理论模式应该是：营销过程的起点是消费者的需求；营销决策（4P）是在满足4C要求的前提下的企业利润最大化；最终实现的是消费者需求的满足和企业利润最大化。

2. 网络“软营销”理论

“强势营销”是工业化大规模生产时代的营销方式，传统营销中最能体现强势营销特征的是两种促销手段：传统广告和人员推销。这两种营销模式企图以一种信息灌输的方式在消费者心中留下深刻印象，而不管你是否需要和喜欢（或憎恶）它的产品和服务。在网络上这种以企业为主动方的强势营销（无论是有直接商业利润目的的推销行为还是没有直接商业目标的主动服务）是遭到唾弃并可能遭到报复的。网络营销必须遵循一定的规则，这就是“网络礼仪”。网络礼仪是网上一切行为都必须遵守的规则。网络营销也不例外，“软”营销的特征主要体现在“遵守网络礼仪的同时通过对网络礼仪的巧妙运用从而获得一种微妙的营销效果”。概括地说，软营销和强势营销的一个根本区别就在于：软营销的主动方是消费者而强势营销的主动方是企业。个性化消费需求的回归也使消费者在心理上要求自己成为主动方，而网络的互动特性又使他成为主动方真正有了可能。他们不欢迎不请自到的广告，但他们会在某种个性化需求的驱动下自己到网上寻找相关的信息、广告，此时的情况是企业在那儿静静地等待消费者的寻觅，一旦消费者找到你了，这时你就应该活跃起来，使出浑身解数把他留住，更美好的未来是永久的忠诚!

3. 网络直复营销理论

仅从销售的角度来看，网络营销是一种直复营销。直复营销中的“直”（其实是“直接”，Direct 的意思）是指不通过中间分销渠道而直接通过媒体连接企业和消费者，网络上销售产品时，顾客网络直接向企业下订单并付款；直复营销中的“复”（其实是“回复”，Response 的缩写）是指企业与顾客之间的交互，顾客对企业有一个明确的回复（买还是不买），企业可统计到这种回复的数据，由此可对以往的营销效果做出评价。网络最大的特点就是企业和顾客的交互，不仅可以获得订单的交互，还可获得顾客的其他数据甚至建议。所以，仅从网上销售这一点来讲，网络营销是一类典型的直复营销。

三、网络营销策略分析

1. 网站策略

（1）域名管理。

域名的英文为 Domain Name，是互联网上一个企业或机构的名字，是互联网上企事业间相互联系的地址。就像我们门牌号码一样。域名在互联网上是唯一的，某个域名一经注册，其他任何机构就不能再注册。因此，域名具有很高的商业价值。例如，世界快餐业巨头麦当劳的域名是以 800 万美元的代价从一位美国新闻记者手中赎回的。1994 年，一个叫 J·奎特纳的记者在一次上网时，在浏览器地址栏输入 www.mcdonalds.com，浏览器一片空白，他到国际互联网管理中心 InterNIC 查询，发现该域名还没有注册，他将这一发现主动告诉了麦当劳公司的有关部门，但没有回音，于是他自己注册了这个域名，建立了他的个人站点。后来，麦当劳准备建立自己的网站申请域名时，发现这个名称已经有人注册。经过协商，在麦当劳答应捐助 800 万美元给一所大学之后，J·奎特纳将才将域名还给了这家快餐业巨头。这个例子充分说明了域名的商业价值所在。

① 域名的取名方法。

一个好的域名，应该便于输入、容易记忆，同时还应有一定的意义，符合公司的营销目标。具体而言，有以下几方面可供考虑。

A. 采用公司名的简写。如国际著名的 IBM 公司就是国际商业机器公司（international business machine）的简写，而其域名即为 www.ibm.com，既简洁又有意义，是一个十分好记的域名。

B. 选择与公司业务相关的词语。有时候这种方法更有利于网上业务的开展，Best Diamond value 公司是一家在线宝石零售商，它选择 jeweler.com 作为网站域名，jeweler 是珠宝商的意思，这个域名的好处是显而易见的。

C. 使用与网络相关的前缀或后缀。常用的前缀有 e、i、net，后缀有 net、line 等。例如，自贡电信 www.zg163. net、深圳在线 www.szonline.net.cn 等。

D. 多个域名。由于域名的有限性和申请者广泛，在网络上极易出现类似的域名。因此一般企业要申请多个域名以保护自己的网站，如微软公司就申请了 www.microsoft.com 和 home.microsoft.com 等。

② 域名的申请。

我国的域名注册由中国互联网络信息中心（CNNIC）负责，用户可通过代理向 CNNIC 申请注册三级域名。申请地址为：www.cnnic.net.cn

三级域名命名规则：三级域名用字母（大小写等价）、数字和连接符（-）组成，各级域名之间用实点（.）连接，长度不得超过 20 个字符。

三级以下（含三级）域名命名的限制原则：未经国家有关部门（部级部门）的正式批准，不得使用含有“china”、“ Chinese”、“ cn”、“ national” 等字样的域名；不得使用公众知晓的其他国家或地区名称、外国地名、国际组织名称；未经各地地方政府批准，不得使用县级以上（含县级）行政区划名城的全称或缩写。经国家有关部门（指部级以上部门）正式批准和相关县级以上（含县级）人民政府正式批准是指，相关机构要出具书面文件，表示同意 XXX 单位注册 XXXX 域名。如要申请 beijing.com.cn 域名，则要提供北京市人民政府的批文；不得使用行业名称或商品的通用名称；不得使用他人已在中国注册国的企业名称或者商标名称；不得使用对国家、社会或者公共利益又损害的名称。

（2）网上商务站点建设。

① 网络营销站点的类型。

A. 信息手册型站点：一般只提供公司情况、公司产品、公司服务等静态信息。一般为公司最初上网使用。

B. 娱乐驱动型站点：通过提供网上游戏、趣闻轶事、幽默细说等公司喜爱的娱乐型服务，来吸引更多的消费者光顾的网站，以达到扩大和加深在线品牌影响面的目的。如索尼公司网站的营销战略是：一手硬（产品设备）、一手软（影视娱乐）。

C. 在线销售型站点：一个电子版的网上商场或商店。

D. 销售服务型站点：能给访问者提供交互性信息服务的站点。如联邦快递的站点，向用户提供包裹运输服务和包裹跟踪查寻功能。

② 网上商务站点建设方式。

A. 自建网站：由企业自己申请通信线路、IP 地址、域名、购买设备等，自己进行网页的设计和制作，自己维护和内容更新。这种方式，企业可以完全掌握网站的管理，但投入大，适用于较强实力的企业以及专业网络公司。

B. 服务器托管：用户将自己的 Web 服务器托付给 ISP，并通过专线连接到 Internet，由 ISP 代为管理和维护。这种方式，可根据需要配置服务器，又可利用 ISP 的通信线路，节约费用，适合中小型企业。

C. 虚拟主机：采用特殊的软硬件技术，把一台计算机主机分成不同的“虚拟”的主机，每台虚拟主机具有完整的 Internet 服务器功能。这种方式，经济适用，但管理复杂，适合技术力量不强的中小企业。

D. 子域发布：没有自己的服务器，也没有独立域名，只是利用受托企业的主机上一定的空间，以此发布信息。适用于小信息企业、中小企业及个人信息的发布。

2. 网络营销产品策略

适合于网络营销的产品，按其形态不同可以分为三大类：实体商品、虚体商品和在线服务。见表 12.1。

表 12.1　网络营销商品分类

商品形态	营销方式	销售品种
实体商品	在线浏览	日用品、工业品、农产品
	购物选择	
	送货上门	
虚拟商品	资讯	检索、新闻、电子杂志等
	软件	电子游戏、软件等
在线服务	情报服务	股市行情、金融咨询、法律援助等
	互动服务	网络交友、远程教育、在线游戏等
	网络定购	在线订票、旅游预约、预约挂号等

（1）实体商品选择。

在网络上销售实体商品的过程与传统的购物方式有所不同。电子邮件或网上实时交互系统成为买卖双方交流的主要形式。顾客通过企业的主页或网上商城了解有关商品，通过填写表格进行商品品种、质量、价格、数量的选择：企业将顾客购买的商品通过配送部门送给客户。

从理论上说任何商品都可以通过网上进行交易，但在现实生活中，仍有许多商品并不适合网络销售，如难以通过文字来描述手感的衣料，一些诸如黄金首饰等贵重物品等。

图书是一种非常适合于网络营销的商品，此外还有音像制品、家用电子产品、玩具、计算机软硬件等。这就需要网络营销人员认真研究网络市场，调查用户，根据实际情况做出合理的判断。

（2）虚体商品的选择。

虚体商品指的是资讯的提供和软件的销售，虽然这部分商品是无形的，但它们在网上占有极为重要的地位。

数字化的资讯与媒体商品，如电子报纸、电子杂志非常适合通过互联网进行销售，因为互联网本身即具有传输多媒体资讯的能力。网络信息的传播具有极大优势，从国内外众多报纸杂志纷纷提供网络版的趋势看，数据化资讯将会成为未来出版的主流。

计算机软件通过普通渠道销售，首先需要存到磁盘或光盘上，然后加以包装，再通过批发商、零售商到达顾客手中，这个过程使得软件成本大幅度增加，如直接通过网络下载，可以省去许多中间环节，而且快速、方便。

由于用户对软件的使用性能一时难以把握，所在在线网络软件销售商常常提供一段时间的试用期，允许用户试用并提出意见，从而达到营销的目的。

（3）在线服务的选择。

可以通过互联网提供的在线服务种类很多，大致可分为三类：一是情报服务，如股市行情、金融信息等；二是互动式服务，如网络交友、在线游戏等；三是预约服务，如预订机票等。

以旅游服务为例，实现这种服务需要具备三个条件：人们对旅游景点的了解，人们对饮食居住条件的了解，以及人们对价格的认可。传统的旅游促销措施大部分是通过报刊广告形式进行的，这种形式很难完全满足上述三个要求。电视广告具有声像兼顾的特点，但由于价格昂贵，旅游商也较少问津。利用互联网进行旅游促销，则可以完全克服其他广告形式的缺陷。一方面，网络多媒体可以提供生动的图文和声音；另一方面，网上报价又可以为客户提供多种选择。在线的信息服务在极大方便了顾客的同时，也为旅行社提供了准确的旅游人数，便于组织安排。

3. 网络营销价格策略

（1）低价定价方法。

通过互联网进行营销活动比使用传统营销手段的费用更加低廉，因此网上销售商品价格一般来说比较低。由于网上信息是公开和易于搜索比较的，因此网上交易商品价格信息对消费者的购买起重要作用。

低价定价方法大多采用成本加成的方法，即成本加一定比例的利润，有的甚至是零利润来定价，这种定价一般比同类产品定价低。

另一种低价定价的方法是采用折扣的方式来进行，它是在原价基础上进行折扣来定价的。这种定价方法可以让顾客了解产品的降价幅度以促进其购买。大部分网站的图书都有折扣。

如果企业为拓展网上市场，但产品价格又不具有竞争优势时，则可以采用网上促销定价方式。有些企业为打开网上销售市场和推广新产品而采用临时促销定价方法，比较常用的是有奖销售和赠品销售等。

在采用低价定价方法时要注意以下几点：一是在网上不宜销售一些价格较高的名贵产品，因为一般消费者不会只通过网络就轻易决定购买一些贵重产品；二是要区分销售对象，是零售商、批发商还是一般消费者，针对不同的销售对象，分别提供不同的价格信息；三是要注意比较其他网站公布的同类商品价格，因为消费者很容易找到最便宜的同类商品。

（2）免费定价方法。

免费定价方法就是企业将产品或服务以零价格形式提供给顾客，满足顾客的需求。免费定价方法是网络营销中常用的策略，它主要用于促销和推广产品，这种方法一般是临时性的。许多公司凭借免费定价方法取得成功。免费价格形式主要有以下几种：一是完全免费，产品或服务从购买、使用到售后服务所有环节都实行免费服务，如目前许多网站提供的免费电子邮箱服务，又如网易的电子杂志可以在网上免费订阅；二是免费试用，如学易网的课程可以免费试学一部分内容，付款后可继续学习；三是免费赠送，即对客户购买某种产品或服务时免费赠送其他产品或服务，如国内一些 ISP 为了吸引用户，推出了免费赠送上网账号等措施。

企业在网络营销中采用免费定价方法的一个目的是让客户免费使用，习惯后再行收费，这是一种促销手段，如一些软件公司提供的软件就采用这种方法；另一个目的是快速占领市场，然后通过提高市场占有率获取收益，如著名的雅虎公司通过建立免费使用的门户站点，经过几年亏损经营后通过广告收入等间接收益扭亏为盈，在免费期间公司很好地占领了市场，并在市场竞争中取得了优势。

一般来说，免费产品或服务具有下列特征：一是易于数字化，数字化的产品或服务可通过互联网传输，服务提供方成本十分低廉，用户通过互联网自由下载使用，企业通过较小成本就能实现产品推广，节省大量推广费用。这样的产品一般是一些无形产品，如软件、信息服务、音乐制品、图书等。二是间接收益性，采用免费价格产品或服务一般具有间接收益的特点，即企业可以通过其他途径获取收益。如搜狐通过免费搜索引擎服务吸引用户注意力，另一方面通过发布网络广告获取间接收益，这种方式也是目前大多数提供信息服务网站的主要商业运作模式。

（3）拍卖竞价方法。

网上拍卖竞价即顾客通过互联网轮流公开竞价，在规定时间内出价高者赢得。如国外比较有名的拍卖站点 www.ebay.com，它允许商品公开在网上拍卖，拍卖竞价者只需在网上登记即可，拍卖方只需将拍卖品的相关信息交给 eBay 公司，经公司审查合格后即可上网拍卖。随着互联网市场的发展，将有更多的产品通过互联网竞价拍卖。目前针对的购买群体主要是个人用户，企业可将一些库存积压产品进行竞价拍卖，也可将一些新产品通过竞价拍卖起到促销效果。

（4）定制定价方法。

按照顾客需求定制生产是网络时代满足顾客个性化需求的基本形式。定制定价是根据顾客定制的产品或服务进行定价。由于顾客的个性化需求差异性很大，加之需求量又少，因此企业实行定制生产必须从管理、供应、生产和配送等各个环节上都适应这种需求。如某位消费者需求一种三角形的海尔冰箱，海尔公司就可根据消费者这一要求特殊定制。

4. 网络营销渠道策略

网络营销渠道和传统营销渠道一样也可根据有无中间商分为直接渠道和间接渠道，但其结构要简单得多。网络直接渠道和传统的直接渠道一致，都是零级分销渠道；对于间接渠道来说，电子商务的网络营销中仅有一级分销渠道，即只存在一个信息中介商沟通买卖双方的信息，而不存在多个批发商和零售商的情况，因而也就不存在多级分销渠道。

（1）网络直销。

网络直销是指生产企业通过互联网直接销售产品。目前常见的做法有两种：一种是企业在互联网上建立自己的商务站点，制作主页和商品销售网页，由有关人员专门处理产品的销售事务。另一种做法是企业在网络信息服务提供商网站发布信息，企业利用有关信息与客户联系，直接销售产品，虽然这一过程中有网络信息服务提供商的参与，但主要的销售活动仍然在买卖双方之间完成。

与传统的营销渠道相比，网上直销有更多的竞争优势。

① 利用互联网的交互特性，网上直销从过去单向信息沟通变成双向直接信息沟通，增强了生产者与消费者的联系。一方面，企业可以在互联网上直接发布有关产品价格、性能、使用方法等信息；另一方面，消费者也可以直接通过互联网访问企业网站，了解产品信息及各项服务。

② 网上直销可以为客户提供更加便捷的服务。一是顾客可以直接在网上订货和在线进行货款支付。二是生产者可以通过网络渠道为顾客提供售后服务和技术支持，特别是对于一些技术性比较强的行业提供远程网上技术支持和培训服务是非常必要的。

③ 网络渠道减少了传统渠道中的流通环节，有效地降低了成本。通过网上直接营销渠道，生产者可以根据客户的订单按需生产，实现零库存管理。同时网上直销还可以减少推销费用，最大限度地控制营销费用，降低物流运转成本。

然而，网上直销也有其自身的缺点。由于越来越多的企业在互联网上建立站点，往往会使用户处于无所适从的境地。面对大量分散的企业站点，访问者很难有耐心去浏览制作一般的企业主页，特别是一些不太知名的中小企业的网站。据中国互联网信息中心（CNNIC）的调查结果显示，除个别行业和部分特殊企业外，大部分网站访问者都很少，营销效果不佳。要解决这个问题，必须从两方面着手：一是建立具有高水平的专门服务于商务活动的网络信息服务站点；另一方面则需从网络间接渠道中寻找市场。

（2）网络间接渠道。

网络间接营销渠道是指在生产者和消费者之间有网络交易中间商的参与，中间商成为连接买卖双方的枢纽，如果中国商品交易中心就属于这类机构。

（3）网络营销渠道选择——双道法。

双道法是指企业同时使用网络直接销售和间接销售渠道两种方式，以达到销售量最大的目的。

企业在互联网上建立站点就建立了自己的直销渠道，企业的网页和一些信息服务商的网站建立链接，其宣传效果会更好，比如说和外经贸部的网站链接，信息很快可以传播到全世界。

这种优势是任何传统广告都无法比拟的。对于中小企业而言，建立网上商务站点就更有优势，在互联网上所有的企业都是平等的。只要网页制作精美，有特色，且信息经常更新，一定能吸引一些客户。

企业在网络营销活动中，除了建立自己的商务站点外，还可以积极利用网络间接渠道销售自己的产品，通过网络交易中间商的信息服务、广告服务和交易服务，可以扩大企业影响，开拓企业产品的销售空间，降低销售成本。

【案例分析】

Dell 计算机公司的网络营销

Dell 计算机公司是世界上最成功的网络直销的计算机公司，这个公司于 1984 年由企业家 Mickel Dell 创立，他是目前计算机业内任期最长的首席执行官。他的理念非常简单：按照客户要求制造计算机，并向客户直接发货，使 Dell 公司能够更有效和明确地了解客户需求，继而迅速地做出回应。

正是这种大胆的直接与客户接触的网络营销观念使得 Dell 公司成为 20 世纪 90 年代最成功的公司之一。这种革命性的举措和独到的先见之明已经使 Dell 公司成为全球领先的计算机系统直销商，跻身业内主要制造商之列。Dell 公司的网址每周被顾客访问的次数超过 80 万次，De11 公司因此每天获得平均收入超过 4000 万美元。而 1997 年，这一数字只有 100 万美元。今天，在美国，Dell 公司是商业用户、政府部门、教育机构和消费者市场名列第一的主要个人计算机供应商。

Dell 公司的网络业务小组约一个主要目标就是创建一个在访问量增加时可以很容易伸缩容量的站点。对于网站内容管理和部署，Dell 公司认为，这是一个网站生存的关键。除了产品的介绍，还必须重视有关新闻和公司状态的报道。在 Dell 公司的网站上，我们可以很方便地找到近三年来 Dell 公司的各项活动和有关公司发展的重大财务事项。

今天，Dell 公司利用因特网进一步推广其直线订购模式，再次处于业内领先地位。以 Dell Power Edge 服务器运作的 www.dell.com 网址包括 80 个国家的站点，目前每季度有超过 3500 万人浏览。客户可以评估多种配置，即时获取报价，得到技术支持，订购一个或多个系统。

问题：试用 Dell 公司的成功案例说明网络营销的关键。

第三节　绿色营销

一、绿色营销的内涵

绿色是三原色之一，红、绿、蓝相互结合，可以显现出万紫千红的缤纷色彩。绿色是生命的原色，约在一万年前，人类为了生存，开始栽培植物，从此绿色象征着生命、健康和活力，绿色也代表着人类生活环境的本色，是春天的颜色、常青永恒的标志，是对未来美好的向往与追求。绿色还意味着和谐的生态环境，沉静恬适的精神境界，民族与事业的蓬勃发展。哪里有绿色，哪里就有生命。在这里，“绿色”是一个特定的形象用语，既不能简单地认为“绿色植物农产品”，又不能将绿色理解为“纯天然”、“回归自然”的代名词，它泛指保护地球生态环境的活动、行为、计划、思想和观念等。

关于绿色营销，广义的解释，指企业营销活动中体现的社会价值观、伦理道德观，充分考虑社会效益，既自觉维护自然生态平衡，更自觉抵制各种有害营销。因此，广义的绿色营销，也称伦理营销。狭义的绿色营销，主要指企业在营销活动中，谋求消费者利益、企业利益与环境利益的协调，既要充分满足消费者的需求，实现企业利润目标，也要充分注意自然生态平衡。实施绿色营销的企业，对产品的创意、设计和生产，以及定价与促销的策划和实施，都要以保护生态环境为前提，力求减少和避免环境污染，保护和节约自然资源，维护人类社会的长远利益，实现经济与市场可持续发展。因此，狭义的绿色营销，也称生态营销或环境营销。

二、绿色营销与传统营销的差异

为了更好 f 理解绿色营销的内涵，我们可以将绿色营销与传统的营销加以比较。绿色营销与传统营销相比，体现在几个方面：

1. 营销观念的升华

经过近一个世纪的探索和发展，企业的营销观念已从以产品为导向发展到以人类社会的可持续发展为导向，并在此基础上提出了绿色营销观。与传统的营销观念相比较，绿色营销观是在 20 世纪 50 年代由产品导向转向顾客导向的、具有根本性变革的基础上的又一次升华。绿色营销观与传统营销观的差异主要表现在以下几个方面：

（1）绿色营销观是以人类社会的可持续发展为导向的营销观。

20 世纪 90 年代以后，由于生态环境的变化，自然资源的短缺，严重影响人类的生存与发展，世界各国开始重视生态环境的保护，企业界则以保护地球生态环境、保证人类社会的可持续发展为宗旨提出了绿色营销。

绿色营销观念认为，企业在营销活动中，要顺应可持续发展战略的要求，注重地球生态环境保护，促进经济与生态协调发展，以实现企业利益、消费者利益、社会利益及生态环境利益的统一。首先，企业在营销中，要以可持续发展为目标，注重经济与生态的协同发展，注重可再生资源的开发利用、减少资源浪费、防止环境污染。其次，绿色营销强调消费者利益、企业利益、社会利益和生态环境利益等四者利益的统一，在传统的社会营销观念强调消费者利益、企业利益与社会利益三者有机结合的基础上，进一步强调生态环境利益，将生态环境利益的保证看做是前三者利益持久地得以保证的关键所在。

（2）绿色营销观念更注重社会效益。

企业作为社会的一个组成部分，不仅要注重企业的经济效益，而且要注重整个社会的经济效益和社会效益。绿色营销观要求企业注重以社会效益为中心，以全社会的长远利益为重点，要求企业在营销中不仅要考虑消费者欲望和需求的满足，而且要符合消费者和全社会的最大长远利益，变“以消费者为中心”为“以社会为中心”。企业一方面要搞好市场研究，不仅要调查了解市场的现实需求和潜在需求，而且要了解市场需求的满足情况，以避免重复引进、重复生产带来的社会资源的浪费；另一方面，要注意企业和竞争对手的优劣势分析，以扬长避短、发挥自身的优势，来提高营销的效果，增加全社会的积累。同时，企业要注重选择和发展有益于社会和人民身心健康的业务，放弃那些高能耗、高污染、有损人民身心健康的业务，为促进社会的发展、造福子孙后代做出贡献。

（3）绿色营销观念更注重企业的社会责任和社会道德。

绿色营销观要求企业在营销中不仅要考虑消费者利益和企业自身的利益，而且要考虑社会利益和环境利益，将四者利益结合起来，遵循社会的道德规范，实现企业的社会责任。

① 注重企业的经济责任。实施绿色营销的企业通过合理安排企业资源，有效利用社会资源和能源，争取以低能耗、低污染、低投入取得符合社会需要的高产出、高效益，在提高企业利润的同时，提高全社会的总体经济效益。

② 注重企业的社会责任。企业通过绿色营销的实施，保护地球生态环境，以保证人类社

会的可持续发展；通过绿色产品的销售和宣传，在满足消费者绿色消费需求的同时，促进全社会的绿色文明的发展。

③ 注重企业的法律责任。企业实施绿色营销，必须自觉地以目标市场所在地所制定的、包括环境保护在内的有关法律和法规为约束，规范自身的营销行为。

④ 遵循社会的道德规范。企业实施绿色营销，必须注重社会公德，杜绝以牺牲环境利益（如对能源的无遏制的使用、对生态环境的污染等）来取得企业的经济利益。

2. 经营目标的差异

传统营销，无论是以产品为导向、还是以顾客为导向，企业经营都是以取得利润作为最终目标。传统营销主要考虑的是企业利益，往往忽视了全社会的整体利益和长远利益。其研究焦点是由企业、顾客与竞争者构成的“魔术三角”，通过协调三者间的关系来获取利润。传统营销不注意资源的有价性，将生态需要置于人类需求体系之外，视之为可有可无，往往不惜以破坏生态环境利益来获得企业的最大利润。

绿色营销的目标是使经济发展目标同生态发展和社会发展的目标相协调，促进总体可持续发展战略目标的实现。绿色营销不仅考虑企业自身利益，还应考虑全社会的利益。

企业实施绿色营销，往往从产品的设计到材料的选择、包装材料和方式的采用、运输仓储方式的选用，直至产品消费和废弃物的处理等整个过程中，都时刻考虑到对环境的影响，做到节约资源、安全、卫生、无公害，以维护全社会的整体利益和长远利益。

3. 经营手段的差异

传统营销通过产品、价格、渠道、促销的有机组合来实现自己的营销目标。绿色营销强调营销组合中的“绿色”因素；注重绿色消费需求的调查与引导，注重在生产、消费及废弃物回收过程中降低公害、符合绿色标志的绿色产品的开发和经营，并在定价、渠道选择、促销、服务、企业形象树立等营销全过程中都要考虑以保护生态环境为主要内容的绿色因素。

此外，从影响营销的环境因素来比较，传统营销受到人口环境、经济环境、自然环境、技术环境、政治环境、文化环境的制约，而绿色营销除受到以上因素的制约外，还受到环境资源政策及环境资源保护法规的约束。

三、我国实施绿色营销的策略

1. 树立绿色营销观念

绿色营销必须在绿色营销观念的指导下进行。所谓绿色营销观念，就是环境保护意识与市场营销观念相结合所形成的新观念。不仅是营销部门，整个企业都应以绿色营销观念为指导思想，从战略制定到具体实施过程中部应始终贯彻一种绿色理念。

2. 制定绿色营销战略计划，树立良好的绿色企业形象

企业为了适应全球可持续发展战略的要求，实现绿色营销的战略目标，求得自身的持续发展，就必须使自己向着绿色企业方向发展。为达到此目的，企业必须制定相应的战略计划。例如，在生产经营活动之前，制订一个全盘的总的计划 ——绿色营销战略计划，包括清洁生产计划、绿色产品开发计划、环保投资计划、绿色教育计划、绿色营销计划等。

3. 开发绿色产品

绿色产品的开发是企业实施绿色营销的支撑点。开发绿色产品要从设计开始，包括材料的选择，产品结构、功能、制造过程的确定，包装与运输方式，产品的使用至产品废弃物的回收处理等，这些都要考虑对生态环境的影响。

4. 使用清洁技术生产

清洁技术指可减少或防止产生污染或不产生废弃物的技术。例如，可重复使用的产品——充电电池，可减少污染的产品——无氟冰箱，减少对人体健康有不利影响的产品——绿色电脑。

5. 绿色包装

绿色包装是指符合环保要求的包装。绿色包装首先要求用料要节约资源，力求减少废弃物量，用后易于回收、重复使用或再生为其他有用之才。其次是焚烧时可回收热能，不会产生毒害性气体，填埋时少占用土地并能自然降解。

实现绿色包装可通过如下几个途径。

① 简化包装，节约材料，既降低了成本，又减轻了环境污染，更主要的是树立了企业的良好形象，拉近了同消费者的距离。

② 包装重复使用或回收再生，如在日本兴起了多功能包装，这种包装用过之后，可以制成展销陈列架、储存柜等，实现了包装的再利用。

③ 开发可分解、降解的包装材料，目前已开发研制出多种可降解塑料。如有的塑料包装品能够在被弃埋入土壤后，成为土壤中微生物的食物，在很短时间内化为腐殖质。

6. 制定绿色价格

在制定绿色产品的价格时，首先要树立“污染者付费”、“环境有偿使用”的新观念，把企业用于环保方面的支出计入成本，从而成为价格构成的一部分。其次，注意绿色产品在消费者心目中的形象，利用人们的求新、求异、崇尚自然的心理，采用消费者心目中的“觉察价值”来定价，从而提高效益。

7. 绿色促销

运用绿色广告可以迎合现代消费者的绿色消费心理，对绿色产品的宣传容易引起消费者的共鸣，从而达到促销的目的；绿色攻关活动是树立企业及产品绿色形象的重要传播途径；通过免费试用样品、竞赛、赠送礼品、产品保证等形式来鼓励消费者试用新的绿色产品，使消费者认知并购买企业的绿色产品或服务，是绿色推广成功的关键。

扩展阅读

“环保运动”引发“绿色营销”

许多行业的生产商都在对环境保护问题做出反应。例如，3M公司实行的“预防污染有奖”的计划带来了污染和成本的大量减少；麦道公司在阿尔伯特新建一座聚乙烯厂少用了40%的能源，少排放了97%的废水；赫曼·米勒是一家大型办公家具生产厂，它在家具行业率先使用来自可靠地方的热带木材，此举掀起了一股潮流（不仅如此，它进而拒绝包装，重新使用可溶解的涂料，焚烧废布和木屑作为工厂的能量来源，这些措施不仅对环境有益，还使得赫曼·米勒每年节约能源和垃圾掩埋成本750000美元）。

连零售商也在赶“绿色”浪头。例如，沃尔玛向它的几千个供应商施加压力，要求他们提供更多的再生产品。在商店里，沃尔玛利用录像对顾客进行废物处理的教育，它还在全国的零售店停车场里安置了900多个垃圾箱。它甚至还开办了“生态友好”商店。在这些商店里，空调系统用的是不损耗臭氧的制冷剂，停车场、屋顶的雨水被收集起来浇灌草坪，受光电传感器调节的荧光照明得到自然光补充，而路标是太阳能的。

资料来源：菲利普·科特勒，2002年09月30日 10：17 新浪财经

第四节 关系营销

一、关系与关系营销

关系是一种很重要的资源，对于我们每一个人来说就像鱼儿离不开水一样重要。每个人无论处于哪个行业、从事什么工作、处于什么地位，都不能避免同他的周边事物保持一定的联系，这种联系我们就称之为关系。这种关系几乎涵盖我们生活中的每一个方面；很难想象一个没有关系的世界。

在市场营销中，有识之士也越来越认识到关系这种资源的重要性。企业在生产经营中和各种各样的要素保持着一定的关系。也就是说，在市场中的营销活动应该是一个整体。每一个企业都应该在市场营销中有意识地注重从整体的角度来对“关系”进行全面而充分的利用。正如美国著名企业家查里斯·詹德曼所说过的：“公司不是创造购买，而是要建立各种关系”。

关系营销对价值创造的重要性在于它可以建立高度的顾客满意，从而使企业创造出更多的顾客让渡价值。同时，通过系统协调企业创造价值的各分工部门，即企业价值链以及由供销商、分销商和最终顾客组成的价值链，就可以达到顾客与企业的利益最大化。在这里我们所说的利益最大化是一种双赢：一方面客户获得了更大的满意度，从经过改进的产品中获得了更大的效用；另一方面企业通过直接按照客户的需求安排生产，从而减少了生产和营销过程中的无谓消耗。

那么，什么是关系营销呢？所谓关系营销，是指从系统、整体的观点出发，对企业生产经营活动中涉及的各种关系加以整合、利用，来构建一个和谐的关系网，并以此为基础展开的营销活动。

扩展阅读

“环保运动”引发“绿色营销”

巴巴拉·本德·杰克逊（B.Jackson）是美国著名学者、营销学专家。他对经济和文化都有很深入的研究。1985 年，巴巴拉·本德·杰克逊提出了关系营销的概念，他认为“关系营销就是指获得、建立和维持与产业用户紧密的长期关系”。这一概念的提出使人们对市场营销理论的研究又迈上了一个新的台阶。关系营销理论一经提出，迅速风靡全球，杰克逊也因此成了美国营销界备受瞩目的人物。科特勒评价说，“杰克逊的贡献在于，他使我们了解到关系营销将使公司获得较之其在交易营销中所得到的更多。”

二、关系营销的本质特征

1. 信息沟通的双向性

社会学认为关系是信息和情感交流的有机渠道，良好的关系即是渠道畅通，恶化的关系即渠道阻滞，中断的关系则是渠道堵塞。交流应该是双向的，既可以由企业开始，也可以由营销对象开始。广泛的信息交流和信息共享，可以使企业赢得支持与合作。

2. 战略过程的协同性

在竞争性的市场上，明智的营销管理者应强调与利益相关者建立长期的、彼此信任的、互利的关系。这可以是关系一方自愿或主动地调整自己的行为，即按照对方要求的行为；也可以是关系双方都调整自己的行为，以实现相互适应。各具优势的关系双方，互相取长补短，联合行动，协同动作去实现对各方都有益的共同目标，可以说是协调关系的最高形态。

3. 营销活动的互利性

关系营销的基础，在于交易双方相互之间有利益上的互补。如果没有各自利益的实现和满足，双方就不会建立良好的关系。关系建立在互利的基础上，要求互相了解对方的利益要求，寻求双方利益的共同点，并努力使双方的共同利益得到实现。真正的关系营销是达到关系双方互利互惠的境界。

4. 信息反馈的及时性

关系营销要求建立专门的部门，用以追踪各利益相关者的态度。关系营销应具备一个有反馈的循环，连接关系双方，企业由此了解到环境的动态变化，根据合作方提供的信息，以改进产品和技术。信息的及时反馈，使关系营销具有动态的应变性，有利于挖掘新的市场机会。

三、关系营销的流程体系

关系营销把一切内部和外部利益相关者纳入研究范围，用系统的方法考察企业所有活动及其相互关系，表现积极的一方被称为市场营销者，表现不积极的一方被称作目标公众。如图 12.1 所示。

企业与利益相关者结成休戚与共的关系。企业的发展要借助利益相关者的力量，而后者也要通过企业来谋求自身的利益。

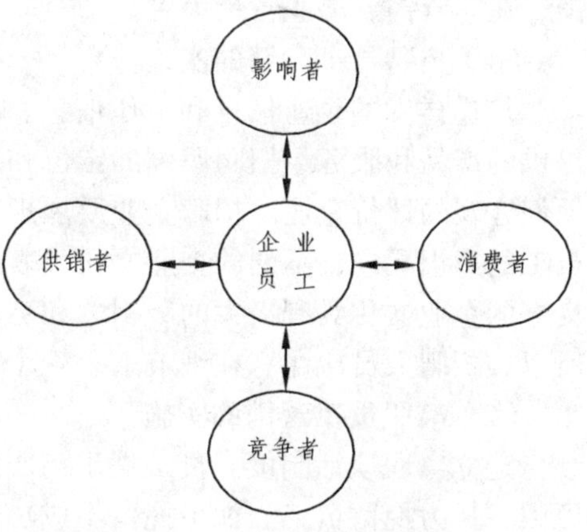

图 12.1　企业营销基本关系

1. 企业内部关系

内部营销起源于把员工当做企业的市场。明智的企业高层领导，心中装有“两个上帝”，一个“上帝”是顾客，另一个“上帝”是员工。企业要进行有效的营销，首先要有具备营销观念的员工，能够正确理解和实施企业的战略目标和营销组合策略，并能自觉地以顾客导向的方式进行工作。企业要尽力满足员工的合理要求，提高员工的满意度和忠诚度，为关系营销奠定良好基础。

2. 企业与竞争者关系

企业所拥有的资源条件不尽相同，往往是各有所长，各有所短，为有效地通过资源共享实现发展目标，企业要善于与竞争对手和睦共处，并和有实力、有良好营销经验的竞争者进行联合。

3. 企业与顾客关系

顾客是“上帝”，是“财神”，企业要实现盈利目标，必须依赖顾客。企业需要通过搜集和积累大量的市场信息，预测目标市场购买潜力，采取适当方式与消费者沟通，变潜在顾客为现实顾客。同时，要致力于建立数据库或其他方式，密切与消费者的关系。对老顾客，要更多地提供产品信息，定期举行联谊活动，加深情感信任，争取成为长期顾客，其花费的成本，肯定比寻求新顾客更为经济。

4. 企业与供销商关系

因分工而产生的渠道成员之间的关系，是由协作而形成的共同利益关系。合作伙伴虽难免也存在矛盾，但相互依赖性更为明显。企业必须广泛建立与供应商、经销商之间的密切合作的伙伴关系，以便获得来自供销两个方面的有力支持。

5. 企业与影响者关系

各种金融机构、新闻媒体、公共事业团体以及政府机构等，对企业营销活动都会产生重要的影响，企业必须以公共关系为主要手段争取它们的理解与支持。例如，社区是以地缘为纽带而连接和聚集的若干社会群体或组织之间的关系，构成企业关系营销中不可忽视的一环。企业需要社区提供完善的基础设施和有效率的工作，社区也希望企业为社区建设提供人、财、物的支持。

四、关系营销的实施

下面主要从员工关系、顾客关系两方面阐述如何实施关系营销，其他几方面的关系在此不再赘述。

1. 员工关系营销

员工市场关系营销是指将员工视为顾客，构建以员工为导向的行为模式，以更好地服务外部顾客活动的总称。该市场的营销运作需要根据不同的细分市场的特点进行，单以实施招聘营销、在职营销、离职营销为主。

（1）招聘员工营销的实施。

传递详细的企业信息和工作信息。向求职者传递如下信息：企业的名称、在行业中的地位、提供的产品和服务、招聘职位的定位和要求等。全面的信息便于求职者快速了解企业、也利于他们客观的评价企业。招聘企业要展现出良好的企业文化. 企业文化反映企业的核心价值观和员工的意识导向，不同的企业文化代表截然不同的内部关系氛围。在人才求职理性化的现在，良好的企业文化具有极大的吸引力和感召力,越是优秀的人才对一个企业的企业文化越发看重。所以，招聘人员应注意在细节上表现个人和企业的良好素质，传达出对人才的理解和尊重。

（2）离职员工营销的实施。

建立离职谈话制度。员工提出离职后，上级领导必须单独安排时间与之谈话，了解其离职原因，尽力挽留员工。如果挽留不成功，应批准其要求，并虚心听取离职员工对企业发展的意见和建议。健全离职统计和分析系统，企业要汇总并分析员工流失的原因，测算流失员工对公司造成的利润损失。流失单个员工造成的公司利润损失等于该员工的终身价值，即终身服务为公司服务的利润。流失一群员工更应计算出团队整体对公司利润的损失。

（3）在职员工营销的实施。

毋庸置疑，在职营销是员工市场关系营销中最重要的部分。对在职员工开展关系营销. 就要做好以下几方面的工作：

遵循科学的人才评价和选拔程序：人才理念和评判体系需要结合企业的不同发展阶段和长期战略，不断的升级和优化。同时要向员工传递出企业的人才理念，引导员工成长、成才，员工成长的过程也是为企业创造业绩的过程。评判体系要以公正、公平、公开为原则来开展和实施。

重视满足员工的需求：企业必须真正关心员工的需求，一方面必须关心员工的物质利益，根据企业的利润与员工的努力程度，逐步提升员工对其薪酬、福利以及自我实现的满足程度。这是维护良好的员工关系的基础。另一方面，企业对于员工的吸引并不应该仅仅依靠物质刺激，精神激励也是一个重要的方面，也就是说企业应关心、引导并充分满足员工的精神需要，引导员工思想融入企业文化中，与企业的发展保持协同步调。

人力资源调配： 一方面，实行部门间人员轮换，以多种方式促进企业内部关系的建立；另一方面，从内部提升经理，可以加强企业观念并使其具有长远眼光。

信息资源共享： 在采用新技术和新知识的过程中，以多种方式分享信息资源。如利用电脑网络协调企业内部各部门及企业外部拥有多种知识与技能的人才的关系；制定政策或提供帮助以削减信息超载，提高电子邮件和语言信箱系统的工作效率；建立"知识库"或"回复网络"，并入更庞大的信息系统；组成临时"虚拟小组"，以完成自己或客户的交流项目。

2. 建立忠诚的顾客关系营销

关系营销的中心是顾客忠诚。顾客忠诚之所以受到企业高度重视，是因为忠诚的顾客会重复购买。

（1）发现顾客需求。

关系营销的起点是顾客。不同于需要和欲望，顾客需求是反映消费者对某一特定产品或服务的购买能力。需要和欲望是行为的内在动力，正是由于新的需要不断产生，人们会不断追求、为满足自身的需要而进行某种形式的交换，因而市场才得以存在。但在实际营销过程中，消费者常常不会说出真正的、全部的需要，因此理解顾客需求并不那么容易。关系营销须以顾客需求为中心，协调各种可能影响顾客的活动，最终达成满足顾客需求的目标。

（2）建立沟通机制，保证顾客满意。

协同与沟通是关系营销的基础。企业要想与顾客等利益相关方保持长期稳定的合作关系，开展有效的关系营销，必须建立起完善的沟通机制，畅通信息传递渠道，倾注情感，用心交流，保证顾客满意。

第一，建立顾客数据库。这是开展关系营销的最基础性工作。有了完善的顾客数据库，才能进行精细化的顾客管理，提供针对性的顾客服务。更为重要的是为开展数据库营销打下坚实的基础。开展数据库营销可以帮助企业提供超出顾客期望值之外的其他服务，从而与之建立长期稳定的关系，增强其忠诚度等。

第二，创立顾客组织。顾客组织的形式多样，常见的有各种俱乐部形式，包括贵宾卡、会员制等。组织内的成员主要是企业的现实顾客和潜在顾客，企业为他们提供各种特制服务，顾客组织还为企业与顾客、顾客与顾客间进行感情交流搭建了舞台，它通过定期或不定期开展诸如顾客酒会、舞会、电影晚会、招待会等各种形式的活动，把新老顾客聚集在一起，增进联系，加强沟通，实现顾客保持。

第三，及时妥善地处理顾客抱怨。首先，要高度重视顾客的抱怨，顾客的不满若处理不当或不及时，就有可能小事变大，甚至殃及企业的生存；其次建立组织和制度，企业要有专门的制度和人员来管理顾客抱怨，要明确投诉或抱怨受理部门在组织中的地位和权限，规定处理投诉或抱怨的业务流程；再次，提供方便的投诉渠道。顾客有了抱怨，如果找不到地方诉说或者要花很大精力才能找到地方诉说，顾客就会火上浇油，更加气愤，因此，企业可以设立意见箱、投诉电话、在线答疑等多种投诉渠道；最后，处理顾客抱怨要及时，企业要根据顾客抱怨问题的大小和性质，及时制定处理方案。力争在最短的时间内全面解决问题，绝对不允许有故意拖延或推诿的想法：最后要做好记录工作，对顾客抱怨的内容、处理过程、处理结果、顾客满意度等情况详细记录，并经常总结经验，吸取教训。

（3）提升顾客价值，重视向顾客的价值传递。

第一，不断创新，通过多种方式增加顾客价值。

首先，创新顾客价值强调企业应将顾客放在企业战略的核心地位。以顾客价值为中心，在企业的整个经营过程中始终坚持提升顾客价值第一，依照顾客价值观念来设计、生产、定位产品或服务，以使顾客逐步建立起对企业的忠诚。其次，企业价值创新不但要在产品或服务质量、产品或服务功能、产品或服务品牌等顾客价值感知利得来源因素上下工夫，而且还要研究影响顾客价值感知利失的因素，如购买价格、时间成本、精力成本、转移成本和体力成本等。同时更要分析研究这些感知利得与利失因素之间的相互作用，在传递价值给顾客方面做文章，想方设法通过增加顾客感知利得和减少顾客感知利失等多种方式提升顾客价值。

第二，培养员工忠诚，以保证向顾客的价值传递。

企业向顾客价值传递的方式主要是通过提高员工素质从而不断提高产品或服务质量来实现的。产品或服务质量是实现顾客忠诚的基础，在很大程度上决定了顾客的忠诚程度，而产品或服务质量的提高关键在于其员工，特别是直接与顾客接触的一线员工。因此，要保证向顾客的价值传递，必须重视员工的培养工作重视员工的培养工作。

（4）提高顾客的转换成本以提升顾客忠诚度。

很多学者调查得知：吸引一位新顾客所花费的成本是保留一位老顾客所花费成本的5倍。另一方面，由于老顾客经常重复购买而且购买量大，他为企业带来的收入流远远多于新顾客，因此企业在制定营销策略时，重点应放在如何获得更高的顾客保持率，提高顾客忠诚度。除了以上所阐述的一些措施以外，通过提高顾客转换成本，加强顾客流失管理，也是提高顾客忠诚度的一种重要途径。

第一，提高顾客程序性转换成本。

程序性转换成本主要包括经济风险成本、评价成本、建立成本和学习成本，集中体现于顾客购买产品或服务时花在时间和精力上的付出。这些成本很难予以量化，因而营销策略的重点是让顾客感知较大的购买风险， 引导顾客在做出购买决策时，多思考、多比较。花费更多的时间和精力，从而提高转换成本，顾客因此而不愿离开企业。

第二，提高顾客财务性转换成本。

财务性转换成本主要包括利益损失成本和金钱损失成本，是指顾客离开企业转向竞争者时造成的可计量的财务资源的损失，是可以量化的成本。相应的营销策略：平时适当采取向老顾客提供优质服务、差异化服务、各种便利甚至经济利益等措施，这样顾客一旦离开，相关利益就会损失。因此，可以对顾客离开企业起到一定的阻碍作用。具体策略形式主要包括俱乐部、积分卡、联谊会等。另外，企业也可利用建立会员制来建立和发展与顾客的关系。

扩展阅读

“环保运动”引发“绿色营销”

在古代中国的一个村庄，有一个叫明华的年轻米商。加上他，村子里一共有 6 个米商。店前等待顾客的光临，但生意非常冷清。

一天，明华意识到他必须要了解一下乡亲们，了解他们的需求和愿望，而不是单纯地将米卖给那些到店里的乡亲。他认识到，他必须要让乡亲们感到买他的米物有所值，而且比其他几个米商的米都合算。于是，他决定对销售过程进行记录，记录下乡亲们的饮食习惯、订货周期和供货的最好时机。为了进行市场调查，明华首先开始了走访调查，逐户询问下列问题。

家庭中的人口总数？ 每天大米的消费量是多少碗？家中存粮缸的容量有多大？……

针对所得到的资料，他向乡亲们承诺：免费送货，定期将乡亲们家中的米缸添满。例如，一个 4 口之家，每个人每天要吃两碗大米，这样，这个家庭是一天的米的消费量是 8 碗。根据这个测算，明华发现，该家庭米缸的容量是60碗，这接近一袋米。于是，在第一次卖米给这家人后，明华就做了记录，推算出这家人一袋米将在什么时间吃完，提前一天就主动送米上门。这家人也就不必等到发现米吃完时再亲自到店里买米了。明华给顾客送米时，并非送到就算，他总是要帮人家将米倒进米缸里的。如果米缸里还有米，他就将旧米倒出来，将米缸刷干净，然后将新米倒进去，将旧米放在上层。这样，米就不至于因陈放过久而变质。他这个小小的举动令不少顾客深受感动，铁了心专买他的米。

通过建立这样极有价值的记录和推出的服务，明华与顾客建立起广泛而深入的关系。先是与他的老顾客，然后逐步扩展到其他的乡亲。他生意不断地扩大，以至于不得不雇他人来帮助他工作：一个人帮助他记账，一个人帮助他记录销售数据，一个人帮助他进行柜台销售，还有两个人帮助他送货。至于明华，他主要的职责就是与乡亲们不断地接触，搞好与大米批发商的关系，因为当时米是非常紧缺的，只有为数不多的大米生产者。最后，他的生意蒸蒸日上。

资料来源：克里斯丁·格罗鲁斯，服务管理与营销（第 2 版）

第五节　整合营销

一、整合营销的内涵

整合营销传播（integrated marketing communication，简称 IMC）。是指将与企业进行市场营销有关的一切传播活动一元化的过程。整合营销传播一方面把广告、促销、公关、直销、CI、包装、新闻媒体等一切传播活动都涵盖于营销活动的范围之内，另一方面则使企业能够将统一的传播资讯传达给顾客。其中心思想是以通过企业与顾客的沟通满足顾客需要的价值为取向，确定企业统一的促销策略，协调使用各种不同的传播手段，发挥不同传播工具的优势，从而使企业实现促销宣传的低成本化，以高强冲击力形成促销高潮。

整合营销传播（IMC）这一观点是在 20 世纪 90 年代中期由美国营销大师罗伯·劳特朋和唐·舒尔兹提出和发展的。IMC 的核心思想是：以整合企业内外部所有资源为手段，再造企业的生产行为与市场行为，充分调动一切积极因素以实现企业统一的传播目标。IMC 从广告心理学入手，强调与顾客进行多方面的接触，并通过接触点向消费者传播一致的清晰的企业形象。这种接触点小至产品的包装色彩大至公司的新闻发布会，每一次与消费者的接触都会影响到消费者对公司的认知程度，如果所有的接触点都能传播相同的正向的信息，就能最大化公司的传播影响力。同时消费者心理学又假定：在消费者的头脑中对一切事物都会形成一定的概念，假使能够令传播的品牌概念与消费者已有的概念产生一定的关联，必然可以加深消费者对该种概念的印象，并达到建立品牌网络和形成品牌联想的目的。

但仍应指出的是，虽然整合营销传播近年来已成为广告界的时髦词汇，可是整合营销传播所倡导的宣传策略并非那么深不可测，整合营销传播也并非就是一种万能的营销策略，即便是完全推翻了传统的营销理论所倡导的 4P’s 营销组合思想，提出了更为合理的 4C’s 理论，便并不是说整合营销传播放之四海而皆准，一定就能成功，在具体实施过程中仍然会受到许多因素的制约，比如受到企业文化、传播历史、传播阶段的影响，因此也不能盲目随大流赶时髦，不分青红皂白就上马立项开始实施整合营销传播策略。从另一个方面来讲，整合营销传播不仅仅只是如许多人所说的“传达同一个声音，树立鲜明的形象”这样简单，在实施过程中还要结合管理科学、消费者行为学、统计学等其他学科进行分析和决策，所以整合营销传播的具体执行过程是一门科学而绝非仅仅只是一个概念。

扩展阅读

整合营销传播理论的奠基人之一：罗伯特·劳特朋

罗伯特·劳特朋（Robert Lauteerborn），瞩目的营销理论专家，整合营销传播理论的奠基人之一。他于1990年在其《4P退休4C登场》专文中，提出了以顾客为中心的一个新的营销模式——著名的4C理论。

1992年，罗伯特·劳特朋和美国西北大学教授唐·E·舒尔兹（Don E.Schultz）、斯坦利·田纳本（Stanley I.Tannenbaum）合著了全球第一部IMC专著——《整合营销传播》，又强化了“4C取代4P”的观点，这本书的问世标志着整合营销传播理论正式成为一种崭新的营销传播理论。

目前，罗伯特·劳特朋是中欧国际工商学院客座教师，北卡罗来纳大学Chapel Hill分校新闻传播学院的广告学教授。同时也主持著名的摩根安德生行销传播管理顾问。在过去的近20年里，劳特朋教授曾到19个国家进行过演讲以及组织研讨会，主题涉及整合营销传播理论、创建内部品牌、改进创造绩效、市场营销与营销传播力以及诸多其他主题。1999年，鉴于他对商业营销的发展以及进步做出的贡献，商业营销协会授予其“小G·D·克莱恩奖”（该奖项以《广告时代》杂志创刊人的名字命名），并正式将其列入商业营销名人堂。

扩展阅读

麦斯威尔

麦斯威尔是一个运用整合营销传播策略的成功者，麦斯威尔咖啡自1982年在台湾市场发售以来，一直以“分享”的广告策略塑造品牌，1986年到1988年，麦斯威尔通过随身包咖啡的上市，延伸“分享”的概念，并运用广告、公共关系、促销活动等手段，由形象代言人孙越发起“爱、分享、行动”的街头义卖活动，同年麦斯威尔随身包咖啡销量同上年相比增长50%。麦斯威尔通过不同的传播媒体传达“分享”这一核心概念，运用的就是典型的整合营销传播策略。

二、整合营销的4I原则

整合营销应遵循4I原则：趣味原则（Interesting）、利益原则（Interests）、互动原则（Interaction）、个性原则（Individuality）。

1. 趣味原则

八卦是火爆的通行证，《馒头》是《无极》的墓志铭。当芙蓉姐姐、大S身材火爆网络时，当越来越多的信息都带好“泛娱乐化的假面”时，一个娱乐至死的年代来临了。21世纪互联网的本质是娱乐属性的，在互联网这个“娱乐圈”中混，广告、营销也必须是娱乐化、趣味性的。当我们失去权力对消费者说“你们是愿意听啊，是愿意听啊，还是愿意听啊，绝不强求”之时，显然，制造一些趣味、娱乐的“糖衣”的香饵，将营销信息的鱼钩巧妙包裹在趣味的情节当中，是吸引鱼儿们上钩的有效方式。

2. 利益原则

天下熙熙，皆为利来，天下攘攘，皆为利往。营销活动不能为目标受众提供利益，必然寸步难行。将自己变身一个消费者，设身处地、扪心自问一句，“我要参加这个营销活动，为什么呢？嚎！”

但这里想跟大家强调的是，营销中提供给消费者的“利益”外延更加广泛，我们头脑中的第一映射物质实利只是其中的一部分，还可能包括：

（1）信息、资讯。

广告的最高境界是没有广告，只有资讯。消费者抗拒广告，但消费者需要其需求产品的相关信息与资讯。直接推销类的广告吃到闭门羹的几率很大，但是化身成为消费者提供的资讯；面对免费利益，消费者接受度自然会大增。

（2）功能或服务。

（3）心理满足，或者荣誉。

（4）实际物质/金钱利益。

3. 互动原则

现代媒体区别于传统媒体的另一个重要的特征是其互动性，如果不能充分的挖掘运用这个特征，新瓶装旧酒，直接沿用传统广告的手法手法，无异于买椟还珠。再加上现代网络媒体在传播层面上失去了传统媒体的"强制性"，如此的"扬短避长"，单向布告式的营销，肯定不是网络营销的前途所在，只有充分挖掘网络的交互性，充分地利用网络的特性与消费者交流，才能扬长避短，让网络营销的功能发挥至极致。

不要再让消费者仅仅单纯接受信息，数字媒体技术的进步，已经允许我们能以极低的成本与极大的便捷性，让互动在营销平台上大展拳脚。而消费者们完全可以参与到网络营销的互动与创造中来。在陶艺吧中亲手捏制的陶器弥足珍贵，因为融入自己的汗水。同样，消费者亲自参与互动与创造的营销过程，会在大脑皮层回沟中刻下更深的品牌印记。把消费者作为一个主体，发起其与品牌之间的平等互动交流，可以为营销带来独特的竞争优势。未来的品牌将是半成品，一半由消费者体验、参与来确定。当然，营销人找到能够引领和主导两者之间互动的方法很重要。

4. 个性原则

对比"大街上人人都在穿"，" 全北京独此一件，专属于你！"，你就明白专属、个性显然更容易俘获消费者的心。因为个性，所以精准。个性化的营销，让消费者心理产生"焦点关注"的满足感，个性化营销更能投消费者所好，更容易引发互动与购买行动。但是在传统营销环境中，做到"个性化营销"成本非常之高，因此很难推而广之，仅仅是极少数品牌品尝极少次的豪门盛宴。但在网络媒体中，数字流的特征让这一切变得简单、便宜，细分出一小类人，甚至一个人，做到一对一行销都成为可能。

扩展阅读

雨浓策划公司的整合营销

雨浓策划是著名整合营销企业，国内著名城市品牌策划运营机构，是一家涉及城市旅游、城市房地产、城市发展战略规划、城市大型节庆活动等领域的专业策划集团公司。

公司拥有品牌战略、创意策划、媒体运营、网络推广、影视摄制、视觉设计、国际合作等众多职能部门；同时拥有由城市战略、媒介运营和创意编导专家等组成的高端顾问团；另外，公司还拥有大批亚太地区官方机构、非营利性组织、主流媒体、高端演艺团体等资源。

作为全国范围内首个以古镇为核心议题的国际性论坛，"2007 首届黄龙溪国际古镇镇长合作论坛"不仅成就了"川西第一古镇黄龙溪"的品牌，更拉开了古镇可持续发展的新篇章。一座古镇互动了整个世界，唤醒了一种关注，使国外的理念走进中国深度交流，也使国内外 30 多个古镇共同面对、探讨人类古镇遗产的保护与可持续发展，并发表"世界古镇联合宣言"。它开创了古镇发展新的模式，同时带动了文明的保护和经济的发展，使古镇看到了可持续发展的美好希望。同时，国际化的视角、高屋建瓴的思路、完美的执行、巨大的影响力，使其当选"中国策划 20 年经典案例"。

"2005 中国四川三星堆国际文化旅游节"则通过三千年古老古蜀文明与 21 世纪最靓丽的时尚元素的对接缔造了三星堆举世瞩目的品牌盛宴。它互动了 73 个国家佳丽，开创了中国旅游史上以"国际美丽使者"集体代言中国世界文化遗产的崭新模式，200 多家海内外媒体争相追踪报道，让世界的目光点亮了一座城市的新未来。"中国四川三星堆国际文化旅游节"被 2005 中国策划年会评为"2005 年中国最佳策划案例奖"。

2007 年，成都获得了联合国世界旅游组织、中国国家旅游局授予的"中国最佳旅游城市"称号，这是成都向世界展示自己的一个时代机遇，雨浓策划受成都市委、市政府委托，全案策划执行"中国最佳旅游城市授牌盛典"，用专业和实力打造城市不灭的经典记忆。从创意提出到现场执行再到各个部门、海内外媒体的协调对接，雨浓策划团队凭借专业和实力确保了盛典的完美呈现，成都向世界展示了国际大都会的无限魅力。

2008 年 5.12 地震后，四川社会经济遭受重创，更是给房地产事业带来极大的冲击。震后重建工作不仅要恢复社会生产，更要恢复经济的活力和产业的信心。雨浓策划为西部航都量身打造"首届中国西部航都居住文化节"，以盛大的节日风貌向全国人民展示 5.12 特大地震之后"成都依然美丽"，同时进一步提升四川人民重建家园的信心。

三、整合营销传播的方法

1. 建立消费者资料库

这个方法的起点是建立消费者和潜在消费者的资料库，资料库的内容至少应包括人员统计资料心理统计消费者态度的信息和以往购买记录等等。整合营销传播和传播营销沟通的最大不同在于整合营销传播是将整个焦点置于消费者、潜在消费者身上，因为所有的厂商、营销组织，无论是在销售量或利润上的成果，最终都依赖消费者的购买行为。

2. 研究消费者

这是第二个重要的步骤，就是要尽可能使用消费者及潜在消费者的行为方面的资料作为市场划分的依据，相信消费者"行为"资讯比起其他资料如"态度与意想" 测量结果更能够清楚地显现消费者在未来将会采取什么行动，因为用过去的行为推论未来的行为更为直接有效。在整合营销传播中，可以将消费者分为三类：对本品牌的忠诚消费者；他品牌的忠诚消费者和游离不定的消费者。很明显这三类消费者有着各自不同的"品牌网路"而想要了解消费者的品牌网路就必须借助消费者行为资讯才行。

3. 接触管理

所谓接触管理就是企业可以在某一时间、某一地点或某一场合与消费者进行沟通，这是 90 年代市场营销中一个非常重要的课题，在以往消费者自己会主动找寻产品信息的年代里，决定"说什么"要比"什么时候与消费者接触"重要。然而，现在的市场由于资讯超载、媒体繁多，干扰的"噪声"大为增大。目前最重的是决定"如何，何时与消费者接触"，以及采用什么样的方式与消费者接触。

4. 发展传播沟通策略

这意味着什么样的接触管理之下，该传播什么样的信息，而后，为整合营销传播计划制定明确的营销目标，对大多数的企业来说，营销目标必须非常正确同时在本质上也必须是数字化的目标。例如对一个擅长竞争的品牌来说，营销目标就可能是以下三个方面：激发消费者试用本品牌产品；消费者试用过后积极鼓励继续使用并增加用量；促使其他品牌的忠诚者转换品牌并建立起本品牌的忠诚度。

5. 营销工具的创新

营销目标一旦确定之后，第五步就是决定要用什么营销工具来完成此目标，显而易见，如果我们将产品，价格，通路都视为是和消费者沟通的要素，整合营销传播企划人将拥有更多样、广泛的营销工具来完成企划，其关键在于哪些工具，哪种结合最能够协助企业达成传播目标。

6. 传播手段的组合

所以这最后一步就是选择有助于达成营销目标的传播手段，这里所用的传播手段可以无限宽广，除了广告，直销、公关及事件营销以外。事实上产品包装，商品展示，店面促销活动等，只要能协助达成营销及传播目标的方法，都是整合营销传播中的有力手段。

第六节　体验营销

一、体验营销的内涵及特点

体验营销是指企业通过采用让目标顾客观摩、聆听、尝试、试用等方式，使其亲身体验企业提供的产品或服务，让顾客实际感知产品或服务的品质或性能，从而促使顾客认知、喜好并购买的一种营销方式。这种方式以满足消费者的体验需求为目标，以服务产品为平台，以有形产品为载体，生产、经营高质量产品，拉近企业和消费者之间的距离。

扩展阅读

伯恩德·施密特——世界著名的品牌管理专家、体验营销的倡导者

美国哥伦比亚大学商学院教授伯恩德·施密特（Bernd·Schmitt）率先提出体验营销（Experiential Marketing）的观念。他在其《体验式营销》中将体验分为感觉、情感、思维、行动、关系 5 种类型，即 SEMs（战略体验模块）。他认为交流、信誉、产品、品牌、环境、网络和人员构成体验战术工具，每个战术工具的运用都可以和 SEMs 的 5 个层面进行组合。其中，品牌在表面上是企业产品和服务的标志，代表着一定的质量和功能，深层次上则是人们心理和精神层面诉求的诠释，可以作为一种独特的体验载体。体验营销者将体验这一全新的营销理念运用到品牌中，创造出个性化、互动的营销方式——品牌体验。

体验营销以满足消费者的体验需求为目标，以服务产品为平台，以有形产品为载体，半产、经营高质量产品，拉近企业和消费者之间的距离。体验营销具有如下特点。

1. 关注个性

体验营销注重在购买环境、氛围、商业品牌等方面满足不同的消费者，提供消费者需要的多样性和娱乐性，而不是单单停留在产品的表面特征和基础功能上。

2. 注重营销策划中的互动思想

在体验营销中，营销的过程就是厂商与消费者沟通的互动。这就使得营销人员不仅需要考虑产品的包装、性能等产品特征，还需要通过各种手段和途径创造条件来增加体验，更多考虑到产品能附加给消费者的价值观念和文化享受。

3. 在营销过程中为顾客创造快乐

体验营销注重在产品的营销过程中不断地为顾客带来新的体验与满足，从而为顾客带来享乐，如购物场所中的轻松柔和的背景音乐、整齐而有创意的商品摆设等都能为消费者带来刺激和快乐。

4. 有助于提高企业的品牌知名度，提高消费者的品牌偏好度

国外著名的企业如麦当劳、宜家、星巴克等都是通过成功实现体验式营销，获得更多消费者的青睐。

二、体验营销的体验形式

由于体验的复杂化和多样化，伯恩德·施密特在《体验式营销》一书中将不同的体验形式称为战略体验模块，并将其分为五种类型：

知觉体验：知觉体验即感官体验，将视觉、听觉、触觉、味觉与嗅觉等知觉器官应用在体验营销上。感官体验可区分为公司与产品（识别）、引发消费者购买动机和增加产品的附加价值等。

思维体验：思维体验即以创意的方式引起消费者的惊奇、兴趣、对问题进行集中或分散的思考，为消费者创造认知和解决问题的体验。

行为体验：行为体验指通过增加消费者的身体体验，指出他们做事的替代方法、替代的生活形态与互动，丰富消费者的生活，从而使消费者被激发或自发地改变生活形态。

情感体验：情感体验即体现消费者内在的感情与情绪，使消费者在消费中感受到各种情感，如亲情、友情和爱情等。

相关体验：相关体验即以通过实践自我改进的个人渴望，使别人对自己产生好感。它使消费者和一个较广泛的社会系统产生关联，从而建立对某种品牌的偏好。

三、体验营销的八种模式

体验营销的目的在于促进产品销售，通过研究消费者状况，利用传统文化、现代科技、艺术和大自然等手段来增加产品的体验内涵，在给消费者心灵带来强烈的震撼时促成销售。

体验营销主要有以下八种实施模式：

节日模式：每个民族都有自己的传统节日，传统的节日观念对人们的消费行为起着无形的影响。这些节日在丰富人们精神生活的同时，也深刻影响着消费行为的变化。随着我国的节假日不断增多，出现了新的消费现象——“假日消费”，企业如能把握好商机便可大大增加产品的销售量。

感情模式：感情模式通过寻找消费活动中导致消费者情感变化的因素，掌握消费态度形成规律以及有效的营销心理方法，以激发消费者积极的情感，促进营销活动顺利进行。

文化模式：利用一种传统文化或一种现代文化，使企业的商品及服务与消费者的消费心理形成一种社会文化气氛，从而有效地影响消费者的消费观念，进而促使消费者自觉地接近与文化相关的商品或服务，促进消费行为的发生，甚至形成一种消费习惯和传统。

美化模式：由于每个消费者的生活环境与背景不同，对于美的要求也不同，这种不同的要求也反映在消费行为中。

人们在消费行为中求美的动机主要有两种表现：一是商品能为消费者创造出美和美感；二是商品本身存在客观的美的价值。这类商品能给消费者带来美的享受和愉悦，使消费者体验到了美感，满足了对美的需要。

服务模式：对企业来说，优越的服务模式，可以征服广大消费者的心，取得他们的信任，同样也可以使产品的销售量大增。

环境模式：消费者在感觉良好的听、看、嗅过程中，容易产生喜欢的特殊感觉。因此，良好的购物环境，不但迎合了现代人文化消费的需求，也提高了商品与服务的外在质量和主观质量，还使商品与服务的形象更加完美。

个性模式：为了满足消费者个性化需求，企业开辟出一条富有创意的双向沟通的销售渠道。在掌握消费者忠诚度之余，满足了消费大众参与的成就感，同时也增进了产品的销售。

多元化经营模式：现代销售场所不仅装饰豪华，环境舒适典雅，设有现代化设备，而且集购物、娱乐、休闲为一体，使消费者在购物过程中也可娱乐休息。同时也使消费者自然而然地进行了心理调节，从而还能创造更多的销售机会。

扩展阅读

新体验营销

Nu Skin（如新）公司于1984年在美国犹他州成立，以5000美金起家，到1994年营业额达到10亿美元/年，成为美国商业历史上极少数能高速健康成长的公司。

Nu Skin个人保养品包括护肤系列、化妆系列、发丝系列、口腔系列、身体系列等约400种产品。“荟萃精华，纯然无暇”（All of the Good，　None of the Bad）是如新在研发新产品上不断严守的最高准则。本着这个理念，Nu Skin形成了自己的5大特点：弱酸性、不含酒精、不含矿物油、水溶性、抗氧化。

2008年4月24日，如新（中国）日用保健品有限公司在中国的首家生活体验馆在上海浦东正式开业，这标志着如新开始在中国建设体验营销。

如新在中国的首家生活体验馆坐落在上海浦东陆家嘴，该生活体验馆占地500多平方米，其中特别规划了各种功能区域，如企业巡礼区、产品体验区、皮肤检测区等。

在中国推广体验营销是如新集团全球最新定位——“优异，你看得见”的一部分。对于不善于开店和布点的直销企业来讲，如新此次高调升级专卖店被视为一个扎根中国市场的信号。对此有评论认为，这是口新进入中国市场5年后的首次华丽转身。

资料来源：邹尧，十大商业策划，中国直销，2009（06）

参考文献

[1] 费利普·科特勒.营销管理. 11 版. 梅清豪译. 上海：上海人民出版社.

[2] 约翰·A，奎尔奇. 营销管理与战略案例（亚太版）. 大连：东北财经大学出版社，2000.

[3] 马萨基·科塔比，克里斯蒂安·赫尔森. 全球营销管理. 3 版. 刘宝成译. 北京：中国人民大学出版社，2005.

[4] 路易斯·布恩，大卫·库尔茨. 当代市场营销学. 赵银德，等. 北京：机械工业出版社，2003.

[5] 亨利·阿塞尔（Henry Assael）. 消费者行为和营销策略. 6 版. 韩德昌，等译. 北京：机械工业出版社，2000.

[6] 吴健安. 市场营销学. 3 版. 合肥：安徽人民出版社，2004.

[7] 曲建忠. 市场营销学. 北京：机械工业出版社，2002.

[8] 吴世经，曾国安，陈乙. 市场营销学. 3 版. 成都：西南财经大学出版社，2005.

[9] 纪宝成，吕一林. 市场营销学教程. 3 版. 北京：中国人民大学出版社，2004.

[10] 胡小伟. 直复营销、操作方法与经典案例. 2 版. 北京：企业管理出版社，2006.

[11] 万后芬. 绿色营销. 2 版. 北京：高等教育出版社，2006.

[12] 刘丽霞. 新编市场营销学. 北京：北京大学出版社，中国农业大学出版社，2010.

[13] 那薇，曹国林. 市场营销理论与实务. 北京：北京大学出版社，中国农业大学出版社，2010.

[14] 吴健安. 市场营销学. 2 版. 北京：高等教育出版社，2004.

[15] 何毓敏. 市场营销基础. 成都：电子科技大学出版社，2009.

[16] 陈志浩. 网络营销. 武汉：华中科技大学出版社，2010.

[17] 刘兴发. 决胜网络营销. 北京：人民邮电出版社，2010.

[18] 翁建军，嵇成舒. 网络营销. 北京：电子工业出版社，2002.

[19] 王耀球，万晓. 网络营销. 北京：清华大学出版社，2004.

[20] 李晏墅，乔均. 市场营销学. 南京：东南大学出版社，2006.

[21] 邓德胜，王慧彦. 现代市场营销学. 北京：北京大学出版社，中国农大学出版社，2009.

[22] MBA 智库百科 http：//wiki. mbalib. com.